依戀理論
三部曲
I

依附

JOHN
BOWLBY

心理學革命性經典鉅著

依 戀 理 論 創 始 者

約翰·鮑比

汪智豔、王婷婷————譯

VOLUME
I

ATTACHMENT & LOSS
ATTACHMENT

依戀理論
三部曲
I

依 附

JOHN
BOWLBY

心理學革命性經典鉅著

作　　者：約翰‧鮑比（John Bowlby）｜繁體中文版審定：翁士恆｜譯者：汪智豔、王婷婷
總 編 輯：張瑩瑩｜主編：鄭淑慧｜責任編輯：謝怡文｜校對：林昌榮｜封面設計：萬勝安
內文排版：洪素貞｜出版：小樹文化股份有限公司

發　　行：遠足文化事業股份有限公司（讀書共和國出版集團）
　　　　　地址：231新北市新店區民權路108-2號9樓
　　　　　電話：（02）2218-1417 傳真：（02）8667-1065
　　　　　客服專線：0800-221029
　　　　　電子信箱：service@bookrep.com.tw
　　　　　郵撥帳號：19504465遠足文化事業股份有限公司
　　　　　團體訂購另有優惠，請洽業務部：（02）2218-1417分機1124

法律顧問：華洋法律事務所 蘇文生律師
出版日期：2020年6月3日初版
　　　　　2023年10月13日初版7刷

國家圖書館出版品預行編目資料

依戀理論三部曲1：依附 / 約翰‧鮑比(John Bowl-
by)著；汪智豔、王婷婷譯-- 初版 . -- 新北市 ：小樹
文化出版 ：遠足文化發行, 2020.06
　　面；　公分

譯自：Attachment & loss : attachment

ISBN 978-957-0487-29-9(平裝)

1.依附行為 2.親子關係 3.親職教育

176.85　　　　　　　　　　　　　　109004441

© The Tavistock Institute of Human Relations 1969
First published as Attachment & Loss: Volume 1 by The
Hogarth Press, an imprint of Vintage. Vintage is part of
the Penguin Random House group of companies.
This edition arranged with RANDOM HOUSE UK
through Big Apple Agency, Inc., Labuan, Malaysia.

本書中文譯稿經北京閱享國際文化傳媒有限公司代理，
由世界圖書出版有限公司北京分公司授權。

小樹文化　　小樹文化
官網　　　讀者回函

繁體中文版審定序

最原初的依附，無論用什麼方法驗證，都會是一樣的結果

國立東華大學諮商與臨床心理學系助理教授／

英國愛丁堡大學諮商與心理治療學博士　**翁士恆**

　　約翰‧鮑比毫無疑問是談論到發展心理學與親職教養的領域中，最重要的心理學家。他是一個精神分析師，接受了英國精神分析的訓練，從克萊恩的客體關係理論中探求了母親與孩子的親密關係，因此細緻的描述了嬰兒的意識從無到有的歷程如何透過母親與孩子的每一天互動形成成長基礎。這樣的聯結所代表的，是每個人在世界上的第一個人我關係，這樣的人我關係，從沒有意識就開始建立，透過很多的肌膚接觸、很多的哺餵、很多的耳邊呢喃，逐漸的被嬰兒拼湊起來，成為一個名為母親的「客體」，這精神分析的理解，充滿著情愛，幾乎命定的說著母愛的必然性，是一種理所當然。

　　但是也有很多人批評約翰‧鮑比是心神分析的逃家者，當他到了美國之後，開始使用科學理論，相繼的與多位心理學家建立起以科學方法檢驗的母嬰關係理論，他從生物學與演化論的角度，加上分析大量的實驗數字，形成了我們理解母親與嬰兒間的關係如何形成、穩固，與影響一生的卓越貢獻。然而這樣的科學理論模式的建立，卻也更證實了其最初於精神分析論述：**母愛對於孩子的影響巨大，終其一生**。鮑比也說，他的發現與論點，其實與佛洛伊德並無二致。諸多途徑所探索驗證的母嬰情愛，有著

共同的核心，是人類關係的本體。

他的著作透過心理學家以科學的模式建立不斷的檢驗，形成了重要的三本鉅著。這三本書，是所有的心理學者與教育學者在案上必備的參考書籍，幾乎近年來的所有親職的論點都奠基於此。世人稱這三本鉅著為「依附關係與失落三部曲」（attachment and loss trilogy），其中第一冊書為被世人所熟知的「依附關係」，鮑比探討「母親」的意義與依附關係如何影響人類的生活經驗。第二冊探討「分離焦慮」（separation anxiety），一樣從各方觀點，去驗證母親離開對嬰兒所產生的焦慮與影響。而第三冊發展得比較晚，也一直到近年來才開始被注意的「失落」（loss），探討著當母親這個客體永遠離開，如何影響、如何調適？

這本書，讓我們從關係原點凝視自我與身邊重要的人

很高興這三本著作終於有了繁體中文的譯本，以「依戀理論三部曲」的序列，讓中文的讀者可以站在鮑比的思維去延展自身的生活經驗。這第一冊「依附關係」是所有發展心理學的基礎，縝密的談「母性」的生物學基礎是來自千萬年以來讓所有生命得以延續的原因，同時也仔細的說明「好的」依附關係如何讓孩子可以穩定的成長。其中，讓孩子在初期擁有近乎恆常的「母愛」如此重要，那是一種無條件與無時無刻的積極關注。讀者在閱讀的過程，除了會對其中的知識性臣服，也會對情感的真摯而感動。文字如鏡，反射著成長過程中的愛與情，彼此堆疊成為對人與對世界的信任。

因此可以怎麼使用這本書？可以怎麼返身檢視身為閱讀者的自己？這本書將我們帶回了知識的起點，讓我們從關係原點凝視自我與身邊的重

要他人。閱讀的有些地方是艱辛的，因為那踏入了好深奧的領域。這時候，當把書放下，你可能看著重要他人的眼睛，你會接收到這個重要關係裡自然而然的眼神，而裡頭映射著自己。你會彷彿確認了這個關係的重要，然後把書拿起，繼續的閱讀。書中的知識與所擁有的情愛關係，都是彼此的基礎，透過閱讀的行動而強化。

閱畢，可以得到了對於「依附關係」的懇認，可以回到再自然也不過的生活，可以看看自己身邊的重要他人，父母、孩子或親密的伴侶，回到關係中，回到這世上千絲萬縷卻又單一純樸的依附之愛，裡頭有我、有你，只有「我們」彼此依附的真實。

僅以這本書獻給所有的父母，與所有的孩子。

依戀理論，讓我們更理解母嬰關係

文／北京大學心理與認知科學院講師 **易春麗** 博士

追蹤早期依附關係對個體後續發展影響的前瞻理論

我在2000年之前，從發展心理學教科書上了解到依戀理論，當時並不知道依戀理論的創始人約翰・鮑比（John Bowlby）是心理治療領域精神分析科專家，直到2004年秋天參加了南京腦科醫院組織關於依戀理論的培訓。當時，主辦單位邀請了四位英國專家，培訓過程中，專家放了四段母嬰分離的影片，這幾段影片相當震撼，一下子就吸引了我的注意。後來，我找到了約翰・鮑比的這三本關於依戀理論的書，當時沒有任何中文譯本，我一直都想把英文版好好讀完，可惜在沒有壓力的情況下閱讀完這麼專業的英文書，還是挺難的。

這三本書是約翰・鮑比在20世紀40、50年代開始的研究，他花了30多年將各方面的研究成果轉化成三本最為經典、關於依戀理論的著作。這些書裡涵蓋了對精神分析理論的呈現、反思和批評。佛洛伊德（Sigmund Freud）用的是回顧方法，從成年患者的敘述中追溯其早年的創傷經歷，而約翰・鮑比與之相反，用的是前瞻性的方法，追蹤了早期依附關係對個體後續發展的影響。在書中，約翰・鮑比透過多種角度論證他的依戀理論，比如：透過比較心理學（透過研究動物來推演人類的行為）、發展心理學中對幼兒與父母分離的研究，還有生理基礎方面的研究，以及臨床實踐。大對

都可以透過閱讀這三本書具體了解這些資料，因此我就不贅述了。

　　我一直希望這三本書能被翻譯成中文，以促進依戀理論的推廣與應用。當出版社編輯找到我，請我擔任審定的時候，我很高興的接受了。我知道，這段過程可以讓我好好讀完這三本依戀理論最為經典的書籍。說起來，我在十多年前曾為薩提爾家庭治療系列圖書擔任審定，深知審定的痛苦，在完成那幾本書之後也發誓不再做這種事情，可是等到依戀理論這三本書送到我的面前時，由於書的吸引力，我義無反顧的接受了這個工作。這次的審定工作花費了大半年的時間，由於參與翻譯的工作者很多，翻譯水準參差不齊，這使得審定有時候是一種純欣賞，有時候就是一種痛苦的折磨。這套書審定完成後，我很欣慰自己終於好好讀完了這些經典，也發誓不再做審定工作，不知道要多久，才能好了傷疤忘了疼，有其他可以吸引我的書。

依戀理論影片，改變了英國醫院陪床規定

　　不知道是不是因為天分，我對親子互動行為異常敏感，也很喜歡分析和解讀各種影片。因此，2004年看到約翰・鮑比的依戀理論影片，至今還對我有很大的衝擊，所以我在這裡還是要介紹一下當初所看到的兩段重要影片，以及這兩段影片的深遠影響。約翰・鮑比就如同一個攝影記者，以不干預的方式進入觀察環境。

　　第一段影片是一個3、4歲的小女孩和媽媽分離。在20世紀40、50年代的英國，小朋友住院的時候不准媽媽陪床。那段影片裡，小女孩住院大概七天，媽媽每天會有短暫的時間來探視小女孩。隨著時間推移，小女孩和媽媽見面後需要越來越多的時間，才能和媽媽進入一種比較好的互動狀

態。等到小女孩出院的時候，我們看到的是兩個一大一小的背影，孤獨的走出醫院，沒有任何母女之間的親暱互動。

據說這段影片被國會議員看過之後，改變了英國不准父母在醫院陪床的規定。我還記得，90年代我在國內兒科醫院實習的時候，家長也不可以陪床，家長白天可以在醫院，晚上必須離開，相信這種住院方式也會損害中國兒童。

第二段影片也是關於分離的，時間是九天。這段影片中的小男孩大約兩、3歲，他的媽媽即將生小寶寶了。在那個年代，英國和中國不同的地方是，他們沒有親戚也沒有鄰居幫忙，爸爸也沒有假期必須上班。媽媽生產的時候正好是晚上，小男孩在睡夢中就被臨時送到了托兒所，早上一睜開眼睛就在那裡了，身旁都是陌生人。他試著引起保母的注意，但是因為保母有很多工作要做，對小男孩的情感需求缺乏足夠的關注。剛開始，小男孩還試圖和成年人接觸，後來就絕望了，他沒有辦法從保母那裡得到如父母般的照顧，等到媽媽生產完幾天後、到托兒所來接他的時候，媽媽抱起他，而小男孩在媽媽的懷裡扭動、掙扎著，就如同媽媽是個魔鬼，影片裡的媽媽看起來很傷心。這對母子在精神分析師的指導下慢慢修復關係，但是即使如此，媽媽報告小男孩在隨後的歲月裡，依然偶爾會莫名的情緒不穩定。

第二段影片比第一段影片還要震撼，它改變了英國這種生育模式，此後開始推行新的模式來幫助孩子應對母親生育時的這幾天分離。

第三段影片是又有一位媽媽準備生產了，在生產之前，媽媽帶著大孩子去熟悉一個寄養家庭，媽媽準備在生育的那幾天把孩子託付給寄養家庭，因此在生產之前經常帶著孩子到寄養家庭中去玩，還讓孩子帶著自己的安撫物，就是他最喜歡的一個玩具，媽媽要讓孩子熟悉寄養家庭，並且

對待在寄養家庭中一段時間有心理準備。

中國近年來因為對兒童養育的重視，開始有些親子關係類節目，很多真人秀電視節目對研究依附關係都是有幫助的。我們實驗室最喜歡研究和分析的是《爸爸回來了》。這個節目中，孩子和媽媽分離兩天，然後由爸爸替代照顧，非常有研究依附行為的味道，可惜因為有些觀眾覺得那些參與節目的真人秀家庭在炫富，結果節目停播了。當然也有其他真人秀，例如《寶寶抱抱》、《媽媽是超人》、《爸爸去哪兒》，這些以紀錄片方式錄製的親子關係類節目，都可以成為很好的分析養育技巧和依附關係的研究資料。

過早或過突然的親子分離，可能會導致孩童心理創傷

我曾經諮商輔導過一個自閉症兒童，孩子的媽媽生產的時候是剖腹產，因為兒子的頭太大了，自然分娩可能會有極大的危險。頭太大就是一個最重要的信號，人類必須為頭大付出沉重的代價，頭大是智力發展的優勢，但是為了減少母嬰的危險，人類嬰兒需要提早出生。相對很多動物一出生就具有很多技能，人類嬰兒更為脆弱，他們必須依賴養育者的餵養和保護才能夠生存，他們不僅需要養育者提供奶水，還需要養育者提供衣服和住所保護他們不受傷害，他們不得不把自己交付給養育者，而養育者的教養素養決定了兒童心理發展的品質，兒童需要和養育者形成安全的依附關係才能更健康的成長。

中國和西方文化對於分離的態度其實是有很大不同的。當年，研究者研究分離與依附的啟示來自第二次世界大戰，倫敦兒童大撤離❶導致的親子分離，為依附相關研究提供了背景，西方這種親子分離比較少見。但是

在中國文化下，親子分離是大家習以為常的，我小時候還常常羨慕那些由爺爺奶奶或外公外婆照顧的孩子──不用上幼兒園，父母把孩子送到農村，等到上小學的時候再接回來，不覺得這會有什麼問題。目前，中國的大批農村留守兒童也是中國傳統跨際養育的一種放大版本；我在臨床工作中看到另外一群高級留守兒童的情況是──父母出國留學了，生完孩子就把孩子送回國由親戚撫養，而不是父母自己撫養。在臨床工作中，我一般不接成人諮商，但是會擔任諮商師督導，這些諮商師的大學生案例中大致有一半以上有早年和父母分離的經歷，當然，這可能只是我的主觀感受。

就我的臨床經驗來說，**並不是只要有分離，孩子就會出問題，通常是很多因素結合起來才會出問題甚至使問題放大**。首先是孩子本身的個性特徵和氣質類型，會出問題的孩子多半都是比較敏感的，尤其是在幼兒期需要父母給予更多照顧的；其次就是寄養家庭和孩子的父母是不是對孩子很好。如果兩邊都不好是最糟糕的，這對孩子來說是災難性的；如果寄養家庭很好而父母缺乏養育能力，那麼對兒童來說回歸家庭時的轉變就是巨大的創傷。最後，在孩子被寄養出去和回歸家庭這個過程中，父母是否做好了足夠準備讓孩子能夠適應，讓孩子回歸時有著必須哀悼的失落，包括失去之前依附的對象，還得面臨重新建立親密依附的未知旅程。

開始擔任諮商師的時候，我認為分離都是不好的，後來發現，有些送孩子去寄養的父母，做出寄養行為的當下並不具有撫養能力，在孩子回來的時候，破壞性的養育方式更說明他們不具有養育能力，或許他們把孩子送出去是更好的選擇。記得一個來訪者說起她的爸爸有暴力傾向，她家的

---

❶　編注：1939年，在德國空襲的陰影下，英國政府展開城市清空計畫，有系統的將婦女與兒童送至郊外，英國郊外的兒童之家應運而生。

三個孩子都被送出寄養，她的寄養時間最短，弟弟妹妹寄養的時間都比她長，他們在心理方面要比她更能適應一些。因此，我們也不能一概而論認為分離都是壞的。對於不具有撫養能力的父母來說，能夠把孩子寄放到有撫養能力的家庭中，對孩子來說也是一種祝福。但是作為臨床工作者，我還是強調**父母應該學習一些科學養育技能，並且要對自身童年創傷或者不適做出修正，才能在養育過程中讓孩子得到最大可能的受益。**

在這篇審定序接近尾聲時，我想根據多年臨床經驗提出一些建議：

第一，大家應該做好準備再生育，要有計畫，很多父母並不喜歡孩子，也沒準備好要好好照顧孩子，就把孩子帶到了這個世界，然後與他們分離，這是何其殘忍。生育是一件該負責任的事情，不是盲目的。我堅持認為媒體應該倡導負責任的生育，成為父母之前要先評價自己是否在身體上、物質上、精神上具有養育能力，不然面對幾千萬留守兒童，多少諮商師都無法替代他們做孩子需要、適當的父母。

第二，如果一定得把孩子送出寄養，還是等孩子稍微大一些再寄養，因為越小的孩子心智水準越低，他們越難以理解父母為什麼會把他們寄養在別人家，或者父母為什麼要離開。幼兒通常覺得自己非常重要，而父母的離去正是在毀掉他們這種自我感覺，他們會認為自己不重要，或者以為自己犯了什麼錯誤父母需要懲罰他們所以才離開。

第三，如果父母必須離開，那麼父母最好能讓孩子提前知道自己要離開，以及什麼時候會回來，即使只有一方離開，對孩子也是沉重的打擊，所以在離開前的交接和適應是非常重要的，並且如果可能的話，給孩子找一個替代者或許能有一定的幫助。

第四，孩子回歸，或者父母回歸家庭後，需要親子之間的再適應，父母應該以先建立良好的依附關係為主，很多家長誤以為矯正孩子的不良行

為（有時候未必是不良行為，而是父母看不慣的行為）就是愛，在孩子和父母沒有建立足夠好的依附關係情況下，這些矯正會讓孩子認為父母不接納他們，而且會認為父母在攻擊他們，而不是在養育他們。

和父母的正常分離是兒童成長過程中必然會經歷的，兒童隨著年齡的增長，會越來越獨立，最後脫離父母的羽翼。但是，**和父母過早分離，而且分離時間過長、分離過於突然，是兒童無法理解的**，這些都可能讓兒童造成嚴重的心理創傷。約翰・鮑比的依附研究關注於母嬰分離對兒童造成的影響，希望這套書的出版能夠讓華人父母重視兒童的早期養育，也期待這套書中的理念能夠推動研究，向大眾普及相關的科學育兒理念，增加大家對嬰兒以及對母嬰關係的理解。

致謝

最後，作為本套書翻譯工作組織者和審定者，在此對所有譯者和校對者表示感謝。《依戀理論三部曲1：依附》的翻譯者：汪智豔、王婷婷；《依戀理論三部曲2：分離焦慮》的翻譯者：萬巨玲、肖丹、周晨琛、周兆璿、李娟娟、楊詩露、王秋蘊；《依戀理論三部曲3：失落》的翻譯者：白建磊、付琳、趙萌、梁愷欣、王益婷。 校對：王秋蘊、黃慧、牛安然、 王憶豪。本次翻譯我們進行了二至三輪校對，部分翻譯由譯者互相校對，另外由大學本科系學生進行了一輪校對，我作為把關者進行了最後一輪校對，希望能把最好的作品呈現在讀者面前。

「當父母在場的情況下直接對嬰兒做出回應的時候，嬰兒會有一種在不知曉的狀態下感受著的喜悅。」

——法蘭西絲・湯姆森・薩洛（Frances Thomson Salo）

「安全堡壘不是一個地方、一個人或者一件事，而是一種聯合創造的心理的狀態，是一種兩人之間的、嬰兒與母親間的心理的狀態，在這種狀態裡，嬰兒的期待和母親感覺其所能提供的一致。在這種適當的心智狀態裡，母親能或多或少回應她的嬰兒，她能明白嬰兒在尋找什麼。」

——薇薇安・格林（Viviane Green）

「如果一個孩子逐漸相信，呼喚會招來一個關心他的成年人，並且對他的求助給以恰當回應，孩子內心就會開始發展出基本的安全感。對於某些母親而言，由於她們自身的情緒資源耗盡，無法活躍養育和保護衝動，尤其是在她們內心缺乏一個可以被喚起、關愛的父母的聲音時。因為沒有充滿生氣、被深深愛著的記憶，當她們還是小孩子的時候，沒辦法相信有一個足夠好的成年人在情感上是樂於幫助他們的。」

——愛曼達・瓊斯（Amanda Jones）

「家長傾向於重新活現和重新創造他們曾經歷過的養育，然而也會帶入他們曾經『希望』得到的養育，這些潛意識的願望會發展起來，將他們的孩子創造成自己曾經的樣子，或者曾經希望的樣子。在喚起過去的這個部分時，孩子可能會代表家長潛意識自體的一部分——被愛或被討厭的部

分。育兒過程包含家長自己的過去，因為育兒過程已經由他們自己被養育和作為孩子的經驗所塑造了。」

——萊斯利・寇威爾（Lesley Caldwell）

早年失去母親角色的經歷，影響往後的心理疾病

1956 年，我剛剛開始這項工作，對於自己將要做的事情還毫無概念。那個時候，我的目標還僅限於觀察「母親暫時離開時，年幼孩子的反應」，並進行一些理論上的討論。這些觀察研究的資料來自我的同事詹姆斯‧羅伯遜（James Robertson），當時我們正準備共同發表這些資料。對這些現象作出理論上的討論，顯然是很值得的，這形成了本書的第二部分。

然而，事情卻朝著另一個方向發展。隨著理論研究發展，我逐漸意識到當初我無心插柳所耕耘的，是一片並不亞於佛洛伊德在60年前所開啟的領域，其中蘊含著所有他曾遭遇並努力克服的相似崎嶇和艱險——愛與恨、焦慮與防衛、依附與失去。而我之所以被蒙蔽，是因為我的疑問、出發點與佛洛伊德當時進入並被往後分析師追隨的角度完全不同。熟悉的風景如果從全新的角度觀察，看起來就會相去甚遠。我不僅在一開始被蒙蔽，後來的進展也是相當緩慢。而且，我感受到同行也常常難以理解我想要做什麼。因此，如果把我的想法放到歷史發展角度來看，或許會有點幫助。

1950年，世界衛生組織希望我針對無家可歸孩子的心理健康問題提供一些建議。這項任務為我提供了寶貴的機會，得以結識兒童養護和兒童精

神病學領域的領導人物，並閱讀了不少文獻。正如我在結論報告的前言中寫到[1]：其中，最令我感到衝擊的是「兒童心理健康領域中的基本原則和實踐中的保護性措施，呈現出高度一致性」。在報告的第一部分，我呈現了證據並且展現這個原則：「人們認為，對心理健康來說，最基本的要素是嬰幼兒體驗到與母親（或者穩定的母親替代者）之間擁有溫暖、親密和持續的關係。在這個關係中，雙方都感到滿意和享受。」根據這個原則，在報告的第二部分我也強調了必須捍衛這些與家庭分離兒童的心理健康。

這份報告幫助人們看到了現存的問題、促進改善養護的方法，並且引發討論和研究。但是，正如當時一位審稿人指出，這個報告至少有一個重大的侷限。基於研究證據，報告中呈現了很多「母愛剝奪帶來的負面影響」以及「可以用來預防或緩解這些負面影響的實務量測」，但是卻幾乎沒有闡述這些負面影響如何形成。在「母愛剝奪」這一大前提下，所包含的各個事件是如何導致精神困擾？其形成機制如何？為何會以這樣的方式發展？會影響到結果的其他變項有哪些？它們如何起作用？這些議題這份報告不是沉默以對，就是鮮少提及。

沉默背後的原因是無知──包括我自己以及其他人──這是在撰寫報告的幾個月裡無法改變的現實。我希望，這個鴻溝總有一天能夠被填補，儘管我尚不清楚會在什麼時候、以什麼樣的方式。

在這個思維框架下，我開始認真關注同事詹姆斯‧羅伯遜所做的觀察研究結果。在哈雷斯圖爾特信託基金一小筆信託基金的資助下，他在1948年加入了我的研究項目，旨在「有系統探索兒童早期與母親分離對人格發展的影響」。當時，這個領域總體上來說仍是處女地，他在一項長期調查

---

❶　編注：此數字標示為參考書目，請參照本書最後所附資料。

研究中，觀察大量離家之前、之間以及之後的孩童；這些兒童大部分都是2～3歲，他們不僅離開了母親，而且在醫院或者全托保育園裡生活幾週到幾個月不等的時間中，沒有穩定的母親替代者。在這項工作中，他看到孩子離開家後強烈的悲傷和痛苦，以及回到家之後出現問題的程度和維持的時間，這讓他留下了深刻印象。閱讀過他的報告，或者觀看過他拍攝一個小女孩影片的人，無不為之動容。然而，當時人們對這些現象包含了什麼樣的意義和結論，並沒有達成一致。有些人質疑這些觀察的有效性；有些人認定了這些行為反應的所有可能因素，除了失去母親角色的失落；還有一些人認可失落是一個相關的變項，但是認為要降低它的影響並不是非常困難，也就是說，失落所引發的後果和病理症狀，並不如我們假設的那樣嚴重。

我和同事則持有不同的觀點。我們對此觀察的有效性很有信心，所有證據都指向失去母親角色是主導的變項，即使不是唯一一個。而且，我們的經驗也表明：「即使其他環境因素是有利的，這個因素所引起的痛苦和紊亂，也比人們通常看到的要多。」實際上，我們認為超過6個月大的孩子與母親分離並交由陌生人照顧時，造成他反抗、絕望，以及疏離等等典型反應的主要原因是「在一個高度依賴、高度脆弱的發展階段失去母親的照顧」。以觀察經驗來看，我們認為幼兒渴望母親的愛和存在，相當於他們對食物的渴望，也因此，**母親不在場會無可避免造成強而有力的失去和憤怒感**。我們尤其關注孩子離開一段時間後回到家中時，與母親關係的巨大變化。我們發現，孩子一方面會出現「對母親強烈的依賴可能持續數週、數月甚至數年」；另一方面，也會出現「孩子可能會暫時或永久拒絕母親這個愛的客體」。後面一種狀態，我們後來稱之為「疏離」（detachment），我們認為這是兒童壓抑對母親感受的結果。

因此，我們得到這樣的結論：無論是唯一因素還是與其他未證實變項的共同作用，**失去母親角色的失落，都會引發對心理病理產生重要影響的反應和過程。不僅如此，我們認為仍然被生命早期分離經歷而受苦的成年人，其身上出現的也正是這些反應和過程。**反應過程中形成的障礙，一方面表現為對他人提出過高的需求，在無法被滿足時感到焦慮和憤怒，例如在依賴型和歇斯底里型人格身上所見的那樣；另一方面表現為無法與人建立深層關係，例如在冷漠型和精神病型人格中所見的那樣。換句話說，當我們觀察兒童離開母親、進入陌生環境的過程，以及之後的反應時，我們所見證的這些反應以及防衛過程，可以與之後發展的人格功能障礙聯繫起來。

這些從實證資料發展的結論促使我們在研究策略做出至關重要的決定。既然我們的目標是要理解這些病理過程如何產生和發展，那麼就要把有關幼兒與母親分離後，以及再次回到母親身邊時反映的影片細節，作為最主要的資料進行研究。我們相信，這些資料具有重要的潛在價值，並且可以作為從成年病人那裡所收集而來、傳統治療資料的必要補充。有關這些決定的思考以及一些原始資料，發表在1952～1954年間的論文中，同一時期還公布過一個影片❷。

在做出這個決定之後的數年間，我和同事花費大量時間仔細分析收集到的舊資料，同時收集並分析新的資料，並與其他來源得到的資料進行比較，審視它們具有的理論意義。這些工作成果已經發表的有《短暫的分離》[171]，其中包括克里斯多夫‧海尼克（Christoph Heinicke）和伊爾澤‧韋

---

❷ 文中引用的論文如下：羅伯遜與鮑比的研究[292]、鮑比與其同事的研究[61]、鮑比的研究[52]、羅伯遜的研究[289]，以及安斯沃思（Mary Ainsworth）與鮑比的研究[13]。影片來自羅伯遜1952年的研究[288]。

斯特海默（Ilse Westheimer）研究於特定環境中，對兒童在短暫分離期間以及之後的反應。這個研究使用了比早期研究更有系統的方法，觀察、記錄了這些反應，並且將這些經歷分離的兒童行為與居住在家中沒有經歷分離的兒童行為匹配，進行統計分析比較。儘管這個研究有其侷限性，但是驗證了詹姆斯·羅伯遜不夠系統但是卻廣泛的研究發現，並且在多方面進行了擴展。

我在1958～1963年發表的一系列論文中，討論了這些觀察所帶出的一些理論問題。目前這三本書涵蓋了同一領域，但是理論上會更加嚴密，而且也增加了論証的題材。

《依戀理論三部曲1：依附》

本書專注於這一系列論文第一篇提出的問題——《孩子與母親與生俱來的聯繫》[53]。為了能夠更有效呈現理論的推進，也就是第三和第四部分所做的工作，我們有必要對「本能行為」（instinctive behaviour）這個問題先做整體討論，並找到最佳方式將之概念化。對此，這本書第二部分做了相當長的討論。第一部分有兩個章節：第1章系統性提出我在一開始做出的一些假設，並與佛洛伊德的工作進行比較；第2章回顧我所引用的實證觀察資料，並概括它們。第一和第二部分所有章節的目的，是澄清並明確定義我正在研究的概念，因為這些概念比較陌生，想要了解此項工作的臨床工作者，容易感到困惑。

《依戀理論三部曲2：分離焦慮》

第二本書討論的是最早在這一系列論文第二篇《分離焦慮》[54]和第三篇《分離焦慮：相關文獻的批判性回饋》[56]中提出的問題。

《依戀理論三部曲3：失落》

第三本書討論的是最早在後續論文《嬰幼兒時期與兒童早期的哀傷和哀悼》[55]、《哀悼的過程》[57]以及《病理性的哀悼和兒童期的哀悼》[58]中提出的問題。

這個探尋過程，始終貫穿精神分析框架。這樣做有幾個重要的原因：首先，我在這個主題上最早的思考，是受到精神分析工作的啟發——包括我自己的和其他人的；其次，儘管有其侷限性，但精神分析仍然是當今心理病理學領域中，最可用也是最常用的理論；最後，也是最重要的一點在於，我的所有模型中的核心概念——客體關係、分離焦慮、哀悼、防衛、創傷、早期敏感階段——在精神分析領域早已司空見慣，但在其他行為學科中，直到現在才剛剛得到一些關注，但這些關注是遠遠不夠的。

在佛洛伊德的探索過程中，他曾考察過來自不同角度的許多思考，也盡可能嘗試各種理論構架。他去世之後，遺留下的理論中的矛盾和模糊之處讓人們困惑，也促使人們嘗試將之梳理清楚，佛洛伊德的某些理論被選中並獲得進一步發展，還有一些被擱置和忽視。由於我的一些觀點與已有的傳統理論相悖，因此遭到了強烈批評，所以當我在陳述這些無疑與佛洛伊德所思所寫相反的理論時，內心也體驗到一些痛苦感受。但是，正如我希望表達清楚的：「我的模型中，大量核心概念都可以從佛洛伊德的工作中直接而明瞭的被找出。」

英文版第二版序言

改版這本書的主要原因是在過去的十五年間，生物學家對人類之外的其他物種社會行為研究取得了重要的進展。這些進展迫使我們必須在第二部分的一些地方做出較大的改動，主要是在第3章的最後兩節，第8章中的「利他行為」以及第9章開始的一段文字。

另外一個原因是，自第一版出版之後，有關依附的主題成了很多理論研討的中心，同時也指導了大量對此感興趣的經驗性研究。因此，是時候增加兩個章節來澄清一些理論問題並描述一些更重要的理論發現。為了留出更多的空間，刪除了原先附錄部分有關兒童與母親先天聯結的早期文獻綜述部分。

第三部分的改動比較少，只在第11章非人類靈長動物的部分加入了近期的研究發現。

第四部分需要做的細節修改比較多，這是由於近幾年來，研究者對人類生命早年進行了更深入的研究，在第18章我們對這些新的研究發現有更細緻的討論。

與文章有關的很多新發表論文已經編輯到參考文獻的部分。

目錄

Part 1
創造不同以往的
精神分析理論

第1章 **由一個觀點衍生、發展完整的理論基礎**

幼兒觀察方法的4個特點，與傳統分析方法的區別

本書採用的方法，不同於佛洛伊德理論的「動機理論」

用新模型取代佛洛伊德「心靈能量模型」的3大原因

新的本能理論所造就的客體關係理論

全新的依戀理論與舊理論間的差異

佛洛伊德理論中有關「回饋」的概念

第2章 **母嬰關係中，尚待解釋的觀察**

與母親分離後，孩子態度的3階段變化

母親是否在場，是影響孩子紊亂程度最主要的變項

母親角色存在與否，影響孩子面對陌生環境的反應

Part 2
本能行為與
依附行為的關聯與研究

Part 3 依附行爲
母親與孩子最原始的聯結

人類依附行為的個體發生學

Part 5　依戀理論的舊議題和新發現

創造不同以往的精神分析理論

當代精神分析理論,幾乎都源於一種臨床症候群或是一些單一症狀,例如偷竊、抑鬱或者思覺失調症,並由此出發,假設哪些事件和過程會影響它的發展。但是,我們在這裡所採用的視角,則是以嬰兒時期或者兒童早期失去母親形象的連續事件為出發點,來追蹤通常可能導致的心理和心理病理過程。

第1章

由一個觀點衍生、發展完整的理論基礎

> 「由於所有因素在產生作用的過程中都具有高度複雜性，因此僅有一種
> 方式在我們面前展開。首先必須選擇從其中一個觀點開始，只要能夠產
> 出成果就遵循這個觀點，直到我們需要下一個觀點。」
>
> ——西格蒙德‧佛洛伊德❶

近50年的精神分析研究中，佛洛伊德從一個觀點開始不斷進行探尋。夢、精神官能症病人的症狀、原始人行為的多樣資料幾乎都被他研究過。但是，儘管在他探尋解釋的過程中，每個案例都通往童年早期事件，但是他卻很少透過直接觀察兒童來研究。這就導致精神分析中有關兒童早期的概念，大部分都源於歷史性重構年長人群所得到的資料，即使是兒童分析情況也相同：推論事件和過程，都基於已經過去的一段生活史。

我們的研究有不同的觀點起點。基於前言中已經描述過的原因，我們相信，觀察母親在或不在時（尤其是不在時），年幼孩子對母親行為的反應，非常有助於理解人格發展。通常，當年幼的孩子被陌生人從母親身邊帶走的時候，他們會出現非常強烈的反應；當孩子重新回到母親身邊時，往往不是表現出高度的分離焦慮，就是表現出不尋常的疏離感。這兩種類

---

❶ 摘自《壓抑》最後一段¹²⁴。

型表現頻繁出現在受到心理精神官能症或其他形式情緒障礙困擾的人群中，因此，選擇這些觀察作為起點，並採用「只要能夠產生成果就遵循這個觀點，直到下一個觀點出現」的方式去研究，似乎大有可為。

由於這個出發點與精神分析師所熟悉的角度相去甚遠，因此，更準確的說明並詳細闡述採用這個觀點的原因，可能會有幫助。

精神分析理論嘗試從個體發展角度，解釋人格健康功能和病理性功能。為了創建這個理論體系，佛洛伊德及其幾乎所有後繼者，都是以回溯方式進行研究。主要資料源於精神分析的設置。在這樣的設置中，人格或多或少有所發展，而且或多或少已經發展出一定的功能。從這些資料出發，精神分析師嘗試重構當前人格狀態在先前的發展過程。

從很多角度來看，我們在此所做的嘗試與之恰恰相反。我們將觀察到幼兒在特定情境下的行為反應作為初始資料，嘗試去描述人格功能某些早期階段，並以此展開推演。更具體來說，我們的目標在於：「描述兒童早期經常出現的某些反應模式，並追蹤其在後來發展出的人格功能中，是否存有類似的反應模式。」這是從視角上的根本性變化，需要將可能對人格發展具有病理性影響的事件或是體驗，作為研究的出發點，而不是已經出現問題的單一症狀或症候群。

當代精神分析理論，幾乎都源於一種臨床症候群或是一些單一症狀，例如偷竊、抑鬱或者「思覺失調症」（schizophrenia），並由此出發，假設哪些事件和過程會影響它的發展。但是，**我們在這裡所採用的視角，則是以嬰兒時期或者兒童早期失去母親形象的連續事件為出發點，來追蹤通常可能導致的心理和心理病理過程。**實際上，就是從創傷性體驗出發，並找出前瞻性的工作成果。

在精神病學領域，這樣的研究方向轉變並不尋常。但是，這種情況在

生理醫學領域存在已久，因此，從生理醫學領域來舉例，或許可以幫助我們更加理解這個觀點。現在，當人們想要對某種肺部慢性感染進行病理學研究的時候，已經不太會「先找一組出現慢性肺部感染的病例，然後探索其感染源」的方法。人們更可能採用的方式是從某種特定來源開始，可能是某種結節、細菌或者一些新發現的病毒，來研究其所帶來的生理病理過程。透過這種方法，研究者可能會發現很多與慢性肺部感染無直接相關的東西。他有可能會更清晰的定義特定的急性感染症狀或其他亞型之臨床表徵，他幾乎能夠確定：他所選擇研究病原體造成了肺部以外其他器官的感染。他的研究焦點不再是某個特定臨床症候群，而是某種特定致病原所引發的一系列結果。

我們所要討論的致病原是「在6個月至6歲之間失去母親形象」的臨床處境。在開始考察我們所使用的主要資料之前，必須更全面描述這種方法與傳統方法之間的區別，並且討論這種方法所受到的批評。

幼兒觀察方法的4個特點，與傳統分析方法的區別

特點 1 觀察幼兒真實生活是主要資料來源

前文已經提及其中一個區別：這種方法的資料來源是研究者在真實生活場景下觀察幼兒，而不是治療病人的過程。人們有時認為，這些資料對科學研究來說是次要的。一些評論認為，直接觀察行為從本質上來說，只能提供一些表面訊息，與之形成強烈對比的是，在精神分析治療中，觀察心理功能所得到的幾乎是最直接的了解。這種觀點導致人們只對與透過治療過程一致的直接觀察資料感興趣，而忽視了指向其他方向之資料的重要

性。

　　不過，我現在認為，這個態度其實源於一些不合理的假設。首先，我們不能高估從分析治療中得到的資料價值。在這些資料中，我們要面對的是複雜的網絡，其中包括自由聯想、對過往事件的報告、對當前情形的評論，以及病人的行為等。為了理解這些千差萬別的臨床表現，我們不可避免的會根據自己所偏好的基模進行篩選和整理，而且當我們試圖推論其背後隱藏的心靈歷程時，又會不可避免的遠離觀察層面進入理論層面。儘管諮詢室出現心靈歷程的臨床表現異常豐富，但我們仍然無法直接的予以觀察。

　　事實上，反其道而行可能更加接近真理。**哲學家認為，對於個體的生活來說，其嬰兒時期可見的「行為模式」才是「其真實心理狀態發展的原始基礎」，並且成為之後所謂的「內在」。**一種情緒、一種情感或幻思，其實就是當所有形式與之相關聯的行為削減殆盡之後的「消失點」（vanishing point）[158]。由於限制相關聯行為的能力，會隨著年齡增長而增長，因此，很明顯的，被試者的年齡越小，其行為表現和心理狀態越像是一個硬幣的兩面。如果觀察本身是有技巧且細節化的，那麼記錄年幼兒童行為，可以作為他們當前心智狀態的重要索引。

特點 2　重視動物行為學，提供更廣泛的新觀念

　　第二，質疑直接觀察行為方法的人，習慣低估這些資料的豐富性和多樣性。在能夠引發焦慮和沮喪的環境中觀察兒童時，得到的資料可以清晰的與我們生活中許多核心概念互相聯結——愛、恨、矛盾的情感，安全、焦慮、哀悼，置換、分裂與壓抑等。實際上，我們之後會論證：孩子離開母親到陌生環境生活的幾週，我們觀察到孩子出現疏離行為，彷彿在觀察

真實的壓抑。

事實上，從本質上來講，資料沒有孰優孰劣的問題。每一類資料都與精神分析所關注的問題相關，而且，這裡的觀點永遠優於單一視角所提出的論述。

這個方法與傳統精神分析不同之處還在於──注重觀察其他物種在母親存在或缺席的類似情境中表現出的行為。因此，我們也就可以利用那些動物行為學家對這些行為的解釋，發展更廣泛的新概念。

如此重視動物行為學的主要原因在於：它提供了更廣泛的新概念供我們進行理論探索。其中有很多涉及「親社會聯結」（intimate social bonds）的形成──例如子代對親代、親代對子代以及不同性別的成員之間（有時是同性別之間）。還有一些涉及衝突行為和「置換活動」（displacement activity），另有一些涉及病理性固著發展，包括不適應行為或者指向不合適客體的行為。我們現在已經知道，衝突和病理性行為並非人類獨有。一隻金絲雀在初次築巢的時候如果沒有合適的材料，那麼牠不僅會發展出病理性的築巢行為，即使合適的材料已經足夠，也會保持這種行為。鵝會對一個狗窩求愛，如果狗窩倒塌還會出現哀傷的表現。因此，動物行為學的資料和概念所涉及的現象，與分析師想要理解的人類現象之間，至少是可互相比較的。

不過，在人類行為領域內測試這些動物行為學概念進行之前，我們不應該預設它們效果。動物行為學家都知道，無論已有的相關物種知識對於觀察另一個新物種提供多麼有價值的線索，都不可以直接從一個物種推論到另一個。人類並不是猴子，也不是白老鼠，更不用說金絲雀或是熱帶魚了。人類作為一個物種，擁有其自身能力以及某些與眾不同的特點。所以，也可能任何來源於更低等物種的觀點，都與人類毫不相關。不過，這

似乎也不太可能。在嬰兒餵養、繁殖以及排泄等方面，我們與更低等的物種擁有某些共通的生理特徵，所以如果說，人類的任何行為特徵都與這些物種不同，那會是件很奇怪的事情。此外，我們希望能夠在兒童早期，尤其是前語言期發現這些特徵，是在這個階段行為最少可被修正的。是否有這樣的可能性，即：至少某些源自兒童早期的精神官能症傾向和人格偏離，是由於這些生物心理過程紊亂所造成？無論答案如何，探索這種可能性是再基本不過的事了。

┨佛洛伊德的立場┠

至此，我們對所採取觀點的四個特徵都已經做了描述——前瞻性的角度、聚焦於致病原因及其後果、直接觀察幼兒，以及利用動物資料，也說明了我們傾向使用這些資料的原因。然而，由於少有精神分析師採取這一角度，有些人會擔心從這個角度開始研究是打破傳統且危險的方式，所以，我們很想知道佛洛伊德對此有什麼樣的觀點。

佛洛伊德在 1920 年討論了回溯法的一系列侷限。他這樣寫道：

「當我們從最後的結果回溯其發展過程的時候，事件發生的鏈結看上去是連續的，我們會感覺自己的思考所得完全令人滿意甚至出乎預期。但是，如果用相反的方式去研究，如果從來自分析的假設開始，嘗試遵循它們來推導最終的結果，我們就不會覺

得自己得到了非此不可的結果。我們很快就會注意到可能存在其他的結果，而且似乎也能夠很好的理解和解釋這些結果。推論的總結似乎並不如精神分析研究讓人滿意，換句話說，從一個既定的前提出發，我們無法預言此推論的本質。」

　　佛洛伊德指出，造成此侷限的原因是我們忽視了各種病理學因素的相對影響力。他告誡我們：

　　「即使假設我們完全了解決定一個既定結果的所有病理學因素……我們仍然無法預知這些決定性因素孰強孰弱。我們只能說最後成功的那個是最強的。也因此，如果我們遵循分析的線索，那麼總會得到一個確定的因果鏈，但是要沿著推論的路線去預測一個結果，卻是不可能的。」（S.E., 18, pp. 167-8）[126]

　　這段文字清楚表明，佛洛伊德無疑了解傳統探尋方法的侷限。儘管回溯法提供許多有助於確定病理學因素的證據，但它無法識別出所有因素，且更不可能評價其所識別出的因素之間的相對影響力。在精神分析領域中，回溯法和前瞻性研究之間的角色互補，實際上只是其他知識領域中「歷史方法」（historical method）和「自然科學方法」（the method of the natural sciences）之間，互補關係的一個特殊案例。
　　儘管在所有的歷史方法研究中，都能夠找到回溯法的位置，

而且也做出很多非常偉大的貢獻，但是它無法確定不同因素在因果關係中的相對位置的之弱點，也是眾所周知。歷史方法的弱點恰恰是自然科學法的強項。我們都知道，科學方法要求我們在研究一個問題時，要先形成一個或者多個我們感興趣、可能是事件原因的假設，然後用一些方法從這些假設中演繹出可以被檢驗的預期結果。從這些結果的準確度來判斷假設正確與否。

如果精神分析要成為一種純粹的行為科學，無疑在傳統方法基礎上需加入已被驗證的自然科學方法。在諮詢室中，歷史方法一定是最主要的方法（正如它在所有醫學分支中持續扮演的角色），但是從研究目的來看，假設、推論結果以及檢驗方法都可以且應該加入。本書的資料可以被看作應用這種方法的初步嘗試。總體來說，目的是聚焦於兒童生活中的事件及其造成的影響，並且形成可供檢驗的理論；形成細緻的預測，並且對其中進行檢驗將會是未來的工作。

瑞克曼（John Rickman）[287]和埃茲瑞爾（Henry Ezriel）[100]都曾說過，如果我們願意，可以將預測以及檢驗結果運用在治療病人當中，但是這個方式無法檢驗有關早期發展的假設。因此，為了檢驗精神分析發展理論，基於直接觀察嬰幼兒來預期結果，並用相同的方法進行檢驗，是不可或缺的過程。

是否要採取這個方法，就必須先選擇一個可能的病理學因素來看看所有或者部分結果能否歸因於它。這就把我們帶到了此方法的第二個特徵——研究特定致病因素及其結果。

如果提到佛洛伊德對此的看法，我們有必要區分他對致病因素的一般性觀點和本研究中所選擇的這個特定因素觀點。我們從他的一般性觀點開始。

　　考察佛洛伊德對精神官能症及其相關紊亂症狀成因的觀點時，我們可以發現他總是聚焦在「創傷」這個概念上。我們可能忘記了這個事實，即：他的觀點從早期到後來的論述皆是如此。也正因為如此，在他後期的兩部著作《摩西與一神教》[132]以及《精神分析導論》[133]中，他用很大的篇幅討論了創傷的性質、個體較為脆弱的年齡階段、可能具有創傷特質的事件以及它們可能對心理發展產生的影響。

　　佛洛伊德的核心論點在於「創傷特質」。他得出與很多人相同的結論，兩方面因素與之相關——事件本身以及個體體驗事件的過程，也就是說，創傷是一個互動的功能。佛洛伊德認為，一個體驗之所以會喚起異乎尋常的病理性反應，是由於人格對其有極大的需求。他進一步推測，這個過程，即是將人格暴露在超出其應對能力的刺激中。

　　在過程因素上，佛洛伊德認為個體對這些需求的滿足程度是具有很大差異的，因此「對於一個個體的創傷，對另一個個體可能就沒有相同的效果」（S.E., 23, p. 73）。但同時，他也堅持認為也就是一開始5到6年之間的特定生命階段，每個人可能都是相當脆弱的。其原因在於這個年齡「自我是無力的……不成熟的，沒有能力抵抗」。其結果就是自我「無法處理在以後看來極其容

易的一些任務」，只能訴諸壓抑或分裂。佛洛伊德認為這就是「神經官能症只會在兒童早期形成」的原因所在（S.E., 23, pp. 184-5）。

　　當佛洛伊德提到「兒童早期」的時候，我們要記得他所說的是包括幾個年齡段在內的一段時間，在《摩西與一神教》[132]中指前5年，在《精神分析導論》[133]中指的是前6年。在這個範圍內，他認為「兩～4歲可能是最為重要的」（S.E., 23, p. 74）。更早的年齡層並沒有受到他的特別關注，他也表示不能十分確定這段時間發展的重要性：「這個接受性（receptivity）階段在出生後多久才會開始，這無法確實的定論。」（S.E., 23, p. 74）

　　以上就是佛洛伊德在病因學方面的普通性理論，而我們發展的理論與之相近。在佛洛伊德提出的定義範圍內，與母親分離可能會造成創傷，尤其是孩子被送到陌生的地方與陌生人待在一起。此外，資料顯示造成創傷的年齡層也與佛洛伊德所推測出「極度脆弱的兒童時期」相當一致。接下來，我們會簡明闡述從「與母親分離」的這個事件所發展出來的觀點如何與佛洛伊德的創傷概念吻合，這也恰好提供了機會，介紹本書核心論點。

　　佛洛伊德用「因果條件」和「心理結果」定義創傷。而早年與母親分離符合這兩個角度所下的定義。在因果條件方面，在陌生情境中分離會引發強烈、長期的苦楚。佛洛伊德假設當心理受到過度刺激時會導致創傷。而在心理結果方面，分離所帶來的長期苦楚通常會激發心理變化，表現出壓抑、分裂和否認的防衛機制，而這些顯然精確符合佛洛伊德認為的「創

傷所導致的防衛」過程，且這實際上也就是佛洛伊德發展創傷理論時所依據的心理過程。因此，大家可以看到，我們在研究中所選取的病因，其實就是佛洛伊德設想創傷性事件中的特例。所以，**這裡所詳細闡述的精神官能症理論，其實就是佛洛伊德所提出的創傷理論之變體。**

　　不過，我們也要注意，儘管與母親分離十分符合佛洛伊德精神官能症的一般理論，而且分離焦慮、失落以及哀傷在他的理論中占據了相當重要的位置，但是，他卻極少明確的將一個早期分離或失落事件，定義為創傷來源。佛洛伊德顯得相當謹慎的談論哪些事件屬創傷，實際上，他所用的都是相當概括和抽象的形容詞，以至於我們無法每一次確定他所要表達的是什麼。例如，在《摩西與一神教》[132]中，他只是說：「他們給人有關性和攻擊的印象，而且，毫無疑問也是與自我受到的早期傷害有關（自戀性的羞愧感）。」（S.E., 23, p. 74）一般認為早期分離會傷害自我，但是，即使如此，這是否為佛洛伊德的觀點卻不得而知。所以，即使早期與母親分離完全符合佛洛伊德對創傷事件的定義，但他從未將其作為一種特殊創傷事件，並認真予以關注。

特點 3　利用直接觀察獲得資料

　　這個方法的第三個特點是——利用直接觀察行為獲得資料，並且，與前兩個特點相同，這個特點與佛洛伊德的觀點也相近。

　　首先需要注意的是，儘管佛洛伊德幾乎不使用直接觀察獲得的資料，但是他曾使用這些資料的情況都相當重要。例如他在《超越愉悅原則》（S.E., 18, pp. 14-16）[125]中，對於「棉線軸事件」的討論，以及在《壓抑、症狀與焦慮》[130]中，重新對焦慮理論所做的艱難思考。當時，他正面對有關焦慮的複雜且相互矛盾的結論。觀察年幼兒童獨自一人身處黑暗，或與陌

生人在一起時的行為過程中，他探索並發現了作為他整個新框架所依賴的基礎（S.E., 20, p. 136）。

其次，很有意思的是，在他的《性學三論》[120]中，曾明確提出「以直接觀察兒童作為補充精神分析研究方法」這個想法：

「精神分析研究，從後續的時間回溯到童年時期，結合觀察當下兒童的行為……直接觀察兒童的缺點在於這些資料很容易被誤讀；精神分析的困難之處在於它所得到的資料和結論，都是十分間接的。但是，當這兩種方法共同作用的時候，就有可能得到更加令人滿意的發現。」（S.E., 7, p. 201）

特點 4 採用動物研究資料

本研究方法的第四個特點，是採用了動物研究資料。如果有人懷疑「動物行為研究結果能否幫助我們理解人類」，那麼這種懷疑肯定無法得到佛洛伊德的支持。我們都知道，他不僅曾對喬治·羅曼斯（George Romanes）的《人類心理進化》[295]做過細緻研究❷，花費不少精力回顧動物資料，而且在他的遺作《精神分析導論》[133]一書中，佛洛伊德如此表述：「心理的一般性基模圖像，應當可以應用到在心理上與人類類似的更高等動物身上。」並且，我們也可以感覺到他的一絲遺憾：「動物心理學尚未研究這裡所呈現的有趣問題。」（S.E., 23, p. 147）

不可否認，動物行為研究要進展到佛洛伊德所思考的過程和結構，仍

---

❷ 收錄佛洛伊德筆記的版本藏於哥倫比亞大學醫學院佛洛伊德圖書館。安娜·佛洛伊德（Anna Freud）在私下交流中表示，父親可能於1895年期間寫下這些筆記，當時他正在撰寫《科學心理學研究大綱》[117]一書（S.E., 1）。

有很長一段路要走。但是，自佛洛伊德撰寫《精神分析導論》[133]之後這些年，動物行為學中的傑出研究及其所發展出來的嶄新概念，一定會吸引他的關注，並引發他的興趣。

本書採用的方法，不同於佛洛伊德理論的「動機理論」

我們已經討論了有關本書所採用研究方法的四個特點。即使本書採用的這些方法對很多精神分析師來說並不熟悉，也是未經探索的領域，但是從佛洛伊德的角度來說，要理解這個方法應當沒有什麼困難。不過，這些方法還有一些其他特點確實與佛洛伊德不同。其中尤為突出的就是「動機理論」（Theory of Motivaiton）。由於佛洛伊德提出有關「驅力」（drive）和「本能」（instinct）理論，在精神分析領域「超心理學」❸（metapsychology）中占據核心地位，因此每當有分析師脫離這些理論時，就容易引起混亂甚至恐慌。在繼續深入探討之前，我想引領讀者確立我們的立場，拉帕波特（David Rapaport）和吉爾（Merton Gill）的研究工作提供了有用的參照[277]。

在「清晰並系統化闡明組成精神分析超心理學的主體假設」的嘗試過程中，拉帕波特和吉爾根據不同觀點對這些假設進行歸類，並確定了五個觀點。當我們需要對一個心理現象做任何精神分析性闡釋的時候，必須包含討論每個觀點議題。這五個觀點和每個觀點所要求的含義如下：

· **動力**（The Dynamic）：要求討論一個現象中所包含的心理力量

---

❸　編注：超心理學是探討心理學的根本問題或心理哲學問題的學問，嚴格說來，並不屬於心理學領域，卻與心理學息息相關，因此稱為「超心理學」。

- **經濟**（The Economic）：要求討論一個現象中所包含的心理能量
- **結構**（The Structural）：要求討論一個現象中所包含的穩定心理結構
- **起源**（The Genetic）：要求討論一個現象的心理起源和發展
- **適應**（The Adaptive）：要求討論一個現象與環境之間的關係

從目前來看，結構、起源和適應三個方面沒有什麼困難，有關起源和適應方面的探討將貫穿全書，而在所有關於「防衛」（defence）的理論中，我們一定可以找到很多關於結構方面的探討。尚未被考察的是動力和經濟兩個方面。關於心理能量或心理力量的議題，例如能量守恆、熵❹（entropy）、方向以及力的量級等概念，都還沒有出現過。在後面的章節中，我會嘗試對此進行補充。現在，我們可以先簡要了解一下這些觀點的緣由以及狀態為何會有所缺漏。

佛洛伊德在其精神分析研究伊始，就提出有關心靈器官的模型，這個模型將行為刻畫成假定存在的心理能量尋求釋放的最終結果。很多年之後他在《精神分析導論》一書中寫道：「我們假定，正如其他自然科學引導我們所期待的那樣，在心理生活中，也有某種能量在起作用……」但是這種能量的類型在他的假設中，是不同於物理能量的，佛洛伊德稱之為「緊張的或是心靈的能量」（S.E., 23, pp. 163-4）。為了清楚區別這個模型與其他視物理能量為先決條件的模型，並排除所有其他類型能量的模型，佛洛伊德提出的這個模型後來被稱作「心靈能量模型」（psychical energy model）。

儘管心靈能量模型曾經修改過幾次，但佛洛伊德從未考慮用其他模型

---

❹ 編注：德國物理學家克勞修斯（Rodolph Clausius）於1854年提出，是對物理系統之無秩序或亂度的量度；即「熱力學」（Thermodynamics）中用於「量度熱能」（Thermal Energy）無法提供轉換成有用的「功」（Work）的一種物理量，是表示物理系統有序狀態的一個函數。

來取代。抱有同樣態度的分析師也不在少數。那麼，究竟是什麼原因促使我這麼做呢？

用新模型取代佛洛伊德「心靈能量模型」的3大原因

首先，很重要的一點是，佛洛伊德的模型並非基於他對病人的臨床工作，而是來源於他的老師——生理學家布呂克（Ernst Wilhelm von Brücke）、精神病學家邁內特（Theodor Hermann Meynert）以及醫生布魯爾（Josef Breuer）的想法。這些想法來源於費希納（Gustav Theodor Fechner）和赫姆霍茲（Hermann von Helmholtz），以及再之前的赫爾巴特（Johann Friedrich Herbart）。瓊斯（Ernest Jones）指出，當佛洛伊德開始對這些觀念感興趣的時候，它們「早已被知識界尤其是科學界所熟知並廣泛接受」[190]。因此，心靈能量模型是佛洛伊德引入精神分析領域的一個理論模型，而不是從精神分析實踐中提煉出來的❺。

其次，這個模型代表了一種嘗試，即透過與19世紀後半葉物理學和化學潮流類比，概念化心理資料。物理學家使用能量以及能量守恆概念，為赫姆霍茲留下非常深刻的印象，他認為，在所有的科學領域中，真正的起源必定是某種形式的「力」（force），而他本人也積極將這些觀念應用到自己的生理學研究中。而佛洛伊德當時非常渴望將他提出的概念納入正

---

❺ 除了佛洛伊德本人著作以外，了解佛洛伊德模型起源最佳指引有：柏恩菲爾德（Siegfried Bernfeld）於1944年的作品以及1949年的著作[39 & 40]、瓊斯所寫的傳記[190]，特別是第17章、克里斯（Ernst Kris）在《佛洛伊德寫給弗利斯的信》一書中所寫的前言[202]、史崔屈（James Strachey）於《佛洛伊德基礎假設之展現》（S.E. 3, pp. 62-8）[351] 的評論、懷特（Lancelot Law Whyte）[383]的作品讓我們能透視長遠的歷史，其他的不說，他強調了赫爾巴特表達其思想的定量形式擁有高度聲望。

統科學，因此，也借用並闡述了這個基於費希納所提出的概念模型。佛洛伊德這個模型最主要的特點是：

〔特點1〕「心理功能中，有些東西必須區分出來——其影響的程度或是興奮狀態——它們具備所有數量上的特點……它們能夠增加、減少、置換以及釋放」，這一形態與電荷類似（S.E., 3, P. 60）116。

〔特點2〕心理器官受到兩個緊密相關的定律支配，即慣性作用與守恆定律，前者意味著心靈器官會保持其內部的興奮處於最低的程度，後者意味著它傾向於保持恆定。❻

　　第三點也是最重要的一點是，心靈能量模型與佛洛伊德及其後繼者所認為的真正精神分析核心概念——無意識在心理過程所扮演的角色、壓抑機制是主動將心理內容保持在無意識之中的過程、移情作用是行為最重要的決定因素、精神官能症起源於童年創傷——在邏輯上彼此並不相關。所有這些概念與心靈能量模型之間本質上不存在任何聯繫，並且，如果不用這個模型，其他四個仍然可以保持不變並且相互聯繫。心靈能量模型是用來解釋佛洛伊德所關注的資料的可能模型，但並非必須。

---

❻ 早期，佛洛伊德認為當接收到外部刺激時，慣性定律首先起作用並掌控整個系統：「這個釋放的過程代表了神經系統的首要功能。」而守恆定律被認為是次要的，它的功能是幫助系統來處理源於內部的（身體的）刺激（S.E., I, p. 297）117。後來，佛洛伊德對這兩個定律的看法發生了一些變化，但並非根本上的變化。在他最終的構想中，慣性定律仍然是首要的。這要歸因於「死亡本能」（death instinct），後來被更名為「涅槃原則」（Nirvana principle）。而守恆定律從某種程度上來說，逐漸被「愉悅原則」（pleasure principle）所取代，但與其前身相同，仍然是次要的；愉悅原則代表了生之本能引起對涅槃原則的改變（參見該版本編輯注解，S.E., 14, p. 121）。

這裡我想要強調的是，第一，佛洛伊德的心靈能量模型來自精神分析領域之外；第二，他引入這個模型最重要的動機是確認他的心理學與他所認為當時最科學的想法之間的一致性。在他的臨床觀察中並未呈現甚至提示有這樣一個模型存在——這點從他早期案例研究中可以看到。毫無疑問，大多數分析師之所以繼續採用這個模型，一方面是由於佛洛伊德自始至終都支持這個模型，另一方面也是由於沒有更具說服力的模型出現。

為了解釋資料，使用任何可能的模型都不能說是脫離科學的，既然如此，無論是佛洛伊德引入這個模型還是他本人或其他人對此的應用，都沒有不具科學性的說法。不過，問題在於，如今是否有更好的替代模型適用於當前的研究？

新的本能理論所造就的客體關係理論

在精神分析發展過程中，當然也曾經嘗試過補充或替換佛洛伊德模型。其中有很多研究聚焦於個體強烈尋求與他人或他人的一部分產生聯繫的傾向上，認為這種傾向在心理生活中的重要性堪比「涅槃原則」和「愉悅原則」，是首要原則。應當注意的是，與心靈能量模型不同，客體關係模型源於臨床經驗以及對病人精神分析過程中所採集的資料。實際上，在認同移情性資料重要性的背景下，我們被迫接受這類模型；而且，自佛洛伊德以來，這類模型在所有臨床分析師的思考中都能展現。因此，問題不在於這類模型是否有用，而在於它應當作一種補充還是一種替代的心靈能量模型。

佛洛伊德的後繼者中，對客體關係理論貢獻最大的四位分析師分別是：克萊恩（Melanie Klein）、巴林（Michael Balint）、溫尼考特（Donald W.

Winnicott）和費爾本（Ronald Fairbairn）。儘管他們發展出來的理論版本有許多共通之處，但彼此之間仍存在一些差異。對我們來說，最重要的差異在於一個理論從程度上來說，是純客體關係理論還是客體關係概念與心靈能量概念相結合的複合型理論。在四位理論家當中，強調死亡本能這個概念者中，梅蘭妮·克萊恩是最複雜的；費爾本是最純粹的，因為他明確排除所有非客體關係的概念❼。

　　本研究所採用的理論也是從客體關係理論發展而來，因此要感謝這四位英國分析師的卓越工作。不過，我們的角度並不與其中任何一位相同，在某些點上，差異甚至是巨大的。此外，我們與這四位最重要的差異還在於：我們採用了一種新的本能理論❽。 我認為，現今客體關係理論最大的不足，就在於缺少一個能替代佛洛伊德本能構想的理論。

　　與佛洛伊德的模型相同，本能行為模型是從相鄰學科引入的，並且同樣也反映了當時科學界氛圍。它部分來自動物行為學，部分來自米勒（George Armitage Miller）、加蘭特（Eugene Galanter）和普里布蘭（Karl H. Pribram）在《計畫和行為的結構》244一書中以及楊（John Zachary Young）在《一個大腦模型》394中提出的此類模型。對於心靈能量及其釋放來說，其核心概念在於行為系統以及它們對訊息、負面回饋和調控內部平衡的行為模式。本能行為更複雜的形式是對計畫的執行，不同的物種具有不同程度的靈活性。其中的假設是，執行一個計畫，始於接收某種訊息（來自感覺器

---

❼　另一種區別四個理論的方式是定義兒童最脆弱時期。在這個方面，從梅蘭妮·克萊恩到巴林形成的是不同的漸變階段。梅蘭妮·克萊恩的理論認為幾乎所有關鍵發展節點都在前6個月發生，在費爾本的理論中是前12個月，溫尼考特是前18個月，而巴林的理論則認為生命前幾年的發展都具有幾乎相同的重要性。

❽　這裡使用「本能理論」這個詞語優於「驅力理論」或「動機理論」等術語。在第3章以及後面的章節，將會說明其中的原因。

官，源頭在外部或內部，或兩者皆有）；隨後，持續接收到的與所採取的行動所引發結果相關的更多訊息（同樣也來自感覺器官，源於外部、內部或兩者皆有）會給出指示反應最終結束這個過程。在對計畫本身以及控制其執行信號進行決策的過程中，習得和非習得的因素都可能會產生影響。至於支撐整個過程進行所必需的能量，我們認為除了必定存在的物理能量之外，並無其他：可用這一點可以將這個模型與傳統理論區分開來❾。

簡而言之，這些就是這個模型的基本特點。在本書第二部分（繼下一章節介紹的經驗資料之後），會進一步詳述這個模型。接下來，我們會簡要說明一下，我們認為在新的模型中被消除或者至少被削弱的心靈能量模型中的三個缺點，分別涉及關於行動終止的理論、其檢驗性，以及其概念與當今生物學之間的關係。

全新的依戀理論與舊理論間的差異

行動不只會啟動也會終止。在採用心靈能量概念的模型中，行動始於心靈能量的積累，而終於能量耗竭。因此，一個行為得以重複之前，個體必須提供新的心靈能量積累。但是，有很多行為卻無法簡單用這種方式來解釋。例如，當嬰兒看到母親時會停止哭泣，但如果母親離開其視野，那麼他就會繼續哭。這個過程可能會重複幾次。在這種情況下，很難假設哭泣停止和恢復是由於可得到的心靈能量一開始下降而隨後上升所引起的。同樣的問題也存在於鳥類築巢行為中。當巢築好的時候，鳥就會停下來，

---

❾ 史崔屈曾提醒我，本書所發展出來的理論與佛洛伊德理論之間的差異，可能沒有我和其他人想像得那麼大（見本章最後一節）。

但是如果巢穴被移走，牠很快就會開始重複之前的行為。但是這種重複似乎也很難歸因於忽然得到了特殊的能量，或者解釋為何巢穴保持在原位的話，這種情況就不會發生。另一個角度來說，這兩個例子中，行動的變化都可以很容易的被理解為「由於環境變化所產生的信號」。關於這點，我們在第6章會做進一步討論。

與其他類似的模型一樣，精神分析心靈能量模型的第二個缺點是來自有限的檢驗性。波珀爾（Karl Raimund Popper）認為，能夠將一個科學理論從其他類型理論中區分開來，並非從辨其來源而得，而是從能夠並且已經被檢驗的事實[265]。這種檢驗不是一次性的，而是不厭其煩的。一個理論越禁得起頻繁而嚴格的檢驗，科學地位也就越高。以此類推，在其他條件相當的情況下，可檢驗性越高的理論越符合科學標準。在物理學中，能量的定義是能夠做「功」（work），而功可以用「呎磅」（foot-pounds）或其他等價單位來測量。因此，物理學的能量理論是成立的，並且也已經受到頻繁的檢驗，其方式就是「考察從功的概念推論而來的命題是否成立」。當然，到目前為止，有很多這樣的命題被證明是成立的。但是，針對佛洛伊德的心靈能量模型，與所有類似模型一樣，類似的情況卻沒有出現。也就是說，心靈能量模型仍未被檢驗，並且，只要無法用可觀察到的事物來定義並準確測量，就仍然只是一個無法被檢驗的理論。這對科學理論來說是一個嚴重的缺陷。

諷刺的是，這個模型的第三個缺點恰恰源於佛洛伊德認為的主要優勢。對佛洛伊德來說，心靈能量模型旨在嘗試使用與之同時期物理和化學的主流方法概念化心理資料，因此，它應當具有將心理學與科學範式相連接的重要作用。然而，它現在卻有著完全相反的作用。關於「存在一種特殊、有別於物理能量形式的能量」這個假設，並沒有使得動機模型受到生

物學家青睞[181]。對熵定律能夠像應用於非生命系統一樣可應用於生命系統的假設，也同樣沒有產生佛洛伊德所預期的影響力。相反的，在當今生物學理論中，對物理能量概念的使用已經司空見慣，最受關注的是組織和訊息等獨立於物質和能量的概念，並將生命有機體視為一個開放而非封閉的系統。這就使得心靈能量模型不僅沒有將其精神分析整合到當今科學領域中，相反的，成為了這段過程中的阻礙。

我們認為，本書所採用的模型並沒有受到這三個缺點的影響。因為我們利用了回饋的概念，結束和啟動行動的條件同樣受到關注。因為與可觀察的資料之間有著緊密的關係，它是可檢驗的。因為涉及了控制理論和進化理論的術語，這個模型將精神分析與當今生物學的主流連接在一起。最後，與心靈能量模型相比，它能夠對精神分析所關注的資料給出更簡潔和穩定的解釋。

當然，我們也很清楚，這些想法依舊空泛，而且並不是那麼容易接受。我們之所以對此進行闡述，是為了說明採用這個新模型的原因，也是為了說明某些精神分析主要的超心理學概念未被使用的原因。正因為如此，許多涉及心靈能量模型的佛洛伊德理論不再符合我們的要求，本能理論、愉悅原則以及傳統防衛理論就是其中三個典型例子。當然，要讓分析師放棄這些理論至少要滿足兩個條件：首先，要對這些理論想要解釋的資料進行討論；其次，做為替代品的新理論，至少要與原來的理論一樣。只有這樣，新理論才真正具有說服力。

顯然，任何想要重構理論的人都會面對巨大而繁雜的困難。其中一個難點是讀者需要關注的——自精神分析產生後的70年間，傳統模型幾乎被應用於心理生活的所有方面，因此，無論符合程度如何，它現在幾乎對所有的問題都提供了一定解釋。這一點，顯然沒有任何新理論可以做到。

從一開始，一個新的理論肯定只能在一些選定的領域發揮作用，就像一個新成立的政黨，只能在一些選區中產生競爭力。只有在一個限定領域證明自己的價值，這個理論的應用才有可能被延伸，才可以檢驗更加廣泛的價值。所以，我們在這裡提出的這個理論，其應用的廣泛性和價值有待考察。在這個階段，我們希望讀者在評價這個理論的時候，先不要考慮尚未涉及的問題，而是去考量它在其應用的有限領域中是否能夠成功。「由於所有因素產生作用過程中的高度複雜性，我們可用一種開放式的方法來呈現它們……」

總結這個介紹性章節的時候，想像一下佛洛伊德會如何看待這個新理論應該會很有意思。他會覺得這有悖於他所提出的精神分析概念嗎？還是會把它看作另一種儘管還有點陌生，但也可以對資料進行分析的方法呢？熟讀佛洛伊德著作的人恐怕不會對這個問題的答案有所遲疑。他曾多次強調，他所提理論的高度實驗性，並且也認可這樣的觀點──科學理論就像其他生命體一樣，有出生、生存和死亡的過程。他這樣寫道：

「一門建立在經驗性解釋基礎上的科學……會欣喜於自己擁有那些模糊而難以想像的基本概念，這些概念要麼在其自身發展過程中被逐漸清晰的認識……要麼就被其他概念替代。這是因為，這些概念並不具科學的基礎，而只是透過觀察所得……它們位於整個結構的最上層，可以被替代，也可以被拋棄，但不會毀壞這個結構。」（S.E. 14, P77）

在《自傳研究》[129]一書中，他的表述也是一脈相承。他帶著愉悅的心情談道：

「一旦精神分析的假設性上層結構被證明其不足，其餘部分都可以被拋棄或改變。」（S.E., 20, p. 32）[129]

所以，我們必須不斷思考兩個問題：理論是否充分解釋資料，以及如何更有效的去求證。我們對本書中提出的新理論，將始終抱持嚴謹的審查和批判態度。

佛洛伊德理論中有關「回饋」的概念

前文注解中已經提到，從某些方面來說，本書所提出的動機理論與佛洛伊德觀點的差異可能並非像我或者其他人想像得那麼大。

近幾年來，人們重新喚起佛洛伊德在其《科學心理學研究大綱》[117] 一書中所提出的神經學模型的興趣。該書寫於 1895 年，但並未在佛洛伊德有生之年公開發表。神經生理學家普里布蘭注意到[270]，即使從現今標準來看，這個模型的很多特點，包括「負回饋」（negative feedback）等，也仍是十分頂尖並成熟的。史崔屈在新譯版的引言[352]，同樣注意到佛洛伊德早期觀點與現代科學之間的相似之處，例如：「在佛洛伊德有關『知覺機制』（mechanism perception）的解釋中，他曾將回饋作為基礎性概念引入，並將之作為機體自身應對環境時的糾錯方法。」（S.E., I, pp. 292-3）

《科學心理學研究大綱》一書中出現這些觀念，使得史崔屈相信本文所提出的本能行為模型，尤其是「行動終止於環境變化的知覺」這個概念，與佛洛伊德的差別並沒有我想像得那麼大：

「在《科學心理學研究大綱》一書中，佛洛伊德中肯的表示，『行動』

的開始源於對外界的知覺，因對外界產生新的知覺而終止，當再次出現對外界的另一種知覺而重新啟動。」（與史崔屈的私人交流。）

回饋的概念同樣也出現在佛洛伊德在本能之目標與其客體的概念上。在他的論文《本能及其變遷》[123]如此描述：

「本能在任何情況下以尋求滿足為目標，只有消除本能源頭的刺激，才有可能達成這個目的……本能的客體指的是本能得以達成目標所借助的事物。」（S.E., 14, p. 122）

透過與客體之間的關係來達到消除源頭刺激這個過程，可以很容易被理解為回饋，這有別於釋放的概念。

在佛洛伊德理論中可發現，回饋的概念是件相當有意思的事情，但是這些概念幾乎總是躲在暗處，或者被其他完全不同的概念排除在外。這就導致回饋的概念在精神分析理論領域從未被探索和發掘。這種缺席顯而易見，例如在拉帕波特和吉爾有關超心理學的論文中就可以看到[277]。

當我們試圖從前人的思考中形成當前的觀點時，常常會有過度解讀的危險。例如，如果像普里布蘭認為的「『慣性』（inertia）是『恆定』（homeostasis）最樸素的形式」那樣，將佛洛伊德的慣性定律作為守恆定律的一個特殊例證，就不一定是合理的。這兩個定律之間似乎有些關鍵性差別。佛洛伊德的慣性定律被認為是將興奮狀態降低到零的趨勢，但守恆定律不僅是指努力維持在某些特定的正向限制之間，而且在維持這些由遺傳因素設定界限的同時，還要保持在生存可能性可以最大化的平衡點上。一個使用了物理學和熵的術語，而另一個則是生物學和生存的術語。作為與

恆定相似的概念，守恆定律似乎比慣性定律更具前景。

第2章

母嬰關係中，
尚待解釋的觀察

「一個棄嬰，忽然醒來，他恐懼的眼神在四周徘徊，只見他不能所見的
是一雙充滿愛意的眼睛。」

——喬治·艾略特（George Eliot）

自古以來，母親和詩人就能夠感受到失去母親對孩子帶來的痛苦，但是，科學領域在近50年間才開始予以關注。

除了一些早期資料之外（包括佛洛伊德的筆記在內），在20世紀40年代之前，科學界並沒有觀察嬰幼兒與母親分離時行為表現的連續紀錄。對此現象最早的觀察發生在「二戰」期間的漢普斯特德保育院，參見博靈漢（Dorothy Burlingham）與安娜·佛洛伊德的報告[68 & 69]。年齡範圍從0～4歲。這些健康的孩子與母親分離之後被送到保育院，得到了戰爭期間所能得到最好的照顧。這些研究具開創性意義，但是報告內容並沒有系統整理，也沒有完整記錄該期間看護情況的巨大變化。不過，其中所記錄的現象，就現在看來仍然非常典型，而且報告中所做的生動描述如今也廣為人知。

第二組此類觀察來自史畢茲（René Árpád Spitz）和沃爾夫（Katherine M. Wolf），他們觀察了監獄系統中未婚母親所生的大約一百位嬰兒[344]。除了持續觀察其中幾個孩子18個月，其他觀察主要限於前12個月內嬰兒的行

為表現。在開始的 6 ～ 8 個月內，所有被觀察的嬰兒都由母親照料。隨後，「由於不可避免的外部因素」，出現了一次「實際上持續 3 個月的分離」，在這次分離過程中，孩子可能完全見不到母親，最好的情況也只能每週見一次。在此期間，孩子會由其他孩子的母親或者一名孕後期的女性照顧。與其他大部分此類研究不同，除了母親改變之外，在這個研究中，孩子的生長環境在分離期間與之前幾乎沒有什麼太大的變化。

繼這兩組早期研究之後，很多研究出現了。1948 ～ 1952 年，我的同事詹姆斯·羅伯遜當時在漢普斯特德保育院工作，觀察了大量兒童。這些孩子大部分是 18 個月到 4 歲大，他們被送到全托的保育院或者醫院，其中一些孩子只住了一、兩個星期，但還有一些住的時間較長。他的觀察盡可能包括了孩子在離家期間的行為表現，也包括了離開前和回到家之後的情況。其中一部分資料發表在 1952 ～ 1954 年之間的論文和一部影片當中 [292 & 61 & 52 & 289 & 288]。羅伯遜還發表了一些家長描述幼兒住院及離開醫院一段時間後的行為表現：其中大部分孩子在住院期間沒有母親陪伴，但也有一些母親在醫院陪伴的案例 [291]。

繼羅伯遜的觀察之後，我在塔維斯托克兒童發展研究部門的同事開展了另外兩項研究，第一項是海尼克的研究 [170]，第二項是海尼克和韋斯特海默的研究 [171]。兩項研究中涉及的兒童年齡都在 13 個月大到 3 歲之間，他們因為被送到全托保育院而面對分離，大部分孩子兩週之後回到家裡，也有一些會在保育院住得更久。儘管這兩項研究所觀察的兒童並不多（第一項有六個，第二項有十個），但從研究設計和觀察系統性的角度來說，都是非常特別的。此外，每一個經歷分離的兒童都有一個對照組：第一項研究中，觀察了配對的一組兒童在日托保育院中前幾週的表現；第二組則觀察了配對的一組兒童居住在自己家裡的表現。海尼克和韋斯特海默使用統計

方法分析了資料，同時也具體描述了其中一些個別兒童的行為。

在過去幾十年，大量研究陸續出現。例如，在巴黎，奧布里（Jenny Aubry）和同事們觀察了一組被送到全托保育院不久的兩歲幼兒[25 & 85 & 28 & 23]。之後，這個研究小組的成員又對一組年齡在4～7歲參加為期一個月夏令營的孩子進行了研究[82]。

海尼克和韋斯特海默在《短暫的分離》[171]一書後面的章節中，系統思考了這些健康兒童在保育院內的觀察結果以及這些研究。這些研究結果之間具有相當顯著的一致性。

還有一些研究記錄了幼兒在住院以及出院後的行為表現。有些來自兒科醫生，例如：美國的普魯夫（Dane G. Prugh）[273]、英格蘭的伊林沃恩（R. S. Illingworth）和霍爾特（K. S. Holt）[187]、南斯拉夫的米契斯（Z. Mićić）[243]、波蘭的碧野利沙（I. Bielicka）和奧萊赫諾維奇（H. Olechnowicz）[42]。還有一些來自心理學家，其中包括蘇格蘭的謝弗（H. Rudolph Schaffer）考察了1歲以內的嬰兒入院和回家時的反應[310 & 315]和捷克斯洛伐克兩位研究者朗格納耶（J. Langmeier）與瑪迪傑克（Z. Matejcek）所做的綜合性調查[205]。弗農（D. T. Vernon）曾對與醫院相關的文獻進行了比較全面的綜述[369]。

不同研究選取的對象在很多方面都存在差異。例如，年齡、來源於哪種類型的家庭、被送到哪一類機構，以及他們所受到的照顧，另外還有他們離開母親的時間。從健康和患病角度來看，也是不同的❶。然而，儘管有那麼多不同之處，且觀察者的背景和期待也有所不同，但是結果卻有很高的一致性。大於6個月的孩子對就會與母親分離這件事表現出某些典型

---

❶ 值得注意的是，羅伯遜與謝弗提出的這兩個主要研究住院兒童報告，排除因發燒、疼痛，或其他疾病徵兆的短暫影響，大多數的兒童都接受了檢查或小手術。

反應。本文提出的理論主要基於詹姆斯・羅伯遜的觀察結果，主要引用的也是他的分析。

與母親分離後，孩子態度的3階段變化

他的基礎資料主要是觀察2～3歲的兒童在全托或住院的有限時間內、在傳統看護方式下的行為反應。這就意味著，這些孩子離開母親以及其他所有次要照顧者及其熟悉的環境，被送到一個陌生的地方，由一連串不熟悉的人照顧。後續的資料則來自觀察孩子回到家後數月內的行為以及父母提出的報告。

在上面所描述的這種設置下，一個15～30個月大、已經與母親建立起適合的安全關係，且之前從未與母親分離的孩子，會表現出一系列可預測的行為。根據他對母親表現出來的主導性態度，我們可以將之劃分為三個階段。我們將這些階段描述為抗議、絕望和疏離。如此鮮明的將它們區分開來，是為了方便我們進行描述，但是可以理解現實情況是每個階段都與下個階段有所重疊，也就是說，一個孩子可能會幾天或者幾週都處於從一個階段到下一個階段的過渡期，或者在兩個階段之間搖擺。

階段 1 抗議

最初的抗議階段可能會立即開始，但也可能會延遲，通常持續幾個小時到一週或更長一些。**在此期間，幼兒對於失去母親會表現出強烈的痛苦，並且充分動用他全部但卻有限的資源試圖重新找回母親。**他通常會大聲哭泣、搖晃床的護欄、發脾氣，並且時刻關注任何可能是母親的圖像或聲音。他的所有行為都表明他強烈期待母親回來。同時，他很可能會拒絕

所有替代性、想要為他做點事的人，儘管有些孩子會十分絕望的黏住照顧
者不放。

階段 2 絕望

　　繼抗議階段之後，在絕望階段，孩子對母親的想念仍然十分明顯，儘
管從他的行為可以看到越來越多的無望感。**主動的身體動作減少或消失，
他可能會發出間歇而單調的哭聲**。他變得退縮、失去活力，對環境中的人
沒有任何要求，看上去就像進入很深的哀傷狀態。這是安靜的階段，有時
候會被錯誤理解為孩子內心的痛苦得到了緩解。

階段 3 疏離

　　繼抗議和絕望之後，孩子遲早會進入疏離階段，由於在這個階段孩子
會表現出對周圍事物的興趣，因此常作為孩子正在恢復的信號而被鼓勵。
孩子不再拒絕照顧者了，他會接受他們的照顧以及帶來的食物和玩具，甚
至可能會對他們微笑並且與他們交流。對一些人來說，這樣的變化令人滿
意。但是當母親來訪的時候，就可以看到這其實並不是一件好事，因為這
些孩子會缺乏該年齡段正常且典型的強烈依附行為。他非但不歡迎母親到
來，甚至好像不認識母親；非但不會黏著母親，還可能會保持疏遠和冷漠
的態度；沒有眼淚，有的只是冷淡的轉身離開。看起來他對母親似乎完全
失去了興趣。

　　如果繼續待在醫院或全托保育院中，通常會發生的情況是：他開始短
暫依附一些照顧者，但是這些照顧者也會離開他，**這些分離重複了他最初
與母親分離時的體驗，最終，他會表現出對母親或者是任何人的接觸都無
所謂的樣子**。經歷幾次失落令他產生信任和情感的母親角色之後，他所體

驗到的不安會讓他越來越不願意將自己交給後續照顧者，而最終，他不再讓自己依附任何人。他會變得越來越以自我為中心，而且，他的願望和感受不再指向人，取而代之的是物體（比如糖、玩具或是食物）。居住在機構或醫院的孩子，如果進入這個狀態，那麼他對於照顧者改變或離開就不會再覺得不安。探望日的時候，對父母的到來和離開，也不再表現出任何感受。這一點可能會讓父母覺得痛苦，因為他們會感覺到，儘管孩子十分渴望他們帶來禮物，卻不再將他們視為特殊人物。孩子看起來是愉快的，可以適應這種非正常的安排，與任何人在一起都顯得很從容、不會害怕。但他的合群是表面的——他不再關心任何人的出現。

我們在選用描述這個階段的詞語時遇到了一些困難。最初的論文中使用了「否認」（denial）一詞。但是這個詞帶來了很多問題，因此我們後來棄用了，用了一個更具描述性的詞「疏離」（detachment）。「退縮」（withdrawal）也曾是我們的候選詞之一，但是我們考慮到使用這個詞有兩個不利之處：首先，退縮似乎向人描繪出一個沒有活力、對整個世界都表現出退縮的孩子形象，這與我們通常看到的情況是恰恰相反的；其次，在精神分析文獻中，退縮一詞往往與原慾理論（Libido Theory）和本能的概念相連，表示定量可以被撤回的能量，但是我們並沒有使用這個模型。「疏離」（detachment）一詞不僅沒有以上這些問題，而且也與「依附」（attachment）一詞具有對應關係。

我們所能夠觀察到的反應強度及其特定形式，顯然受到之前已經提及的多個變項影響。孩子越是被孤立和限制在圍欄中，抗議就越是激烈；環境的差別越小，孩子越是被單一母親替代者照顧，他的沮喪就越少。如果有兄弟姊妹存在，即使是非常年幼[7]，或者受到單一母親替代者照顧，尤其是孩子之前在母親在場的情況下曾經見過這個照顧者，都能有效降低反

應強度[293]。

　　無論是分離期間還是回到家裡之後，與紊亂程度相關的一個變項是孩子經歷分離的時間長度。兩者間的關係最早出現在海尼克和韋特斯海默的研究中[171]，之後在其他大部分研究者的報告中也都有提及（ibid., pp. 318-22）。

　　儘管有很有力的證據顯示：上述行為的決定性因素中，最重要的一點是孩子熟悉的母親角色❷消失，但是這一觀點並未受到廣泛認可。在不同的研究中，其他一些因素被認為是更加主要的，其中被提及的有：陌生的環境、母親的情況、孩子在分離之前與母親的關係類型。這裡必須指出的是，在很多研究中，孩子不僅被陌生人照顧，而且被送到陌生的地方。健康孩子被送到全托保育院的常見原因是母親住院分娩新生兒，除此之外，還有很多是由於家庭養育過程中，孩子與母親的關係不良。因此，如果說出現這些行為與否，並非由於失落母親，而是由於陌生的環境，或者競爭者出現，或者更早之前與母親之間的不良關係呢？

　　如果這些因素也起到了重要作用，那麼對分離本身所具重要性的假設，就站不住腳了。不過，有較有力的證據表明，這些變項所造成的影響並不能支持這樣的懷疑。接下來，讓我們來看一看。

母親是否在場，是影響孩子紊亂程度最主要的變項

　　很多研究中，包括羅伯遜的研究在內，兒童所要面對的不僅是陌生

---

❷　儘管本書全篇通常使用「母親」而非「母親角色」一詞，但在每一個案例中，指的都是像母親一樣照顧孩子並且被孩子依附的人。當然，對於大部分孩子來說，這個人是他的母親。

人，而且是陌生的環境。但是也有一些研究並沒有發生這種情況，其中之一就是我們提過的史畢茲和沃爾夫的研究。被史畢茲描繪成「情感依附性憂鬱」（anaclitic depression）的嬰兒行為，在同樣的機構但母親不在的情況下依然存在。不僅如此，在分離的3個月期間，如果要讓嬰兒回到像原先一樣的狀態，實際上唯一必要的改變，就是母親的回歸。

還有另外兩個研究也可以證實，**無論環境改變產生了何種影響，最主要的變項都是母親角色的消失**。其中之一是海倫・德伊奇（Helen Deutsch）有關一個因母親工作而由保母帶大的孩子的案例報告[92]：在他剛滿兩歲的時候，第二個保母替代了第一個保母。儘管事實上他仍住在家裡，而且母親每天晚上都會回來，但是，在熟悉的保母離開之後，他所表現出來的行為仍然符合這個模式。在第一個保母離開的那天晚上，他哭了很長時間、睡不著覺，並且堅持要母親陪他。第二天，他拒絕新保母餵他吃飯，又開始尿褲子，把自己弄得很髒。在接下來的四個晚上，母親必須陪著他、向他保證她愛他，但白天的紊亂行為依舊持續。直到第六天，他的行為才恢復正常，一直到第九天，他才又變得跟之前一樣自如。儘管他對之前熟悉的那位保母的思念之情顯而易見，但是他一次都沒有提起過她的名字，而且似乎不願意以任何方式提及她的離開。

斯皮羅（Melford Spiro）也曾報告過一個類似的案例[339]。他所描述的這個小男孩年齡差不多，在「以色列集體農場」（Israel kibbutz）長大，而在父母不在的情況下，他留在農場生活了幾週。在這個案例中，孩子被留在他熟悉的環境中，有他熟悉的照顧者和玩伴。但是，從他母親的描述如下，仍然可以看到孩子對父母離開表現出強烈不安。

「我們剛剛回到農場。對於雅各布來說，我們的離開令他十分痛苦。

保母告訴我，他好幾個晚上都不睡覺。有一天晚上，警衛看到他站在我們家的大門口，吮吸著大拇指。他爸爸比我早回來一週，雅各布不讓他晚上離開家，如果爸爸離開，他就會大哭。等我回來的時候，雅各布沒有認出我來，他跑到爸爸的懷裡。現在，當我晚上要離開他的時候，他總會問我：『妳永遠不會再離開我，是嗎？』他非常害怕會被再次留下。他又開始吮吸大拇指……我每天晚上都要等他睡著之後才能離開。」

斯皮羅的報告中還提到，後來男孩的父親出差，孩子表現得十分生氣。長大了幾個月的雅各布對媽媽說：「爸爸去特拉維夫（Tel Aviv）了。所有孩子都非常生他的氣。」媽媽問他是不是也生爸爸的氣，他回答：「所有的孩子都生爸爸的氣。」❸

這些證據都足以表明我們所關注的這些行為，不能夠被簡單歸因為環境改變。**陌生的環境毫無疑問是重要的因素，但是對孩子來說，更重要的是母親是否在場。**觀察幼兒與母親一起在陌生環境時的結果，可以為這個結論提供有力的支持。

家庭節日聚會提供了大量軼事類證據，從中可以看到有母親陪伴時，幼兒在陌生環境中的行為表現。對於一些孩子，尤其是 1 ～ 2 歲之間的孩子來說，確實會在這樣的情境中感到困擾。但是，只要有他熟悉的母親角色存在，這種困擾很少會是嚴重或持久的❹。相反的，大部分的孩子之所以享受家庭節日聚會，恰恰僅是由於環境改變，而非對此困擾。

還有一類支持這個觀點的證據，來自幼兒住院期間的觀察。只要母親

---

❸ 引用這段報告時，為了避免使用原來的姓名而做了細微的改動。

❹ 烏克（L. E. Ucko）的報告發現，家庭節日聚會中感到不安的兒童，常常是那些出生時出現窒息情況的孩子[367]。

存在，那麼陌生環境對孩子來說，幾乎沒有什麼負面影響，即使有也是非常輕微的。

母親角色存在與否，影響孩子面對陌生環境的反應

如今已經有很多研究確信，孩子住院時有母親陪伴，並不會出現或者很少出現單獨住院孩子所表現出來的典型行為混亂。其中一個例子關於一個兩歲小女孩的影片，是由羅伯遜錄製[290]。其他參考如兒科醫生麥卡錫（D. MacCarthy）、琳賽（M. Lindsay）、莫里斯（I. Morris）提出的報告[219]，以及米契斯的報告[243]。記錄了孩子從一開始獨自住院幾天，到後來有母親陪伴之間行為上的戲劇性轉變。米契斯對一個13個月大因支氣管肺炎住院的小女孩做了如下描述：

「德詹莉克的發育和營養狀態都很好。她入院時母親不在，獨自度過了幾天的時間。她總是無精打采的躺著，不想吃東西，但是只有在睡夢中才會哭泣。她並不排斥做各種檢查。當我扶她坐起來的時候，她會立刻轉過身又躺下去。

「第三天，她媽媽來了。她一看到媽媽就哭了起來。隨後她安靜下來，顯得異常饑餓。她被餵飽之後就開始微笑和玩耍。第二天我走進病房的時候，幾乎認不出這個孩子，她發生了天翻地覆的變化。我以為她會躺著睡覺，實際上她卻在母親的懷裡微笑。一個憂鬱而且持續昏睡的孩子在一夜之間變成了一個快樂的小女孩，這簡直太不可思議了。周圍所有的事物都令她感到快樂，她總是在笑。」

很多類似的描述都證實了這個顯著變化的真實性，包括羅伯遜收集而來，那些由父母們寫下的資料[291]。

費金在一項系統性研究中[102]，描述了三十個有母親陪伴住院和獨自住院（父母每天探望）的對照組孩子的行為表現，也得到同樣的結論。從醫院回家之後的幾天中，所有未被陪伴的孩子都出現了兒童在陌生環境中經歷短暫分離後所出現的典型反應：更加黏人、對其他暫時分離都覺得更加不安、大小便控制退步。而有母親陪伴的孩子則沒有出現任何此類問題。

因此，**陌生環境並非導致兒童在遭遇分離時感到痛苦的根本原因。不過，在母親消失的情況下，這個因素會加劇孩子痛苦的感覺。**這個問題在《依戀理論三部曲2：分離焦慮》中進一步討論。

母親懷孕以及對新生兒的期待，因為影響力微小而可以被排除。首先，從報告中的案例可以很清楚看到，即使母親沒有懷孕，孩子在經歷分離時也會出現典型反應。其次，在海尼克和韋特斯海默的研究中[171]，對十三個即將臨盆母親的孩子和五個沒有懷孕母親的孩子做了清晰對比。結果顯示，兩組兒童在分離後前兩週內的行為表現，並沒有顯著差異。

最後，也沒有證據表明只有在分離之前與母親關係不良的孩子，才會在這個情境下感覺痛苦。實際上，之前提到的每一個研究中，都有一些表現出強烈苦楚的孩子是來自家庭關係（包括母子關係）非常好的家庭。對此提供強有力證據的是海尼克和韋特斯海默在1966年的研究[171]。在這項研究中，韋特斯海默作為經驗豐富的精神科社工，在孩子與母親即將分離之前（只要有可能）、分離期間，以及孩子回到家之後，走訪了無數孩子的家庭。這種做法使她相當了解這些家庭，並且對母子關係有著非常清晰的認識。從關係相當良好到冷漠，各種情況都有。儘管研究者也期待孩子在分離期間和分離之後的表現會出現相應的差異，但是結果恰恰相反。他們的

研究結果支持了羅伯遜和我早先提出的觀點[61]，即：那些在分離期間沒有焦慮的孩子，主要都是在分離之前與母親關係十分不好的孩子，或者，換句話說，**母子之間感情越好，孩子分離期間表現出來的焦慮就越強烈。**

在大量實證的基礎上，我們相信已經有足夠把握得出這個結論：無論其他變項在決定上述苦楚感受的過程中，扮演著什麼樣的角色，權重最大的顯然還是母親的失落。那麼問題就來了：「為什麼兒童在失去母親時，會出現如此痛苦的反應？」「為什麼在回到家裡之後，他會變得那麼害怕再次失去母親？」「哪些心理過程可以解釋這種痛苦以及疏離的現象？」「最重要的是，我們如何理解孩子與母親之間聯結的本質？」這些是本書將會探討的問題。不過，在開始討論這些問題之前，我們有必要花一點時間來解釋一下我們所提出和使用以替代佛洛伊德能量模型的「本能行為模型」。

本能行爲與依附行爲的關聯與研究

即使是最簡單的動物，行為也極其複雜。一個物種的成員與另一個物種的成員之間，很多方面也都具有系統性差異，就連同一個物種內的不同個體之間也存有差異，儘管從系統上來說會少一些。此外，單個個體成年期的行為與幼年期不同，每個季節、每一天、每一分鐘差異都存在。不過，也有很多行為是具有常規性的，而且其中有些十分突出，並且在個體和物種的生存過程中扮演著極其重要的角色，我們將它們稱為「本能的」（instinctive）。

第 3 章

本能行爲

—— 傳統理論的替代模型

「基於對心理資料的研究，是否能夠找到任何可以對本能進行辨別和明確分類的關鍵點的這個問題，總體來說，我持懷疑態度。這個研究需要將有關本能生活的清晰假設應用到這些資料中，如果這些假設是從其他知識領域引用到心理學領域的話，那麼就更值得期待了。」

——西格蒙德・佛洛伊德[123]

「在心理學領域，沒有什麼需要比一個有穩固基礎的本能理論更緊迫的了，只有擁有了這樣的理論，才可能進一步建構。然而，目前還沒有這樣的理論……」

——西格蒙德・佛洛伊德[129]

從控制系統理論架構，理解本能行為的原型

佛洛伊德曾經致力於尋找一個有穩固基礎的本能理論，最終未能成功，這成了他的遺憾。不過，在其後的50年間，這個領域得到了巨大的進展。很多學科對此功不可沒。其中，「分析生物學」（analytical biology）和「控制理論」（control theory）取得期待已久的理論突破，兩者共同闡明了適應性與目標導向的行為背後所蘊含的基本原理。達成這個突破的是三

種經驗主義科學：「動物行為學」（ethology，動物學家對動物行為的研究）、「實驗心理學」（experimental psychology）和「神經生理學」（neurophysiology）──這正是佛洛伊德最初的興趣所在。其中，每一個學科都有各自獨特的起源，也有各自不同的研究領域、方法和概念。正因為如此，多年來三者之間鮮有交流甚至還存有一些誤解。不過，隨著它們開始應用控制系統方法，以及更深入的互相了解，我們可以更清楚的看到每一個學科所做出的特殊貢獻，也看到它們之間如何更有效的互補。過去的弱點現在變成了強項──最終逐漸形成一門結合行為科學的基本原理。

即使是最簡單的動物，行為也極其複雜。一個物種的成員與另一個物種的成員之間，很多方面也具有系統性差異，就連同一個物種內的不同個體之間也存有差異，儘管從系統上來說會少一些。此外，單個個體成年期的行為與幼年期不同，每個季節、每一天、每一分鐘差異都存在。不過，也有很多行為是具有常規性的，而且其中有些十分突出，並且在個體和物種的生存過程中扮演著極其重要的角色，我們將它們稱為「本能的」（instinctive）。假如不考慮這個詞所包含的任何特定因果理論，而作為一個純粹描述性的形容詞，使用「本能的」這個詞語還是比較好的。由名詞「本能」所帶來使用上的限制和困難，我們將在第8章進行討論。

傳統認為本能行為包括四個主要特點：

〔特點1〕一個物種中幾乎所有成員（或同一性別的所有成員）身上，都可以識別出相似並可預測的模式。

〔特點2〕並非是針對單一刺激的單一反應，通常有其流程所發生的一系列可預測行為。

〔特點3〕行為的某些結果對於個體保存或物種延續，通常具有顯而易

見的價值。

〔**特點4**〕許多例子發展於即使學習這些行為的機會罕見甚至缺乏。

　　過去，討論這個類型的行為時，常常糾結在某個例子是天生固有還是後天得到（透過學習或其他方式）的徒勞爭論當中。現在，人們已經意識到所謂「天生固有」和「後天得到」之間的對立並不實際。正如面積是長和寬的乘積一樣，每個生物特性，無論是形態學、生理性，還是行為上，都是遺傳天性與環境之間互動的產物。所以，必須棄用像「天生固有」和「後天得到」這樣的詞語，而採用新的術語。

　　我們在此所用的術語來自海因德（Robert A. Hinde）[176]。發展過程中，很少受到環境多樣性影響的生物學特徵被稱作「環境穩定型」（environmentally stable）；而任何在發展過程中，較常受到環境多樣性影響的特徵則被稱作「環境依賴型」（environmentally labile）。環境穩定型的特徵實例，包括：大部分常見的擬生／形態特徵，如眼睛的顏色和四肢的形狀，生理特徵如血壓和體溫，以及行為特徵如鳥的築巢行為。環境依賴型的特徵實例，包括：體重和蜥蜴皮膚的顏色，生理特徵如免疫反應，行為特徵如馬術表演和彈鋼琴。以上所舉的都是比較極端的例子，顯然，還有眾多生物學特徵是環境穩定和環境依賴的混合體。**從環境穩定到環境依賴，實際上是一個連續的光譜，通常被稱作是天生固有的特徵屬穩定的端點，而通常被稱作後天得到的，則屬於依賴端點或中間範圍內。**

　　傳統上被描述為本能的行為，是環境穩定型，或者說至少在一個物種通常生存的環境下是穩定的。在這樣的環境下，物種內所有成員都會出現可預測的模式，因此也常常被稱為「物種特徵」。

　　對於人類是否存在任何可以被合理稱為本能的行為的這個問題本身，

有時是有爭論的。有人認為：人類的行為具有無限多樣性；不同文化之間存在差異；沒有發現任何與低等動物類似的穩定而可預測的模式。但是我認為，這個觀點無法立足。**人類行為確實千差萬別，但是並非無限制，而且，儘管文化差異巨大，但仍有可辨識的共同之處**。例如，雖然存在顯著的多樣性，但也有著主動的行為模式，例如：尋找配偶、養育嬰幼兒，以及年幼孩子對父母的依賴等等，幾乎在所有人類中都可以看到，這些可以被看作是追求共同目標，且這些行為具有明顯的生存價值，可以被看作是本能行為的例子。必須要強調的是，不單單是人類，所有高等動物的本能行為都不是刻板的，而是一個特定個體在特定環境下的特有表現，但是這種表現仍然遵循著可識別的模式，而且在大部分案例中，都會導向個體或物種能夠受益的預期結果。不僅是人類，對於所有高等動物（包括鳥類）來說，基於刻板行為概念之上的本能行為理論，是完全不適用的。

人類行為與其他物種中被稱為本能的行為具有同源性，對這個觀點持懷疑態度的人來說，我們還需要拿出更充分的證據。無庸置疑的，人類在解剖學和生理學構造與其他物種存在結構上的連續性。在行為構造的結構連續性方面或許更不明顯，但是如果要說這種連續性完全不存在，那麼就是和眾所周知的人類進化過程唱反調了。因此，比不存在連續性更加合理的說法是——人類行為構造的基本結構與比人類低級的物種相似，但是，在進化過程中經歷了特殊的改進，使得相同的目的可以透過極其多樣化的方式達成。羅馬人可以透過數條不同的路徑到達現今的英國約克地區，如今，我們的選擇範圍更是成百上千。古代梵語只提供有限的表達方式，但是其現代後繼者，則提供了令人驚奇，看起來幾乎是無限多樣性。但是，每一個現代構造，無論是道路還是語言，都起源於並能夠追溯到古老的結構。早期的形式並沒有被取代，而是被改進、細化並擴大，但是它仍然決

定了整體的模式。這就是我們所提出的人類本能行為觀點。我們認為，它的基本結構來自與其他動物種群共同的原型，當然，在某些方向上，它們能夠被強化，讓我們可以細細闡述。

那麼，這些原型結構是什麼樣的呢？我們可以想像出一個什麼樣的系統，細化程度較低的模式能夠解釋如魚類的本能行為，而細化到一定程度時的模式時，可以解釋鳥類和哺乳動物的此類行為，並且，可以闡述的程度更加細緻時，可以解釋人類的本能行為呢？探索這個原型，就好像比較解剖學家要從某匹特定的馬骨盆帶開始探索骨盆帶的原型。

我們可以理解本能行為的原型結構的模型，是從控制理論發展出來的。這個領域的知識在過去25年間飛速發展，除了在工程學中不計其數的應用之外，對於探索生理學問題也被證明有巨大的價值[150]。如果認為這個理論已經能夠解決複雜程度堪比臨床工作者所面對的行為問題，或者說，很快就能達成目標是很幼稚的，但是它已經顯示出在分析簡單動作時的用處，而且十分有可能在未來擴展到更加精細的連續事件中。

為了說明控制系統理論的觀點，我們需要從最簡單的系統，逐漸拓展到更複雜的系統。這麼做的好處在於，首先介紹這個系統的基本特點，並可以展示由一個簡單易懂的設計出發而進一步闡述，使之形成的系統能夠達到更複雜且更符合要求的效果。但是這種呈現方式也有缺點。這麼做意味著：一開始描述的系統，將是十分基礎而且在行為上十分侷限，可能會使抱持懷疑的讀者，拒絕接受使用任何來自這項研究的建議以理解人類行為。當然，我們希望其他讀者可以更有耐心一些。

控制系統的基本原理

首先，讓我們來看一下這個特殊系統中的基本特徵，也就是我們所知的控制系統。我們可以從其中兩個特點開始，一個涉及由來已久的目的性問題，另一個則是現代的回饋概念。

對動物進行目的性歸因，或者將人類行為的心理過程，建立在目的性概念上，曾一度被認為是「生機論者」（vitalist）❶的象徵，受尊敬的科學家都不願與之為伍。但是控制系統精確與複雜性不斷提升（例如控制自動巡航導彈）改變了這種看法。現在，人們已經認可這樣的觀點，一部包含回饋的機器可以是目標導向的。因而，如今歸因或思考行為進行目的，只要不是以「目的論」（teleological）的方式，而是「受目標支配的」（teleonomically）❷，就不再僅僅被認為是常識，而也可以被認為符合科學 263。

一部機器能夠以目的論的方式運作，也就是透過多種方式達成預定目標，其特殊點就在於回饋。這個過程簡單來說，就是動作的實際效果被持續通報回一個中央調節裝置，再次比對機器預定的初始指令。機器的下一步行動由這個比較的結果確定。因此，這個行動的效果會更加接近初始指令。就像一個運動員想要在4分鐘內完成一千公尺賽跑時，訓練中他會拿著馬表確認每一圈所用的時間，也會持續確認機器本身的效能，進一步的行動則取決於這些效能與指令的接近程度。

控制系統最簡單的形式就是調節器，其目標在於保持某種條件的恆

---

❶ 編注：19世紀初，瑞典化學家貝吉里斯（Jöns Jacob Berzelius）提出「生機論」（vitalism），主張有生命的機體有一種基本的「生命力」（life force），但卻不能用物理定律、生物化學反應來解釋；原是一種生物性的形上觀點。

❷ 在第8章「術語問題」一節，我們會進一步討論「有目的的」（purposive）和「受目標支配的」（teleonomic）。

定。其中最著名的例子是恆溫調節器，運作目標是使房間溫度保持在設定值上。為了達到這個目標，在設計系統的時候，實際溫度和既定溫度之間的對比結果決定了它的行為。為了完成這個比較，系統首先要有一個初始的溫度設定，其次要有關於實際室溫的持續訊息。這些訊息來源於一個溫度計，其讀數以一種恰當的形式被傳回（回饋），用來與初始設定進行比對。

調節器或許是一個極其簡單的設備，例如一般的室內恆溫調節器，它所做的不過就是在溫度低於設定值時打開加熱開關，當溫度升高到設定溫度時關閉加熱開關而已。類似的簡單裝置具有相當多的侷限。如果室外溫度忽然下降，室內溫度也可能會急劇下降，這時系統調整就需要花費一段時間，同時，如果室溫超過設定溫度，系統也沒有任何辦法來降低它。為了克服並建立一個可以將溫度保持在更加接近設定值的系統，人們對它做了許多改良。例如，當溫度升高的時候，我們不僅可以關掉加熱開關，還可以開啟製冷開關。當溫度下降的時候，我們可以將它設計成不僅要參考實際溫度是否已經低於設定值，還要參考差異的大小，溫差越大，加熱功率越大，反之亦然。除此之外，我們還可以讓它不僅參考溫差的絕對值，同時參考溫差增加或減少的比例。如果要額外增加溫度的準確性，那麼可以在機械上增加一倍或兩倍，使用類似但並不一定完全相同的過程，例如，加熱設備在使用耗電裝置的同時還可以包含燃油設備。

對於室內恆溫器的描述，看起來似乎與對人類本能行為描述相去甚遠。在這裡對此進行闡述的原因有二：首先，為了介紹設定（或者是指令）、設定目標，以及回饋概念在控制系統中的應用❸；其次，根據此設計的系統是很多生理功能的基礎。例如，為了將血糖維持在一個穩定值上，我們就會用到包含上述類型元素的控制系統142。這說明生命有機體的

設計，不僅包含了控制系統，而且性命攸關的大量功能完全依賴這類系統。

　　不過，上述類型的調節器是相對靜態的系統類型，即使是最簡單的本能行為形式，也很難以此為模型。這是一個正在運作且只有一個穩定設定需要維持的系統，它所能夠做的是使實際表現盡可能接近被設定的狀態。對我們來說，更有幫助的控制系統是「伺服機制」（servo-mechanism）。在這個系統中，設定值反復甚至持續發生變化，而系統的任務是在每次設定發生變化時，使其實際表現遵循這個變化。大家熟知的一個例子是汽車「動力轉向」（power steering）系統。透過轉動方向盤，司機設定他希望前輪保持的位置，而伺服單位的任務是保證車輪遵循這個設置。這單位首先會比較前輪的實際位置與當前設定位置，之後採取行動減少兩者之間的差距，使其實際位置與設定位置相同。當司機再次轉動方向盤的時候，就改變了之前的設定而形成了一個新的設定，伺服機構會再次比較實際位置和要求位置，並用同樣的方式使兩者一致。

　　需要注意的是，到目前為止，我們所討論的控制系統都是由人來設定的。只有經過人的設定，室內恆溫器才會有一個特定的溫度設定，汽車的前輪也是如此。但要想設計由另一個系統來進行設定的控制系統，也是有可能的。例如，防空炮的伺服系統設定就來自雷達裝置，設計這個裝置的功能是追蹤飛行器，它不僅有追蹤功能，而且會根據飛行器當前的移動資

---

❸ 儘管「設定」（setting）、「指令」（instruction），以及「設定目標」（set-goal）的概念是控制理論必須的一部分，但「設定」和「設定目標」這樣的術語並沒有在其中出現。這裡稱之為「設定」或「指令」的概念，在控制系統工程師中，通常會使用「指令信號」（command signal）這個詞，而這裡的「目標」或「設定目標」通常被他們稱作「平衡高度」（equilibrium level）。優先選用這些術語的原因會在後面討論，請參見第5章「了解行為系統的不同類型與特點」以及第8章「傳統術語問題與本書術語應用」。

料推測其未來的位置。透過這種方式，炮彈會持續瞄準並使每一次射擊盡可能擊中飛行器。這種類型的系統也可以在生命有機體中看到。我們有理由認為，當我們擁有這類系統，並經過恰當的連接和整合時，就能夠擊中一個運動中的網球，而類似連 接的系統也使得一隻獵鷹得以捕獲一隻飛行中的小鳥。我們之後會把擊中網球（或飛行器）或者是捕獲小鳥的目標稱為系統的設定目標。

控制系統與本能行為之間的關聯

詳細描述設計後，控制系統的概念可能才剛剛開始與較簡單的本能行為形式相聯。獵鷹捕獲飛行中的小鳥，實際上符合了本能行為的常規標準：每一隻獵鷹的俯衝動作都是種可識別的模式；即使沒有學習，這個行為也會出現；而且它顯然具有生存價值。儘管要理解此類整合的控制系統在成年鳥類中的發展還有很長的路要走，但是其中並沒有本質上無法解釋的東西，或者說，至少不會比理解一個複雜程度相當的生理系統如何發展出來，要困難很多。在一個物種常規的環境中，基因行為可以確保其發展出心血管系統，透過令人驚歎的敏感性和豐富元素，在有機體和環境條件持續變化的情況下控制供應組織的血液，以此類推，我們也能夠假設，**基因行為可以確保發展出一個行為系統，它具有相同的敏感性和豐富元素，可以在持續變化的條件下控制一類特定的行為**。如果本能行為可以被看作是某種特定環境下一個經過整合的控制系統運作結果，那麼這些行為形成的過程也並非什麼特殊的問題——它們不會比存在生理系統更特殊。

然而，眾所周知的是，儘管一個物種中所有成員（僅有極少數例外）的本能行為遵循一個共同的大目標，但是每一個個體所採取的方式卻不同，

而且實際上這種不同可能還是相當顯著的。例如，一種習慣在樹上築巢的鳥，在沒有樹的情況下可能會在懸崖上築巢，挪威禿鷹就是一個例子。習慣群居的哺乳動物，如果離開同類養育就可能不會群居，例如農場主人女兒養大的綿羊。這些例子展示了穩定環境下的行為系統（築巢和群居無疑屬此類）在發展過程中會保有一定程度的開放性可以受到環境影響。這種情況同樣也適用於生理系統。例如，心血管系統在發育初期具有這樣一種性能，成年後的最終形態在一定程度上取決於個體年輕時所處環境的大氣壓強。**一個系統在總體上是環境穩定型的，與它在一定程度上會被環境影響這兩個事實之間並不矛盾。**

實際上，儘管通常來說，本能行為系統應當是環境穩定型，但是，當環境（尤其是幼年時期的生活環境）嚴重偏離其原本的自然環境時，幾乎沒有一個受到研究的物種，其成年形態不會顯著受到環境各式各樣的影響。螞蟻會將其他同類分成兩種類型——朋友或敵人，並區別對待。但即使是這樣，螞蟻也需要學習誰是朋友、誰是敵人。在實驗中，如果螞蟻在其他種類螞蟻的領地中長大，牠們會將這些其他種類的螞蟻當作朋友，而將與自己同類的螞蟻當作敵人。本能行為並非透過遺傳得到：遺傳得到的是一種能夠發展出某種類型系統的潛能，這裡我們稱為「行為系統」（behavioural systems），其性質和形式根據發生發展的具體環境不同而有所不同。

實踐中發現，不同物種的行為系統在環境穩定和環境依賴程度上，具有極大的差異。食肉動物以及更高等的靈長類動物中，很多都明顯屬環境依賴型；但是即使在單個物種中，不同行為系統之間仍可能存在差異。為了最大程度保證生存，生物必須在穩定性和依賴性之間達到良好的平衡。在成年期已經確定，並且不允許任何環境依賴型改變發生的行為構造，其優勢在於這個特徵是完整的，在其生命週期中，一旦得到就已經是預備好

的狀態；而一種可提供環境依賴型改變的構造，則可能導致其需要更多時間發展而不能迅速做好準備。另一方面，儘管可改變性也可能存在異常發展扭曲的風險，並造成類似鵝向狗窩求偶這樣的結果，但是允許根據環境做出改變的行為構造，比基於總體目標和固定設計的構造更具適應性、工作起來更有效率❹。總之，**無論行為構造的設計實際上是否允許環境依賴型改變發生，需要牢記的是，沒有任何系統所具有的靈活性能夠適應所有的環境。**

　　行為構造，就像解剖學構造和生理學構造，只有在規定的有限環境中發展和運作的時候才有助於生存和繁殖，認可這樣一個觀點對於理解本能行為和心理病理學來說至關重要。鯨魚的解剖學構造對於在浩瀚海洋中的生活來說極其精妙，但是如果放在其他地方，就會是一種嚴重的殘疾；牛的消化系統在牧草充足的情況下是非常好的，但是如果餵牠肉類的話，就變得毫無用處了；同樣的，一個物種的行為構造可能非常適應某種環境下的生活，但在另一種環境中只會導致絕育和死亡。在一個無法提供巢穴的環境中，山雀就無法繁殖；在一個光源是明火的環境中，蛾只能飛向死亡。所有這些例子中，這些構造之所以不成功，原因在於它被放到了無法適應的環境中運作。

　　在人造控制系統中，結構設計基於明確假設系統所要運作的環境類型。在生物系統中，形成結構取決於系統在進化過程中，實際運作的環境類型，而這個環境通常與系統未來將要運作的環境十分相似，但不是必

---

❹　霍爾德（Richard Held）還指出另一個事實，身體成長意味著在動物的發育過程中必須改變感覺組織（考慮到眼睛之間和耳朵之間的距離增加），並且還要改變運動組織（考慮到更長的骨骼）。霍爾德的實驗表明，這些改變源於相隨動物主動行為的感覺回饋。他指出，這些改變是否透過這種方式產生，還需要大量基因編碼訊息證明[172]。

然。也就是說，在每種情況下，無論是人造還是生物系統，都需要適應某種特定類型的環境。我建議將這個環境稱為該系統的「適應性環境」。只有在其適應性環境當中，才可以有效工作；在其他環境中，它是做不到的。在某些情況下，這個系統可能可以運作得相對不錯；在另外一些情況下，可能完全無法運作；還有一些情況下，會產生一些從好的方面來說，不同尋常的特殊行為，但從壞的角度來講，是不利於生存的行為。

需要著重了解的是，**不僅每個物種都存在其適應性環境，每個物種的單個系統也存在適應性環境，並且，任何適應性環境或多或少都可以用一些變項嚴格定義**。貓的心血管系統在特定範圍的氧和二氧化碳濃度、特定範圍的氣壓和溫度下可以有效工作；猴子或者人類的心血管系統也可以在與貓類似，但並非一致的參數範圍內有效工作。同樣的，一個物種中與母性行為相關的行為系統，也是在某些社會和生理環境範圍之內而非之外，這一範圍在物種之間是有區別的。

有很多原因導致「適應」（adaptation）在生物學中成為一個複雜艱澀的概念。如果涉及動物的行為構造就會更加複雜，如果要討論人類的行為構造，那麼複雜程度就要再加倍。但是「適應性環境」這個概念又是本書核心論點，因此本章最後一節以及本節接下來的部分，都會用來討論這些術語。

物種本能系統結構都遵循著「促進其成員在適應性環境中生存」的法則，而每一個系統，因其相關的特定環境成分不同而有所區別。一些行為系統結構將一個有機體引入某種類型的棲息地並定居；另一些結構則引導有機體食用特定的食物；還有一些結構會引發有機體與其種群內的其他成員建立特殊關係。在某些情況下，識別環境中相關部分是透過一些相對簡單的特徵，例如：一束移動的光；不過更常見的情況是，需要透過知覺某

種模式來識別。我們必須假設，在所有這些情況下，單一有機體的中樞神經系統中，都存有這些模式的副本，而其結構能夠使其在知覺到環境中與之匹配的模式時採用特殊的方式反應，在沒有此類模式的時候則採取其他的反應方式。

證據顯示，在某些情況下，這些模式出現在中樞神經系統的方式幾乎不受環境多樣性影響，例如：一隻綠頭母鴨會用特殊的識別和反應方式對待公鴨綠色的頭部，儘管牠之前根本沒有見過綠頭公鴨。但是在另外一些情況下，這種受到特殊方式對待的模式，相當程度上是環境依賴型，有時候這種形式對於某個特定生活階段中的環境極其敏感。後者最著名的例子就是幼鵝的銘印行為。銘印過程中，一旦學習了某個客體模式，那麼牠在警覺時（或在某些其他條件下）的行為就會發生巨大的變化；隨後，只要知覺到環境中出現該模式，就會遵循這種行為，而且，如果牠無法知覺到這個模式，就會不斷搜尋直到發現為止。儘管對工程師的創造力來說，要設計出具有這些特徵的系統是極大的考驗，但是控制理論和技術的發展，可能會將他們的設計帶入更廣的範圍。

除了具備能夠識別環境中特定元素的構造，即使是最原始的物種也保有使牠們能夠將與其環境相關的訊息，組織成圖像或圖譜構造❺。就算是實驗室的白鼠，在開始走迷宮之前，也需要充分的時間獲取所在環境的一般認知，在機會降臨的時候，牠們會善用這些知識。更高等的哺乳動物，例如狗和靈長類動物，能夠收集所在環境的地形知識，使牠們能夠用最快的方式從附近區域內的任意點出發而到達某個指定地點——一棟房子或是

---

❺　儘管「原生動物」（protozoa）和「腔腸動物」（coelenterate）並沒有這種能力，但毫無疑問的，昆蟲具備這種能力[256]。

一個樹叢。而人類則有能力建構他們所處世界的細節表徵，這是皮亞傑（Jean Piaget）終其一生都在研究的問題，顯然比其他任何物種都要更偉大，並且，隨著科學方法的發現和應用，現在預測的準確性已經有了極大的提升。

要達成任何設定目標，都要求一個動物具備知覺環境中某些特殊元素，並利用這些知識建構出環境地圖的能力。這些地圖無論是原始還是複雜，都要能用來預測與設定目標相關的事件，並且還要具備必要的可信度。除此之外，還要求這種動物擁有很多的「效應器」（effector equipment）。

效應器不僅包含解剖學和生理學結構，同樣重要的是，還要包含能夠在其適應性環境中，組織和指導其活動進行的控制系統。只有透過這些構造的運作，動物才能夠與其環境中的某些特殊部分保持「可以保證其生存和繁殖」的特殊關係，無論延續時間長或短。

顯然，無論是進入某種形式的暫時關係，例如：照顧幼子；還是維持一段長時間的關係，例如：占據領地，都意味著這種動物必須具備一種或多種運動技能——行走、奔跑、游泳、飛翔。同時也意味著除了這些針對一般性目標的技能，還具備某些特殊類型的行為技能，例如：鳴叫、威脅競爭者、攻擊捕食者。最後，這也意味著其行為系統所使用的方法及其被促發的順序相當有組織性，在其適應性環境中，整體表現法則所產生的效果能夠促進本身和親屬生存。

鳥類進行繁殖時的行為類型和序列，就可以清晰展現所有本能行為理論需要解決的問題。一個成功的結果至少需要以下這些行為：雄性確認領地和築巢點；雄性驅逐其他入侵的雄性；雄性吸引雌性的注意並求偶；雄性和雌性一同築巢、交配、雌性產卵；雄性和雌性孵卵；共同餵養幼鳥；

共同防衛捕食者。其中任何一項活動都要求每隻鳥能夠大量移動並完成一系列行為，儘管其中每一次移動和每一個行為本身都相當複雜，如鳴叫或築巢，但為了適應其棲息地，以及棲息中其他動物所形成的特殊環境，都必須執行活動；同時，每一項活動都必須在特定時間以特定序列出現，才能使它們產生的結果更可能成功。我們應該如何假設這些活動的組織過程呢？如果這些行為要達成這樣的結果，那麼哪些組織原則是必要的呢？

要回答這些問題，就需要考察行為系統本身各種構造方式，以及行為系統活動與另一個之間巧妙銜接的方式。不過，討論這兩個問題之前，有必要先進一步澄清「適應」（adaptation）、「適應的」（adapted），以及「適應性環境」（environment of adaptedness）這幾個概念，尤其是當將它們應用於人類活動的時候。

適應：系統和環境之間的關聯

區別適應 (adaptation) 和適應性 (adaptedness) 的概念

上一節我們已經強調過：沒有任何一個系統可以靈活到足以適應所有環境。這就意味著，**當我們考察一個系統結構時，一定要同時考察其所運作的環境。這裡所說的環境，就是所謂系統的適應性環境。**人造控制系統中，適應性環境指的就是明確設計要在環境中運作的系統。在生物系統中，指的是系統在進化過程中所處的環境。為了區分，有時候可以將「人造系統」（man-made system）的適應性環境稱作「設計適應性」（designed adaptedness）環境，而將生命有機體的適應性環境稱為「進化的適應性環境」（environment of evolutionary adaptedness）。

接下來，讓我們考察一下生物學適應和適應的性質。

有很多原因導致了適應和適應性兩個概念非常複雜。首先這些單詞本身——適應（adapt）、適應的（adapted）、適應過程（adaptation）——就帶有不止一個意思。其次，在生物學系統中，需要透過不尋常的方式達成適應，在理解這個詞語的過程中，我們總是會受到目的論的無形影響。最後，如果考慮到人類生物學構造的話，我們會發現，現代人類具有極其卓越的能力改變環境，使環境適合人類生存。由於這些困難，我們有必要從基本原則開始說起。

讓我們首先考察適應的條件，然後再考察達到適應的過程。

為了定義適應狀態，需要使用三個術語：（a）一個組織化的結構；（b）需要達成的特定結果；（c）其結構達成結果所處的環境。當一個組織化的結構在某種特定環境下達成某個特定結果的時候，我們就說：「這個結構適應這個環境。」因此，適應是對結構的一種描述；定義它時，需要包含特定結果和特定環境。

「適應的過程」（process of becoming adapte）指的是結構的變化。這種變化包括兩種不同的可能性。首先，結構發生改變後，在不同的環境中仍可以達成同樣的結果；其次，結構發生改變之後，在相同或相似的環境中可以達成不同的結果。

需要注意的是，「適應過程」（adaptation）一詞不僅代表了促使結構適應的變化過程（無論是對一個新環境或對一個新的結果），有時候也代表了適應的條件。為了避免混淆，最好將後者稱為「適應性」（adaptedness）[379]；這也就有了「進化的適應性環境」這一說。讓我們舉例進一步說明這些論點。

第一個例子來自人造物體。我們可以說，某一種類型的小汽車很適應

倫敦的街道，意思是：對於一個機械結構來說，汽車達到了某個特定的狀態，在某種類型的城市環境中可以方便的行駛。它之所以可以做到，是因為它擁有與其大小相關的許多性能，如速度、加速度、車、方向盤等等，每一個性能本身具備一定的範圍，同時相互之間有所關聯。實際上，這種汽車是特別為倫敦街道而設計。

但是，它是否適合其他環境就無從知曉了。每一個與倫敦街道不同的運行環境都會給汽車帶來不同的問題。這輛汽車能夠適應高速公路嗎？山路呢？在北極能用嗎？在撒哈拉沙漠呢？很明顯，如果要在其他環境中方便行駛，這輛車需要很多與在倫敦行駛完全不同的性能。因此，如果對倫敦街道適應良好的模型不能夠適應其他環境，也就不足為奇了。除非它已經展現出更多的可能，否則我們最好還是假設這輛車的適應性環境侷限在倫敦的街道為妙。

不過，這輛汽車的結構或許可以很容易的進行一些改造，以使它可以在一種或者幾種不同環境中方便通行。在這種情況下，結構就需要經歷一個適應的過程，以便於符合新環境的要求，這個新環境隨後也就成為其新的適應性環境。

至此，我們所考察的適應說的都是一種類型，也就是改變結構以使系統在一系列不同環境下達到同一個結果——行駛。但是，由於適應性不僅關乎環境，也關乎結果，因此也可以以一系列完全不同的方式去改變汽車的適應性。例如，可以改變汽車的結構，但並不是為了達到行駛的目的，而是為一組發電設備提供動力。這種情況下，其結構就需要適應一個新目標，儘管可能仍處於原先的環境中。

雖然為了符合新環境而做出的改變與為了達成新目標而做出的改變，是兩種截然不同的變化，但是每一種都可以被描述為一種適應。這一點也

常常被混淆。

還有一個困難，甚至可以說是更大的困難，來自一個現實，那就是有時候改變運行環境，就能夠使一個結構更有效的達成某個結果。如果仍用「適應」和「適應過程」來描述這些環境改變的話，就會造成更大的混亂，因此必須使用其他術語。因而，我會使用「修正」（modify）和「修正過程」（modification）來指代「能夠使系統更有效運作的任何有關環境的變化」。這樣一來，「適應」、「適應的」和「適應過程」就專指系統本身所發生的變化❻。

我們可以透過小汽車的例子進一步闡明系統的適應和環境的改造之間的區別。假設倫敦街道的某些條件會使汽車容易打滑。這個問題可以用兩種方式來解決：要麼改變汽車，例如它的輪胎；要麼改變環境，例如路面。前者就是汽車的適應，而後者就是對環境的改造。

現在，我們來考察一下生物學結構及其適應性環境。

生物學上對於適應的定義與描述

人們很早就清楚意識到動物和植物的高度複雜結構，並發現一個物種成員與特定環境之間存在令人驚詫的精準吻合度——這通常被稱作「生態區位」（ecological niche）。此外，越是仔細研究一個個體，就越清晰的發現其結構的每一個細節，無論是形態學、生理學，還是動物的行為上，都具備良好的適應性，可確保個體及其親屬在該環境中生存。最著名的例子

---

❻ 在選擇「適應」（adapt）與「改變」（modify）這些術語並採取不同方式去使用的過程中，我意識到自己並沒有遵循一般用法，也就是不加區別的將兩個詞同時用於形容兩種不同的改變類型。

就是達爾文（Charles Darwin）的研究。他發現，每一種蘭花的結構都是極其精細的，它可以吸引特定種類的昆蟲，而同一個昆蟲停留在不同的花朵上時，可以保證它接觸到花朵特定的部分，並完成授粉過程。這些研究清晰顯示：首先，對於生物學結構的理解不能脫離開生物在特定環境中的生存；其次，一旦承認所有生物結構適應所要達到的結果就是生存的話，那麼那些看起來無論是漂亮、新奇或是古怪的生物學特徵，就都有了新的意義——每一個特徵都有助於或已經有助於其在所居住的環境中存活下來。

達爾文明確表示這點不僅適用於花的結構，同樣也適用於動物行為。在《物種起源》[80] 一書的「本能」一章中，他提出：正如每個物種天生被賦予其解剖學特性一樣，每個物種也被賦予其獨特的行為技能。他強調：「本能對每個物種生存的重要性與身體結構同樣重要。」如果翻譯成本章使用的語言，就是：「環境穩定型的行為系統對於每個物種的生存來說，和形態學結構一樣必要。」

由此，達爾文及其後繼者形成了其跨時代的觀點，**一個生命有機體所有結構的適應性，所要達到的終極結果僅是生存。**在人造結構中，結果可以是無窮盡的——行駛、動力、娛樂、居住以及其他。但是在生物學結構中，從長遠來看，其要達到的結果永遠是相同的，就是生存。因此，當我們考察一種植物或動物對某個特定環境的適應性時，問題的關鍵就在於其結構是否能夠在該環境中生存。如果可以，我們就可以說這個物種的成員是適應該環境的；如果不能，那就是不適應的。

在達爾文之前，甚至是之後很長一段時間內，人們都無法理解一種動物或者植物的結構是如何做到如此有效的適應，能夠達成它所實際達成的結果。長期以來，超自然介入的理論和目的論的歸因占據了人們的視野。如今，達爾文提出他的答案已經一個世紀之後，這個問題才被認為是已經

解決了。任何生物結構的適應性，無論是形態學、生理學，還是行為上，都是自然選擇的結果，在特定環境下，如果成功繁殖，那麼這個更為適應的變異就會被保留，與此同時，如果在繁殖方面並不成功，那麼這個更為不適應的變異就會被捨棄。

這類理論觀點在形態學和生理學構造的應用已經由來已久，但是其在行為構造方面的系統應用還只是比較近期的事情。而這個發展要歸功於動物行為學家。作為動物行為學的創立者，達爾文認為每個物種的行為技能都和它的形態學、生理學特徵一樣獨特。在這個觀點的基礎上，動物行為學家透過考察行為構造對於物種及其親屬在自然棲息地中的生存所起到的作用，來理解此獨特構造。他們在對行為的理解方面所做出的獨特而又卓越的貢獻，要歸功於堅持這個原則。而本書的一個主要論點，就是我們在理解人的本能行為時，也要同樣堅持這個原則。

從群體轉變到以基因為單位的適應改變

20世紀60年代，生物學研究中的社會行為發生了一場革命。在那之前，「到底是哪一個生物單位（biological unit）產生了適應」這個問題上有很多混淆。達爾文提到「每個物種的生存質量」（the welfare of each species），似乎說的是整個物種的適應。還有一些學者認為大部分物種是以不同種群的形式生存，因此建議將種群作為適應的單位（本書英文版第一版也持相同的觀點）。另外一種觀點在之前也是相當盛行的，這個觀點指向社會群體存在，認為社會群體的組織方式能夠為整個群體帶來收益，儘管其中的成員不一定會得到好處。最顯而易見的例子就是某些種類的白蟻、螞蟻和蜜蜂聚居，而人們通常認為魚群和獸群也具有類似的特性。這就導致一

種觀念的產生——適應的單位是社會群體本身。

但是，這些觀點現在都已經被摒棄。費雪（Ronald Fisher）、霍登（Jack Haldane）和賴特（Sewall Wright）在20世紀30年代創立了新達爾文學說（Neo-Darwinian theory），他們對資料做了更嚴格的考察，重新界定對自然淘汰（Natural Selection）基因理論的應用，最終導致人們放棄這些觀點。

自然淘汰基因理論的基本概念就是：將個體基因作為整個過程的核心單位，所有進化、改變都是由於某些基因在漫長時間中，數量不斷增加和其他基因的減少和消亡。在現實中，這就意味著，透過成功繁殖的過程，帶有某些基因的個體數量逐漸增加，而帶有其他基因的個體則不斷減少。以此推論，任何特定有機體的適應，都應該被定義為其有能力影響到後代、超過平均值的基因數量。因此，它不僅要有能力使個體存活，還要有能力使其所攜帶的基因存活。這通常是透過繁殖以及促進後代的存活來達成。另一種方法，或者說是替代性的方法，是促進其可能攜帶同樣基因的親屬生存。

儘管個體所攜帶的基因存活，是評價生物學適應的終極標準，但是出於方便的考量，評價一個有機體構造中任何一部分的適應性，也會採用一些近似的結果。所以，評價某個預定標準的環境下，心血管系統的適應性通常會參考系統在這些條件下為個體提供血液的效率；而免疫系統的適應性則透過它，保護個體不受感染的效果來評價。同樣的，對於行為系統來說，例如：進食行為的系統適應性，可以透過考察餵食行為在某個特定環境下維持個體營養的能力來評價（所以，燕子的餵食行為可以很好的適應飛蟲豐富的英國夏季，但是卻不能適應英國冬季）。無論是血液供應、免受感染還是營養水準，都只是近似的結果，這點對於每一個本能行為系統來說是一樣的。**無論個體尋求的結果是食物攝入、自我保護、性還是保護領地，其最**

終要達到的結果，永遠有一個個體攜帶自己的基因活下去。

更深入了解相關文獻

本章和Part 2其餘章節給出的文獻都比較少。建議想要進一步了解的讀者可以查詢以下這些資訊，本章所引用的觀點和例子大部分源於此：

生物學適應的概念可詳細閱讀索莫霍夫（Gerd Sommerhoff）的《分析生物學》335。他闡明了如何使用控制理論來理解那些引發目的論觀點的現象。

關於控制理論在生物學領域的整體應用，見貝利斯（Leonard Ernest Bayliss）的《生命控制系統》31，格羅丁斯（Fred S. Grodins）的《控制理論與生物系統》150，以及約維茨（Marshall C. Yovits）和卡麥隆（Scott Cameron）所編的專題論文集《自我組織系統》396，尤其是其中高曼（Stanford Goldman）和畢夏普（George H. Bishop）的文章。

關於控制系統觀點在行為科學中的應用，源於楊在《一個大腦模型》394中，像工程師描述同態調節器（homeostat）的控制系統一樣描述神經系統，另外，還可以參考麥克法蘭（David McFarland）的《動物行為中的回饋機制》221。

關於源自控制理論的觀點概述，尤其是「計畫」（plan）的概念，如何應用於人類行為，可參考米勒、加蘭特和普里布蘭所著非常具有啟發性的《計畫和行為的結構》244。

威廉姆斯（George C. Williams）在他的《適應與自然選擇》384一書中清晰描述了自然選擇的基因理論。他在書中展示了我們所觀察到的動物可以如何用基因選擇的觀點來理解很多社會行為，而並不需要再用一個新的群

體選擇理論來解釋。近期比較流行的一個觀點來自道金斯（Richard Dawkins）的《自私的基因》[86]。威爾遜（Edward Osborne Wilson）的《社會生物學：新綜合理論》[385]是比較全面和有趣的一本書，儘管他對人類社會行為的某些評論並不那麼審慎。

　　本章和後續章節中的很多想法源自於海因德的《動物行為》[181]一書，他在書中將動物行為學和比較心理學的成果和觀點做了全面呈現。本書動物行為領域的例子，主要來自海因德的書。

第4章

進化適應性中的
人類環境

「人類本能構造的適應性環境，應當探討的是在幾千年前一直到兩百萬年前人類居住地驚人的多樣化發展。」

——約翰・鮑比

上一章我們已經強調，不可能期待一個系統在其非適應性環境中可以有效運作。因此，當我們考察人類被賦予的本能行為時（或許更恰當的說法是，考察行為系統中介本能行為時）首要任務是考察它們所適應的環境本質。這就引出了一些特殊的問題。

人類的兩個主要特徵就是功能多樣性和創新能力。在近一千年的時間裡，人類透過應用這些天賦，將其能夠生存和繁衍的環境擴展到一些極端自然環境之中。不僅如此，人類還或多或少主動改造條件，並由此創造出一系列嶄新的人造環境。顯然，改造環境使種群數量大量增長，同時，這也使得生物學家在定義人類進化適應性環境時，遇到前所未有的困難。

現在，讀者需要牢記，我們要理解的問題是人類的本能行為。因此，儘管充分承認人類功能的多樣性、卓越的創新能力以及在改造環境中所取得的成就，但是這些並不是我們最為關心的特性，我們關注的是與人類行為技能相關的環境穩定型因素，以及他們在進化過程中相對穩定的適應性環境。那麼，這些環境可能，或者曾經具備什麼樣的屬性呢？

原始環境，才是人類的進化適應性環境

對於大部分物種來說，其棲息地的多樣性不僅有限，而且改變速度也很慢。所以，每一個物種現今生活的環境與它們曾經適應的環境之間，差別並不大。因此，我們也可以假設一個物種現今所占據的棲息地與其進化適應性環境，不是相同就是近似。但是對人類來說，並非如此。首先，人類現今生存和繁衍的聚居地範圍相當龐大；其次，也是更重要的是，人類環境多樣化擴展的速度，尤其是近一個世紀以來人工改造環境的速度，已經大大超出自然選擇所能達到的速度。因此，我們也可以相當肯定的說：「沒有一個現今人類生活的文明或半文明環境，與人類的環境穩定型的行為系統在進化過程中所經歷並最終適應的環境，是一致的。」

以此推論，人類本能構造的適應性環境，應當考察的是在幾千年前一直到兩百萬年前人類居住地驚人的多樣化發展❶。將這個環境作為人類的進化適應性環境，並不表示這個原始環境在某些方面優於人類現今環境，或者古人比現在的人生活得更加快樂。這麼做的原因很簡單，因為可以有限的定義其為人類原始自然環境所展現的人類行為構造，在進化的自然選擇中所面對的困難和風險與當今人類是相同的。也就是說，人類的原始環境幾乎就是其進化適應性環境。如果這個結論正確，那麼**考察當今人類行為構造其中任何一個部分的適應性時，唯一相關的標準就是其對人類在原始環境中群體生存的貢獻程度。**

---

❶ 托比亞斯（Phillip V. Tobias）認為，早期人類、智人出現於更新世時期的開始，大約兩百萬年之前。由於農業出現大約只有一萬年，人類在改造後的環境中生存的時間，僅占其整體生存時期不到0.5%，儘管這些改變緩解了自然選擇的壓力，但幾乎毫無疑問的是，現今人類的基因類型與前農業時期的人類，大部分是相同的[361]。

那麼,人們今天所在、不計其數的其他環境,人類行為構造的適應性如何呢?是不是缺乏適應性的呢?提出這個問題是必要的,但同時,它又會帶來一系列新問題──就像我們檢驗一輛適應城市街道的小汽車,對其他交通環境的適應性時會遇到的新問題。事實上,人類所有的行為特徵不僅可以很好的適應人類原始環境,也可以完全適應現今的環境,但也可能並非如此,而且我們也無法這樣假設。只有科學研究才能給我們答案。

在這裡,我必須立即說明的是:人類以外的物種也會改造環境以適應它們,人類並沒有那麼特殊。昆蟲和鳥類會築巢、兔子會挖地洞,而海狸會建築堤壩。只不過,這些由本能行為產生的對環境的改造,程度上是有限的,在形式上來說相對刻板。在這些物種及其所改造的環境之間具有一種均衡關係。但是人類改造環境則擁有不同的特點。這些改造並非本能行為的產物,而是某些文化傳統的產物,是透過年輕一代的再學習形成,有時候這種學習甚至相當艱辛。更重要的差別還在於,近幾個世紀以來,由於技術創新,大部分文化傳統經歷了極速的變化,導致人類與其環境的關係越來越不穩定❷。

以上討論的要點在於,儘管所有關於人類現今行為特徵是否能夠適應其現今環境(尤其是城市環境)的問題非常重要,但是,嚴格上來講,這些論點與本書並不相關。本書關注的只是那些原始環境中產生的基本反應。對我們來說重要的是,如果人類的行為特徵確實能夠適應其生活過的原始環境,那麼要理解它的結構,就從當時的那個環境做為參考。對達爾文來說,如果他不知道在其適應性環境中有哪些活躍的昆蟲會拜訪蘭花的話,

---

❷ 維克斯(Geoffrey Vickers)相當關注這個問題。他指出,透過技術手段改造環境,人口會形成爆炸性增長,而這些增長又會要求更深更廣的技術革新。因此,這個過程得到的並不是促進穩定的負回饋,而是增加不穩定性的正回饋370。

就不可能理解某種蘭花的結構，類似的，我們認為，**如果不知道人類進化過程中所經歷的環境，那麼就不可能理解人類的本能行為。**為了描繪這個圖景，我們需要借助人類學家研究居住在環境改造程度極小的人類社群、早期人類的考古學研究，以及高等靈長類動物的野外研究。

從類人物種，了解人類的進化適應性環境

現今地球上，還完全依賴捕獵和採集得到食物的人已經很少了，對此類社會生活的記述更是罕見❸。但是，有證據表明，具有生命的小型社會群體毫無例外都包含兩種性別和不同年齡段的個體。有些社會群體相對穩定，還有一些在大小和組成上會發生改變。不過，無論群體是否穩定，母親和孩子之間的聯結是永遠存在且不變的。

很多人類學家認為「人類的基本社會單位是核心家庭」。福克斯（Robin Fox）指出 110，儘管所有人類社會中，女性及其孩子都會與成年男性在一起，但是，這些在旁的陪伴者不一定是孩子的父親，他們可能是父親、叔伯或是兄弟。考察這個現象及其他一些現象後，福克斯提出，人類的基本社會單位是母親及其孩子，有時可能是與這個母親的女兒的孩子一起，而不同社會之間的區別則在於父親是否依附這個單位，以及其依附程度：「一些社會會持續依附此社會單位，一些其他的社會（一夫多妻制的社會）依附幾個社會單位；在另一些社會中，他們不依附任何此單位，例如西印度群島得到自由的奴隸組成的社會。」如果福克斯是正確的話，那麼

---

❸　一個例外是非洲俾格米人（pygmy），特恩布爾（Colin Turnbull）對他們的生活方式有出色的描述364。

人類社會生活的基本元素與人類動物近親具有極高的相似性。

　　從任何角度來說，可以在人類原始生活方式與其他大型陸棲高等靈長類動物的生活方式之間進行富有成效的對比。人類與其他類人物種之間的差異當然存在，但是對於本書的論證來說，兩者之間的相似性同樣重要，甚至可能要比其差異更加重要。

　　所有大型陸行高等靈長類動物（包括人類），都生活在社會群體中，這些群體由兩種性別和不同年齡的成員組成。群體的大小可以從一個或兩個家庭到兩百多個成員不等。雄性和未成熟的個體不會離開成年雄性單獨生活（除了黑猩猩之外），也很少發現單獨生活的成年雄性。整個社會群體通常在一年之內會保持穩定，儘管時不時會分開和重組，但是很少出現個體從一個群體轉移到另一個群體的情況。除了少數情況，很少有個體會一生都與一個熟悉的個體生活在一起。

　　社會群體的生活範圍從幾平方公里到上百平方公里甚至更大的範圍不等，而且，儘管不同群體的範圍之間有所重疊，但是每一個群體都傾向於嚴格保持在自己的範圍內活動。比人類低級的靈長類動物大部分的時候吃素食，但是偶爾有肉的時候也會吃。人類在這方面相當特殊，因為肉類所占食譜的比例要大得多。但是也極少有肉類超過食譜25％的社會，有很多都是遠低於這個比例。雜食（包括肉食）的優勢在於「可以使一個物種度過短時期的乾旱，並增加其可以生存的棲息地變化」。

　　事實上，每個物種的棲息地都有造成潛在威脅的捕食者，為了生存，牠們需要具備自我保護的行為系統。對於陸生靈長類來說，其捕食者是大型貓科動物（尤其是美洲豹）❹、狼、豺和猛禽等。為了回應捕食者而進行

---

❹　有關早期人類被美洲豹捕食的證據，見C. K. Brain （1970）, *'Nature.'* 225, 1112-19.。

自我保護，陸行靈長類的社會群體特性扮演著十分必要的角色。當一個群體成員受到威脅時，成年雄性，無論是猴還是人類，都會在雌性和未成年個體撤退的時候集合起來威嚇捕食者。因此，只有落單的個體容易淪為犧牲品。當進化出這個合作機制的自我保護能力之後，陸生靈長類就能夠在很多不同的棲息地生存，而不像其他一些靈長類，必須生活在有樹林或懸崖等靠地形就能夠保護牠們的地區了。

　　陸生靈長類生物的性關係十分多樣。雖然即使狒狒都形成固定配偶的階段，但是很多種類都存在群體內性雜交的現象。人類在這一點相當特殊，女性會持續接受儘管並非必然的一種基於持久男女關係的家庭生活，甚至還有亂倫禁忌。相鄰社會群體中的異族通婚使人類形成了部落。那麼在類人靈長動物中也會出現類似的現象，出現一個雌性或雄性從一個群體轉移到另一個群體的偶然情況。

理解物種的進化適應性環境，才能理解其行為與生理演變

　　我們認為屬於人類獨特行為特徵中，有一些是其他陸行物種也普遍具有的，還有一些則可以在牠們的胚胎形式中發現。這些普遍存在於人類和類人物種中的特徵包括：群體內成員之間用以交流的一系列叫聲、姿勢和手勢動作；工具的使用；漫長的幼年期以及在這個時期學習社會群體典型習俗。一些特徵存在於少數類人物種中，包括成年雄性參與捕獲可食動物、製造工具。人類最值得重視的特殊特徵是說話的能力。此外，受到保護的大本營，無論是臨時性的還是長期的，可為生病的成員提供24小時庇護與分享相關食物。在其他靈長類動物中，人類已經在不同性別以及成年和幼年成員間角色分化進展中走得更遠。

這個縮略概要，主要基於沃什伯恩（Sherwood L. Washburn）[372]和德沃爾（Irven DeVore）的研究和論文[94]，他們相當準確的描繪了前農業社會人類，以及與人類相關的陸行動物的社會生活❺。其中，有組織的社會群體至少具備一個重要的功能，即回應捕食者的自我保護：當受到一個捕食者的威脅的時候，群體的組織性和內部角色分化會比任何其他情況下都更為明顯。這就讓幼年個體可在一個受保護的環境中學習成年期必要的技能。社會群體的第二個功能是促成了透過合作狩獵來得到食物的方式，其發展時期肯定要遠遠晚於前一個群體功能發展。

我們考察人類的環境穩定性行為構造以其適應性環境的進化作為背景。這裡提到的構造相當結構化，可以使每一種性別和每一個年齡群體在其物種特定的有組織的社會群體中都占有一席之地。

顯然，這裡所提出的「人類環境的進化適應性」概念，其實是哈特曼（Heinz Hartmann）[165]所說的「人類通常可預期的環境」的另一版本，只不過更加嚴格的用進化理論來定義。這個新的術語，不僅更清晰表述有機體對特定環境的適應，同時也關注到此現實：**只有在物種進化適應性環境中，才能夠理解或從理論上探討這個物種在形態學、生理學或是行為上的某個單一特徵**。當持續參考人類進化適應性環境，那些看起來奇特的人類行為，也比忽略其環境特徵的時候更可以理解了。後續章節中，在考察孩子聯繫母親的行為系統時，我們會進一步關注早期人類曾經生活因而進化出現今行為特徵的環境。考察失落反應時也可在同樣的背景下進行。

如果不關注本能行為模型的細節，讀者可以跳到本書Part3。

---

❺　同時請參考索斯威克（Charles H. Southwick）的《靈長類動物社會行為》[336]。

第 5 章

行為系統所調節的
本能行為

「在30年代，除了透過實驗干預之外，似乎沒有其他可以研究行為的
『科學』方法……即使是用手指碰一碰動物，似乎也比只是觀察牠們要
更好一些，因為後者似乎更像是『軼事主義』（anecdotalism），只有鳥類
觀察愛好者才做這樣的事情。

「但是只有動物行為學領域先驅會這麼做。他們研究了自然行為而不是
人為行為，並透過這種方式第一次辨識出了自然行為的結構或其事
件……」

——梅達沃（Ptter B. Medawar）[240]

了解行為系統的不同類型與特點

　　在這一段闡釋中，我們將最重要的位置給予了行為系統，在控制行為
的過程中，這些系統結構可以解釋初始指令和當前行為的效果之間的差
距，而回饋讓這樣的比較得以進行：對於這樣的系統，只能使用「目標導
向」（goal-directed）或「目標調整」（goal-corrected）這樣的術語。這些系統
之所以如此重要有兩方面的原因。首先，大量的行為，尤其是人類的行為
顯然是由帶有這些特性的系統掌控；其次，正因闡明了這些系統背後的定
律，讓生物科學領域產生革命。不過若假設所有行為系統都具有這樣的精

密程度也是錯誤的。其中有一些是基礎的，在進一步考察目標校正行為的模型之前，先予以關注對這類行為系統。

固定動作模式

其中一種簡單但動物行為學家相當關注的系統類型，是對固定動作模式的掌控。儘管這種動作的結構模式，在不同情況下具有不同的複雜程度，但與反射動作並沒有什麼不同。不過，在一個方面，固定動作模式與反射之間有著極大的反差：**反射的促發限界是恆定的，但固定動作模式的限界，則會根據有機體狀態不同出現變化**。具體例子比如金絲雀在築巢時的某些編織動作，鳥類和魚類在互動中的很多社交行為，同一個物種的其他成員通常會用一種可預測的方式對此做出回應。正如它的名稱所暗示的，固定動作模式是極度刻板的，而且還會遵循其典型過程直到結束，這個過程與環境發生了什麼，幾乎毫無關係。以此推論，我們可以很肯定的說，固定動作模式的系統類型在運作中無須外受器（眼睛、耳朵、鼻子以及觸覺感受器）輔助，就能接收來自環境的回饋。

固定動作模式的系統結構所遵循的原則有兩種：其一為系統完全依賴中樞神經系統中一個提前設定的程序；另一種系統則部分依賴此提前設定的程序，部分借助來自肌肉系統中的感受器官的本體感受性回饋，這些回饋為行為過程的序列提供信號，並確保遵照這樣的模式運作。在沒有進一步研究的情況下，我們無法獲知哪一種情況更為普遍。

觀察固定動作模式的複雜性可以從打哈欠、打噴嚏這種看起來與反射差別並不大的動作模式開始，到像鳥類某些社交行為一樣，類似於某種精緻儀式的動作模式。與鳥類相比，對於高等靈長類動物（包括人類）來說，這類系統並不發達。研究人類行為的學者之所以對固定動作模式感興趣，

是因為在人的一生中，尤其是在嬰兒時期，所有負責更複雜行為的系統尚未形成之前，這些模式在對面部表情的控制上扮演著重要的角色[363]。覓食、抓握、哭泣和微笑等行為第一次出現時，都是固定動作模式的例子，它們在最早的社會互動階段扮演了重要的角色。固定動作模式不僅提示我們依賴於一個既定的中央程序系統（伴隨或不伴隨本體感受性回饋），可控制動作的複雜程度，同時也提供了一條基準，以此考察靈活度和適應性更高的系統。

比固定動作模式靈活度更高一級的行為，出現在某個固定動作模式與一個依賴環境回饋的簡單行動結果相互結合的時候。一個眾所周知的例子是「雌鵝在鵝蛋從窩裡滾出去之後的行為表現」。雌鵝在這種情況下的行為反應可以分成兩個部分：第一個部分是，把嘴放在蛋上緩慢拖回胸脯的位置。這個動作一旦開始，即使把蛋移走也會一直持續。另一個部分是，左右移動嘴來適應鵝蛋不規則的移動，這個部分只是對推鵝蛋時所產生的觸覺刺激回應，當蛋被移走的時候就會減少。在現實情況中，兩個部分相互結合，儘管有點笨拙，但只要重複的次數夠多，鵝蛋通常都會被重新推回窩裡。

這個例子引入了兩個很大且彼此相關的問題：一是行為導向及其達成的方式，二是問題目標。除了問題本身的難度之外，每個問題還帶來了一些術語方面的問題。

「目標」與「設定目標」術語間的差異

首先要解決的問題是，「目標」（goal）一詞是否可以用來恰當描述雌鵝推蛋行為的可預測結果，也就是「鵝蛋回到窩裡」。事實上，有很多原因支持我們不這麼做。只要將達到這個結果的方法與鷹隼抓捕獵物的方

法比較一下，就可以清晰看到其中的原因。

當鷹隼朝獵物俯衝過去的時候，這個行動受到其視野的持續影響。透過利用這個視野，鷹隼得到了持續而流動的訊息，從而不間斷將自身的位置、速度和方向與獵物進行比較，並據此調節飛行動作。也就是說，控制俯衝動作的行為系統，所具有的結構能夠持續檢核指令（抓捕獵物）和行為之間的差距。捕獲獵物這個或多或少可預測的結果，其實是將這種差距減小到零的自然結果❶。

與此同時，負責雌鵝推蛋的行為系統卻具有完全不同的結構。這個行為完全不受其視野影響，而且也不存在比較蛋和窩位置差距的過程。這個任務所得到某種程度的可預測結果，從精細程度上來說，不過是一個固定動作模式在運作中透過對鵝蛋的直接觸覺回饋，控制兩種相互結合的動作。在這個過程中，雌鵝本身始終坐在窩裡。顯然，如果雌鵝不是坐在窩裡，而是在別的地方，那麼鵝蛋絕對到不了窩裡，而是會到其他地方。

在這兩個例子中，行為都伴隨了一定程度上可預測的結果，但是兩者形成的原因卻截然不同。鷹隼的行為可以十分合理的被稱為目標導向行為，因為決定牠朝獵物俯衝方式的原則，與決定足球運動員射門方式的原則是相同的。但是，雌鵝的行為則稱不上是目標導向。事實上，其目標導向的程度不會複雜如同一個孩子在遊樂場付了六便士之後，蒙上眼睛走過一個神祕通道。孩子在通道中，透過牆壁帶來的觸覺回饋持續行走的過程，他對於要走到哪裡去並沒有概念，因此也就不存在「目標」。即使旁觀者也可以很有信心的預測到結果——可能會到達一個神奇的地方（或者稍遜色一些的目的地）。這個例子，包括雌鵝推蛋的例子告訴我們，即使行

---

❶ 儘管這個解釋可能是正確的，但鷹隼行為的例子，實際上並沒有經過批判性分析檢驗。

為不是目標導向，也可能很容易預測到結果。

由於我們需要準確區分目標導向的行為與其他行為，因此一個精準的術語就顯得非常重要了。首要問題是：找到用來描述目標導向行為系統所達成結果的術語。初看之下，如果對「目標」這個詞下精確定義，似乎就可以滿足這個需求。但是，有兩個重要理由讓我們放棄了這個做法。首先，「目標」暗示著一個動作指向一個「暫時性有限的終點」，這也是心理學家通常的用法。儘管我們想要找的詞語需要應用在這類暫時、有限的終點上，它同時也必須適用於「能夠隨著時間延伸」的條件上，在這個更寬廣的目的，「目標」一詞就非常不合適了。不選擇「目標」的第二個原因是：在日常用語中，這個詞通常指的是環境中的一個物體，但是這並不是我們在此關注的點。我們需要一個術語，既可以指一個暫時性的有限事件，透過動物與其環境中的某些部分進行互動來達成（例如抓捕獵物），也可以指涉一些持續存在的條件（例如動物與其環境中某些部分之間特定的距離關係）。

基於以上這些原因，我建議使用「設定目標」（set-goal）一詞，第 8 章會對這些原因做更詳細的討論。**設定目標指的可以是有限時間內的一個事件，也可以是一種持續的條件，這兩者都源於行為系統的動作，而這些行為系統的結構，所針對的都是指令和行為表現之間的差異。**從這個定義上來說，需要注意的一點是：一個設定目標，不一定是環境中的一個物體，也可以是某個特定動作表現（如唱歌），或是動物和環境中，某個物體或元素之間所建立起某種短期或長期的特定關係。因此，鷹隼俯衝的設定目標並不是獵物被擊中，而是獵物被攔截。同樣，其他一些行為系統的設定目標得以維持的方式，也可能是一種動物與環境或與環境中某個引起警覺的物體保持一定的距離。

如果要描述依據設定目標建構的行為系統，「目標導向」這個形容詞仍是有用的。不過，「目標適應」會是更好的一個詞。首先，這就強調了被這些系統所控制的行為會根據當前行為表現和設定目標之間的差異持續進行調整的事實；其次，這也能夠幫助讀者記住其與設定目標有關，而某些這類系統會保持長時間的運作；最後，這也可以幫助我們區分出有系統的趨向某個設定目標的行為，與其他那些具有確定指向某個空間的真實導向行為，儘管這些行為有時也可能是目標適應的（見本章後面部分）。

　　當我們想探討設定目標構成的物體時，「目標客體」（goal-object）有時是個有用的詞語。

　　討論到這裡，我們可以看到，不同結構的行為系統，所達成或多或少可預測的有益❷結果至少有兩種類型：設定目標與非設定目標。而後者尚無統一的術語來表示。不過，這兩種結果一般都被稱作「可預測結果」（predictable outcomes），當然，需要注意這種「可預測」是建立在一系列條件之上，當這些條件變化的時候，這種「可預測」也就不存在了。所以，「可預測結果」一詞必須被當作是「有條件的可預期結果」（conditionally predictable outcomes）的縮寫。設定目標就是可預期結果的一種類型。

目標適應行為的定義

　　簡單的有機體也具有「利用各種反應以達到某個特定結果」的行為，這些行為很容易被認為是目標適應行為。但是，達到某個預期結果並不是目標適應的衡量標準，正如我們所看到的，達到這些結果的方式豐富多

---

❷　大部分形式的行為，都具有一些相當規律的結果，但並非這些所有結果都是有益的。這些現象及其相關功能討論，將在第8章討論。

樣。**目標適應系統的特點並非達成某個預期結果，而是達成目標所經歷的特殊過程——在一組固定或可變的大量行為當中，系統非隨機選擇一些行動，並透過這個方式使動物逐漸接近設定目標。**這個過程越精準，行為效率就越高。有效的目標適應行為是豐富多樣的，並不一定是過去採用過的行為，但很多都指向設定目標的達成[181]。

毫無疑問，控制目標適應行為的行為系統，自然比控制其他行為的系統更加複雜。目標適應系統有兩個關鍵方法：（a）接受和存儲與設定目標的相關指令；（b）比較行為效果和指令，並改變行為表現來適應指令。

電腦出現之前，人們難以想像有什麼樣的方法可以起草、存儲用來執行本能行為所需要的具體指令，並使它們在需要的時間和地點得以應用。現在，這些存儲和供應的方式，已經不再完全超出我們的想像能力，即使其使用過程的複雜和精細程度已超過目前人類學習能夠達到的範圍。

然而，指令「抵達」有機體的方式仍是難以想像的。對於電腦來說，指令是由外界給予的。對於有機體來說，我們必須假設，這些指令的出現源於特定環境下個體發展過程的結果，這個發展過程是動物先天基因與環境交互作用的產物，也就是通常所說的「後天運作」（epigenetic processes）以及所有學習之運作所形成的產物。

與一個設定目標相關的指令，可能只包含一種特定類型的成分規格，例如幫助歌手保持某個特定音高上的系統，利用的是聲音回饋（歌手的行為表現是他自己聆聽並持續進行細微的調整，以校準任何行為和指令之間存在差異的結果）。這個例子中，掌控聲音表現的系統必須忽視各種樂器之間的差異，而只關注單個類型的成分，也就是音高、音量等等。

但是，與設定目標相關指令更普遍的情況是：包含超過一種類型的參數。例如，在鷹隼俯衝的例子中就包含了兩種：（a）潛在獵物的參數，

可能是大小、形狀或行動等；（b）與獵物之間的關係，比如接近、攔截或其他。每一種參數在精確度上，都存在從一般化到極其精確的差異。

除了達成任何設定目標所要求的特定指令，對於動物來說，通常還有一個更一般化的要求，也就是動物應該保有其所居住環境地形的圖示表徵。只有參照這一認知地圖，動物才能夠在其熟悉的環境中快速從一個地點到達另一個地點。例如當遭到狒狒群襲擊時迅速撤退到安全地帶。

即使具備合理準確的認知地圖對於成功操作某些目標適應系統來說是必要的，也並不意味著地圖和目標適應系統之間存在一對一的對應關係。相反，非運動的目標適應系統，可以在不參考地圖的情況下成功運行，而且，還有一些行為系統建立在十分簡單的基準上，並不需要參考此類地圖。

隨時間推移維持空間關係

之前，我們討論本能行為多聚焦在那些具有顯著性和時間限制的結果（比如性高潮）上，但是忽視了那些結果是一段持續關係的行為，例如在相對較長的一段時間內，維持特定的距離。毫無疑問，後一種類型的行為在大部分動物的生命中出現得更加頻繁且至關重要。例如動物在孵蛋行為中的幾週時間內，都要接近蛋和巢穴；在領地行為中數月甚至有時是數年內都要保持在環境中某個特定的地點；以及在警覺行為中幾分鐘或幾個小時內，都要和威脅牠的捕獵者保持相當的距離❸。

之前，研究者忽視這類行為的一個主要原因是：它們不能夠用「驅

---

❸ 海第格（Heini Hediger）舉了很多實例來說明：這種動物與同種群其他成員或潛在獵捕者維持或多或少恆定距離的行為，在這些動物生存中所扮演的重要角色[169]。

力」或「能量釋放」（energy discharge）這些概念解釋。現在，當我們呈現這組概念之後，就不難解決了。

能夠隨時間推移維持特定距離的行為系統，可能基於更簡單或者更精細的線性結構。其中一個簡單的例子就是：能夠導向朝特定目標物體移動的系統，每當動物和客體之間距離增加，系統就會啟動，當距離減少為零的時候就會停止。這個系統顯然會導致一種持久的「接近性」（proximity），除非它的作用不時被一個或幾個其他引起遠離目標物體的系統所平衡。隨著兩個系統分別得到主導地位，就可能出現較為搖擺的行動結果。

另外一種搖擺程度較小的系統的組織形式所決定的設定目標，是為了維持與客體的特定距離（不一定是恆定的），而不僅僅是接近這個目標物體。在這種情況下，設定目標就是一個平衡點。

在第13章中，我們假定了一個簡易的系統來解釋幼兒維持與母親的接近性。

定向行為

有關設定目標的討論，已經涉及之前提到的第二個重要——「主題行為的導向」（directedness of behavior）。任何目標適應系統所控制與其所涉及運動的行為顯然都包含其方向性，這不僅是從空間意義上來說，同時也表明其擁有一個目的，也就是設定目標。非設定目標在這個層面上並不具有方向性，但是仍在空間上具有定向，因此，有必要在設定目標之外單獨就定向的問題進行討論。「定向」（orientation）一詞簡單來說，指的就是行為的空間軸坐標，參照點通常是環境中的客體或是環境本身的元素。

行為發生在空間中，並且有一定的定向。一些行為是隨意出現的，但也有很多定向並非隨意的。很多手段會在其中獲得成功，而其中一些已被

驗證。

對於鷹隼俯衝以及其他所有的設定目標（包含某個動物接近或遠離特定環境成分的目標）適應行為來說，定向源於持續比較設定目標之行為表現。在這些情境中，系統的工作基於「回歸」（homing）原則，就像自動巡航導彈。

在一些相似的其他情境中，動物本身並不移動，移動的是其身體或者身體的某個部分，例如眼睛轉向環境中的某個物體。在這些情境中，系統的工作可能靠著「追蹤」（tracking）原則，如同雷達接收器鎖定並追蹤一個飛行器。蟾蜍伸出舌頭捕捉蒼蠅就是一個追蹤伴隨行動的例子。此處定向是由蟾蜍頭轉向蒼蠅的追蹤來達成，而舌頭本身並沒有定向，其所做的只不過就是徑直從蟾蜍的嘴裡彈出而已。此類系統的定向形式所基於的運作原理和人工瞄準的手槍一致。兩種情境中，瞄準都源於一個目標適應追蹤系統的一系列動作，而隨後舌頭和子彈的動作，僅來自簡單的固定行動系統。

在其他一些非隨機定向情境中（如鳥類遷徙），決定定向的不僅是直接參考設定目標,還包括環境中的其他物體，如地標、太陽和星星。這類定向系統的工作形式基於「導航」（navigatory）原則，就像輪船導航依賴其航海藍圖。基於這個原則進行的定向行為，若要產生預期結果，條件就是導航所使用的物體與預期結果的空間成分間（如一個巢穴）所具備的固定關係。例如：黃蜂就是透過導航找到不太顯眼的巢穴洞口。只要巢穴附近的地標保持不變，這些黃蜂就可以直接飛到洞口，而這就是預期結果的一個主要成分。實驗發現，黃蜂要擁有發現洞口的能力，首先要學會識別巢穴洞口與地標的空間關係。如果地標的位置發生變化，黃蜂必然就會飛到洞口以外的地方。當浮標的位置偏移的時候，在人工導航的輪船上也會發生

相同的狀況。❹

　　當然,還有一些控制定向行為的系統,是基於上述之外的原則運作。但是,這些足以說明行為本身具有很多方式形成其空間指向的結構,並據此達成預期結果。現代本能理論的一個優點就在於——在保持其嚴格科學準則的基礎上,仍可以為這些行為的關鍵特性提供有力的證據,如定向、預期結果和設定目標。

　　總結這一小節時,需要指出的是我們還沒有討論「引發或終止任何形式之行動成因」。到目前為止,我們所關注的還只是:塑造動作模式以及這些模式化動作的某些方式,並在空間上達到定向預期目標。下一節將繼續討論,並將重點放在關注這些行為系統在一段時間內組織和協調的原則。之後(第6章)才會涉及我們所關注的促發和終止行為系統。你們將會看到,理解這些概念會引發至此還未討論過的新問題。

協調行為系統的兩大形式

　　不同類型的行為系統所進行的活動有著多樣的協調方式。

方式 1 鏈式結構

　　如果要在一段時間內使行為產生特定方式的改變,最簡單的形式可能就是鏈式結構,鏈的每一節都是一個行為系統。 建立這個形式之後,行為就會沿著一個正確的順序發生。 一個行為系統的動作所產生的結果會回

---

❹　施密特-科恩格(Klaus Schmidt-Koenig)已歸類了鳥類在回巢或遷徙中,可能或者已經用來指導飛行的各種方式[321]。

饋回中樞，這時不僅前一個系統被終止，鏈條中的下一個系統同時被促發，結果就會看到一個活動結束後，另一個活動開始。

第一個活動所產生的效果，會被本體感受器或外感受器，抑或是兩者同時登記。走路就是一個依賴於本體回饋的行為序列。在這個情境中，本體感受器記錄了交替活動第一階段的結束，當它們被回饋到控制系統之後，在抑制了第一階段動作的同時啟動了第二階段的動作。不過，大部分更複雜和有趣的本能行為序列依賴的還是外感受器回饋，尤其是眼睛、耳朵和鼻子。動物行為學文獻中有許多此類例子。蜜蜂覓食的回饋就是一個很好的例子，透過實驗模型，已經辨識出這些反應鏈的相互聯繫。

蜜蜂採集蜂蜜始於一個視覺控制的行為系統：當知覺到花形的黃色或藍色色塊時（通常是在一定距離之外），蜜蜂就會朝這個目標飛去，直到與之距離在1公分以內。接下來的環節則被嗅覺刺激所控制：當知覺到某個特定範圍內的氣味時，蜜蜂就會停在這朵花上，並開始摸索它的形狀。第三個環節則是被觸覺刺激所控制：當知覺到某種特定形狀之後，蜜蜂就會將嘴的一部分插入並開始吮吸。這個系列事件之後，牠就採集到了花蜜。蜜蜂的行為構造組織如此順暢，在其進化適應性環境中，一個行為系統的行動結果在導致這個系統終止的同時，並啟動了下一個步驟的系統，最終達到採集花蜜的結果。

我們現在知道，很多複雜且具有高度適應性的行為序列就是這種簡單的鏈式結構。但是，儘管這些系統能夠卓越的完成目標，這個組織形式仍有極大的限制。例如，當鏈條中任何一個環節出現問題的時候，整個組織就無法達成目標。比如說，如果花朵被噴了某種化學試劑，那麼它的氣味就無法被偵測出來，那麼鏈條中的第二個行為系統就無法被促發，而蜜蜂就會去別的地方尋找，而錯過了近在咫尺的這些花蜜。也就是說，**只有在**

當前環境與進化適應性環境完全一致的情況下，鏈條中的每一個行為系統才能運作，整個組織才會產生具備生存價值的行為。就像其他鏈式結構，整個組織的功能不再高於其中任何一個最弱的環節。

不過，還有一些方法能夠使鏈式組織的行為系統變得更加靈活。例如，在鏈式結構中的任何一點上，存在一個或多個可選的鏈接，這樣一來，如果第一組可行行為系統失效的話，就會促發鏈條中的後繼系統，另外一組行為系統會開始運作。這種方式使得動物可以透過許多可選擇的行為之一來達成同一個結果。

鏈式結構另一個特點是，處於鏈條中任何一個環節的行為系統，其複雜程度可以是多樣的。也就是說，儘管鏈條本身聯結的方式並不總是目標適應性質的，但是任意一個或者是所有單一的鏈接本身都可以是一個目標適應系統。比如，對於許多鳥類來說，其築巢行為的組織形式可能是這樣：每一個築巢所需的行為階段都是目標適應的，但一個階段的行為到下一個階段的行為之間是通過鏈條來過渡的。也就是說行為序列中的部分可能是目標適應的，儘管其整體可能不是。透過這種方式，產生可預期結果並具有卓越適應性的行為序列，也就可以透過鏈式原則組織起來。

鏈式原則絕非生物所採用的唯一的系統性組織原則。另外一種組織原則是許多行為系統具備共同的因果要素。此類因果要素可能是身體某個特定的激素水準或者是環境中某個特殊物體的形象。丁博根（Niko Tinbergen）將這種組織模式稱為層級化原則[357]。理解此概念涉及行為系統所啟動和終止的要素，我們將在下一章中再做討論。

方式 2 計畫層級

實際上，還存在一種組織模式，一旦形成，靈活度遠超過之前提到的

層級化形式，其組織形式所基於的層級原則，與丁博根的因果層級完全不同。米勒等人將之簡稱為「計畫層級」（plan hierarchy）[244]。

米勒及其同事在考察人類行為組織方式時，提出了「計畫」（plan）的概念，總體上，它指的是一個目標適應的行為結構，由一組從屬結構（他們將之稱為「totes」，也就是「手提袋」）組成。儘管在這個模型中，他們認為每一個從屬結構都是目標適應，但是無論從概念上來說還是從經驗值上來說，這一點都不是必要的。實際上，前一節中提到的任何類型的亞結構，都符合他們的主要觀點。此計畫層級的傑出特性是「整體結構為目標適應型」，而其內部整合的亞結構則，可以是任何數量和類型。

米勒等人所做工作，最大價值在於他們展示了那些最為複雜和靈活的行為序列如何在整體由層級系統組織起來，而其中最高一級，也就是計畫，一定是目標適應型，其中許多從屬結構很可能也屬於這一類型。此外，他們使用「計畫」這個概念，不僅可以應用在環境依賴型的行為上，同樣可以應用於環境穩定型的行為；它不僅可應用於基於簡單環境地圖組織起來的行為，也同樣可以應用於基於高度複雜地圖所組織起來的行為。

詳細闡述計畫層級型的行為組織類型時，為了方便起見，首先會應用人類「習得行為」（learned behaviour）的例子，而第二個例子則源於與低於人類的種群行為相關的文獻。

人類習得行為的例子是我們每個人每天清晨起床的日常行為。從離開床鋪到開始工作之間，每個人可能都會表現出某種可預期的行為。一方面來說，我們可以說是「起床去上班」；但是從另一個不那麼一般化的標準上，可以將之描述為離開床鋪、清洗、穿衣、早餐和交通的一個序列。其中,每一項活動又可以進一步細分。對這些活動最終極的分析可以細緻到最細小肌肉的細微動作。

在現實生活中，我們通常只從總體上認為是起床和上班這兩個活動，或者最多細分成主要活動及其所附帶的次要活動，我們每天或多或少都遵循著常規慣例。不過如果要把整個操作假設為是一個鏈式的組織反應結構，肯定是錯了。首先，這些活動的順序是可以變化的，例如：可以先吃早餐再穿衣服；其次，其中任何一個活動中的元素可以發生極大改變，但卻不影響整體計畫，例如：早餐可以是豐盛的或是簡單的，或完全省略。這一序列與鏈式組織結構的根本差異在於**「鏈式組織的序列整體並非目標適應，而在計畫層級中，整個序列本身是目標適應的」**。上述例子說明，這個計畫的設定目標是「到達工作地點」。整個序列因此被一個主要計畫掌控，這個主要計畫旨在達到一個長期設定目標，且計畫本身由許多子計畫組成，每一個子計畫擁有更有限的設定目標，每一個子計畫又由更小的子計畫組成，這樣可以一直劃分到微計畫（或者更恰當的說法是類型更簡單的系統），且這些微計畫控制著最小的行為單元。為了去上班，必須執行主計畫，但子計畫以及其他從屬系統等組成部分，在一定程度內是可以有所不同的。

在這類層級系統中，每一個計畫及其子計畫都可以被看作一組行動指令。就像一個軍事行動，主計畫只給出了主要目標和總體策略，每一個層級的指揮官需要制定更詳細的計畫並提出更具體的指令去執行。將這些細節交給從屬結構之後，主計畫就變得更簡單明瞭了，而具體計畫則可以由更熟悉當時、當地條件的人來制定和執行。因此在計畫層級結構中，也較有更多的靈活性。

這個類型組織結構最具壓倒性的優勢在於：在環境千差萬別的情況下，可以達到同一個設定目標。回到我們所舉的這個例子，某個早晨，我們可能需要面對睡過頭、髒襯衫、沒有咖啡，或者是公車罷工這些事情，

但是透過很多可選擇的子計畫，我們仍可以應對這些風險並執行整體計畫。不過，即使行為是由計畫層級組織起來，能夠應對的環境變化仍然有限。當環境極度偏離主計畫所假設的條件時，例如：沒衣服穿或者沒有任何交通工具時，就無法執行計畫，也無法達成設定目標。

第一個基於計畫層級組織起來的行為實例，來自相對複雜的成年人學習行為，它代表了一種相當高級的行為組織層級計畫。在低於人類的動物中，不大可能存在如此精細程度的行為序列（或許類人猿除外）。但是，有證據表明，基於這個組織原則的行為，在很多種群中仍是存在的。

其中比較簡單的例子就是「老鼠走迷宮」的實驗。使用脊椎或小腦手術損傷老鼠的運動協調功能之後，牠們仍可以採用相當新穎的運動行為完成錯誤率遞減的迷宮任務。在這個實驗中，牠們走迷宮的主計畫顯然並未損傷，當習慣並經常使用的運動系統不能依次運作時，就會發展出新的行動系統並執行其功能。

當前的證據顯示，**儘管某些物種的某些行為序列是基於固定鏈式結構，而另外一些物種的某些行為序列是基於因果層級或計畫層級結構來組織，但是更為大量的行為都是採用混合方式來組織。**這些方式之間並非互不相容，而且彼此互補的。況且，同一種行為，如築巢行為，沒有理由不可以在一個物種中是鏈式結構，在另一個物種中是因果層級結構，而在第三個物種中是計畫層級結構，或者說同一個行為可以在一個物種的未成熟階段是鏈式或因果層級結構，而到成年階段之後重組成為計畫層級組織結構。

從鏈式組織到層級組織的進步，無論是從行為器官的「系統發育」（phylogenetic），還是從「個體發育」（ontogenetic）的角度來說，都是一次驚人的發展。昆蟲生物學成就在於其行為系統的環境穩定性、對簡單線索

的反應及其鏈式組織。在更高等的脊椎動物中，行為系統更多的是環境依賴型，可以對更複雜的線索做出反應，並且更有可能整合了包括因果和計畫層級在內的多種方式。人類在這個方面就走得更遠了。

行為系統更高級的整合和控制過程

行為的運作模式

在本章前面的部分，我們已經提到動物為了達到從一個地方到另一個地方的設定目標，即其所需要制定的認知地圖。顯然這些地圖的複雜性可以低至黃蜂的初級地圖，高至受過教育的西方人所掌握、龐大，關於世界的複雜圖景。不過，如果個體想要制定有效計畫，除了要掌握有關外部世界的知識之外，還需要掌握有關自己的知識。

首先，讓我們來看看有關環境的知識。

「地圖」（map）是對選定事物的一種編碼表徵方式。選擇是不可避免的，一是由於環境高度複雜性，二是由於我們的感覺器官只能提供有限的訊息，此外，還因為一個有用的地圖，必須聚焦在與達到設定目標最相關的部分環境。

不過，把我們對環境的知識稱作「地圖」其實是不夠的，因為這個詞語只呈現了地形學的靜態表徵，而動物所需要的則更像是有關環境的一個運作模式。楊對大腦所提供的這類模式，做了以下描述：

「工程師製作出他想要建造的結構模型，以便他對這個結構進行小規模測試。同樣的，大腦中的模式可以作為一個玩具、一個工具、一個仿造

的世界供我們操作，從而找到操作其現實世界表徵的方法。」[394]

　　大腦使用模式的方式就是傳輸、存儲和操作那些可以對達成設定目標做出預測的訊息。

　　大腦可以或多或少提供一些「似乎可以在頭腦中進行小規模實驗的」的精細模式這個觀點對於任何想要理解行為（尤其是人類行為）複雜性的人們來說頗具吸引力。儘管對於極端行為主義者來說，這個想法可能有些不切實際，但是實際上並非如此。例如，對熟悉模擬計算機的電機工程師來說，這個想法顯然可行。對於像楊一樣參與大腦和行為研究的生物學家來說，同樣合乎現實。在構思這個想法的時候，楊強調模式通常由一個又一個單元構成，這些成分從個體上來看與整體結構表徵並不一定相同，但是共同被裝配起來構成一個完整的運作模式。以此為基礎，他提出了他的假設：

　　「大腦中的各種細胞提供了很多組這樣的成分，這些成分透過學習組裝成了模式。每一個成分在這個結構中，根據它們的特點以樹枝狀形式細化。

　　「支持這個假設為數不多的證據，來自研究章魚和貓的大腦和行為。」

　　想要檢驗這些證據的人可以閱讀楊的文獻[394]。我們認為，大腦能夠建立有關其環境的運作模式，這個假設不僅合理，而且拋開這個假設去理解人類行為，將會是非常困難的──這個假設顯然與我們反思得到知識的自身心理過程一致。在後續章節，尤其是後續出版的《依戀理論三部曲2：分離焦慮》和《依戀理論三部曲3：失落》中，會經常用到這個假設。

有機體要有效使用一個運作模式，需要具備很多條件。首先，這個模型必須與其所擁有並可得到的資料保持一致；其次，如果這個模型要能夠被應用到新的情境中，不僅要涵蓋過去的經驗，還必須能透過想像延伸到其他可能的現實；最後，任何模式，無論應用於經歷過的情況還是可能出現的新情況，都必須經過內部一致性檢驗（或者，用技術性語言來說，就是要符合理論的公理集）❺。模式越恰當，預測準確率就越高；模式越全面，預測能夠應用的情境就越多。

個體如果要制定一個達成設定目標的計畫，不僅要有關於環境的運作模式，同時也要有一些有關其自身行為技能和潛在的知識。跛足者或盲人，必須制定與健全者不同的計畫；一個能夠開車或騎車的人可以制定的計畫數量要高於沒有這兩項技能的人。

這也就是說，**每個個體需要分別是「環境論」**（environmental model）**與「有機論」**（organismic model）**這兩類運作模式。**

一個有用的模式必須時時更新。這個規則的持續只要求進行微小的調整，通常這是一個漸變的過程，幾乎不太能被注意到。不過，環境或有機體偶爾會發生一些很大的變化：結婚、生育或工作的晉升，或者經歷不那麼快樂的事情，如果親近的人離開或去世，肢體的殘疾或失明等。在這些情況下就會讓模式發生劇烈的變化。臨床證據顯示，模式所需要的修改並非總是能夠輕易完成。雖然通常最終可以完成，但是過程十分緩慢，這個改變往往不完美，有時甚至完全不會發生。

作為複雜生物學控制系統的一個必要部分，這裡所描述的環境和有機論其實不過是傳統精神分析理論中對「內在世界」的新視角之一。無論是

---

❺　此處以及第二部分的一些內容，要感謝圖斯汀教授（Arnold Tustin）的幫助。

在傳統理論還是我們所提出的理論中，很多心理病理的發生都或多或少是由於模式在充分度和準確度上不足。這些不足可能有很多種：例如，一個模式不可用的原因可能因為已經完全過時，但也可能是它只做了一半的修改而另一半是過時的，再或者可能是因為它有太多的不一致和混淆的地方。分離和失落的一些病理性後遺症就可以從這個角度來理解（見《依戀理論三部曲 2：分離焦慮》和《依戀理論三部曲 3：失落》）。

環境和有機論還有一個對心理病理來說極其重要的特點。反思心理過程中，我們發現很多能夠強烈意識到的心理過程，都與模式的建構、修改或延伸、內部一致性檢驗，或利用它們為設定目標，以達成制定新計畫有關。儘管並非所有此類過程都必須是有意識的，很可能對於某些過程來說，這是必要的。極有可能的是，如果模式無法不時從有意識狀態中得益，如修改、延伸以及檢驗等過程，就可能無法很好的完成或根本無法完成❻。我們將在第 7 章進一步討論這些問題。

語言與行為組織的關聯

人類行為器官的一個專門而獨特的構造，就是語言。它所帶來的顯著獲益在於：我們不需要完全靠自己，而可以採用其他人已經建構好的模式來建構環境和有機論。另一項獲益由於不需要溝通，所以不那麼明顯，那就是每個個體利用語言組織自己的行為，就像起床上班的日常行為一樣，採用制定計畫、子計畫以及微計畫的方式。一個新的行動計畫無論複雜程度如何，首先都運用詞彙進行思考，然後用詞彙寫下來。此外，在相同的

---

❻ 麥凱（Donald M. MacKay）認為：「有意識體驗與我們稱之為原組織活動的過程有關，也就是對行為組織系統本身進行組織的內部行為……在此基礎上的意識單元，反應了原組織系統的整合……」[225]

環境模式中，每個分享相同技能模式的個體也是透過言語指令得以組合在一起，創建並執行一個聯合計畫。因此，獲得語言讓計畫層級的行為組織結構達到了一個驚人的高度。

當行為系統透過語言進行層級化組織，並能夠利用複雜的有機和環境論時，將具有極大的多樣性。所以說，有大量的人類行為無論從任何角度來說，都不能被稱作本能。不過，即使成年男性和女性很多行為都是透過複雜的習得性層級整合形式組織起來，也並不意味著其中不存在簡單、環境穩定或是鏈式的系統，相反的情況反而更有可能出現。自佛洛伊德還是神經生理學家時期至今，神經生理學家對高等物種中樞神經系統的建構，一直強調保守路線。也就是說，早期出現的神經構造並沒有被廢除，高等物種的神經構造吸收了所有早期即出現的特徵，並用新的系統修改，形成有時會推翻舊系統的活動；唯有透過這種方式，更加複雜和精細的行為才變得可能。如果神經構造的早期簡單版本已經被整合進入更先進的神經構造，那麼行為結構很可能也是如此。在我們所知最先進的行為結構中，如果說早期出現的特徵沒有成為其重要的組成部分，才是更不可思議的一件事。

實際上，我們有足夠的理由相信，**人類在較早的嬰兒時期所使用的工作系統，大部分都是簡單且以鏈式結構整合起來的**。隨著發展推進，目標適應系統變得更加突出，環境和有機論變得越來越精細，並逐漸以計畫層級的方式進行整合。語言學的技能很快增加了這些模式的效力，層級組織被不斷擴展，儘管如此，幼兒（以及更年長一些的兒童）仍很容易去依賴那些以相對簡單的方式組織起來的行為。有證據表明，許多心理病理現象源於早期生活，因而精神分析師對人類行為構造的個體發育，就有著特別的興趣。我們會在後續章節中概述。

到目前為止，我們的討論還僅限於描述能夠用來解釋本能行為單元的控制系統類型，和為了在現實生活中能看到、複雜而有目標的行為序列這類控制系統所採用的組織原則。現在，是時候可以開始更系統的檢核：「是哪些條件導致動物在某個時刻採用這種行為，而非那種行為？」或者，換句話說：「什麼樣的因果條件是某些特殊行為的基礎？」這些討論又再一次把我們帶回行為組織方式。實際上，本能行為的啟動方式與它的組織形式之間具有十分緊密的聯繫。

第6章

本能行為的因果關係

「所以，要談論情境促發的方式，以及其所促發的行為系統狀態，描述
感受的語言是不可或缺的工具，無論會導致外在行為，還是某種因素因
抑制而讓行為保持在初始狀態。」

——約翰·鮑比

促發和終止行為系統的過程與因素

開始與停止，不同的起因類別

　　我們已經闡述了，成年的動物個體擁有精良的行為結構，這個結構由
很多但數量有限的行為系統組成，而這些系統以鏈式、層級式，或兩種混
合的結構組成，當它們活動的時候，就會產生複雜度或高或低的行為序
列，而這些行為序列通常都能夠促進個體和物種生存。每一個特定個體所
採用系統的具體形式，都是基因和環境作用的產物。根據物種和系統不
同，所採用形式的環境穩定程度多少也有所差異。除了更穩定的行為系統
之外，動物用來掌控本能行為的還有其他環境依賴型系統，而在這些系統
發展過程中，「學習」扮演了極其重要的角色（儘管這並不是我們當前關注的
問題）。考慮到如此高度多樣性，我們所要面對的問題就是：「為何其中

的某一個部分在特定的時間運作，而另一部分則會在另一個時間運作？」

　　首先，我們需要承認的一點是：**只要活著，那麼動物的行為系統中總有一個與之連接的部分正在運作。動物的生活就是行為，即使睡眠也是行為。**作為心理學家，我們的任務並不是要解決生命的謎題，並不是要解釋動物為何會有行為，而是要解釋在任意時間裡，為何動物出現這種行為而不是另一種，此外，當牠表現出特定行為時，為何在某些時候出現該行為的機率比另一些時候高。

　　解決這個問題的其中一種方法是「檢核生理系統的活動」。大部分生理系統處於不斷同步活動當中。心血管系統、呼吸系統和排泄系統長期處於工作狀態；消化系統和生殖系統工作於其他生理系統的動作雖然是間斷式的，但是其活動並非不相容，因此也可以與之同時進行。換句話說，生理系統可以同時工作，並不需要為了啟動一個系統而要先停止另一系統的運作。

　　但是，當我們考察任何一個生理系統的內部組成時，開始和停止的問題就出現了：這是因為一種活動與另一種活動通常是互不相容的。例如，自謝林頓（Charles Scott Sherrington）提出「交互抑制原理」（principle of reciprocal inhibition）之後，人們已經認知到，當某個肢體要伸展的時候，不僅需要收縮「伸肌」（extensor muscle），同時還需要避免收縮「屈肌」（flexor）。也就是說，控制伸展的機制發送了兩個信號：一個活動了伸肌，而另一個抑制了屈肌。當發生屈曲動作時，就要求發出兩個相反的信號。類似的相互活動也發生在心血管系統中。當肌肉用力的時候，透過擴張血管增加供血量，但由於血容量有限，因此就會透過收縮血管減少對內臟的供血量。飽餐一頓之後則會發生相反的過程。也就是說，任何一個生理活動模式都是間歇性發生的，因為一個模式的一種活動與另一個活動之間並不

相容。

　　同樣的，行為系統的活動也是間歇性的。儘管通常情況下可以同時做兩件事情，但同時發生的行為不會超過有限的數量，並且，一種行為與另一種行為之間不相容的情況也並非稀有。有時，兩類行為會競爭同一個效應器：一隻鳥不可能同時築巢和覓食。有時兩類行為要求不同的環境：一隻兔子不可能一邊吃草一邊藏到洞裡。有時兩類行為產生相反的結果：攻擊另一個生物與保護自己是不相容的。因而，在很多情況下，以某一種方式行動就意味著放棄其他很多種方式。這也就是說，為了理解行為系統的工作，我們有必要解釋為何一個系統開始而另一個系統停止，同時，也要了解為何優先選擇一個系統，以及當兩個或兩個以上的系統同時運作的時候會發生什麼事。

　　如何決定運作哪一個行為系統上，至少需要考慮五類因素的作用。其中一些特定行為系統有針對性，而另一些則更具普遍性。其中，最有針對性的是行為系統在中樞神經系統中的組織方式以及辨識環境中特定客體的存在。激素對行為的影響也是極具針對性的。最不具針對性的是中樞神經系統當前的活動狀態，以及當前整體刺激的衝擊。因為所有五類因素都同時作用，當中每一類因素都與其他四類因素產生交互作用，所以其因果條件的結構就如同波斯地毯一樣複雜。

　　有一些行為理論學派偏好使用「數量有限的一般性動機」這個概念，但是海因德卻強烈反對[181]。我們的觀點與他一致，其中的原因會在第 8 章後半部分闡述。

特定起因所扮演的角色

　　我們會從激素扮演的角色開始，探討產生針對性效果的起因。在鳥類

和哺乳動物中，特定的性行為往往伴隨著血流中某種性激素升高而出現，與此同時，還有一些類型的行為，只有在這種激素缺失的情況下才會發生。

例如，在兩種性別的三刺魚中，高雄性激素更可能會引發下列活動：

鬥爭：咬、威脅、逃跑
築巢：收集、黏合、鑽孔
求偶：之字形舞蹈、引領等等

同時，透過激素直接影響中樞神經系統，或者由於三刺魚忙於鬥爭、築巢或求偶，其他行為出現的可能性就會很小。其中包括與其他三刺魚成群游動以及遷移到新的領地。

研究顯示，物種中兩種性別的成員，都具備引發異性行為的行為系統，而具體是哪一組系統被促發，很大程度上取決於激素的多寡。但是，在任何時間點，當雄性激素處於一定水準時，許多可能出現的雄性活動中，實際上只有一或兩個會被執行。這就說明除了激素之外，還有其他因素產生作用。在一些相似的情境中，其他重要的起因包括「環境因素」。存在另一個雄性個體，可能會引發鬥爭行為；存在另一個成熟雌性個體，則更可能會引發求偶行為。**這就說明特定行為並不是由激素濃或環境刺激❶單獨決定，而是由兩者交互作用產生**（不僅是這兩者之間協調，也包括與其他因素之間的協調）。

需要注意的是，在這個例子中，激素和環境刺激所扮演的角色是不同

---

❶ 「環境刺激」一詞本身有很多問題，請見本章結尾部分的討論。

的：激素濃度對很多行為系統產生了加強作用（也「減弱」了另外一些行為系統），如同環境刺激促發了特定的系統。因此，在其歸因上存在層級組織，而在這個組織中，激素的作用具有更高的位置。我們之後也會看到，在另一些情境中，激素和環境的角色是反轉的，例如：來自環境的刺激在很大程度上決定了激素多寡。

簡要概述起因層級的行為組織結構，將有助於我們進一步考察環境因素，首先注意到這個組織原則的是丁博根[357]。

在剛剛提到的三刺魚行為例子中，起因層級結構中處於更高位置的起因是激素水準。在接下來的例子中，「更高級」的起因則是另外一種類型：刺激中樞神經系統某個特定部分。

透過在實驗中電擊正常動物（雞）的腦幹，霍斯特（Erich Walther von Holst）和保羅（Ursula von Saint Paul）發現[185]，行為技能是由數量很多但有限的行為單位組成，例如：咯咯叫、啼鳴、啄食、逃跑、坐下、取食，以及站立不動。這些單位既可以單獨出現，也可以以不同複雜序列的部分出現。例如，坐下可以是睡眠或者孵蛋的一部分，也可以是單純坐下這個動作；咯咯叫之後可以是逃跑也可以是下蛋；四處張望、站立起來或者奔跑，可以是很多不同行為序列中的某些部分。這些發現和其他一些結果使得研究者得出這樣的結論──雞的行為從簡單的單位到更複雜的單位序列，至少可在三個水準上發生整合。這些整合的性質可能是鏈式的，但明顯從層級角度來說，任何鏈式組織的序列都必須附屬於某些能夠決定運作哪些可能的組織鏈。如果沒有這類上級控制系統，行為單位 Q 就只能發生在 R 之前和 P 之後，但是實際上單位 Q 可以在很多其他情況下出現。

這一系列實驗還說明了行為成因所組織的另一個特徵──特定類型的環境刺激扮演了重要的角色。正因為如此，才使得用這種刺激雞的大腦的

方式出現這些簡單的行為序列，但是僅使用電擊刺激，卻無法產生某些更複雜的行為序列（至少目前是這樣）。例如，如果雞要展現出被一個競爭者或者敵人攻擊時的行為，至少需要一個合適的虛擬雞存在才行。這就再一次說明行為系統是為適應特定環境而設計，在這種情況下，如果沒有「恰當」的環境刺激，某個系統就可能無法產生相應行為。

在其他情況下，激素水準和中樞神經系統的狀態可能在環境中缺乏「恰當」刺激的時候，也會引發活動。例如，羅倫茲（Konrad Lorenz）曾描述過：僅需從盤子中獲取所有食物的椋鳥，也會不時的出現空中追逐、捕獲以及吞咽蒼蠅的動作，即使根本就沒有蒼蠅出現。

前面的章節已經談論中樞神經系統中，行為系統的組織方式。當系統由本體感受器或外感受器的回饋形成鏈式組織時，終止某些行為的信號通常就會促發鏈式結構中的下一個系統。中樞神經系統的組織方式也可以透過其他方式影響不同系統的優先性。因此，一類行為一旦發生，那麼其再次發生的可能性可以升高也可以降低；並且這種變化的方向雖然在短期內是單一方向，但長期來看卻有可能是相反的方向。例如，雄性在交配並射精之後短時間內再次交配的可能性通常會大大降低，但是經過一段時間之後可能又會升高。同樣有規律的是，一類行為的出現，也會產生兩個方向，影響其他類型行為。蚜蟲在成年之後一段時間內會停下來產卵，研究顯示，即使一開始有合適的葉子出現，蚜蟲並不傾向停留，而只是不斷飛行。但是，在飛行了一段時間之後，就更傾向於停留。實際上，飛的時間越長就越傾向於停留，並且停留的時間越長。也就是說，飛行的活動降低了停留活動的閾限。

動物的特定行為，是激素、環境、中樞系統的交互作用結果

我們已經談到不同種因素（激素、中樞神經系統的特徵以及環境刺激）引起動物特定行為時的協作方式，以及這些因素之間持續的交互作用。激素產生受到環境刺激和中樞神經系統中自主過程的影響；環境因素也因為由於激素或其他中樞神經系統改變引發的行為，而引領動物進入新的環境；中樞神經系統中，行為系統的組織方式部分取決於個體所遇到的特定環境刺激，部分則取決於個體發展過程中的激素。

激素透過兩種方式或其中一種影響行為：有時激素直接對中樞神經系統的某個或某些特定部分產生作用，增強某些行為系統的反應性並降低另外一些系統的反應性；有時它對某些外器官產生作用，例如對特定皮膚區域內的一類感覺神經末梢產生作用，使得這個區域，也使得這個動物整體，更加敏感來自環境的某些刺激。我們可以用兩個例子詳細說明這種複雜的 相互連接。第一個是金絲雀的築巢和產卵行為；第二個是老鼠的母性行為。

海因德系統性的研究了雌性金絲雀築巢和產卵行為的起因[180]。對雌性金絲雀以及很多其他鳥類來說，環境變化（亮度增加或溫度升高，或兩者同時發生）引起雌性體內激素變化，導致牠與雄性待在一起。而後，來自雄性的刺激加速了雌性雌激素產生，並促使牠開始築巢。接下來，雄性的存在仍然十分重要，當鳥巢被築起一部分之後，雌性會坐到裡面，而鳥巢在牠的行為中扮演了更顯著的因果角色。由於已經發生雌激素變化，雌性的胸部開始褪毛並充血，當牠坐在巢裡的時候，會對觸覺刺激變得更加敏感。來自鳥巢的觸覺刺激對牠的行為影響至少有三個。這些刺激會即刻影響築巢行為。幾分鐘之內，它會影響雌鳥回巢的頻率，及其對築巢材料的選擇。在更長的時間內，它會引起更進一步的激素改變，讓其比其他情況下

更早產卵。在繁殖進程的下一個階段,雌鳥和蛋接觸的刺激對其孵蛋行為繼續產生一定的影響。

　　執行時間持續幾個星期的行為序列中,各式行為系統會相繼經歷了從活躍到不活躍的過程。其中一些系統的促發,很大程度上源於激素濃度高低,而另一些則源於環境刺激。但是除此之外,激素濃度高低很大程度也源自其環境刺激,而來自環境的特定刺激本身也是行為結果,或者說是敏感性提高的結果,而這種敏感性的提高又源於早先的激素變化。儘管這個系列交互作用的描述顯得很複雜,但是其實還只是簡化描述了真實世界。

「母性狀態」的起因與刺激因素

　　現在人們都已經知道,與此類似的在激素水準、環境刺激以及中樞神經系統結構之間存在複雜的系列交互作用,在更低等的哺乳動物行為中同樣也扮演了因果角色。在眾多進行實驗室老鼠繁殖行為研究的學者中,貝赫(Frank A. Beach)稱得上是一位開拓者,他極大的提升了我們對老鼠性行為的了解[32]。而羅森布拉特(Jay S. Rosenblatt)近期也對引發母性行為的起因做了進一步分析[296]。他尤其感興趣的是「母鼠在其子代的每一個發展階段,是如何改變其行為去適應子代的要求」。

　　老鼠的母性行為有三個主要元素:築巢、養育與帶回幼鼠。在大約四週的時間內,我們會看到這些元素中的一個或幾個,但是之後,這些行為就不再出現。整個母性行為的週期可以被分成四個階段,每一個階段的具體行為都不同。如下所示:

　　〔階段1〕孕期最後幾天,可能會出現少量的築巢行為。

　　〔階段2〕分娩之後的3～4天內,所有母性行為元素都會出現,母子

之間大部分互動由母鼠發起。

〔**階段3**〕前兩週剩下的時間是維持期，在這個階段，全部的母性行為技能都得到充分展現，大部分仍然由母鼠發起。

〔**階段4**〕在分娩後的第3和第4週，母鼠會將更多互動主權交給幼鼠，在此期間築巢、帶回和養育幼鼠的行為持續減少，直到最後全部消失。

在正常狀態下，這些母性行為的各個階段都會恰到好處的與幼鼠情況同步協調。兩週內的幼鼠沒有視力和聽力，完全依賴觸覺刺激。儘管牠們在較早的時期就可以爬行，但是要滿兩週之後才會走。一旦滿兩週，幼鼠就會變得相當獨立。牠們開始離巢、主動吮吸並與同窩其他幼鼠發生互動。4週之後，幼鼠就可以自食其力了。

分析母性行為週期的時候，有必要區分母性狀態和母性行為。任何細小的母性行為對來自環境的刺激都非常敏感，例如：當鼠窩被弄亂的時候，築巢行為就會立即開始；當一隻幼鼠出窩的時候，母鼠就會把牠弄回來。儘管如此，只有當母鼠處於某種條件的時候，這些行為才會出現，我們稱之為「母性狀態」（maternal state）❷。這就意味著某些起因在層級組織的更高點上運作，並由此決定了母性狀態，而另一組起因則在更低的水準上運作，因而決定了某些特定行為的出現。

研究者需要回答的問題在於：「哪些起因使母鼠發展出母性狀態？」「哪些起因導致母性狀態的後續改變及最終消失？」「這些變化多大程度

---

❷ 羅森布拉特運用「母性心情」（maternal mood）一詞，然而，「心情」（mood）通常用來表示時間較短暫的狀態，因此持續一天或是一週的情況，使用「母性狀態」（maternal state）較恰當。

上取決於母鼠體內激素變化，而無關於環境刺激？」「又有多大程度上取決於幼鼠的刺激，顯然這些刺激會隨著幼鼠逐漸成熟和活躍發生改變？」為了回答這些問題，研究者開展了一系列實驗，在這些實驗中，他們將一些不同年齡的實驗幼鼠與不同階段母性週期的母鼠放在一起，在不同的階段，母鼠自己的幼鼠可能同在，也可能離開幾天。

〔研究結果1〕即使有新生實驗幼鼠出現，懷孕的母鼠也不會養育或取回幼鼠，而且幾乎不會築巢，但是在分娩之後，這些行為會立即出現。這就說明幼鼠的刺激並不是母性狀態出現的主要原因。其起因可能是某些發生在分娩過程中，來自骨盆組織本體感受器的回饋，或者更有可能的是分娩之後，當胎盤激素消失之後，突然出現激素平衡的變化，也有可能兩者都有作用。

〔研究結果2〕如果幼鼠在出生之後立即離開母鼠幾天，那麼母鼠的母性狀態會迅速衰退，這就說明來自幼鼠的刺激在此期間對維持母鼠母性狀態有著重要作用——可能是透過維持相應的激素濃度。

〔研究結果3〕在週期稍後的階段，如果幼鼠被移開相似的一段時間，那麼對母性狀態的影響會小得多。也就是說，幾天之後，母鼠的激素濃度高低不再那麼依賴幼鼠的刺激。儘管如此，實驗也發現，如果在分娩後9天或者更久之後將幼鼠移走的話，那麼母性狀態會比幼鼠在的時候更容易下降。這就說明母性週期的維持，持續依賴於幼鼠某種形式的刺激。

〔研究結果4〕週期最後一個階段，母性狀態徑直衰退，即使用年幼的實驗幼鼠替代母鼠自己「長大了的」活躍幼鼠，這種情況也會發生。這就說明週期中這個階段開始很少受到幼鼠變得更活躍帶來的刺激，而更可能源於母鼠內部自主變化。

這就再一次說明，動物內部所發生的變化，很可能是激素變化導致行為變化，例如：照顧幼鼠導致母鼠接收來自環境的刺激，這本身也會影響牠的激素高低，而又再次影響母鼠的行為、敏感度或所接收到的刺激。對任何本能行為序列所做的分析越充分，就越能確信這些互動週期的存在。由於它們出現在低等哺乳動物當中，因此我們肯定可以在更高等哺乳動物中發現相應的過程，例如：靈長類以及人類本身。

影響行為啟動與終止的信號

在這幾章中，我們一直強調「行為不僅會被啟動也會被終止，沒有一種行為是永不停止的」。導致行為停止的因素，顯然會和導致開始的因素一樣複雜。當激素降低到某個值的時候，或至少激素平衡發生改變的時候，母鼠所有可能的母性行為，都不會存在。來自已完成鳥巢的刺激，會使金絲雀停止築巢；如果鳥巢被移走，這個行為就會立即重新開始。當狗的胃部已經有足夠的食物，就會停止攝食行為，這時距離這些營養被吸收到血流中還有很長的時間。因此，不同物種的不同行為具有不同類型的終止因素，而在以上例子中，分別是：激素濃度、外感受器刺激、內感受器刺激等等。**終止並不是由某種類型的發條裝置決定，也不是因為缺乏某種心理能量，而是取決於一個特定的信號。**一場足球賽會停止是因哨聲響

起而不是運動員的能量耗盡，車流停止是因為紅燈而不是因為沒有汽油。而行為系統也是如此。

負責終止一個行為序列的信號，通常被動物行為學家稱為「完成刺激」（consummatory stimuli），但是與引發或啟動刺激相反的意思更適合用「終止刺激」（terminating stimuli）。正如我們所舉的例子顯示，終止刺激與那些引發和指導行為的刺激一樣有很多不同類型。在每一種情境下，信號會透過三種類型的感覺器官被行為系統接收——外感受器、本體感受器和內感受器——有時，不只一種感受器官在同一時間運作。

有時候，終止一個行為序列的刺激會因為動物的某一個特別動作而被其他動物接收到。這種動作就叫作「完成動作」，當可預測結果是一個有時間限制的事件時，我們很容易在系統中辨認出這個動作。性高潮就是眾所周知的例子。對於那些可預期結果，是某個不確定時間內的某種條件的系統來說（例如某個特定領地中的一個地點），就不可能確定出完成動作，這個概念也就不適用了。

在目標適應行為系統中，我們必須仔細區分將行為引導到設定目標的刺激（如指向刺激）和將行為帶入結束的刺激（如終止刺激）。由於兩類刺激可能來自同一個源頭，也就是目標物體，因此很容易混淆。我們可以用一個例子來說明兩者的區別。在跟隨一個運動物體的過程中，幼鵝接收到來自客體的視覺或聽覺刺激（或兩者都有），並據此進行導航。但是終止這個行為的刺激，則可能是另一種類型，比如：觸覺；當幼鵝處於警覺狀態的時候，只有當牠接收到某種類型的觸覺刺激時，跟隨行為才會停止。在這個例子中，來自目標物體的視覺和聽覺刺激促使行為發生，但來自同一個目標物體的觸覺訊息，則終止了這個行為。

我們還必須區分的是「終止刺激」和「抑制刺激」。有時候，一個行

為系統運作所需的所有起因都已經存在，但實際上仍不運作，原因在於同時還出現了抑制刺激。終止刺激將一個行為序列引向結束，而抑制刺激則會防止這個序列開始。

　　所以，一個行為系統不運作，可能出於兩個不同的原因：

〔原因1〕運作的必要起因並沒有完全出現，或者出現導致其終止的起因。

〔原因2〕存在必要的促發因素存在，且不存在終止因素，但同時存在抑制刺激防止促發因素產生效應。

　　這些抑制刺激往往源於與該活動鄰近的其他行為系統。而這引發我們的思考：「當互不相容的行為系統同時被激發的時候，會發生什麼？」我們會在本章後段討論。

非特定起因在行為系統中的角色

　　目前為止，我們幾乎沒有討論那些對行為具一般作用而非特定作用的成因。這裡所指的是中樞神經系統喚起的數值，以及動物接收到的整體刺激水準和刺激模式。兩者之間也同樣具有緊密的交互作用。

　　這些一般性因素對行為的效應主要在：（a）確定是否需要對一個刺激做出反應；（b）確定其感受器的辨別度；（c）確定反應速度；（d）確定反應是有組織的還是無組織的。並沒有證據表明這些因素對於行為系統的促發有較大的影響。

　　證據顯示，如果一個刺激要得到行為反應，那麼這個哺乳動物的大腦皮質必須處於喚起的狀態（由EEG測量，也就是腦波），大腦皮質的狀態很

大程度取決於腦幹網狀結構，而這個結構反過來，很大程度上又受到動物所接收到的總體刺激量影響，無論這些刺激來自哪一種感覺形式。**在小於某個閾限值的情況下，動物透過任何感覺器官接收到的刺激越多，那麼喚起程度就越高，其行為的效率也越高，感覺分辨能力增強並且反應時間縮短。**但是超過一定水準之後，效率可能會遞減；當實驗中總體刺激量大幅提升時，行為會變得完全沒有組織性。同樣的情況也會發生在刺激大量減少的時候，就像感覺剝奪實驗的情境。這些結果強烈表明：感官輸入的標準存在一個最佳狀態，在這個標準之上，反應性和效率達到最高。對不同的行為系統來說，這個最佳標準狀態差別也會很大。

一些研究者在解讀這些實驗結果的時候，認為最重要的變項就是「動物接收到的整體刺激量」，並視「總體活動值」和「總體驅力」為有用的概念。但是，我們看到海因德對這個觀點提出了質疑[181]。他強調，在感覺剝奪實驗中，不僅整體刺激量降低了，而且刺激模式也同時被大大減少。同樣的情況也發生在感覺超載效應的實驗中：當動物被過多刺激轟炸的時候，識別能力可能就會失效。海因德認為，整合行為可能更依賴於不同模式感官輸入間的規律關係，而不單單是數量。這個觀點得到了神經生理學實驗的支持[271]。

不兼容的行為系統同步促發後的結果

在前一節中，我們有一個默認的假設：一段時間中，只有一個行為系統被促發。但是，同一時間內，促發一個以上系統的情況並不少見。這裡我們就要考察一些當兩個或更多的系統被同步激發時產生的行為。

促發行為系統所引起的行為，可能高度相容或高度不相容於另一個行

為系統被促發所引起的行為，或者當中一部分與另一個行為中的部分相容，而當中又都有一部分相互之間不相容。因此，當同時促發兩個系統時，會出現各式各樣的行為表現也就不足為奇。有時候，兩種行為模式的元素都會出現，有時候出現其中一個，或有些時候兩者都不出現。在某些情況下，會形成非常符合情境的行為，但是在另一些情況下，可能出現相反的狀況。實際上，在某些情況下，當兩個不相容的行為系統同時被促發時，所產生的行為可能會具有病理學的特徵。

為了簡化本節闡述，我們使用了一個新的術語：**當有理由相信某個行為系統已經促發，但其對應行為並未出現時，就將之稱為動物的某種「傾向」，例如：逃跑的傾向。**

不過，當行為並未出現而假設這種行為傾向存在需要關注方法論的問題。我們如何能了解是否存在這樣的傾向呢？當行為系統所負責的行為並未出現時，有什麼證據可以推斷出它的存在？這個方法論上的問題，與精神分析師經常持有的假設非常相似，即使一個人的行為表現和其行為動機可能完全相異。

有意思的是，在面對同一個方法論挑戰的時候，動物行為學和精神分析給出了相同的答案。無論是在動物還是在人類身上，推斷確實存在的隱藏傾向，這些傾向會在一些偶然、不完整的行為序列中展現。有時候，這些行為或者說這些行為的碎片，會與主導行為同步出現，進而導致輕微的行為振盪。推論隱藏傾向存在的另一些可能，是主導行為終止之後出現了其他類型的簡短序列，或者表達隱藏傾向的行為，在主導行為出現之前暫時得到了控制權。無論是動物行為學家還是精神分析師，他們思考並關注這些具體行為，推動了科學進步。

精神分析師確實會使用其他類型資料推論隱藏傾向，這類資料是動物

行為學家無法得到的，其中包括病人所報告的想法和感受。我們會在下一章描述想法和行為在當前理論圖式所占據的位置，因而對此的討論也會相應延後。

現在，回到精神分析師和動物行為學家共享的行為資料上。接下來，我們將描述當兩種傾向若同步出現但一定程度上互不相容時所導致的行為類型。

兩種傾向都顯現時，行為表現形式會是兩者交替出現

儘管這樣的結果聽起來相當不利，但是實際上並不一定如此。這種情況出現在魚類和鳥類的求偶行為中。其實很多物種的求偶行為都被證實是攻擊、性和逃跑等複雜交替的行為。例如，雄性蒼頭燕雀會以攻擊行為開始求偶，隨後逐漸轉變為從屬雌性的行為，甚至表現出害怕的行為。之後，牠就會出現逃跑和性交兩種相互衝突的行為傾向，不過通常會完成交配。

意圖動作、聯合動作和妥協動作

動物也可以經常看到「無法完全展現其傾向而只展現屬於這個傾向的不完整動作」的衝突情境。例如，當處於停留還是飛行的衝突中時，鳥就可能不斷重複顯現起飛的動作而並不完成這一動作。這被稱作「意圖動作」（intention movement）。

意圖動作在哺乳動物包括人類當中很常見，為我們判斷他人動機和潛在行為提供了重要的線索。

有時，來自兩個相互衝突行為傾向的意圖動作會同時出現，這時候其行為表現就像一塊包含了兩個成分的拼貼。還有些時候，則會顯現出兩個

傾向中共同的意圖動作，或其他行為元素。

只有一種傾向顯現的行為序列

　　衝突最常見的結果，可能是其所展現出來的行為完全來自一種傾向，完全沒有另外一種傾向；換句話說，第二種傾向的表達完全被抑制了。例如，當老鷹出現的時候，一隻正在安靜攝食的小鳥會飛速衝向遮蔽物。這時，我們可以看到「導致攝食的因素」仍然存在，如果不是老鷹出現，小鳥可能還在繼續攝食。因此，我們可以得到比較可靠的結論，即：攝食行為被抑制了，但想要攝食的傾向仍然存在。實際上，此類結果更為普遍，**抑制衝突中的一方可以透過眾多方式之一產生作用——這些方式常常來自未經意識思考和決策的自動過程。**由於很多行為系統互不相容，因此對於大多數動物來說，衝突中的一個或幾個系統被抑制，可能更為常見。

　　在這些情境中，行為的結果通常是明確且具有生存意義的，但是在另外一些情境中則不然。例如，如果抑制競爭傾向是不穩定或無效的，最終就有可能導致一些替代性、無功能行為出現。還有一種情況下出現的行為結果是精神分析師所知的「替代」（displacement）或動物行為學家所說的「改向」（redirection）。在這種情況下，受制於衝突傾向的個體會展現出兩種傾向之一所表現的行為序列，但是卻並不指向實際引發這一行為的物體。有一個大家都比較熟悉的例子是：當一個主導動物威脅一個從屬動物的時候，會同時引發後者攻擊和逃跑行為，此時從屬動物可能會展開攻擊，但是卻並不是指向主導動物，而是指向另一個處於更從屬位置的動物。觀察野外靈長類動物時，經常可以看到這種攻擊改向從屬動物的情況，當然，這在人類種群中也相當常見。

　　有一類改向行為是人類較易出現，但更低等動物沒有的，這種情況就

134

是「行為會改向一個物體的象徵物」。例如：攻擊指向原客體的塑像，以及依附行為直接指向國家的象徵物，如國旗或國歌。

源於其他傾向而不是衝突傾向的行為序列

有時候，當兩種傾向同時存在時（如左轉和右轉），動物可能會將兩者全部取消，因而兩種類型的行為結果都不會出現。

當兩種傾向的行為都不出現的時候，動物常常會做一些其他的事情。例如：當兩隻海鷗爭鬥時，雙方都有攻擊對方和飛走兩種傾向，此時其中一隻海鷗可能突然開始整理羽毛或築巢。這種行為的出現與情境完全沒有關係，被動物行為學家稱為「替代活動」（displacement activity）。

這些明顯無關的行為緣何而來？直到現在，這個問題仍存在很多爭論。其中一種觀點認為引發替代活動的因素，與在正常情況下產生同樣行為的因素是不同的。當時流行的觀點是能量從一個（或兩個）未被表達的衝突傾向中「擊穿」（spark-over）了。不過現在，人們已經放棄這個解釋以及引起這種解釋的能量模型，開始探究其他可能性。

實際上，大部分替代活動是動物經常出現而且很容易被引發的活動，如吃草或整理羽毛，基於這個情況出現了一種解釋，即：這些行為作為替代活動出現的原因在於，平常促發這些行為系統的成因大部分時間都存在，但在相當長一段時間內，由於其他活動占據了優先位置，因此它們就被抑制了。然而，**由於互相衝突，一旦兩個優先活動都被取消了以後，之前被抑制的行為就有機會出現，因為抑制被解除了。**

有很多實驗都支持這個「去抑制假說」。鳥類常用的替代活動是整理羽毛，它出現的一種情況在海鷗同時具有孵蛋和因警覺而逃跑這兩種傾向的時候。旨在確認替代性整理羽毛行為出現具體條件的實驗發現，它會出

現在兩種傾向處於平衡狀態的時候，比如孵蛋和逃跑傾向都很強烈，或者都很微弱的時候，因為只有在這個時候，兩種傾向才會同時被取消。此外，替代性的整理羽毛和普通的整理羽毛一樣，在下雨時以及雨後出現得更加頻繁，這就說明兩個行為都受到同樣的外部因素影響。

很多替代活動源於抑制解除，但是還有一些則更像是衝突情境所喚起的自主活動次級產物。例如，在領地鬥爭中，一隻鳥可能陷入攻擊和逃跑兩個衝突當中，這時牠可能突然開始喝水。這可能是喉嚨乾渴造成，而這個行為本身是與恐懼反應相關的自主活動結果。

當然，還有一些其他說法用來解釋替代活動的出現。很有可能不同類型的替代活動自有其不同因素。

這種在完全無關的背景下產生，與動物行為領域中的替代活動十分相似的活動，在人類精神官能症中十分常見。對於這個現象的認識，也是導致佛洛伊德提出「本能理論」的主要原因之一，他認為，心理能量在管道中流動，就像水流可以輕易從一個管道轉向另一個管道。動物行為學家對替代活動觀點的變化相當有趣，因為這不僅僅顯示了動物行為學家在理論上面對著與精神分析師相似的問題，並且，這些理論已經經過詳細的闡述，並可以被臨床工作者所用。

我們也可以用同一種方式來看待「退化」（regression），也就是當一個成年人的行為因為衝突或者其他原因被挫敗後，退回到青少年時期的行為模式甚至更幼稚的情況。眾所周知，這種行為在人類中與在動物中一樣常見。動物行為學家嘗試用兩種理論來解釋這種行為：第一種理論認為，當面對一個問題的時候，動物會採用未成熟期曾經成功使用過的方式來解決；第二種理論認為，退化是一種特殊形式的替代活動，當兩種成年行為模式因衝突被全部取消的時候，始終處於潛伏狀態的青少年期行為模式就

有機會扳回一局。為了解釋所有的退化行為,這兩種理論,甚至其他可能的理論或許都是重要的。

中樞系統活動對感官輸入的調節和轉換

在整個章節中,我們都使用「環境刺激」一詞來表示那些在啟動或終止本能行為的過程中起重要作用的環境事件。但是,「刺激」這個概念本身並沒有那麼簡單。對一種動物來說是刺激的事件,可能另一種動物完全注意不到。能夠讓一個個體警覺的事件,可能會被另一個個體知覺為無關事件。那麼,究竟什麼是刺激?它們是如何與環境中所發生的事件互相聯繫?

過去20年,神經生理學家的研究已經關注到中樞神經系統的活動對感官輸入的調節和轉換方式。當感官輸入接收到一個來自環境的事件時,它就會被評價。如果評價的結果是不顯著,就會被隔離。如果是相反的結果,就會被放大,之後,如果進一步被評價為具有相關性(且其影響不超過承受範圍的話),就會確認它的行為輸入,之後相應的訊息就會被輸送到動作領域。

評價和調節感官輸入是大腦感覺區域最主要也最熟練的活動。一旦經過確認,傳出訊息就會影響感官輸入的縮小或放大,這些訊息由特定傳輸神經從大腦感覺區域傳遞到感覺器官,或其所在傳輸神經束的神經節(ganglia)上,感覺器官或神經節的即時反應也因此而得到控制❸。216

---

❸ 感官輸入和加工的反中心控制理論所具有的重要意義,會在《依戀理論三部曲3:失落》中討論。

實驗證明調節事件接收器可能只有在神經系統許多不同的標準上。例如，一道炫目的光線會導致瞳孔收縮和眼瞼關閉，同時也可能導致臉轉向或逃跑。相反的，看到一個有吸引力的女孩時，則會發生相反的過程。在每種情境下，某些反應是反射性的，有些是固定行動，還有一些則可能是計畫組織性的，控制這些反應可能是外圍的也可能是中心的。

無論是一開始沒有調節過的輸入，還是後來經過調節的輸入，進行評價時都需要一定的技能。要求使用過去經驗中已經存在的標準，或者是之前存儲與此標準相關的訊息來進行解釋，要求有提取訊息的能力，並且要能夠透過採取行動來判斷最終的解釋；這種評價和判斷，很可能也存在於中樞系統不同的標準上，有時候只在一個標準上，還有的時候相繼出現在幾個數值之上。這個過程發生的水準越高，其所能選擇的行為區分度也越高，其中也包括設定目標計畫的行為組織形式。為了制定這類計畫，顯然需要參考環境和有機論（見第5章）。

人類的評價和判斷過程常常是有意識的，而且這些被解釋的輸入也會有體驗性的價值，例如「有趣的」或「無趣的」、「愉快的」或「不愉快的」、「滿足的」或「挫敗的」。這就需要我們去探究感受和情緒。

第7章

感受、情緒的
評價歷程與選擇

「無論來源,面部表情和身體動作對我們的生活幸福指數都很重要。它
是母親和嬰兒之間第一種交流方式,母親的微笑表達出贊同,鼓勵孩子
做她認為正確的事情,或用皺眉表達不贊同。表情動作為我們的語言增
添了生動和活力。它們比語言更能夠揭示他人真實的想法和意圖,語言
可能是虛假的⋯⋯幾乎所有的情緒以及它們的表現方式都存在這樣的親
密關係⋯⋯」

——查爾斯・達爾文[81]

情感、感受、情緒之間的差異

臨床工作中,通常被提及的都是情感、感受和情緒,就好像它們是行
為出現的原因,這是我們要對此進行討論的原因之一。另一個原因是,每
一個好的臨床工作者,都藉由感受和情緒與病人交流,就像在日常生活中
與其他人交流的方式。因此,無論是臨床工作者還是其他讀者,或許都已
經迫不及待的想要知道感受和情緒在我們提出的本能行為理論中的位置。

簡單來說,我們認為所有或者說至少大部分被稱為「情感」(affect)、
「感受」(feeling)和「情緒」(emotion)這幾個概念難以區分的東西,都
是個體對自身有機體的狀態、動作,或其所處環境的直覺評價。這個評價

歷程的特殊性質，常常會被體驗為「感受」，或者用更好的說法是會「被感受到」。個體通常能察覺到這些過程，能監控其自身狀態、欲望以及境況。同時，由於它們通常伴隨獨特的面部表情、身體姿態和初始動作，大多以此為同伴提供有價值的訊息。

本文的一個核心部分是：**由於評價歷程不一定會被感受到，因此，我們首先需要注意的應該是這些評價歷程，而不是感受或情緒。**評價歷程不會經常被感受到的這個現實，為我們理解臨床上「無意識感受」這個模糊而有用的概念提供了線索。

我們認為，評價歷程具有三種不同的角色。首先，對環境變化、有機體狀態，以及行為傾向的評價，無論是否被感受到（意識或無意識），這個過程本身在行為控制中都有著至關重要的作用；其次，它所提供的監控作用，使得個體成為有情感的存在；最後開啟了與他人的溝通。

第一和第三種角色並不要求意識參與，但是第二種顯然是需要的。

從特點上來說，我們還認為：儘管情感、感受和情緒常被當作具體的存在，但是實際上這樣看待它們相當不合適。當我們說「一種情感」、「一種感受」或是「一種情緒」的時候，就好像它們是一個原子或者一顆橘子，這就像把它們說成「一種紅色」或「一種方形」一樣不合適。感受應當被看作不時出現、與行為相關的某些過程。因此，任何將感受或情緒具體化的說法，都不應被採納。

在我們進一步展開論點之前，需要先澄清術語。習慣上來說，我們會用「情感」來表示許多不同感受——愉快、痛苦、悲傷、愛、恐懼和憤怒。此外，「感受」一詞本身也被廣泛運用。另一方面，「情緒」一詞的使用則更有侷限性，通常它只限於表示像愛、恨、恐懼或饑餓的感受或情感，本質上都與某種形式的行為相聯繫。

比起「情感」和「情緒」，「感受」一詞則總是被當作更一般性的詞語來使用，它更受青睞的原因在於它是三個詞語中唯一源於動詞（to feel）且意思完全相同的詞語。**「情感」一詞只使用在討論傳統理論，而「情緒」一詞只限於用在上述提及的情況中。**

從討論本能行為的純粹行為層面進入到討論包含對感覺、覺知層面之前，讓我們先簡要的思考一下困擾我們的一些哲學問題。

生理學與哲學解釋「感受」的差異與衝突

蘭格（Susanne Langer）寫道：「生物學領域困擾我們的哲學問題是，那些被叫作『感受』的東西是如何進入，並構成一個動物有機體的生理事件……我們可以感受到與我們有關的外界以及內部變化，這些變化從生理學上都可以被描述出來，但是我們的感受卻未被描述，這個現實為我們帶來了真正哲學意義的挑戰。」[204]

應對這一挑戰的方式有很多種。其中大部分可以被劃分到兩個主要的學派：「精神論學派」（mentalist）和「機械行為論學派」（epiphenomenalist）。

精神論學派源於笛卡爾（René Descartes），其思想不僅吸引了人本主義者，也吸引了包括傑克森（Hughlings Jackson）和佛洛伊德在內的神經生理學家[191]，他們認為有兩個不同的實體存在（身體和精神），兩者狀態等價，但兩者共同工作的方式尚不可知。相反，機械行為論學派則吸引了科學家，被認為是更冷靜的角度，他們認為只有物理世界才是真實的。對於機械行為論者來說，想法和感受就像生活劇場裡的陰影並不真實，至少對科學領域是這樣，或許具有美學上的意義。

現在，人們不再滿足於其中任何一種答案。萊爾（Gilbert Ryle）將精神

論哲學諷刺為「對機械鬼魂的教條主義」[301]，他認為這種觀點源於分類上的錯誤，基於將人類的身體和心理歸入同一個邏輯類別的假設：兩者都是某種東西，只不過是不同種類的東西而已。「笛卡爾將他關於心理的理論放在和伽利略放置機械理論的同一個邏輯模型裡面。」因此，笛卡爾用來描述心理的術語和習語，相對應於他們用來描述機械的詞語，所以通常只能是一些否定性的表達。心理「並不存在於空間之中，它們不是運動，也不是物質的變形，它們無法被觀察到。心理不是發條裝置的一部分，它們是非發條裝置的一部分」[301]。

精神論的觀點基於一個邏輯謬誤，當人們（包括佛洛伊德）將它們應用到經驗性問題中時，就出現了不一致的結果，也因此，感受和情緒在人類生活中的角色得到了證明，但方法學的問題仍然未被解決——如何形成可檢驗的假設？所以，沒有任何可與物理科學類比的心理科學被建立起來。機械行為主義通常站在極端行為主義的大旗之下，儘管方式不同，但也隨之被否定了。確實，行為主義建構了可檢測的假設，但同時卻付出了很高的代價。所有人類經驗中令人興奮的部分都被排除其外，而且其所呈現出來的理論圖式，對於那些每天與正常人在一起的臨床工作者或其他人來說，基本上沒有什麼幫助。

必須注意的是，並非在研究中採取行為主義策略的所有人，都是機械行為主義者。相反，很多人採用了霍登在很多年前採用的相似態度[153]。他們現在可能會做出這樣的解釋：「我們之所以沒有對感受、意義、意識的控制以及此類重要問題進行研究是有合理原因的，那是因為我們還看不到與之相關的現象如何與其他生物學和行為學研究組合起來，形成連貫一致的科學思維系統。」他們可能會認為，處理這些問題的成熟時機總有一天會到來，但是現在這個領域似乎仍遙不可及。

這種態度十分謹慎，但是，臨床工作者（無論是精神科醫生還是神經科醫生）都會發現，這種態度其實是不切實際的。每一天，臨床工作者面對著每一位病人所傾訴的個別體驗——胃疼、感到四肢麻木，以及對父母、老闆、女朋友的各種想法和感受。從我的個人經驗來說，這些是醫學實踐中的一部分。

如果說臨床工作者必須抱有某種觀點，那該是怎樣的觀點呢？它該如何描繪個人與公眾、主觀與客觀、感受與生理、身體與心理之間的關係呢？

我們所採取的觀點在蘭格有關此主題的近期出版品中，得到了很好的描述[204]，當然，在這樣巨石散落的領域，我們自然也並非那麼自信。蘭格受到神經科醫生為理解肌肉自主控制所做的一些反思與啟發。古迪（William Gooddy）[145]：「我們應該更關注感受，」，他表示「因為自主動作功能失調的病人普遍會出現感覺症狀。『當我嘗試移動我的手的時候，我覺得我的手很滑稽』。」對此進行反思的時候，古迪注意到「當人們很自然的使用『感覺』、『好像』、『麻木』、『笨拙』、『沉重』、『無助』、『僵硬』這些詞的時候，他們所描述的其實就是動作功能失調」。古迪隨後提出了困擾他的問題：「這些神經生理事件是如何『進入感覺的』？」

蘭格在此處談到，「感受」（feel）是一個動詞，把被感受到的東西稱為「一種感受」（a feeling）可能會令人感到困惑：「通常被描述成『一種感受』（a feeling）的現象，實際上是有機體感受到一些東西，也就是說，某些事情被感受到了。被感受到的是一個過程……在有機體內發生。」由此，蘭格提出了她的主要觀點：「『被感受到』（being felt）是過程本身的一個階段。」

蘭格用「階段」（phase）一詞指的是，在這種情況下，某些東西出現

但同時並沒有附加或減少任何東西。她用加熱和冷卻生鐵的例子做了詳細的闡述：

「當生鐵被加熱到一個臨界溫度的時候就會變紅，但是這種紅並不是一個新的實體，當它不存在於鐵當中時，不需要找另外的去處。這是生鐵本身在高溫下呈現的一個階段。

「當我們將感受作為一個生理過程而不是一個心理過程的產物時，或者說從『形上學』（metaphysically）角度與之相互區別的一個新的實體時，物理和心理之間存在的矛盾就消失了。」

因而，蘭格進一步談到，問題不再是「一個物理過程，如何轉換成在物理系統內存在的非物理過程」，而是「被感受到的階段是如何達成的，以及這些過程如何再次進入不被感知的階段」。

可以說，蘭格的觀點是處理這個問題極好的角度，但是距離回答這個問題，仍然還有很長的路。被感受到的階段是如何發生的？雖然仍無法回答這個問題❶，但是與我們的論點更相關的另一個問題可以讓我們回答：

---

❶ 儘管這個問題現在還無法解決，但是總有一天可以展開研究。電機工程師圖斯汀曾指出歷史上與之相似的例子：「幾十年前，有人第一次將鐵片、銅片和棉布以某種特殊模式組裝成一台發電機，當這個特殊機械開始轉動時，出現了一個新的現象。我們說，從電力學角度上來說發電機出現了。它揭示很多電象（electrical phenomena）涵蓋在其他地方很難看到也從未被識別出來。現在，我們知道在特定『機械』部件結構和電象之間，存在各種不同的交互關係，且從某種角度來說，這些機械部件本身應該更常被理解為電力而不是機械，因而這兩個領域最終合而為一。

「在特殊機械部件結構揭示現實中無法忽視的交互作用之前，某些電象是無法被識別出來的，與此相似，是否也可以想像，面對可以與機械概念相對應的大腦細化過程，進化也可能發生一些與不同類型現象之間的稀有連接，並進入到生物學領域呢？以此推測相似的現實如果真發生的話，就可以期待經過耐心的研究，終將理解這些現象，即使這一些解釋尚不存在於當今物理學概念之中。」366

「哪些類型的過程通常更容易達到被感受到的狀態？」

評價與被感受到之間的過程

上一章結尾我們已經指出，環境事件的感覺資料一旦透過感覺器官傳遞到有機體，就會立即被評價、調節和解譯。只有經過這些過程，它們與行為的關聯才能夠被確定。同樣的情況也發生在來自有機體內部狀態的感覺資料上。當它們與行動的一般性關聯被確定之後，在協作行動發生之前，還會被進一步評價。尤其是還會包含不同類型的行動與可能會對環境和有機體產生的影響。此外，即使協作行動開始，評價歷程也不會停止。首先，行動過程本身是被監控的，而且，行動的結果也會被判別為未來的參考。

其中，每個評價歷程似乎都有可能進入被感受到的階段，讓我們依次探究。同時，我們也需要強調：實際上，並非所有的評價歷程都會被感受到。因此，目前我們有必要不斷記住，**評價雖然是任何控制系統都會有的整合過程，而且系統越複雜，評價就越多，但是，任何一個特定的評價歷程是否能被感受到，則是另一個完全不同的問題。**就像一群時隱時現的海豚，某些評價歷程的階段會有所改變，有時候出現在我們覺知的閾限之上，但有時卻在閾限之下。而另一些則會像鱈魚一樣始終處於閾限之下，只有在某些十分特殊的條件下才會被注意到。

闡述此問題的難處在於，評價歷程可能會發生在任何一個標準上。感官輸入可能只會被粗略區分並解譯，因而被感受到的也只有粗略的分辨。相反的，有些輸入可能會被精細區分並解譯，被感受到的也具有極高的分辨度。此外，某些行為序列，尤其是由反射或固定動作模式組織起來的行

為序列，一旦開始，就不再有進一步評價。我們接下來主要關注的，將是那些區分度和分辨度更高的行為組織形式。

與這個問題相關的大量證據，都是神經生理學家過去20年收集而來，他們所使用的是切除術、精確放置在大腦特定點位的微電極紀錄技術，以及直接刺激大腦某部分的技術，包括在外科手術中刺激人類大腦某些部分。透過這些方式，我們得到充分的有關大腦皮層組織和活動形式的圖景，並澄清中腦核以及邊緣系統在行為組織以及對有機體狀態的評價歷程中，所扮演的角色[226]。阿諾德（Magda B. Arnold）具體回顧了這些工作對感受和情緒理論的重要意義[27]。她所撰寫的兩本《情緒與人格》（*Emotion and Personality*）中，也涵蓋了心理學文獻的全面綜述。我要十分感謝阿諾德的研究，是她引入了「評價」❷（appraisal）這個術語。

解釋與評價「感官輸入」

感官輸入可以分成兩類：一類與有機體狀態有關，而另外一類與環境狀態有關。兩類輸入都需要被解譯和評價才能產生作用。我們先從來自環境變化的輸入開始討論。

感覺訊息一旦開始被接收就會被評價和調節（見上一章）。如果沒有被隔離，那麼下一步就會被解譯。但是，僅僅使用感官輸入是不夠的：**一方面，這些輸入往往過載，需要從中掃描出相關部分；另一方面，它們也不**

---

❷ 儘管阿諾德並沒有用控制理論的術語來呈現她的想法，但大部分都可以很容易翻譯成這些術語。其觀點中一個重要的弱點，在於沒有區分「功能」和「設定目標」（見下一章解釋）。因此，她的一些推論就出現了目的論的問題。此外，她對「本能」（例如餵食與交配即使在沒有合適物體時也會被喚起）和情緒（例如憤怒和逃跑，只有在一個物體被評價之後，才會被喚起）這兩者之間的區別，在我來看並沒有什麼作用。我們認為，促發這所有的行為，是由前一章中所討論到的五種因果因素的各種組合導致，而阿諾德所提出的分類方式，似乎有點隨意。

充分，需要來自有機體記憶存儲訊息進行補充。只有經過這些處理，來自環境的原始感官輸入才會被轉換為對空間時間圖譜下，相互聯繫對物體的知覺。一個有經驗的博物學家因為存儲了大量關於鳥類、植物外形和習性的相關訊息，就比新手看到更多東西。對知覺來說，可以說「但凡他有的，就會輸出」。

來自生物體自身的感官輸入，也經歷類似的選擇和補充過程。感覺到冷、熱、饑餓，並非只是原始感覺，而是某些感官輸入處於評價階段。偶爾這種評價也會出錯：一開始被評價為很熱的東西，後來可能會被準確評價為很冷。

阿諾德指出，無論來自環境還是有機體，被解譯和評價後的輸入常常會被經驗為某種價值，例如：令人愉快或不愉快、討人喜歡或討人厭、喜歡或不喜歡。被有機體解譯後的輸入，如果是令人很不愉快的就會被體驗為痛苦；有時候，同樣的情況也會發生在源於外感受器的輸入中，例如，一個令人痛苦的巨大噪音。

這些被感受到的評價，也常會被歸因到環境中人或物體的某種特質——討人喜歡的人、令人討厭的氣味。有時候則不會有外部歸因，而是形成對生物體自身狀態的一種參考——全部都讓我覺得很滑稽。

這種對輸入粗放而迅速的歸類（愉快和痛苦、喜歡與討厭），是將輸入與內部設定點或標準進行比較之後的結果。其中一些標準可能終生都不會改變，更多情況下，它們的變化有規律的反映出生物體當前的狀態。因此，當我們饑餓的時候，會被歸為喜歡的嗅覺輸入；在我們吃飽的時候，或許會被歸為是討厭的。類似的標準轉換也出現在與溫度有關的輸入判斷中，取決於當時覺得熱還是冷。

當我們轉換這些暫時而規律的標準時會發現，很多應用在感官輸入上

的設定點，在發展過程中可能是環境穩定型的，並且在個體之間也比較相似。也有其他一些很明顯是環境依賴型的，設定點可能由經驗來確定，它們被稱為「嗜好」（acquired tastes）。

一旦解譯後的輸入被評價為喜歡或討厭，通常某種類型的行為就會隨之而來。被評價為喜歡的東西可能會被保持或進一步追求，而被評價為討厭的東西則可能被減少或迴避。

所以，**評價是一個可以分成兩個步驟的複雜過程：（a）將輸入與有機體生活中發展出來的標準進行比較；（b）根據之前所做比較的結果，選擇對某些一般化行為模式的針對性偏好。**

由於許多用來比較的基本標準以及很多隨之而來，簡單的接近和迴避行為，都是環境穩定型，因此，這類行為很多可以被歸到本能範疇。當然，其中大量的行為都有利於種群生存，因為被歸為「喜歡」的東西，更可能與對動物有利的條件相關，反之亦然。不過，這仍然只是統計上的概論，任何特定類型的行為對生存的價值都是獨特且重要的，我們將在下一章中討論。

源於有機體的感官輸入有很多種類。其中一些在被解譯和評價之後會喚起願望——例如：想要溫暖的衣服、想要新鮮的空氣、想要食物、想要異性成員。接下來，將討論如何將其高度概念化。

對人和事物更精細的評價——情緒

源於環境的感官輸入被解釋後，不只會被粗放的歸類為愉快或不愉快，喜歡或討厭，其中一部分還會被更精細的歸類。與我們的討論尤為相關的是，將解譯後被歸類為「促發不同行為系統信號」的輸入，可能會激發中介「本能行為」（mediate instinctive behaviour）（當然，一個系統是否真的被

促發，顯然還取決於其他的因素，例如激素水準和源於有機體的輸入）。當發生這種歸類的時候，就會出現主觀情緒體驗──驚慌、焦慮、憤怒、饑餓、性慾、痛苦、內疚，或其他類似的感受，取決於被促發的是哪一個行為系統。

要確定情緒感受是在輸入評價歷程和行為促發序列中，哪一個具體時間點開始被經驗，並不是容易的事情。羅伯遜和蘭格提出，情緒只有在行為開始之後才會被體驗到，並且只不過是來自「隨意肌」（voluntary muscles）和「內臟」（viscera）的回饋而已，但是這種觀點從一開始就引起了巨大的爭議。

當然，在行為開始之後，無疑常常會體驗到情緒：逃跑的時候，可能感覺非常害怕；面對敵人的時候，可能感覺非常憤怒；準備晚餐時，可能感覺非常饑餓。對來自隨意肌的回饋（很可能不包括內臟）會放大我們感受到的情緒──攻擊姿勢會增強勇氣。但是這些證據並不能說明什麼。情緒感受仍有可能是在行為促發的一開始，就被體驗到，或者說，它實際上可以是行為促發的一個替代性選擇❸ 271。很有可能的情況是，例如將一個人或物體或情境進行歸類以引發某種行為的過程，本身就會被體驗為情緒；也就是說，可能被體驗到的其實就是根據初始評價結果對感官輸入，進行中央調節的過程。

這個觀點與我們已有的印象一致，在行為被激發之前，我們已經傾向於用潛在行為的方式對環境進行歸類，例如，「那個吸引人的女人」、「那隻令人恐懼的狗」、「那頓讓人胃口大開的餐點」、「那個令人憎恨的男人」、「那個讓人想抱一抱的嬰兒」等等。此外，被選擇的行為類型

---

❸ 普里布蘭指出：情緒一詞源於拉丁文「emovere」，意思是「缺乏」或「離開」。

通常在一開始僅用比較寬廣的描述。所以，在被激怒之後，很可能會花很長的時間去考慮最終的實際行動。很多可選計畫共存的情況也不少見，他們會構想可能導致的結果（基於環境和有機論），並且評價每個結果。只有在這之後，某個特定的計畫才會被運作。但是憤怒的感受則從一開始就被體驗到了。

將環境中的相關部分根據「是否引發某類特定行為」進行歸類的過程，本身就會被賦予相應的情緒色彩，這個假設也得到了夢境的支持。帶有情緒色彩的夢境總是與行動相關，但做夢的人往往實際上並不會採取行動。只有當情緒感受變得極其強烈時，做夢的人才有可能大聲喊出來，或者做出與夢境相應的現實行為。

情緒感受可以在睡眠中被體驗到的現象提示了我們，情緒感受階段的過程並非都是源於環境。 正如前文所提，源於有機體的感官輸入被解譯之後，也可能會引發某種願望。換句話說：源於有機體的感官輸入，也可能像源於環境的感官輸入，根據是否能夠引發某個中介本能行為的行為系統而被歸類。並且，同樣的，這個歸類和促發的過程，通常也會被體驗為某種情緒，具體取決於解譯後，被歸入哪種類型的輸入。

評價當前行為過程

一旦促發行為系統，所引發的行為序列過程必然被監控，在計畫組織行為中，必然會發生。根據過程被評價為順暢、猶豫或停止的不同，伴隨的情緒也會不同。情緒的性質可能會在事情進展順利時愉悅興奮、不順利時不愉快，以及停滯不前時的挫敗感之間某個點上。

不僅整體活動的過程受到監控，過程中的每一個部分也會受到監控。上文所提到的古迪的發現，就是很好的例子。他的病人抱怨的感覺症

狀——感到麻木、笨拙、僵硬等等，所表達的就是來自某種形式下功能不正常的隨意肌回饋。相反的，當我們的隨意肌正常運作時，通常就會感到身體是健康的。

評價行為結果

最後，某些行為的結果也會被監控和評價。

任何一個微小行為都可能會有很多種結果（見下一章），不可能監控所有部分，長期效果尤其容易被忽視。在被監控到的部分中，至少可以分辨出兩種類型，兩者都是短期的而且通常都具有感受的階段。

第一種指的是「行為所帶來的環境和有機體即刻變化」。這些被感官輸入所確認的變化，被評價之前，也一如既往的要經歷解譯的過程。對於結果來說，評價歷程往往會被體驗為愉快或痛苦、喜歡或不喜歡、好或壞。

第二種短期結果指的是「設定目標是否達成」。評價這些結果，往往被體驗為滿意而挫敗。

這兩種短期結果之間的差異可以用這一句話來說明：「我很高興我爬到了山頂，但風景卻令人失望。」

對有機體的學習來說，規律監控行為過程和結果十分必要。這本身就是一個巨大且充滿爭議的領域，在這裡不會進一步討論。不過，需要注意的是，**評價歷程被感受的程度越高，那麼行為後果被體驗為愉快或痛苦的程度，也可能越強烈，緊隨其後的學習過程也可能會更快、更持久。**由於情感連接的形成通常會被體驗為強烈的愉悅感，因而這些連接常常會發展得極其迅速，而且一旦形成，通常比較持久。就像哈堡（David A. Hamburg）說的：「容易學習也很難忘記。」[156]

感受和情緒，是行為的起因嗎？

從某種角度來說，情感、感受和情緒是行為的起因，也就是說我們的行動因此而成，這種說法非常普遍。我們可以在很多口語化表達中看到：「因為熱愛祖國使他做了⋯⋯」、「她是出於嫉妒才那麼做的」，這也深深植根在很多精神分析思考之中（儘管佛洛伊德在晚期工作中放棄了這個假設）❹。這種說法是對的嗎？如果是的話，是從哪種意義上來說的呢？

假設我們的觀點是正確的，感受是一個評價歷程，就像生鐵被加熱時出現紅色。那麼，要考察這個問題，就需要先區分感受以及作為一個階段的過程。從過程開始會更容易一些。

在歸因任何特定類型的行為時，評價感官輸入的過程（無論是源於環境還是有機體，或者，更常見的情況是同時來自兩者）和選擇與其相應的行為類型過程，無疑都是至關重要的環節。也就是說，當我們要找出安慰哭泣嬰兒的行為序列時，必要的一步是評價嬰兒為某種需要安慰的事物。評價的結果可能各式各樣，例如：哭泣的嬰兒可能會被評價為被忽視或者甚至被大聲呵斥。評價感官輸入在歸因過程中所扮演的角色，用一個簡單的例子來說，就很像從一個很燙的表面快速撤回手的反應。

---

❹ 在一篇重要的綜述中，拉帕波特描述了佛洛伊德有關情感理論經歷的三個階段[276]。在第一階段，核心概念是宣洩，情感被等同於一定數量的心理能量（後來被概念化為「驅力－投注」）。這種假設明確的認為情感是推動行為的一個原因。在第二階段，情感被當作行為的一個替代選擇，當「驅力－行為」所引發的「驅力－投注」在釋放的過程中遇到阻礙的時候，行使安全閥門的功能。當第三個階段，在《抑制、症狀與焦慮》[130]一書，情感被認為是「自我功能，它並非安全閥門而是來自自我的信號」，這與本文所提的概念相似。

雖然精神分析理論仍持續使用驅力和能量標準的說法，且儘管佛洛伊德對情感的假設發生了變化，但理論上有時候仍然認為情感是可以被攔截、排空或釋放。因此，在臨床領域裡，情感有時仍被看作某種驅動力也就不足為奇了。

因而，我們必須將解釋和評價感官輸入，作為行為產生的成因。它和我們之前討論過的其他因素類似，必要但不充分❺。

　　但是，被體驗為評價歷程的一個階段，感受是否具有因果角色則是更難回答的問題。在上面的例子中，當嬰兒被評價為「適時被安慰」的時候，個體可能會體驗到對嬰兒的同情（或者相反的情感，厭煩或憤怒）。但是我們並不清楚，這種同情是否是引發行為的必要因素。例如，對一些母親來說，安慰哭泣的嬰兒可能是極其理所當然的事情，因而這種行為不需要任何特殊情感參與。如果是這樣，那麼感受和情緒所扮演的歸因角色，就很不重要甚至不需要了。

　　但是另一些情況下，母親對哭泣孩子感受到極強烈的同情，即使是旁觀者也能夠從她安慰孩子的行為中看出來。例如，這個母親可能會特別費心的去照顧孩子。如果這個判斷是正確的話，那麼應該如何去看待情感的作用呢？

　　感受、注意和意識被放在一起。因而我們需要面對的是一個更大的問題，即：「一個人對其所做事情的感受性意識，對這件事是否有影響？如果有的話，是什麼影響？」討論這個問題已經超出本書範圍。不過，很肯定的一點是，**情緒是不是過於激烈、強烈的情緒會伴隨注意的警覺、精細化的知覺辨別、更深思熟慮（雖然不一定是好的判斷）的行為，以及更佳的學習結果**。因此，是否感受到評價歷程，對於引發的行為來說可能十分重要。當評價標準和環境及有機論需要再次被評價和修正的時候，以及未來行為會發生變化的時候，這個被感受到的過程就會變得尤為重要。臨床上

---

❺　評價歷程所具有的歸因角色，使得湯姆金斯（Silvan Tomkins）在它的《情感、想像和意識》363中做出了這樣的推論：「情感構成了初級動機系統。」將動機定義為「一個行為反應給出的回饋報告。」

常見的情況是，病人只有在對他所感受的事物以及如何感受形成情感性覺知後，才有可能發生治療性的改變。

不過，即使如此，還不能就此認為感受本身在當前行為中扮演了因果角色。因為，如果這個觀點正確，就意味著更具辨識度的所有評價和再評價歷程，都只有在有意識感出現的情況下才會發生，這個結論就類似於我們看到的現實——只有在生鐵出現紅色的情況下才能做某些操作。如果是這樣的話，感受所扮演的因果角色，就像是否出現紅色一樣重要。

這個問題暫且先放在這裡。感受被作為一個階段的評價歷程，毫無疑問扮演了因果角色。但是感受本身在哪種程度上，以及用何種方式扮演這種角色，仍有待說明。

但是像「因為熱愛祖國使他做了這個和那個」、「她是出於嫉妒才那麼做的」這樣的表述仍然存在，我們要如何理解呢？

萊爾考察了這個問題[301]。他得出的結論是：「湯姆出於嫉妒做了這樣的事情」這類表述所描繪的，並不是湯姆之所以這樣做或者那樣做的原因，而只是對於他這麼做的「理由」的一種常規說法。

萊爾用「石頭打碎一片玻璃」說明原因和理由之間的差異。萊爾注意到：「『解釋』（explained）一個事件至少有兩種不同方式。」回答：「為什麼玻璃會碎？」這個問題的時候，我們可以說：「因為被石頭撞擊。」或者：「因為玻璃比較易碎。」但是只有第一種可以被稱為原因，因為它使用一個事件對此做解釋，也就是石頭撞擊玻璃與玻璃的破裂具有因果關係。相反，在第二種答案中，沒有提到事件，因而也沒有給出原因。第二個答案只說明了「關於玻璃的一般假設命題」，也就是說，如果玻璃被劇烈撞擊的話，就會裂成碎片，而不會伸縮或消失或保持完整。顯然，作為條件性陳述，並沒有說明在一個特定的時刻為什麼玻璃會裂成碎片，它只

是說明了在某個特定的條件下，玻璃有可能會出現這樣的情況。因此，它並沒有給出原因，而是給出了某種類型的理由。

「湯姆因為嫉妒咬了妹妹」這個表述從邏輯上等同於「玻璃碎了，因為它很易碎」，同樣也沒有給出原因。萊爾指出，「嫉妒」是一個意向性的形容詞，它所傳遞的意思是在某種情況下，例如如果母親更關心妹妹而不是湯姆，湯姆可能會以某種方式攻擊妹妹並且很可能不會跟她開心玩耍或疼愛她。實際上，這種表述並沒有告訴我們是「哪個特定事件導致湯姆咬人」，它所表達的意思是「在某種特定條件下，有可能會發生這種行為」。

這類誤解對臨床理論來說很重要，有必要將有關湯姆和妹妹的表述，放到本書提出的理論框架中。對湯姆來說，他評價此類情境的方式較易促發而導致攻擊妹妹的行為系統。並且，導致這種評價並促發系統的條件，是可以被至少粗略列舉出來的。其中可能一方面包含母親關注妹妹而不關注湯姆這種情境，另一方面也包含湯姆被某種特定條件引起的某種生理狀態，例如被父親拒絕或者疲勞、饑餓。當這些條件以某種組合形式出現的時候，就可以預期出現某種評價、促發某個行為系統，以及湯姆發生咬人行為。

那麼，在這樣的理論框架中，一開始所說的「嫉妒」一詞，指的是什麼呢？作為意向性形容詞，在此背景下，「嫉妒」指的並不是湯姆的行為，而是對湯姆所保有、以某種方式評價情境，並導致上述情況發生的推論。因此，「湯姆因為嫉妒而咬了妹妹」，這樣的說法實際上是不準確的社交簡化說法。

但是，儘管這麼說並不準確，卻十分方便，因為這種說法使得該情境的見證者可以和湯姆大量討論他的行為，而不需要費力的像上述段落做技

術性、冗長的說明。在本章的末尾，我們還會回到通俗語言表達感受具有的方便性。在此之前，讓我們先來看看感受的表達功能。這個功能相當重要，並且與本節討論的其他主題相比，不會那麼困難，也不存在那麼多爭議。

感受和情緒在溝通中的角色

在日常生活中，我們理所當然認為可以在某種程度上說出周圍朋友的感受是什麼樣子，雖然沒那麼有信心，但也可以說出比較熟悉的人和陌生人的感受。這麼做的時候，需要注意他們的面部表情、姿態、聲調、生理變化、動作的速度以及初始行為，並且參考所發生的情境。同伴的感受越強烈，情境越清晰，我們就越有信心分辨出當下發生了什麼事情。

毫無疑問，某些觀察者比另一些更準確，而某些目標要比其他的更容易被判斷。同樣毫無疑問的是，每個觀察者都會犯錯，可能是因為表情比較模糊，或者是情境被誤解，又或者是故意欺騙。但是對大部分的觀察者來說，錯誤與成功的比例不可同日而語❻。

那麼，成功的標準是什麼呢？此處我們遇到了困難，因為，當我們將感受歸因到某人身上時，需要做出一個至兩個不同表述。一方面，我們要預測他的行為；另一方面，還要描述他可能意識到的感受以及如何意識到

❻　海伯（Donald Olding Hebb）[167]和阿諾德[27]討論了「意圖說明觀察者對情緒表情的判斷無法統一，而且極其不準確的實驗」可能存在的缺點。這些缺點包括將觀者限制在靜止的圖片，或者非社交情境下不熟悉目標的短片上。海伯指出，由於情緒變化所反映的，是反應性變化，因此診斷時就需要觀察一個人的行為在一段時間內的變化。根據這些觀點，哈堡等人的研究顯示[157]，當要求獨立的觀察者評價病人連續四天，每天持續3小時治療中的情感時，會出現高度一致性。訓練過的觀察者在任何情境中，對主導情感及其強度的評價都具有一致性。評價情感方向變化時，也出奇一致。

的。在一些情況下，只要預測其行為就可以了，但在另一些情況下，個體是否意識到他的感受和他可能出現的行為，也很重要。

讓我們從行為預測源頭的感受開始，一個原因是它正好在可檢測範圍內，另一個原因則是它很容易被忽視（除了動物行為學家）。

對感受的歸因，通常需要預測其後續行為。也就是說，將一個人（或動物）描述為熱情、憤怒或者恐懼的時候，就要預測他在後續幾分鐘內出現某種行為的可能性要高於其他類型——假定環境不發生變化。

可以根據所涉及的預測類型，將有關感受的形容詞分組。「熱情的」、「憤怒的」和「恐懼的」可以被分在一起，因為在這幾種情況下，預測是短期、相當準確的，而且限於預定情境中。這些詞語通常被歸為「情緒指示型」（denoting emotions）類別。相反的，還有一些詞語被歸為「心境指示型」（denoting moods），例如「興奮的」、「抑鬱的」、「無望的」、「快樂的」、「有信心的」或是「平靜的」。當一種心境被歸到一個人（或動物）身上的時候，比起情緒，其預測力將更一般化：心境是在長時間中任何情境所出現的一類反應——可能是一天，也可能是一週或者更長的時間。在某些情況下，描述心境的詞語被用來代指預測一個人在更長一段時間中的行為風格，這時候指的就是他的氣質類型。

感受指示型的表達對行為具有預測作用，這個現象不僅以嚴格的科學方法應用在人類身上，同樣也可以用在動物身上。實際上，它們提供了必要的簡化形式，使我們不用被那些冗長、笨拙而又不夠充分的描述影響。海伯是最早表達出這個觀點的研究者。在研究大猩猩的時候，他比較了各種不同用來描述動物狀態的方式，結果發現，當觀察者使用「直接擬人化的情緒概念時」，就能夠更好的預測大猩猩的行為，但即使是更加具體的客觀描述一系列特定行為，對預測行為並沒有幫助。

用於判斷情緒和做出預測的線索來自不同的幾類行為。有些是特定的社交信號，如微笑或哭泣；有些是意圖性的動作或與之相應的生理變化；還有一些則是替代活動（見第6章）。海伯用令人信服的證據說明，**我們區分不同情緒的知識，並非源於我們對自身感受的直覺性覺察，而是來自身為觀察者的情緒性行為反應；此後，才可以將習得而來的分類方式應用於自己。**

個體對同伴情感狀態的知覺，有助於預測他們的行為，也利於他決定採取什麼樣的行動來反應。這同樣適用於其他動物種群，尤其是靈長類動物。一種動物，一個人，或者一個低於人類種群的個體，只要能夠準確評價他人心境，就有能力參與社會生活，否則就有可能會攻擊一個友好的動物而不是引發憤怒的動物。實際情況是，大部分個體可以發展出恰當的能力做出正確預測，部分是由於天生就有這樣的發展傾向，部分是由於錯誤會很快被糾正，並且可以從中有大量學習機會。在臨床工作中，這種感受和情緒的表達，具有明顯的預測價值。病人對於他們感受的反映也具有同樣的價值，尤其是當他可以說出對情境的評價，以及想實施的行動。

個體的感受反映了他對世界和自身的評價，對特定情境的評價以及不同時間裡所要促發的行為類型。因此，反映感受能夠幫助個體監控自己的行為狀態（也包括生理狀態）。他可以注意並反映這些內容，如果有能力，他可以自然的使用語言表達感受。這就告訴我們為什麼描述感受的語言這麼具有臨床工作價值。

當病人和我們在一起的時候，不太可能去做他們想要做的事情。他可能對太太很生氣，但不會看到他去攻擊太太；他可能十分渴望見到母親，但不會看到他真的去尋找母親；他可能會嫉妒其他病人，但不會看到他把其他病人趕出房間。換句話說，他們不會屈服於中介這些行為序列的行為

系統，但是會處於一種促發狀態，正因為如此，監控過程才得以出現。一個對此有所內省的病人可以反映他對太太的憤怒、他仍在對失去母親感到哀傷，或者他嫉妒其他病人。如果沒有此類反思，我們可以透過關注他的行為和話語，推敲他身上當前促發的是什麼樣的行為系統，並且就我們的猜想與他溝通——內容還是我們猜測他可能會有的感受，或者是猜測當他意識到評價情境的方式或其內部在促發的行為系統類型時會有的感受。

所以，要談論情境促發的方式，以及其所促發的行為系統狀態，描述感受的語言是不可或缺的工具，無論會導致外在行為，還是某種因素因抑制而讓行為保持在初始狀態。

不過，描述感受的語言也有其危險性。最主要的就在於：有時候，感受被具體化，而非當作評價某種情境或促發某種行為的索引。此時，治療師和病人都有可能認為識別病人的憤怒、悲傷或嫉妒就足夠，而忘記去確定病人正在經歷什麼樣的評價，而他們此時想要做的又是什麼樣的行為——例如，要用某種方式去傷害他的太太，或者在某個時間去某些地方尋找母親，再或者將另一個病人從房間裡趕走。當描繪感受的語言成為識別特定行為類型的障礙時，最好放棄這種描述感受的語言，暫時使用描繪行為的語言。

本章所涉及的，顯然對於理解人類本性非常根本，尤其是其中更複雜和精緻的部分。儘管我們給出的解釋還只是概要，但是希望這些資料足以呈現我們所提出的本能行為模型，這個模型本身看起來與現實生活距離很遠，但是卻有能力以此為基礎，建構與當下日常生活更密切相關的理論。

本能行為的功能

行為系統的功能以及其活動的其他結果

區別於因果關係的功能

前文中，我們始終強調：在物種的進化適應性環境中，本能行為對個體或種群的生存，通常具有明顯的作用。營養、安全、繁殖，每一個性命攸關的需求，背後都有其自身特殊而有效的行為系統。本能行為的目標是達成可預測的結果，想要將之簡化的任何嘗試，都是避重就輕。如果不想陷入類似目的論的陷阱，就需要保持謹慎的態度前行。實際上，我們認為理論的目標是要「探索一種使用機械論者的精確科學語言，來描述活力論者所關心的問題」[335]。

目的論不僅認為一個主動的生物系統（無論是生理還是行為）傾向於在

物種的適應性環境中，對物種來說有價值的預測，並且在解釋目標達成的過程中，他們認為目標本身就是導致隨之而來生理或行為反應的直接原因。如果「鳥築巢是為了能有一個地方養育幼崽」這個表述意味著鳥需要一個地方來養育幼崽，並且是這個需要引起了築巢行為，那麼，這就屬於目的論的表述。並且，由於這個理論包含透過某種形式的「終極因果關係」，也就是未來可以決定現在的假設完全超出科學研究的態度。不過，要說一隻鳥築巢是為了有一個地方養育幼崽，並不一定就是不科學的，就像說「預測─控制」火炮瞄準射擊是為了摧毀敵方飛行器一樣不科學。問題就在於：如何用符合傳統科學的方式，來理解具備可預測性和有用性中的行為因果關係。

其中的祕密並不蘊藏在行為的直接原因中，而是在於其中介（動物或者是預測者）的模型建構。假設這種中介方式是以非常特殊的方式建構，並且在它的適應性環境中運作，那麼當它啟動以後，很有可能會出現特定預測結果。這個人造系統中的特定結果就是系統的設計目標。

在生物學領域中，一個系統所要達成的目標通常被稱作系統的「功能」。為組織維持血液供應是心血管系統的功能；為孵蛋和養育後代提供方便的場所，是負責築巢行為系統的功能。同樣的，摧毀飛行器是「預測─控制」反飛行器火炮的功能。系統的功能決定了被建構的方式。

系統一旦存在，其狀態可以被激化或不被激化。在本書第6章中，我們已經考察了幾種促發行為的因素——激素濃度、中樞神經系統的組織類型和自主行動，以及特定類型的環境刺激。需要注意的是，其中不包括系統功能（儘管它們幾乎都是以某種特定的方式與系統功能相互聯繫）。促發「預測─控制」火炮的因素是環境刺激，例如一定範圍內出現飛行器。這個例子也可以說明其成因中並不包含系統的功能，儘管這些因素是以某種方式

與之相關。

所以，直接促發系統的因素與其具備的功能是兩件事。功能是系統被建構的一種特殊結果，而系統在任何情境下被激化或不被激化的因素，才是原因。

當這種區別被放到討論本能行為的時候，我們就可以看到，**任何行為的起因，指的都是促發此特定行為系統的因素，而這種行為的功能則源於這個系統的自身結構，當這種結構在其進化適應性環境中運作，就會促成利於生存的結果。**

如果心理病理學理論要實現符合經驗性資料和真正的科學形式，最重要的一點就是必須嚴格堅持行為原因和功能的分別，這在現實中大多互相混淆。

承認行為的功能來自系統結構且並非活動的直接原因，已經是很大的進步，但是，要去理解在生命有機體中這些精妙的結構是如何出現，仍然是一個問題。

在人造系統中，這一點並不是問題。有經驗的工程師可以用某些可理解的原則清晰說明：為了能夠使「預測—控制」火炮達成摧毀敵方飛行器的常見目標，可以對其結構進行的設計。但是，動物，例如一隻鳥如何形成使其完成築巢這個可預測結果的結構，就不太容易闡述清楚了。不過，我們已經注意到，動物已有的行為系統一旦被促發，就會產生築巢行為所引發的問題，不會多於同樣的動物有規律的調節血液供應生理系統。我們可以很肯定的說，這兩個系統都可以從進化角度來理解。那些能夠在其環境中發展出有效功能生理和行為系統的有機體，比同種群中效率較低的有機體生存得更好，並能夠養育更多的後。因此，行為系統當前的結構可以被看作自然選擇的產物，在進化的過程中，它被嵌入到基因庫中，使得這

個種群在適應性環境中，具備更有效率的系統模式，而同樣環境中，效率較低的基因則逐漸消失。

所以生物系統的功能是進化的結果，並且在這個種群延續。

顯然，任何一個系統的促發，都有可能會出現其功能性之外的結果。但是我們不能認為所有的結果都具有功能性。「預測—控制」火炮可能會製造出很大的噪音，但並沒有人故意把它設計成這種效果。同樣的，一個行為系統除了我們認為在進化過程中，該動物擁有的選擇優勢，也會產生其他進化結果。比如，鳥孵蛋的時候，一個可能的結果是「長時間不進食」。遷徙的可能結果就是「疲勞」。但是，產生孵蛋和遷徙的行為系統之所以會進化，並非由於這些結果。相反的，我們推測以上兩個例子，儘管有一些其他結果導致這些備選的行為系統處於不利的情況（如剝奪食物或疲勞），卻仍然得到進化的選擇。

區別可預測結果的功能

一個行為系統活動常常會產生負面結果，對於理解病理學是非常重要的。不過更重要的是，對於某些個體，有時候其給定的行為系統甚至始終不能產生功能性結果。這樣的例子不難找：當嬰兒吮吸奶嘴的時候，他沒有攝取食物；當雄性個體追求另一個雌性個體時，並不會導致其受孕。在這兩個例子中，儘管行為系統正在運作，其產生的行為和可預測結果，也都相當接近原型，但是卻沒有產生功能性結果。嬰兒吸奶嘴的例子中，其功能性結果只在某些情況下缺失，但是在另一些情況下，當他吮吸奶頭的時候就會得到食物。但是在同性性行為的例子中，無論什麼情況下，功能性結果都是缺失的（當然，異性性行為中的避孕是為了避免產生功能性結果而有意為之的計畫）。

我們關注的重點在於，**當個體內在的行為系統開始運作時，不同程度上達到其可預測結果以及隨後停止活動的整個過程中，並不需要參考系統的功能。所以，對於個體行動者來說，本能行為完全獨立於功能之外**，這也是佛洛伊德始終強調的一點。不過，從個體組成的群體角度來說，情況就不同了。對於很多個體，在部分或者更多的時間內，即使行為系統運作也可能無法達成預期功能，但是對於群體生存來說，至少在某些個體中，某些時候必須達成功能性結果。儘管有些個體由於某種原因會挨餓或無法繁殖，但是為了讓群體繼續生存，需留下足夠數量的個體得到營養並繁衍後代。所以，從適應角度來說，為了理解功能，必須要研究由個體組成的群體行為，而不能只研究單獨個體。

現在，我們就可以看到，在行為系統活動的可預測結果和可能達成的功能之間有著明顯差異。可預測結果是一個個體內部的某個特定系統擁有的一種特質，而功能則是由個體組成的群體系統所擁有的特質。如果一個群體要生存，就必須有足夠數量的個體，該系統的可預測結果與可實現的功能保持一致，但是對於個體生存來說，這一點可能就無關緊要了。

行為系統活動達成了可預測結果，但是卻沒能產生功能性結果的原因主要有兩種：

〔原因1〕儘管系統本身可以有效且有序的運行，即有能力達成功能性結果，但是當前環境可能偏離了進化適應性環境，因而達不到實現功能所要求的條件。

舉例來說，當把一個奶嘴給饑餓的嬰兒吮吸，食物攝取之所以未被達成的原因並不在於與吮吸有關的系統，而是在於所吮吸的這個特定物體當中沒有食物。再比如說，當兩隻公貓

同時從轉角的不同方向繞過來、不期而遇。通常在領地爭鬥中，動物警覺的知道對方存在，且通常隨後發生的是威脅和假裝攻擊，但不會造成真正的傷害。但是突然對峙這種極少發生的爭鬥，可能就會非常殘酷且具有破壞性。

〔原因2〕第二個原因要比第一個更嚴重，因為相對來說更為持久。這種情況中行為系統本身無法有效順序運作的時候，導致其在進化適應性環境中，功能性結果也不會（或者很少）出現。我們還會對此進一步討論。

發展過程中，有很多原因會導致動物各種生物構造的某個特徵難以充分發展。解剖學結構可能變形或缺失，生理系統可能處於無效的工作次序中，例如視覺或聽覺完全不能作用。儘管這種失調現象受一個或多個基因偶然出錯影響，但是更多時候，是由於胚胎發育初期環境中的異常情況（例如：病毒、化學物質、機械性創傷等等）。行為系統失調發展過程大致也是如此。儘管基因會造成某些形式和情況下的失調，但是主要原因通常是成長環境中的異常條件超出了行為構造的適應能力。

我們在第3章已經強調，大部分高等脊椎動物的行為系統都是環境依賴型，也就是說，成年期形態相當取決於成長環境。由此帶來的好處在於，系統最終形式可以有一定程度的開放，使得發展過程中個體適應的環境具有某個範圍。但是，這種靈活性也是有代價的。如果發展過程中所處的環境是在某個範圍之內，那麼行為系統的最終形式，可能帶來良好適應，也就是說，當它被促發的時候通常可以得到功能性結果。但是，當發展過程所處的環境超過這個範圍，系統採用的形式可能就會適應不良，也就是說，它無法因促發達成功能性結果。在動物行為文獻中有很多這樣的

例子：功能不良的運動模式、功能不良的行為序列、行為指向無法實現功能的物體等等。在這些例子中，行為系統在發展過程中形成的組織形式，可以達到特定可預測結果，但是這種結果卻無法實現系統功能。

對於脊椎動物，如果適當操縱環境的話，幾乎沒有什麼行為不能在發展過程中轉向功能失調形式。掌管運動的系統（如築巢、求偶、親職行為），都具有促發後很少或不能達成功能性結果的情況。**有些個體為了生存，其行為系統（如負責食物攝取的系統）必須有效行使功能，但是還有一些系統（如掌管性和親職行為的系統），功能則不一定是必須的。**也可能正是這個原因，才使得我們看到那麼多心理病理現象出現在負責和親職行為的行為系統中：如果個體性命攸關的一個功能出現問題，在他見精神科醫生之前可能就已經死了。另一個同樣重要的原因是：性和親職行為的有效功能，分別由大量行為系統以十分特殊的方式組織起來。由於這些行為系統的發展和組織發生在個體未成熟階段，因此異常的環境就有很多機會將它們轉向偏離適應的方向。結果我們就會看到一個成年人具備有序且可預測結果的系統，但是卻無法實現系統功能。

一個系統，或者說一組整合的系統處於有序工作的狀態，但是卻無法達成有效功能的例子之一，就是成年同性戀者的性行為系統。在這種情況下，行為的所有元素都在有效的工作，但是，由於它們所指向的客體是不合適的，因此也就無法達成繁殖的功能性結果。這個整合系統不僅具備可預測結果，即與同性伴侶之間的性高潮，而且其組織形式也達成了這樣的結果。導致其功能失調的原因在於：系統所發展出來的可預測結果與其功能不相關。如果類似的錯誤發生在雷達和「預測－控制」反飛行器火炮中，就會導致火炮可以有效發射和瞄準，但總是摧毀盟友而不是敵人的飛機。這些例子也展示了可預測結果和功能之間的明顯區別。通常，達成可

預測結果也讓結構的功能至少在某些時候可以達成，但是會發生錯誤（尤其當該結構是環境依賴型的時候）。第10章中，我們會討論某些這樣的發展過程及其出現問題的方式。

綜上所述，一個特定個體在任何一個行為系統的活動都有可能無法產生促進種群或者甚至個體生存的結果，並且，有時這些結果甚至是對其或其種群利益有害。由於當前環境嚴重偏離種群的進化適應性環境，或者由於在發展的過程中，系統本身形成了不適應的形態，系統無法完成通常所具備的功能。但是，由於個體只是群體的一部分，因此種群仍可能繼續生存下去。假如群體中的一部分個體，在發展過程中或當前情況下所遇到的環境都能與之所能適應的環境一致，就會有夠多的個體行為系統活動產生合適的功能性結果。使得種群得以延續，並發展出可以被基因保存下來的行為系統。

利他行為與自我中心行為

在心理學史上，「利他行為」（altruistic behaviour）有時候被認為是有問題的。很多精神分析理論都認為，在自然情況下，人都是自私的，只有在社會壓力和懲罰約束下才會出現利他行為。從生物學角度來看，本能行為理論認為這樣的觀點是錯誤的。如果衡量系統功能的標準在於是否有助於個體基因生存，那麼行為具有利他功能也就不足為奇。實際上，從生物學角度來說，具有利他功能的行為可能反而比自我中心行為更容易理解。

讓我們來看看兩組明顯相對的本能行為模式。有些本能行為的組織形式通常是為了攝取食物和好的營養，這些行為所具備的功能似乎只對個體本身有價值。不過情況很可能並非如此，因為幫助個體得到良好營養的行為，有利於個體所攜帶的基因傳遞。儘管一開始，這些行為看起來只能從

個體生存角度解釋，但是若經過思考，就會發現也可以從保留基因的角度解釋。

　　相反的，還有一些本能行為的組織形式是為了達成明顯有利於其他個體，而不會給行動者本身帶來任何利益的功能，例如：父母對孩子的養育行為。其他還包括個體對親屬而非後代的幫助行為，尤其是兄弟姊妹之間、堂兄弟姊妹之間，以及表兄弟姊妹之間。這些情況從保留基因角度來看，很容易理解。後代攜帶了父母各一半的基因，而兄弟姊妹之間平均來說分享了一半的基因。表兄弟姊妹之間有四分之一的共享基因。在這種情況下，幫助者通常是較為年長、更強壯的個體，或者說生存條件暫時比較好的一方，這就使得他為對方帶來的利益比例上大於自己的犧牲。最極端的例子是工蜂的行為，牠們的一生都用來照顧女王蜂和牠的後代。我們可以用同樣的方式理解這種現象。工蜂來自單性繁殖的雌性蜜蜂，牠們的基因類型與女王蜂完全一致。因此，牠們養育女王蜂後代的行為，從生物學上來講等同於父母的養育行為[1]。

　　所以，將保留基因作為檢驗本能行為功能的真正標準時，過去的一些問題就不復存在了。某些本能行為讓親屬直接且立即受益，是很自然的現象，而另一些形式的本能行為，對個體生存有即刻利益，但對基因存留的作用是間接的，這也可以理解。無論是被劃分為「自我中心」還是「利他主義」，最終功能是相同的。

---

[1]　還有一些情況下，某些動物個體會幫助不屬於牠們親屬的動物。人類以外的種群中，這類幫助行為有兩種形式：一種形式發生在「動物養育後代的行為指向非其後代的個體」，這可以被理解為行為轉向的結果，也就是一個錯誤的行為；還有一種形式發生在「長期處於友好關係的個體中」，可以用基因自然選擇理論中的互惠利他原則來解釋。如果給予朋友幫助的行為會帶來互惠的機會，那麼這種利他的行為傾向，就會被自然選擇。這種行為不需要有意識的計畫，當然，在人類身上可能會出現這種情況。

這就意味著，利他行為的根源與自我中心行為一樣深遠，儘管兩者之間的差別真實存在，卻並非根本性的差異。

本能行為的系統功能如何被確定

至此，當我們提及每個行為系統功能的時候，似乎一直把它們看作顯而易見且理所當然的事情。沒有人會問進食、孵卵，或遷徙的功能是什麼。實際上，還有許多早就被識別出來，但是其功能不為人知的系統。其中值得關注的就是很多鳥類和哺乳動物的「領地行為」（territorial behaviour）。沒有人會懷疑這類行為是否屬一般所說的本能行為，但是它所傳達對種群的具體作用（一個或多個），仍不清楚。當今生物學的特點之一就是認為「任何本能行為都肯定具有某種（或多種）有助於生存的特定功能」，即使研究者並未在這些功能的性質探討達成一致。

準確確定某個本能行為的功能，是相當艱巨的任務。首先，需要確定在一個種群的進化適應性環境中，具備這個行為的個體比不具備的個體擁有更多後代；其次，需要了解：「牠們這麼做的原因」。理想情況下，此類研究需要在野外開展。研究過程應該是使用某種實驗手段進行介入，使一個種群中的某些個體無法開展常規行為，然後比較牠們與沒有被介入的個體在存活率和繁殖成功率上的差異。最近幾年，丁博根使用此類實驗，研究了海鷗某些特定孵蛋行為[358]。如果沒有這些研究，那麼針對我們所關心的種群或與之相似的種群，想要確定本能行為的常見結果中，哪些是其功能性結果的任何討論，都將是毫無意義的臆想。

第12章我們會談到：首先，導致人類幼兒與母親形象保持接近的行為（被稱為依附行為）就是本能行為的一個實例；其次，它的功能很少被討論，並且尚未有一致的想法。而我們提出了至今在臨床領域中被鮮少討論

過的假設。

傳統術語問題與本書術語應用

現在，我們已經概述了本能行為的替代性理論，接下來，應該簡要的討論一些傳統術語在這裡的用法。

在第3章引言部分，我們談到，當將「本能的」（instinctive）作為描述性形容詞來使用時是有用的，但是當它被作為名詞「本能」（instinct）來使用時，則會遇到一些困難。現在，我們一起來看看為什麼會這樣。

我們所提出的本能行為理論認為：**在某個特定環境下，行為源於行為系統被促發，而這些行為系統是以鏈式或層級式或兩者混合的方式被整合起來；並且通常來說，當一個行為系統或一個由行為系統整合起來的結構被促發時，就可以達成具有生存價值的結果。** 那麼，名詞「本能」（instinct），應該用來表示哪個實體呢？是行為本身還是行為系統？還是促發行為系統的因果條件？還是可預測結果？或者，可能是它所實現的功能呢？

實際上，本能這個詞語被用來表示所有不同的事物。一方面，它被用來狹義表示相對固定的行動模式（如「轉頭」）和動作（如出現在本能行為序列末尾的捕捉獵物行為）。另一方面，它被用來寬泛表示動力，也就是導致我們一般所說的生或死的起因。有時候，它表達的是本能行為序列的可預測結果（如「築巢本能」和「性本能」），或者它的生物學功能（如「繁殖本能」）。偶爾，這個詞還被用來表示行為伴隨的情緒，如「恐懼的本能」。

很明顯的，這種多樣而混合的用法只會導致混淆。當然，還是有人會問，為什麼使用的標準不能達成一致呢？這有兩個理由：首先，被以這麼

多方式使用的詞語很難再重新定義並再次確認一個確切的意思；其次，行為系統在各個複雜程度進行整合的情況，使得我們很難再畫出一條清晰的線，並據此來確定複雜程度低於它的可以被稱為「本能」，而高於它的則「不能」。這種嘗試就好像將工業領域，根據組織複雜程度分成兩組，並為其中複雜程度較低的起一個特殊的名字。這項任務的困難度無須贅述，但是真正的問題是，就算我們做到了，也沒有什麼具體作用。

無論用什麼標準對行為系統整合結構做出選擇，並將它們稱為「本能」（instinct），其本身都沒有什麼用處。不僅如此，這麼做還會進一步支持被廣為傳播的錯誤假設，即：一個整合系統中的所有系統，都具有共同因果條件，且這些條件可以被認為是「驅力」。

在第6章中，我們解釋了促發金絲雀築巢行為系統的各種交互因素，這個研究也可以很好的闡明此刻我們想要提出的觀點。金絲雀的築巢行為可以被分解為：收集材料、搬運到鳥巢、坐在裡面築巢的不同活動。由於這些活動或多或少會一起發生波動，好像可以被認為牠們都受到「築巢驅力」掌控。這三個元素的因果分析顯示，實際上，三者之間確實存在共同的起因──它們都受到雌激素濃度的影響，並且都會被來自鳥巢的刺激抑制。然而，三種活動之間的關係仍不是絕對的，每一個都有其對應的特定起因，這些活動出現的順序可能受到每個活動展開所伴隨的自我抑制效應影響。單一的築巢驅力概念顯然不夠充分。當我們假設每一個築巢活動都有其獨立驅力的時候，也會出現同樣的情況，因為每一個活動被分解為很多動作的成分，且相互之間存在一定程度的獨立性。

實際情況是，我們對本能行為的影響因素了解得越多，驅力的概念就變得越沒有用處。只要行動沒有確定的來源，那麼假設有一些特殊的力量驅使行為的推進，似乎比較容易且不可避免，它可能不僅僅會引發行為，

且會將其導向神祕而有益的方向。但是，如果我們的觀點是對的，也就是說：行為源於行為系統被促發，且是以我們已經描述過的方式被促發，那麼神祕感就消失了，而且對驅力假設的需求也就消失了。工程師不需要假設「飛行器射擊驅力」來解釋「預測—控制」火炮的行為，生理學家也不需要用「血液供應驅力」來解釋心血管系統的行為。

因此，我們之後就不需要將本能看作一個實體概念，也不再需要使用驅力的概念了。

不過，**描述性的術語「本能行為」**（instinctive behaviour）**仍是有用的，可以用來粗略而簡易的表示那些在進化適應性環境中，會產生對種群生存至關重要結果的行為，控制這些行為的系統在那些環境中通常相當穩定。**同時，我們必須認識到，即使只將「本能的」（instinctive）單純作為形容詞來用，仍然會有兩個相關的危險。第一個危險是：所有本能行為可能都會被認為受到同一種類型的行為系統控制；而第二個危險則是：在本能行為和其他所有類型的行為之間，建構了一種二分法的錯誤觀念。實際情況是，傳統被描述為本能的行為，是被很多不同類型的行為系統控制，並且這些系統處於極穩定和極依賴的連續圖譜中，同時也處於對種群生存極其必要和僅有較邊緣的貢獻這個連續圖譜中。因此，我們不可能找到一個明確的分割點來區分本能行為和非本能行為。

在一些精神分析理論中[324 & 325]，「本能的」（instinctive）和「本性的」（instinctual）這兩個形容詞具有不同的特殊用法：「本能的」一詞被用來表示我們在這裡所描述的本能行為，而「本性的」一詞，則被用來表示一種「心理驅力能量」假設，它會透過這些本能行為得以釋放。由於我們當前的工作並沒有假設心理驅力能量存在，因此就完全沒有用到「本性的」這個詞❷，而「本能的」一詞，同時用來表示某種類型的行為以及負責這

些行為的行為系統。

討論本能行為和心理病理過程中，還有很多術語用法值得推敲。其中包括「需求」（need）、「願望」（wish）、「瞄準目標」（aim）、「目的」（purpose），以及很多其他詞語。那麼這些詞語適應我們當前的論述嗎？它們與可預測結果、設定目標，以及功能性結果這些概念之間，又有什麼樣的關係呢？

為了避免特指某個特殊本能行為理論，同時突出行為系統顯著的目的傾向性質，有時候我們會使用「需求」（need）或者「需求系統」（need system）這樣的術語。這樣的用法差強人意，因為很容易被理解為是生存必須的（生死攸關的需要），而且更複雜的是，還會帶來目的論的思維。接下來，讓我們更細緻的看看這些難處。

「需求」與「需求系統」，這兩個術語在解釋上的誤解與困難

本章已經強調，特定物種的一種動物中的任何一個環境穩定型行為系統，都是因為這個系統的活動通常會產生對這個物種具有生存價值的結果：負責攝食行為的系統通常產生食物攝取的結果；負責交配行為的系統通常產生繁殖的結果。既然這些系統的活動如此頻繁且直接滿足了生物性需求，為什麼不把它們稱作「需求系統」呢？

至少有三個很好的理由使我們不能這麼做：首先，在這幾個例子中出現的行為系統活動，可能會產生其他不同類型的結果。特定個體中，明顯與攝食有關的行為系統所產生最主要的結果，可能是吮吸拇指或煙斗❸。

---

❷ 早期有關焦慮與悲痛的出版品中，事實上「本能回應系統」（instinctual response system）被用來對照掌管本能行為的行為系統。由於這個原因，該術語的用法已在本書英文版第二版、《依戀理論三部曲2：分離焦慮》，以及《依戀理論三部曲3：失落》中調整。

在另一個特定個體中，明顯與交配有關、最主要的性活動，行為系統可能指向一個客體或者另一個同性個體。在這些情況下，這個系統的活動就不再有生存價值，若將之稱為需求系統，就會產生混淆。而且，如果新的需求成為假設（如吮吸），那麼這種混淆就會導致更大的問題。其次，我們也已經提到過，仍有大量種群特有的行為系統的生物學功能還不清晰。但是如果把所有行為系統都稱作需求系統，就會掩蓋這個事實，因為「需求」一詞就暗示了系統的有用性是不證自明的。最後，「需求系統」一詞很容易導致人們認為「需求在促發系統的過程中具有某種因果關係」，但是事實上，這是目的論的謬誤。

合理使用「需求」一詞的方法是將之限定在表示「種群生存的需要」。如果一個種群要生存下去，我們就可以說動物需要食物、溫暖、巢穴、伴侶等等。顯然，這些需求中沒有一個是行為系統，也沒有一個是行為系統可以促發的原因。從另一個方面來說，很多行為系統的功能可以滿足一個或多個這樣的需求，因為如果這個種群要生存下來，這些特殊的行為系統進化就必須能夠滿足這些功能。所以說，需求並不是本能行為的原因。它們的作用是確定行為系統。因此形成了行為系統在進化中需要面對的選擇壓力。

需求並非是本能行為的原因，願望和欲望也不是。「願望」（wish）和「欲望」（desire）指的是人類一些已經開始運作的主觀知覺，或者至少已經意識到具有的設定目標並且要行動的行為系統或行為系統組合。「我想要食物」或者「我渴望食物」這樣的陳述，表示將食物攝取作為設定目標的整合行為系統已經被促發，或許還處於初始階段，但是我已經有所知

---

❸　然而，有些「吸吮」行為事實上與營養無關，請參考第13章與第14章解釋。

覺了。這類報告通常可信，但是作為精神分析師，我們知道它們並非總是如此。實際上，一個人有可能主觀錯誤識別當前運作中的行為系統設定目標——這種錯誤的識別可能是受到與第一個設定目標、不兼容的另一個系統被促發所干擾。這就帶我們進入了無意識願望概念。

一個願望被稱為「無意識的」（unconscious）代表對於這個保有願望的人，他具備的這些設定目標的行為系統或者整合行為系統，已經在運作中，但是這個人還沒有意識到這個事實。

「願望」（wish）一詞指的是行為系統的設定目標，而「意圖」（intent）一詞所指的則通常是通往設定目標道路上的某個階段。當我說「我有這樣那樣的意圖」的時候，通常表示這些是引導我當前行為計畫的其中一部分[244]。

現在，我們使用的很多不同詞語，表示的都是本章中所提到的「可預測結果」以及它的子集「設定目標」。包括「目的」（purpose）、「瞄準目標」（aim），以及更簡單的「目標」（goal）。對於目標這個詞的問題，之前已經討論過了（見第5章）。

「目的」（purpose）和「瞄準目標」（aim）兩個詞的問題在於：兩者都帶有目的論歸因的論調。此外，更大的問題在於兩者的習慣性用法，都無法區分系統的可預測結果和功能進行（這個問題比較致命）。也正因為如此，我們這裡並沒有使用這兩個詞。有意思的是，儘管「瞄準目標」（aim）一詞在英語中這兩種意思都有，但是佛洛伊德對本能的目標做定義的時候，也意識到了一些問題。例如，在《本能及其變遷》[123]一書中，他一方面認識到終止刺激和功能之間存在基本差異，另一方面將「瞄準目標」（aim）一詞的使用僅限於我們在這裡所說的「達到所討論行為系統的終止條件」。

還有一些其他術語也被用來表示我們在此所說的「可預測結果」或「設定目標」的概念。索莫霍夫使用的「焦點條件」（focal condition）一詞與我的「可預測結果」非常相似，儘管它將一些簡單行為的可預測結果排除在外，例如：「滾動蛋」（egg-rolling）。由米特爾施泰特（Mittelstaedt）引入，並被海因德使用的一個德語單詞「sollwert」（理論值），被用來表示系統某些類型的設定目標或它所要達到並保持的某種狀態，它的意思是「應該的」狀態。這個術語的一個弱點在於，它通常被用來表示那些指令只包含一個特定成分的設定目標，例如：肢體所處的位置或者是唱某一個音符，但是卻不能被方便應用到複雜的設定目標，其指令包含兩個或兩個以上特定成分。理論值的另一個弱點在於，這種「應該的」狀態可能會被錯誤解釋為這種狀態正常就應當是有利於生存的。但是實際上，我們已經反復強調過，一個行為系統的設定目標，不同於理論值，在任何個體中有可能是非典型的甚至不利於生存。。

　　在這幾章中，形容詞「有目的的」（purposive）有時會被用來描述具備設定目標的某個系統。但是這個詞仍有可能帶來目的論歸因的風險（與這個詞同源的形容詞「purposeful」在這方面的風險更大）。為了避免這樣的風險，皮登卓（Colin Pittendrigh）提出「受目標支配的」（teleonomic）一詞[263]。它可以被用來表示任何有生命或機械的，其結構使其在適應性環境中被促發所產生可預測結果的系統。所以，這幾章中所提到的行為系統，都可以被稱為「受目標支配的」。

　　讓我們再回到設定目標的概念上來，需要注意的是行為系統的設定目標與其他控制系統一樣，有兩個主要的類型。一類設定目標是為了使某個變項保持恆定。一些簡單的生物具備這樣的行為系統，它的設定目標就是在一個環境中維持有機體處於一個溫度限定範圍內。這類行為系統的任務

沒有終點，它們的工作沒有高潮也沒有戲劇性變化可言，而是一種單調乏味的常規任務。另一類設定目標則是一個有限時間內的事件，一旦這個事件發生，緊接著活動就停止了。比較典型的例子是性交和捕捉獵物。還有一些行為系統的設定目標介於這兩者之間。

對人類來說，我們常常會過於重視那些具有限定目標的行為系統（如性高潮），而很少關注那些持續性的設定目標（如與環境中的某個客體接近或處於可得到的狀態）。而**依附行為，就被認為是具有持續性設定目標的行為系統所產生的活動，具體來說就是保持與另外一個特定客體某種類型的關係。**

第9章

生命週期中的
行為改變

「為了保證個體的生存並保留其基因，在生命週期的每一個階段，動物都需要配備一組恰當而平衡的本能行為系統。不僅成年個體需要，年幼的動物也同樣需要一套平衡且有效的裝備，並且很可能與成年個體的配備在多方面不同。」

——約翰 鮑比

考察個體行為發展需要有兩個不同方式：（a）行為裝備（behavioural equipment）的各個部分怎樣積極的改變，使得生命週期的一個階段進入另一個階段；（b）這個裝備的每一個部分以何種方式執行其特定功能。

精神分析師對這兩個主題充滿了興趣。本章會簡要討論第一個部分，之後在第12章末尾也會涉及這個概念；第二個部分涉及行為系統發育，是更加複雜和重要的，我們會在下一章討論。

為了保證個體的生存並保留其基因，在生命週期的每一個階段，動物都需要配備一組恰當而平衡的本能行為系統。不僅成年個體需要，年幼的動物也同樣需要一套平衡且有效的裝備，並且很可能與成年個體的配備在多方面不同。此外，由於所有種群，哪怕是最簡單的種群生存都或多或少要依賴個體之間的合作，因此一個個體的很多裝備與其他個體會形成通常是在不同的年齡和性別之間的互補。調節幼年個體對成年個體依附的行為

模式，與調節成年個體對幼年個體養育的行為模式互補。同樣的，調節成年個體男性行為的系統，與調節成年女性行為的系統互補。這個新的觀點強調的是，**本能行為無法從單個個體的角度闡述清楚的，必須從不同數量的個體合作角度才行。**

生命週期的不同階段，具備不同的行為類型

在所有鳥類和哺乳動物中，某些在生命週期未成熟階段運作的行為裝備，與成年階段是有差異的。這些差異有兩個不同的類型：

〔**類型1**〕在未成熟和成年階段，儘管滿足的是同樣的生物學功能，但是實現功能時，使用不同的行為系統。一個典型的例子是「未成熟和成年哺乳動物的攝食方式」，年幼階段是吮吸，而年長個體是咬和咀嚼。

〔**類型2**〕幼年期和成年期所滿足的生物學功能是不同的。由於未成年的生物通常比較脆弱，因此所具備的行為構造是產生最小風險最的行為，例如保持與父母接近的行為。另一方面來說，由於未成年生物還不能成功養育後代，因此導致繁殖和養育幼崽的行為很少出現或者以不完整的方式出現。

當然，必須牢記的是，在生命週期的某個階段，缺失某種特定行為類型所反應出來的，可能是幾種不同的內在狀態。首先，負責這個行為的神經基礎可能還沒發育完全，因此，這些系統在任何情況下都無法被促發；其次，行為系統神經基礎可能已經發育完全，但是由於缺乏某些促發的必

要因果元素，使其處於休眠狀態；第三種狀態是行為構造已經發育完全，但是只有一部分起因存在，因此只能看到系統一小部分元素，完整功能依然缺失。第二和第三種情況具有比我們所知更高的頻率。

人工改變激素的實驗證明，很多脊椎動物種群中，無論哪種性別個體，實際上都擁有完整控制雄性和雌性行為的行為系統，至少存在潛在的控制形式。因此，當母雞被注射睪丸激素以後，就會展現出所有雄性行為。類似的情況有，當雄性老鼠出生時就被閹割並注射雌激素時，就會展現出所有雌性行為。這些發現清楚表明，相關性別的行為系統都潛藏於這些動物當中，而一個系統在普通事件過程中維持在更高或完全未被促發的狀態，是因為尚未達到被促發必須的激素濃度❶。

激素平衡改變而導致不同階段生命週期出現行為變化並不少見。在人類身上有很強的證據顯示，男性和女性的行為系統在青春期以前均長期存於兩性當中，而進入青春期之後，其中一個行為系統變得活躍，很大程度取決於激素濃度的變化。同樣的，激素的變化在未發育成熟的行為中作用會消失，這些變化創造出的條件在相應行為的行為系統儘管持續運作，也不會使行為系統輕易被促發。

生命週期中的某些行為變化源於激素濃度或平衡變化，但是還有一些則因新的行為系統成熟並優先於早前系統而被促發。例如，負責吮吸的行為系統在嬰兒期過後還會存在很長一段時間，卻很少被促發。可能是由於負責咬和咀嚼的行為系統開始運作，並且對於大部分個體，這要比負責吮吸的系統更容易被促發。

---

❶　西摩・列文（Seymour Levine）描述了導致雄性或雌性哺乳動物出現雄性或雌性行為的一些條件[207]。出生前後的激素多寡是一個重要的影響因素（這是一個敏感時期），例如：如果雌猴在出生不久之後就被注射睪丸激素，即使之後不再注射，後續行為也會是雄性的。

未成熟階段的特有行為，成年時期仍然存在

　　無論處於什麼樣的原因，未成熟階段特有的行為系統在成年期較少被促發，有充分的證據顯示，這些系統本身仍然存在。在以下三種情況下，仍有可能被促發：第一，當成年模式無效或者成年模式紊亂的時候，青少年期的模式又會出現在成年人當中；第二，當成年人生病或者行為能力失落的時候，有時也會出現，在這種情況下，未成熟系統促發通常被稱作「退化」（regressive）；第三，當一個成年期的整體行為系統的整合體本身包含來自早期生命階段的某個元素，而此元素在早期實現的是不同的功能時，這種情況也可能會發生。一個較為典型的例子是鳥的求偶餵食行為，也就是雄鳥替雌鳥餵食。公雞的典型行為是成年個體餵養幼年個體，而母雞的典型行為是幼年個體被父母餵養。這裡有兩種模式為年幼個體服務，一種是成年模式，另一種是青少年模式，兩者合併成一個有助於繁殖的行為序列。精神分析師一直以來認為在成年人類的性交中也有類似的情況。

　　在哺乳動物種群中，儘管環境千差萬別，但行為從生命週期的一個階段進入下一個階段的變化，是以極其規律且可預測的方式發生。因此，它們是高度環境穩定型，但卻不能夠完全獨立於環境。例如，生活在西方國家的人類，過去一個世紀中青春期顯著提前，這可能是由於某些環境因素影響個體性激素平衡而發生的年齡改變。但是，我們現在還不太清楚其中有哪些原因：食物的變化可能是一個合理的原因，但是也不能忽視可能影響這個變化的社會環境因素。但是，對於哺乳動物來說，在其生命週期中運行行為系統改變的問題更邊緣，如果相對於個體在成長過程中，大量環境反應性的行為系統或整合行為系統變化，會使得這個問題的重要性就顯

得更低了。實際上，心理病理學所關心的就是人類行為系統各式各樣的非適應性發展歷程。自從佛洛伊德認識到人類的性行為在青春期之前很長時間，就已經發展，精神分析師就一直致力於理解這些變化發生的過程。而這個過程將是下一章的主題。

第10章

本能行為的本體論點

「處理適應唯一科學的方法，就是獲取每一個案例的詳細資料。當我們理解所有資料，才有可能僅僅說明一個特定現象的適應程度，有多少來自於預定的遺傳性進化，以及有多少來自直接互相調節。變化的比率是如此龐大而又不可預測，從種類、功能到個體。」

——保羅・韋斯（Paul Weiss）[379]

行為系統發育過程中發生的變化

較低等的動物中，個體的行為系統在生命之初就像維納斯，形式近乎完美，**但是在較高等動物中，一開始通常是比較初級的形式，隨後在發展過程中不斷變得更加精良。**

儘管新生的鳥類和哺乳動物已經具有能夠立即實現攸關性命的一些功能的行為系統（例如攝食），但一開始，也不能非常有效去實現這些功能。而很多其他行為系統在一開始則處於十分紊亂的組織形式中，不僅無法完成所負責的行為，其功能性結果顯然也不存在。所以，總體來說，只有在鳥類或哺乳動物長大以後，行為系統才會變得完整，且由其所促發的功能性結果，才會更規律、更有效。

新生鳥類和哺乳動物的行為構造不僅有限，形式上也非常簡單。在人

類新生兒身上，這一點比其他哺乳動物要明顯。但是，人類在兩歲的時候，就已經可以說話並很快就可以將語言作為指令和控制行為的一種方式。也就是說，占其生命週期比例如此小的一段時間中，其內部精良的行為系統已經得到全面發展。非常多的過程擔負起這些轉變的責任。

本章會概述一些對調節高等脊椎動物行為發展較為重要的過程，並且與人類出現的情況聯結❶。

在未成熟的高等種群成員中，本能行為最初形態與成年後形態的不同有以下三個方面：

〔方面1〕儘管一個動作具有特定形式指向環境中的物體，在成年期這個動作指向的物體會有所不同或更多樣，通常會指向更大範圍的物體 [123]（S.E., 14, p. 122）。

〔方面2〕嬰兒期功能的行為系統在結構上會更簡單，而且在發展過程中出現更複雜結構之後就會被取代，也就是說，嬰兒期的行為只比反射多一點點（例如吮吸），但是隨後就會被由回饋調節的行為，或者以達成設定目標而組織起來的行為取代。

〔方面3〕後續階段，成為一部分具有功能性結果的複雜行為序列，一開始所展現的，只是無功能的行為碎片。

這些差異都有可能造成未成熟個體無法有效實現本能行為功能，或無法實現任何功能。此外，每一種差異都可能發展成某種形式的病理行為。

---

❶ 下文的許多內容（包括實例）都來自海因德的《動物行為》[181]，這本書對行為發展原則做了全面討論。

所以，未成熟個體本能行為的這些特徵，長久以來在精神分析理論中有著核心位置，也就不足為奇了。這三個方面的特點，傳統上被反映在以下這些命題中：

〔命題1〕本能行為所指向的客體，以及導致其終止的某種關係「是本能中最為多變的」[123]。

〔命題2〕對未成熟個體來說，行為主要遵循愉悅原則；在健康的發展中，愉悅原則的調節作用會不斷被現實原則的調節所取代。

〔命題3〕本能行為是由很多元素組成，這些元素在發展過程中被逐漸整合，而整合出的形式是非常多樣化的。

所以，無論是人類還是很多其他物種的行為系統在發育過程中，通常會發生巨大的變化。對於某些物種和某些行為系統來說，這些變化是環境穩定型的，也就是說，發生的過程不會受到發展中所遇到、不同環境的巨大影響。但是，在另一些物種和行為系統中，變化是環境依賴型的，成年期採用的形式很大程度上受到不同環境的影響。在這種情況下，**對環境變化比較敏感的階段，持續時間通常有限，這段時間被稱為「關鍵期」**（critical phase）**或「敏感期」**（sensitive period）。不同物種的行為系統敏感期，有其生命週期中的時間點。但是，通常來說，這些點大多發生在生命較早期，而某些情況下發生在系統本身還不具備功能之前（見下文有關敏感期的段落）。

成年個體的本能行為大部分確立在生命早期的敏感階段，這是佛洛伊德關注本能行為的另一個特徵。在傳統精神分析文獻用「固著」（fixation）和「原欲組織」（libidinal organisation）階段的概念表示。

我們認為，現代本能理論能夠使大量源於精神分析對人的研究概念，以及類似於對動物的觀察和實驗的概念互相契合，並使兩者得到更好的說明與豐富的資料。

有效刺激行為系統的限制範圍

所有鳥類和哺乳動物中，幼年個體都會展示出某些完整動作，這些動作在一開始，就能被良好執行而成為一個物種的特徵。如鳥類會啄食和整羽、哺乳動物會吮吸和排尿，甚至是完整的捕捉獵物動作（如臭鼬）。這些動作不需要任何練習就可以出現正常功能。在人類身上，就如新生兒的覓食反射、吮吸和哭泣，以及更後期出現的微笑和行走。此外，某些成年期男性和女性性行為的一些具體元素，如摟抱和胯部推動，似乎也可以歸入這個類別。我們可以推斷，這些動作模式是行為系統的外在表現，這些系統在發展過程中受到環境變異的影響相對較小，並且，在生命週期的某個階段，已經準備好被與其結構所對應的成因促發。而其中一些符合佛洛伊德所說的本能概念。

這些動作已經組織並預備好，只要合適的時間到來，就會執行，這就說明從動作形式的角度來說，它們獨立於學習。不過，一開始能否形成通常的功能性結果則另當別論。動作模式本身是一件事，而它所指向的客體又是另一回事。

一個動作只有指向一個恰當客體的時候，才會產生功能性結果。例如，一隻剛孵出來的小雞啄地的時候，如果恰好地上有種子，那麼就能實現攝食功能。但是如果牠啄的地上只有一些無用的物體，例如木屑或是粉筆，同樣動作產生的結果對於小雞來說，就不具有食物的價值。相似的，

新生兒吮吸一個恰當形狀的物體，可能會也可能不會得到營養。也就是說，負責啄食和吮吸的行為系統，處於預備好的狀態，只需必要的起因就會開始運作，但是其功能性結果是否出現，則與之無關。

可能促發任何未成熟行為系統的刺激範圍，通常很廣，但是並非沒有限制。從一開始，刺激就會被歸類並引發不同類型的反應。這就使史耐納（Theodore C. Schneirla）提出[322 & 323]，很多非常幼年的動物的反應，一開始是由所接收到的刺激強度差異決定。史耐納指出，年幼動物會讓整個身體或其中的某些部分趨近於能夠產生量較小、有規律且範圍有限的神經效應刺激，而傾向於迴避那些造成量較大、無規律且範圍寬泛的神經效應刺激。儘管這樣的區分比較粗略和簡單，但是很多時候卻可以形成功能性結果，使得年幼動物躲開環境中較具潛在危險的部分，而去接近可能比較安全的部分。很多研究者觀察低等脊椎動物時，都支持史耐納的這種歸類，但是其可應用程度仍然未知。人部分研究高等脊椎動物者認為「引發那些特定的行為模式，也取決於早期發育的刺激模式」❷。

以上例子展示了在高等脊椎動物中，能夠促發未成熟和幼小動物行為系統的有效刺激，範圍通常很廣泛。但是隨著經驗積累，這個範圍就會縮小。在幾天之內，小雞就已經學會主要啄種子，而忽略其他不可食的東西，而人類嬰兒在饑餓的時候，就更喜歡有奶的物體而不是其他。還有很多其他的例子可以說明有效刺激的限制。很多種類的幼鳥一開始追蹤的視

---

❷ 布朗森（Gordon Bronson）的綜述中提到[67]，證據顯示，嬰兒身體的整體動作（包括定向與防衛反應），都是由「腦幹網狀結構」（reticular system）和「動作巢」（motor nuclei）調節。如果活躍的中樞系統只有這個水準，那麼辨別就只侷限於強度改變。模式改變的反應，需要新皮質系統參與。但是在這一些哺乳動物的種群中（包括人類），嬰兒早期這些部分的作用仍然比較邊緣，這個事實也與史耐納的歸類一致，也並不意味著反應模式改變，就一定是學習的產物。

覺刺激範圍是很大的，但是在幾天之內，就開始只看那些已經追蹤過的客體。幾週大的嬰兒會對任何白背景上有兩個黑點的視覺刺激展露微笑，但是到了3～4個月的時候，就只有人臉才可以引起這個反應了，到5個月的時候，有效刺激只侷限於熟悉者的臉。有效刺激被限制的範圍，通常可以用威廉姆·詹姆斯（William James）的總結「本能習慣抑制法則」（Law of the inhibition of instinct by habits）來總結[189]。

那麼，是透過什麼樣的過程，使得有效刺激範圍變得如此狹窄？並且一個特定反應被依照慣例聯繫到一個功能恰當的刺激呢？

其中一個過程是成熟個體辨別感官輸入的能力提升。只要視覺和聽覺無法辨識，那麼大範圍的視覺和聽覺刺激會被當成類似的刺激。有些類型的能力提升源於生理發展，不能歸因於學習，但是還有一些類型則仰賴經驗。這被稱作「知覺學習」（perceptual learning）或「暴露學習」（exposure learning）❸。例如，證據顯示，哺乳動物對視覺形狀（如圓形或方形）的知覺和反應能力，取決於對形狀的第一次經驗。某些情況下，熟悉度本身已經足夠，動物通常無須任何形式獎勵。但是在另一些情況下，光有視覺經驗無法有效改善辨別能力。因此，小雞如果要發展出有效的視覺功能來指導動作，不僅需要對環境有視覺經驗，還要主動在這個環境中活動的能力。

一旦刺激被辨別出來，就會有很多過程可以導致與特定反應相聯繫的刺激範圍限制。透過強化和習慣化的相對過程，跟隨反應出現的結果會調

---

❸　斯洛金（Wladyslaw Sluckin）指出[334]，「知覺學習」一詞比較模糊，它可以用來表示三種不同的過程。因此，他建議使用「暴露學習」，這個詞最早由德瑞佛（Drever）指出：「它只表示有機體在其暴露的環境中，產生的知覺登記。」出現這種效果的原因是動物學習到了刺激的特質，並不是因為形成了任何「刺激—反應」的聯結。

節這種限制扮演著重要的角色。小雞在啄到可以引發吞咽的物體時會繼續啄食，啄到不能引發吞咽的物體時則會停止。鳥類一開始對不同種子的偏好程度有限，但是隨著經驗增加，就會主要食用可以有效去皮的種子。

另一種塑造行為的過程是接近熟悉客體並迴避不熟悉的客體。與強化和習慣化的過程不同，後者已經是兩代心理學家常用的實驗方法，而「熟悉／非熟悉」的二分法則，只是在近期才開始被看重，很大程度上源自海伯的研究[168]。

很多物種的幼年發展先出現的是接近行為，隨後才是迴避和退縮行為。因此，一開始，幼年動物對環境所暴露的任何刺激，只要在某種寬廣的範圍之內，都會去接近。這個階段只會持續一段有限的時間，之後就會被兩個關係密切的過程終止。一方面，對環境的經驗使得動物認識了熟悉的刺激，並可以將其從陌生刺激中辨別出來；另一方面，迴避和退縮反應更容易被引發，尤其是那些被識別為陌生的刺激。在很多物種中，攻擊反應的發展過程與退縮反應類似，比接近行為更晚成熟，尤其容易被陌生刺激引發。

因而，**透過兩個過程（不同反應的成熟率差異，以及動物學會辨別熟悉和陌生）引發接近行為的刺激範圍，縮小到僅限熟悉的刺激，而其他刺激則更容易引發退縮或攻擊行為。**

顯然，這兩個過程從原則上來講雖然相對簡單，但是對動物行為組織過程產生的影響，卻是深遠的。一方面，當動物在其進化適應性環境中長大時，最終的行為組織傾向於保持接近對其友善的動物以及安全的地方，同時，傾向於遠離捕食者以及其他危險。透過產生這些效果，這種組織形式就具有了維繫生存的價值。另一方面，當動物沒有在其進化適應性環境中長大時，最終的行為組織就可能非常不同，有時會很古怪，有時甚至有

害於生存。

其中一種有偏差的行為組織通常也是不適應的，即文獻中曾詳細闡述的動物在非典型環境中成長時形成與非常規動物之間的友誼。不同種群的幼年動物如果被共同撫養，牠們之間就會產生友誼，即使在自然環境中是「天敵」的動物（比如貓和老鼠）。另一種有偏差的行為組織出現在成長環境極度受限的動物身上。這些動物的行為往往完全沒有辨識度，牠們傾向於迴避所有客體或者趨近所有客體。例如，在限制環境下養大的兩歲黑猩猩實驗表明，牠們不會探索或處理任何新的客體，成長環境受到的侷限越多，就越膽小。另一方面來說，一系列針對小狗的實驗表明，有限的成長環境使牠們趨近所有新客體，甚至到了危險的程度。以上兩種情況所導致，都是沒有辨別度的行為，使動物無法良好適應、生存。

很多特定刺激和特定行為系統之間的聯結是透過限制過程，也就是將潛在有效刺激的範圍減少到很小的範圍。個別情況下，這種聯結是透過相反的過程，將相對狹窄的範圍擴得更大來達成。舉例來說，雌性老鼠得到和正常、活著的幼鼠相處經驗，雌性老鼠的母性行為更容易也更可能被像幼鼠的刺激引發，比如死去的幼鼠。

在生命週期中，潛在促發刺激的限制階段（或擴展階段）往往十分短暫。見本章有關敏感期的段落和胎教的段落。

將原始行為系統精細化，以及被精緻系統取代的過程

新生兒階段，有一些行為系統（尤其是調節繁殖的系統）不是完全不運作，而是運作但無法有效組織達成功能性結果。我們將在下一節考察它們的發育。這裡，我們只關注那些一開始就有功能的系統發展。

在第5章，我們解釋了行為系統多種不同組織形式——從負責最簡單的固定行動模式類型，到負責更精確的目標適應結果類型。與成熟動物相比，新生哺乳動物的行為系統傾向於以更簡單的方式實現功能。在發展過程中，逐漸開始運作更複雜的行為系統類型，一種功能一開始由一個簡單系統實現，而後又透過更精緻的系統實現的情況，不在少數。

在生命較早期就出現系統轉變的一個例子，發生在幼鵝身上。出生後24小時內，跟隨行為會被任何移動客體引發。但是，隨後的一、兩天中，這種行為只能被熟悉的客體引發，而且當這個客體不在的時候，幼鵝會尋找這個熟悉的客體。也就是說，一開始以簡單的目標適應形式組織起來的系統，很快就變成了計畫組織形式。相似的，幼猴的依附行為也會從簡單的反射性抓握，變成跟隨和依附的複雜序列，成為計畫組織的一個元素。

控制權從簡單系統到更精緻組織形式的系統變化，通常是由於簡單與更精緻系統之間不再兼容所引起。當不兼容的情況發展到一定程度的時候，控制簡單系統促發變得比早前具有更高辨識度。當接收到初級刺激（範圍或大或小）時，它不再立即促發，在達到某種特定條件之前始終處於被抑制的狀態。這種條件的實現可以透過被動等待，或者透過一類完全不同但恰當類型的行為主動促成，例如幼鵝的尋找行為。

在成年食肉動物和靈長類動物身上，有時候行為呈現出簡單的計畫層級形式。例如，獅子捕獵，或狒狒群改變陣型以警戒捕食者的方式，就可以依此為基礎來理解。但是，這種精細的行為組織形式只在相對成熟的動物中出現：幼獅和小狒狒沒有這種組織能力。

控制行為系統類型從簡單的刺激反應型到目標適應型的轉變，通常可以被看作行為從「透過嘗試錯誤掌控」到「透過內省掌控」的轉變。皮亞傑將之稱為行為組織從「感覺—運動智力」，到象徵和前概念思維之間的

變化[261]。為了說明這個發展步驟，皮亞傑寫道：「感覺—運動智力運作起來就像一部慢動作電影，在這部電影中，所有畫面看起來是按順序排列的，但是沒有融合，因此無法具備連續視覺用以理解整體，但是更先進的組織模式則組成了一部以恰當速度播放的電影。」[261]

人類心理發展的特徵不僅僅表現在簡單系統被目標適應系統取代，同時也表現在，可以透過制定更精緻的計畫去完成目標，將一個計畫與另一個計畫相聯繫的能力、偵測計畫之間是否兼容，及將它們按照優先順序排列的能力提升，個體對其適應的設定目標有了更清晰的認識。用精神分析術語來說，這些變化的出現是由於「自我」（ego）取代了「本我」（id）。

幼兒出生後的 2 ～ 3 年內，影響膀胱控制的系統類型改變，可以清楚說明這個發展的第一步，麥格勞（Myrtle B. McGraw）研究了這個過程[223]。在人類生活的第一年中，膀胱排空是由反射機制來控制，這個機制對刺激的敏感性在前6個月中範圍比較廣，在之後6個月，範圍逐漸開始有所限制。在第二年的早期，這個行為不再是自動的反射機制。但是嬰兒仍然對動作本身及其後果沒有意識，可能會有一段時間，他的這種行為表現會變得更具合作性和可預測性。不過，這個階段過去之後，很多孩子在一段時間內可能會變得非常不合作。最終，通常是在第二年的後期，這個控制權被轉交給一個更加複雜的行為系統，這個系統會同時考慮孩子的姿勢和環境訊息。在這個階段，在孩子找到一個合適的容器並將姿勢調整好之前，排空動作是被抑制的。這些行為很顯然是以達成設定目標（也就是排泄到一個容器中）的方式組織起來，這種組織方式基於一個簡單的控制計畫。在執行計畫的過程中，從所需行為序列的一個階段到下一個階段的轉變，例如從尋找馬桶到坐在馬桶上，依賴訊息回饋的過程。而第一階段尋找馬桶的成功，還需要依賴孩子對家居環境具備足夠的認知地圖。

也就是說，**一開始，一個簡單、對各種無特定模式刺激保持敏感的反應，逐漸嵌入一個以計畫層級組織起來，並只敏感於特定知覺對象的行為系統當中。**

我們認為，調節人類依附行為的是與此類似、連續，且精巧程度更高的系統。在開始的幾個月中，這些行為只包含反射和追蹤動作，但是在第二和第三年中，則會採用設定目標和計畫的方式組織起來。這些計畫的組織方式變得越來越複雜，最終會包含一些其設定目標是「改變孩子所依附的母親角色」的行為系統和設定目標的子計畫。這是本書 Part 4 的主題。

另一個人類所使用、用來完成單一功能時精巧程度升高的系統的例子是「攝食行為」。在新生兒身上，攝取食物是簡單、固定動作模式形成的鏈式行為結果（覓食反射、吮吸、吞咽）。通常，當新生兒的內部條件處於某種狀態時，它們被相對非特定環境刺激促發。幾個月之後，攝食行為只有在外界條件被知覺為某種預期模式的時候，才會開始（母親準備好乳房、奶瓶或者勺子）。到了第二年，很多新類型的行為加入到攝食活動中（抓住食物、放到嘴裡、咬、咀嚼），並且不同類型的行為之間，以一種計畫而不是鏈式結構相互連接。隨著孩子長大為成人，計畫變得更加複雜，而且執行計畫的時間也變得更長（購買食物、準備，並烹調等等）。最終，即使在不是很成熟的成年社區中，攝食演變為一個控制計畫的頂點，執行這個計畫可能會長達一整年，其子計畫中包含耕種、收穫、儲藏，以及烹飪等等一系列技術。

所以說，人類在嬰兒和幼兒期，尚無能力將行為以超出最簡單計畫的複雜程度進行組織，當進入青少年和成年期時，行為就開始習慣以更精緻的計畫層級進行組織了。這種行為組織在精巧程度上的巨大發展之所以變得可能，顯然是由於人類在成長過程中運作象徵能力的提升，尤其是語言

能力的提升。

　　正是由於在人類發展的過程中，用來實現一個功能的行為組織形式從簡單變化到複雜，才使得人們通常認為這些不再屬於本能行為。而另一種看待這個現象的方式是，掌控本能行為的系統，通常會嵌入更精巧的系統，因而，除了在一個設定目標即將要達成的時候，本能行為預期的典型和可識別模式，就不那麼顯而易見了。

　　個體發展過程中由簡單系統到精巧系統的控制升級，很大程度無疑源於中樞神經系統的成長。布朗森比較了人類早期大腦不同區域所對應的行為能力，以及它們的發展水準與每一個年齡段運作中的行為系統精巧程度增長。他發現，在人類發展的過程中，大腦結構與行為結果的發展步調相當一致[67]。

　　在出生後的前1個月中，人類嬰兒的新皮質並沒有很大發展。相應的，這個階段的行為只存在於反射和追蹤動作水準上。到第3個月的時候，新皮質的某些部分可能開始發揮功能，隨後反應就開始對模式比較敏感，並能有一小段時間的延遲。例如，3個月大的嬰兒在母親準備食物的時候，可以耐心等待，但是在更早的幾週內，他是做不到的。不過，在開始的兩年間，新皮質更精巧的區域發展遠遠落後初級投射區域，與此落後相對的是，認知過程和計畫的發展，也不會超過相對初級的水準。

　　即使在滿兩歲的時候，前額葉的發展仍是很小的。有證據表明，如果個體要抑制即刻反應，以達成依賴於當前環境中尚不存在因素的行動計畫時，這些腦區是非常必要的。與此一致的是，研究發現，只有在快到學齡期的時候，大部分兒童才會具備這種基於權衡潛在，而不是此時此地的因素，來進行決策。

　　因此，我們可以清楚的看到，**貫穿兒童時期很多年當中，行為系統的**

精巧程度發展，在很大程度上受制於大腦發展。如果沒有必要的神經構造，那麼行為構造也不可能進一步變得更精巧。並且，只要達不到精巧程度，那麼行為就會維持在愉悅原則而不是現實原則之上。

個體發育過程中，精巧行為系統取代簡單行為系統是必然的規則，包括在計畫層級的水準上。這個構成在進化效率上的優勢很明顯，但是其弊端也同樣明顯。在系統不斷被取代的過程中，會出現不計其數、可能出現轉換錯誤的機會，導致系統的效率和適應性變得更低。

將行為系統整合成功能性整體

目前為止，我們所討論的系統都是一開始就能實現功能，在發育的過程中被更精巧的系統取代，且持續實現同一個功能。但是，**還有另一些系統，一開始是非功能性的，只有與其他系統整合在一起的時候才會具備一定的功能。**當它們第一次被促發的時候，動作序列的每一個元素產生的僅是孤立動作，或者是發生在不恰當的背景或錯誤的場合。

其中一個例子就是松鼠藏堅果的行為。這是一個較為複雜的序列，包括挖洞、放置堅果、用嘴把堅果推下去、覆蓋住，並做好標記。儘管每一個行為要素都出現在一個特定的年齡並且無須經過練習，但是如果整個序列要變得有效，通常需要一定的練習。例如，沒有經驗的動物或許可以挖洞並放置堅果，但是卻會在錯誤的地方做出覆蓋動作。只有透過練習，這個序列的行為才可以得到功能性結果。

年幼動物中，無法良好執行本能行為並導致無功能結果的情況，也可以用繁殖行為發展的例子進一步說明。例如，當大山雀處於幼年的時候，會出現一些繁殖行為的孤立片段（鳴叫，築巢，以及交配行為的一些片段），

但是這些片段出現的背景與成年個體的動作背景，差異很大。幼年階段的很多種群動物，無論哪種性別，通常都會互相騎到對方身上，動作比較笨拙而且並不會有精子進入陰道。精神分析師尤其感興趣的是，對靈長類動物的一些現有研究。

恆河猴在4歲以前都還未達到性成熟狀態。但是，在出生後的幾週內，就可以看到性行為的片段。在幼年雄性個體中，從第6週開始，就可以在很多小猴身上觀察到陰莖勃起，這種情況尤其容易在母猴為小猴理毛的時候發生。骨盆推動動作出現的時間要稍微晚一些，且不一定是在兩個動物處於騎爬體位的時候。這個動作指向母猴的情況也並不少見。

勃起和推動在黑猩猩嬰兒期也能夠看到。無論是在恆河猴還是黑猩猩中，這些行為被喚起的情況，通常是在其整體興奮程度較高的時候。例如，短暫分離後再次相聚的時候、餵食的時候、陌生個體出現的時候，以及動物受到生理限制的時候。梅森（William A. Mason）在針對這個問題的一篇綜述中得出了這樣的結論：「（雄性交配行為）的各種成分，似乎出現在發育的不同階段，而且與之相關的經驗和其喚起條件也存在差異。」[235]

這些觀察所得，使我們清楚看到，非功能性的性行為片段存在於很多甚至是所有靈長類動物未成熟成員中，而且這些行為第一次出現時，指向父母的情況並不少見。所以說，佛洛伊德所關注在人類嬰幼兒出現的「性本能的成分」（component sexual instincts）並不限於人類，很可能所有哺乳動物嬰兒性慾都有這樣的規律。

系統觀察人類兒童非功能性性行為片段並不容易。不過，路易斯（William C. Lewis）報告了人類嬰兒從8～10個月開始，骨盆推動的發生率[212]：

「這種行為只有在極具安全感的條件下才會出現……在一個明顯愉快的時刻，孩子抱著媽媽，可能放鬆的躺在她的乳房上。嬰兒的手放在媽媽的脖子上，用鼻子蹭著她的下巴，然後開始快速的扭轉並推動骨盆，大概是每秒兩次的頻率。這種情況並不會持續很久（10～15秒）。不一定會伴隨勃起……並且不會導致任何形式的高潮……這不只限於男孩。有三個女兒的母親在所有女兒身上都觀察到過……（這種行為）隨著親密擁抱接觸的減少逐漸減少……（但是）在3歲孩子身上也出現過……它的發生並不一定都與餵食、穿衣服或主動遊戲相關，有時當孩子腹部非常放鬆的與毯子或枕頭接觸時，也會發生推動的動作。」

任何觀察2～3歲孩子共同玩耍的人都會注意到這樣的情況，興奮的小男孩和小女孩呈現出典型成年人的性交姿勢。但是，很顯然，兩個孩子對他們的狀態並沒有有關該行為序列在青春期之後的設定目標，哪怕是最模糊的概念。

另一個本能行為在未成熟個體中出現，但無法有效產生功能性結果的例子是「小女孩的母性行為」，有時候也會在小男孩身上看到。在略長的一段時間內，3歲的孩子可能會對娃娃甚至真的嬰兒做出典型母性行為。隨後，有些東西轉移了他的注意力，母性行為就會戛然而止，在之後很長一段時間裡，娃娃或者嬰兒都會被忽視。

將這些早期出現的本能行為片段，整合到完整、伴隨正常功能結果序列當中的過程，可能是各式各樣的。我們已經討論過其中一種會導致促發、終止或指導一個行為系統的刺激性客體被逐步限制，一個有趣的例子是新孵化小雞的一系列反應。一開始，它們之間是不連續的，但是最終都會指向一隻母雞。實驗發現，小雞在剛孵出的幾天內會：（a）跟隨一個

移動的客體；（b）警覺狀態時候尋找安全的港灣；（c）冷的時候尋找溫暖。儘管在人工環境中，可以將小雞的每一個行為指向一個不同的物體，例如跟隨一個硬紙板箱、把一個麻袋作為安全基地、在暖氣片周圍尋求溫暖，但是在自然環境中，這三個行為最終都會指向母雞。

另一種與此緊密聯繫的過程是，由於行為片段進行功能性整合，導致負責簡單行為組件的行為系統成為一個或多個鏈式結構的一個單位。

還有一種過程是將單個行為整合進一個因果層級。這種情況發生在動物的一種行為模式與其內部狀態的因果關係改變之後。

我們可以很肯定的說，當動物饑餓的時候，進食是最容易被引發的一種行為。我們可以想像，饑餓程度越高，就越容易引發行為。但是情況並不總是這樣，至少對於非常幼小的動物來說。例如，大部分情況下，大山雀幼鳥開始啄食的時候，並沒有感到饑餓，因為當牠們感覺到餓的時候，會直接去父母那裡索要食物。類似的，實驗發現小狗一開始的吮吸行為與饑餓和攝食並不相關。後來，啄食和吮吸才變得在饑餓條件下最容易被引發，並且與其他行為一起組成一個因果層級系統，為攝取食物的功能服務。

經驗所產生的效果之一就是：只有在恰當生理條件下，才會引發一個特定反應（如饑餓的時候），但是同時也能產生相反效果。當滿足兩種條件的時候，公貓的性行為才會開始形成功能性結果組織結構：（a）雄性激素水準較高；（b）此貓已有交配的經驗。一旦組織成功，即使在雄性激素較低的情況下，也可能出現性行為。有可能公貓性行為的組織結構從鏈式系統變為了目標適應系統。無論公貓的情況是否如此，在高等哺乳動物中，這種類型的變化很常見。這樣一來，新的行為系統不僅變得更有效率，而且得到了一定程度的自主性，一開始的引發條件將不再必要。

這些例子很好的展示了行為發展的一般原則。也就是說，**一旦行為序列被組織起來，那麼就傾向於保持下去，即使所發展出來的是一個非功能線路，即使在其初次出現時所依賴的外部刺激和內部條件不存在**。因此，任何一個行為在一開始組織過程中所採用的具體形式以及序列，對未來都具有極高重要性。

由於人類具備強大的學習和發展複雜行為系統的能力，因而其本能行為被嵌入更靈活的行為序列，在個體之間有巨大的差異。一旦一個人完成擁有使他滿意的經驗，促成這個經驗的行為，就有可能被設定目標或計畫層級的形式重新組織。這種情況就發生在性行為中。

在性交完成和性高潮體驗之前，人類的性行為總體上是以鏈式結構組織。但是體驗過後，則會重新以帶有設定目標的計畫形式來組織。儘管這個新的組織會使系統所控制的行為序列，在產生可預測結果時效率更高，但也不是完全沒有缺點。例如，一旦性交完成成為可預見的情境和行為，個體就可能更倉促的尋求這個結果，而省略中間步驟，最終體驗到的滿足感可能比預期少。

在有經驗的情況下，本能行為系統中行為完成的情境（或行為），通常（或者說總是）可以被預見，但是實現其功能在行為發生之前的可預見性就更不確定。這對於動物來說，基本上是看不到的。對於人類來說，這個情況有時可以看到，但是可能更多時候是看不到的。例如，儘管在性交之前通常已經知道性行為的功能性結果，但是其真正的結果，卻不一定是這樣。成年人對進食行為功能性結果的了解仍是不足的，而依附行為的功能性結果，我們會在後面章節中討論，即使對於最成熟的人來說，大部分仍是未知。

有時候，人們對於功能的了解，可能會導致兩種非常規行為。其中一

種是在實施行為的同時防止功能性結果發生，如避孕情況下的性交、食用沒有營養的食物；另一種則是在不實施本能行為的情況實現其功能，例如人工授精、試管培養。

行為系統敏感期的發展與限制

我們已經用很多篇幅清楚說明鳥類或哺乳動物許多種群成年個體中，行為構造的形式很大程度上取決於成長環境。對於某些種群中的某些系統來說，其環境敏感程度在生命週期中的變化可能相對較小，**但是更常見的情況是，對環境的敏感度在一個階段要高於另一個階段，還有一些行為系統只在一個階段高度敏感，隨後就完全停止了。**

行為構造發展過程中敏感期的最佳例子是「促發或終止一個系統的刺激，變得極度受限」，還有一些例子則涉及「運動模式和設定目標的形式」。

本章早前部分曾經指出，幼年動物的傾向是，熟悉的刺激引發接近行為，而陌生的刺激則引發迴避行為。其中一個特殊例子就是小鴨和幼鵝在發展過程中的跟隨行為。孵出後的數小時內，牠們會跟隨任何一個首先知覺到的運動物體。不僅如此，牠們很快就會變得只跟隨那些跟隨過的物體而迴避其他物體。這種對熟悉物體的快速學習和跟隨，被稱作「銘印作用」（imprinting）。有時候，幼年哺乳動物也會出現這種情況。這些發現對任何關於人類兒童與母親之間聯繫的討論，呈現高度相關，因此本章下一節，我們將做專門討論。

其他行為系統潛在指向的客體範圍，也可能在生命週期的某個階段變得極其敏銳並受到不可逆限制。例如精神分析師非常感興趣的性行為所指

向的客體選擇模式。在達到某個特定的年齡之前，通常很少見到鳥類或哺乳動物出現完整性行為序列（儘管通常會出現這些行為的孤立片段）。但是，對於特定個體來說，這些行為在後期所指向的客體範圍，至少在某些物種中，個體到達性成熟階段很久之前，就已經確定了。以下現象可以清晰展現這種情況，被不同於自己種群動物撫養大的動物，會將所有性行為指向該種群中的個體，比如在人類家庭中養大的動物，性行為有時會指向男人和女人。

對於不同種群來說，未成熟發展階段中，這些性客體的性質在具體哪一個階段被確定受到極大影響？有關這個問題的確切訊息仍然非常稀少。因此，近期一些針對幼年綠頭鴨的實驗引起了我們的興趣。舒茨（Friedrich Schutz）發現[326]，成年雄性綠頭鴨的性行為指向的個體類型，很大程度上受到出生後3～8週這段時期內共同生活個體類型影響，實際上早於其完整性行為序列出現很長一段時間。如果和同種類的養母或養兄弟姊妹一起長大，那麼可以預期，雄性綠頭鴨的交配對象總是其同類雌鴨。當牠們與一些同類的鳥，和另外一些相關但不同類的鳥一起長大時，結果也是如此。但是，當牠們被相關，但不是同類的鳥養大時，其中三分之二會和這種不同種類的雌性交配。然而，如果與其他完全不相關種類的鳥一起長大（例如雞或者黑鴨），雄性綠頭鴨的性偏好不會指向其他種群個體。

這些結果說明，綠頭鴨的性偏好從一開始指向同種類鳥發生了偏離。從牠們對緊密相關的種群指向來看，可以說是環境依賴型，但是從不會指向不相關種群的鳥類來看，又可以說是環境穩定型。

舒茨的另一個發現是，當牠們被不同種類的養母養大的時候，要比被不同種類的養兄弟姊妹養大更有可能偏好該種群中的雌性個體。由於共同生活的鳥類之間很少會相互交配，因此，顯然這種在較早幾週內建立的性

偏好，適用於該種群整體成員，而不是針對其中某一個特定個體。

舒茨還報告了導致綠頭鴨選擇同性伴侶的條件[327]。當雄性綠頭鴨在兩種性別都存在的情況下長大時，牠會選擇雌性。但是當牠們在只有雄性群體中成長不少於75天時，會形成同性配對並自此不再對雌性產生興趣。之後，對同性伴侶的偏好是十分穩定的：即使配對的兩者都只有雄性角色而且無法完成交配，也會保持這種傾向。

對於性行為指向某類客體來說，一旦建立一種偏好，就會相當穩定，這一點在很多種群中都很常見。即使這個客體對於性行為本身及其功能性結果來說不充分，個體一旦建立對這類客體的性偏好，再轉變到另一類更充分的客體上，就不常見了，即使該客體在環境中存在的情況更充分也是如此。人類當中，男性的戀物癖就是很好的例子。

很多鳥類和哺乳動物中，母性行為指向的客體也可能是環境依賴型的。一個臭名昭著的例子就是：很多體型較小的鳥類會養育那些出現在牠們巢穴中的杜鵑幼鳥。很多其他種類的鳥，都可能成為一個陌生種類幼鳥的養父母，並且，也有不計其數的軼事提到雌性哺乳動物成為其他種類幼年動物的養母。不過，在大部分案例中，這種反常的母性行為導向都是可塑的，也就是說，**養育不同種類幼崽的經驗，並不會導致對該種類幼崽的持久偏好。**

但是，也有很多證據表明，在某些種類的哺乳動物中，母性在分娩後很短時間內行為指向幼年個體的敏感期會被明確劃分。長久以來，牧羊人嘗試讓一隻失去小羊的母羊領養另一隻失去母親的小羊過程中，就深知這個事實。母羊對於失去的小羊如此固著，以至於牧羊人很難說服牠成為另一個孤兒的母親。母性行為這種對指向客體的極度侷限性，在赫希爾（Leonard Hersher）、摩爾（A. Ulric Moore）和理治曼（Julius B. Richmond）的實

驗中可以清晰展示[173]。母山羊分娩一對雙胞胎之後，很短的時間內就把其中一隻小羊移開兩個小時，而另一隻小羊則留在母親身邊。母羊會持續餵養留在身邊的小羊，但是拒絕為被移開的小羊做任何事情。對於這個種群來說，母性行為的指向客體在分娩後這幾個小時顯然已經受到限制。

運動模式的形成及整合到功能性（或非功能性）序列中的方式，某些情況下也會經歷敏感期。舉例來說，上述也就是很多限制在小籠子、獨自長大的動物所表現出的刻板運動特徵。儘管這些行為是非適應性的，但是一旦建立起來，即使條件轉變為進化適應性環境，這些行為仍會維持下去。一個相似的運動動作一旦確立就會保持下去，例子是我們所熟悉的「打球時候出現的肌肉協調運動」。如果一個人已經學會了一種特定擊球方式，比如網球或其他類似的運動，就會發現很難放棄這個方式去採用更好的方式，且會很容易不斷回到第一次學到的方式中。

基於此類證據，來自環境穩定型或環境依賴型行為的證據，使得海因德推斷：「發生任何反應，從事實來講，都會增加後續場景中這種反應發生的可能性。」

我們已經描述了性行為所指向的客體，在青春期之前就會經歷敏感期，至少在某些種群中是這樣。在靈長類動物當中，有證據表明，性行為的動作模式也會經歷發展敏感期。哈洛（Harry F. Harlow）及其同事開展了一系列實驗，他們在很多不同的社會環境下養育恆河猴的幼崽，這些環境與牠們的進化適應性環境有著巨大差異，哈洛得出了這樣的結論[163]：

「來自威斯康辛實驗室的大量觀察資料顯示，異性戀行為在很大程度上受到早期經驗的影響，幼猴如果無法形成嬰兒與嬰兒之間有效的喜歡情感聯繫，就會延遲或破壞成年期充分的異性戀行為。」

儘管哈洛更早期發表的論文中報告了「如果幼猴具備與同齡個體的玩耍經驗，即使沒有被母猴撫養，也會正常發展」[162]，但是更近期的研究結果顯示，其中有大量的個體差異，而且這些猴子並不是都能在青少年期和成年期出現正常異性戀行為。在一次個人交流中，哈洛表示：「我並不是很相信在早期社會化過程中，母猴的作用不能被其他事物充分取代。」

　　哈洛報告，在恆河猴中，雄性性行為要比雌性性行為更具環境依賴性。這種差異也體現在黑猩猩身上。在一項對靈長類動物雄性性行為發展的比較研究中，梅森觀察到[235]：

　　「這些反應被整合到成年交配模式的時間，猴子明顯早於黑猩猩⋯⋯如果公猴擁有足夠的社交接觸（而不是其他接觸），就會在青春期之前發展出具備成年特點的性行為，但在同樣的條件下，黑猩猩顯然沒有⋯⋯另一方面，青少年時期沒有達成成年模式的公猴，之後就很難再完成了，但是黑猩猩在之後仍有能力進行此類學習⋯⋯對於社會學習機會被縮短到青少年期之前的公猴來說，在性調節上的障礙是由於（本身）存在著強烈的玩耍和攻擊傾向。」

　　梅森的最後一句話讓我們注意到這個事實：**如果要形成具適應性的社交行為，包括性和養育行為，就必須抑制或至少限制某些反應。**例如，對雄性來說，當強烈的攻擊行為指向捕食者或有時指向其他成年或青少年期雄性的時候，是具有適應性的；但是當指向雌性或年幼個體時，就是非適應性的。同樣的，依附行為和養育行為只有在合適的情景下展現時才具備適應性。實際上，為了扮演好適應性的社會角色，成年哺乳動物必須對其

各種社會反應的出現，具備極高敏感性，並且要能夠保持良好平衡。

非人靈長類的成年社會反應發展中，到底存在哪些敏感期？適應性發展在其嬰兒期、兒童期和青少年期，需要什麼樣的條件和體驗？這些問題目前仍是未知的❹，我們在人類身上同樣未曾知曉。人類發展也有敏感期的可能性極高。在沒有更多的資訊之前，最好保持謹慎的態度，並且假設人類兒童成長中所遇到的社會環境越是脫離其進化適應性環境（通常可能和父親、母親、兄弟姊妹生活在一個包括祖父母，以及有限數量其他熟悉家庭成員的社會環境），那麼發展出非適應性社會行為模式的風險就越高。

動物與人類銘印行為研究

銘印術語的使用與定義

經常有人問：「銘印是否會發生在人類嬰兒身上？」所以我們有必要澄清一下這個詞的意思以及當前的用法。

「銘印」一詞現在有狹義與廣義兩種不同使用方法，都源於羅倫茲對幼鵝和小鴨的開創性研究[218]。

狹義的用法就是僅用它來表示羅倫茲最初對於銘印的觀點。羅倫茲早期論文中，他不僅注意到很多鳥類的依附行為很快就會聚焦在某一個或某一類特定客體上，而且他還認為發生這個過程有其獨特性質：「銘印具有的很多特性，使它從根本上有別於學習過程。它與動物的其他心理無法等

---

❹　例如，在另一個實驗室中單獨撫養的恆河猴，成年後就沒有出現哈洛發現的異性戀行為嚴重損傷。這個觀察實驗的研究者梅爾（Gilbert W. Meier）和哈洛，都無法合理解釋兩者不一致的結果[241]。

價，至少對所有哺乳動物來說。」[218]羅倫茲提出銘印有四個不同的特點：（a）只在生命週期的一個短暫關鍵點發生；（b）是不可逆的；（c）是超個體的學習；（d）會影響有機體尚未發展出來的其他行為模式，如選擇性伴侶。羅倫茲還將銘印定義為發生在幼鳥跟隨移動物體特殊活動過程中的一種學習。

在羅倫茲提出這些看法後的30年間，學界觀點發生了改變。一方面，越來越多與羅倫茲關注的問題相關的具體現象顯示，無論他假設的關鍵期還是不可逆性，都沒有那麼確定。並且，這種方式的學習甚至在幼鳥並沒有出現跟隨行為的時候，也會出現（例如面對的是一個靜止模式的時候）。另一方面來說，這需要歸功於羅倫茲的研究，現在人們發現過去被認為是銘印特有的一些特點，也可以不同程度的用到其他學習情境中，甚至包括一些哺乳動物的學習。因此，一開始看起來黑白分明的對比，經過檢驗變成了深度連續漸變的圖譜。

這些觀點的改變，使得「銘印」一詞得到更廣泛的意義。銘印被用來表示任何可能會導致幼鳥或幼年哺乳動物，像對父母依附行為偏好一樣的並穩定指向一個（或多個）可識別人物的過程。更廣義的來說，也可以被用來表示任何導致其他形式的行為，偏向特定客體的過程，例如指向特定幼崽的母性行為和指向特定同伴的性行為。引用貝特森（Paul P. G. Bateson）的話來說就是[30]：

「儘管很多反應都會侷限於第一次引發的刺激上，但是鳥類社會偏好發展所提供的卻是非常極端的例子，這種情況如此極端，以至於得到其他偏好和習慣也常常受到與這段過程相似程度的影響。這種將社會偏好限制在一個特定類型客體上的過程，一般就被稱作『銘印』。」

屬於這個詞語範圍的其他很多類型行為中，也包含動物對特定居所和巢穴的偏好[356]。

在20世紀60年代後期，有關這個詞究竟應該被狹義還是廣義使用，幾乎成了學術問題。因為，當時兩篇被大家一致認可、有關這個主題的綜述當中，兩位作者——斯洛金和貝特森都使用了廣義用法。事實上，儘管羅倫茲一開始的假設是有問題的，但是他所關注的現象如此引人注目，他所使用的詞語也如此生動，以至於無論具體過程如何，這個詞語一直被保留下來。

這個詞語的廣義用法，通常包含了以下意思：（a）一種清晰、可定義偏好的發展；（b）這種偏好通常很快形成且在生命週期的一個有限階段當中；（c）這種偏好一旦形成，就會保持相對固定。雖然這個偏好人物所引發的行為，可能會有很多種類，而且也會隨著個體成熟發生變化，但是都具有不同程度的接近性（偶爾也可能是「接近—攻擊型」）。

除了這些基本含義，當前用法仍有很多開放性可言。尤其是以這些現象為基礎的過程，在不同種群之間究竟相同，還是在不同種、不同目、不同類當中，不相同這個問題上，仍是開放的。這一點非常重要，就像海因德一直以來強調的那樣，鳥類和哺乳動物的進化路徑早在爬行時期就已經出現分離。由於那個時期還沒有依附行為，因此可以說動物界每一個更高級分支中的依附行為，都是獨立發展的。儘管最終形成的行為結果看起來可能非常相像，但是這種相似，可能只是由於「趨同演化」（convergent evolution），其背後隱含的過程則是明顯不同的。

那麼為什麼還要關注鳥類呢？原因在於，在過去幾十年中，由於大量實驗工作出現，這個議題變得十分尖銳，並且帶來了很多問題。從實際操

作角度來說，其實銘印一詞現在的意思來源於對鳥類依附行為研究。

鳥類銘印行為研究

以下概述，源自斯洛金[334]和貝特森[30]的綜述，以及海因德[177 & 178 & 181]的大量研究：

〔特點1〕很多陸地築巢的鳥類，在孵化之後很短的時間內都會出現偏好任何有過經驗的客體，並傾向於和它保持視覺和聽覺的接觸。這通常不僅包括接近它、待在它附近、當它移動的時候跟隨它，還包括在它不在的時候尋找它。這還會使幼鳥根據這個偏好客體是否存在，發出不同叫聲。當偏好客體不在的時候，幼鳥容易發出痛苦的叫聲，而當發現客體的時候，就會發出滿意的叫聲。所以說，鳥類銘印影響了很多不同行為。

〔特點2〕儘管從定義上來說，幼鳥銘印的刺激客體，可以在較廣泛視覺和聽覺範圍當中，但是，它們對其中一些銘印的效果要高於另外一些。銘印那些移動中並具有顯著模式的客體，通常要比對靜止或模式不清晰的客體更快、更持久。此外，至少對有些種群來說，同步暴露在聽覺刺激中（例如鴨子的叫聲），會增加視覺刺激的效果。所以說，幼鳥在一開始就會更偏向於銘印某些客體，而不是另外一些。

〔特點3〕儘管羅倫茲認為銘印過程多少，都是即時發生的，而且可能是一次性學習，但現在我們知道，客體暴露的時間越長，鳥類對這個客體的偏好就會越強烈。

〔特點4〕銘印過程與我們所知的「知覺學習」或「暴露學習」的學習

形式，看起來有很多共同之處，「因為這兩者對刺激的反應都受到先前對該刺激經驗的影響，無論獎勵是否存在」[181]。這個想法使海因德和斯洛金都贊同羅倫茲的觀點——銘印與其他學習形式不同，因為「它們既沒有聯想也沒有強化，無論是經典的還是工具性的，至少不以條件反射的方式❺」[334]。

〔特點5〕存在「敏感期」，在此期間，學習偏好客體特徵更容易引發。由於在敏感期最強的前後某些學習仍可能發生，因此羅倫茲最早提出的關鍵期具有突然開始和結束這個觀點需要修正，尤其是結束的部分。

〔特點6〕鳥類敏感期的開始，很大程度上並不受到孵化後經驗影響。這就意味著這個階段的開始，源於環境穩定型的發展過程。

〔特點7〕銘印的容易程度開始降低時，相對來說更是環境依賴型。影響它的條件和過程仍有爭議。

很多實驗顯示，如果將幼鳥單獨關在單調乏味的環境中撫養，就不會出現銘印行為，但仍具備銘印能力；一旦對客體產生銘印，那麼要再對其他客體產生銘印現象就會變得極其困難。也就是說，將鳥放在孤立環境中可以延長其敏感期（儘管不是無限制的），但是一旦發生銘印現象，敏感期也就終止了。如果整個過程就是這樣發生的話，那麼簡單的來說

---

❺ 需要注意的是貝特森[30]並不完全贊同斯洛金和海因德，他認為「聯結學習」（associative learning）和暴露學習的差異並沒有那麼大。不過他們都不贊成莫茲（Howard Moltz）所提出的觀點[245]，也就是對客體的銘印源於幼年動物將這個客體與一種低焦慮狀態進行了聯結。斯洛金指出[334]，這種解釋非必要也過於複雜，可能只會吸引那些認為學習必須透過強化或者必須與降低驅力相關聯的人。

就是：「銘印的出現，終止了可印切性。」

儘管貝特森[30]想要採用這個觀點，但是至少很可能在某些種群中還有第二種獨立於第一種的過程正在運作。海因德[178 & 181]提出的第二種過程就是，隨著年齡增長，刺激所引發恐懼或逃跑反應的可能性會增加，從而導致習慣的可能性降低。

無論這個過程是否屬實，無疑的一點是：**一旦鳥類出現了銘印現象，那麼將對遇到的所有其他客體產生恐懼反應。因此，在可能的情況下，牠就會迴避任何新的客體，這就使得其暴露時間非常短暫，因而無法發生銘印。**此外，最初的銘印越強烈，對新客體的迴避就越持久。

但是，如果年幼動物被迫與一個新的客體待在一起，那麼恐懼反應就有可能部分或者完全習慣。在這種情況下，新的客體可能會被接近甚至跟隨，甚至有可能比最初的客體更受到偏好。這種情況發生與否取決於很多因素，其中最初銘印作用的強度是最重要的。不過，既然在某些情況下可以得到對新客體的偏好，那麼顯然在某些條件下銘印是可逆的。

〔特點8〕毫無疑問，羅倫茲高估了銘印的不可逆性。偏好的穩定性高低取決於很多因素，包括動物的種類、幼年個體對銘印客體暴露的時間長度，以及其他有待考察的行為，如銘印之後有沒有在幾天或幾週內出現類似對父母的依附關係，或者之後數月或數年間的性行為。不過，即使並非總是不可逆，偏好的穩定性仍高於預期，有很多例子都能顯著的說明即使銘印客體很長一段時間內都不存在，但是個體對其強烈的偏好，仍然會被保持下來。

有待澄清的一個問題是「個體差異和種群差異與學習的關係」。羅倫茲在最早的構想中，不僅認為銘印是超個人的，也就是說，學習到的是一類客體特徵，例如一個種群，而不是一個特定個體的特徵，而且也認為銘印會影響生物尚未發展出來的行為模式，例如之後習得的性行為所指向的客體。現在，有證據表明，在很多種群中，這兩個過程都會發生。但是，當幼鳥學習到其父母的特徵並跟隨的時候，這個學習無疑是針對一個特定的鳥，且不可能是超乎其個體的（正如海因德[178]所指出，如果幼鳥不能分辨其父母，那麼很快就會出問題，因為其他陌生的父母很有可能會攻擊牠）。

有關哺乳動物的銘印以及人類是否有相似行為過程的問題，會在隨後章節討論，尤其是第12章。

新舊本能行為理論的差異與比較

本章以及之前的章節中，我們解釋了當今很多行為科學家看待本能行為的方式、他們所面對的一些問題，以及他們引入的一些概念。解釋的過程中，我們多次說明了當前這個本能理論所涉及的問題與傳統精神分析理論的問題相同，並且我們所提出的觀點，在某些情境中與精神分析觀點相同，在另外一些情境中與它的變式極其相關。無論這些新觀點的解釋力度是否高於舊的觀點，都不能說這些觀點忽視了精神分析的經驗性資料，或由其得出的普遍原則。兩種概念系統之間的實質差異，僅在於更加抽象的超心理學層面。

正如我們已經所說，這裡所概述的理論是達爾文在《物種起源》[80]一書中，所描述理論的直接傳承。它將本能行為看作行為結構的結果，這些

結構在某些條件下會被促發，而在另一些條件下會終止。**複雜的行為序列取決於行為單元的促發和終止，序列的出現受到上級行為結構控制，這些結構的組織形式可能是鏈式，可能是因果層級，也可能是計畫層級，或者是其中的綜合體。**這個理論在很多方面都吸收了佛洛伊德在《性學三論》120和《本能及其變遷》123等著作中提出的觀點，他提出了部分本能、區分本能目標（也就是終止本能行為的條件）和功能，並指出任何特定類型本能行為指向客體環境依賴性。

不過，必須承認的是，這個新的觀點與佛洛伊德提出的其他觀點是對立的。其中之一就是心理能量在不同通道間流動和釋放。其他一些存在於《超越愉悅原則》125及其後期一些著作中，佛洛伊德試圖將特定形式的行為，理解為極其概念化驅力的表達，也就是生存本能和死亡本能。佛洛伊德後期的理論將有機體看作「一開始無結構的能量在發展過程中逐漸變得更加結構化的過程」（自我去向本我所在的地方），但是現今理論儘管與佛洛伊德很多早期觀點一致，認為生物一開始或者是在發展過程中擁有很多但有限數量的結構化行為系統（其中一些在出生時可能就開始運作，還有一些則要在稍後才開始），這些系統在發展過程中透過學習和整合變得更加精緻，對於人類來說，還使用了模仿和象徵的方式，從而形成了驚人的多樣化且可塑的行為。這些行為是否具備適應性則取決於各種各樣發育過程中的演化。

我們提出的理論系統認為，要理解本能行為出現、令人好奇且通常非適應性的扭曲，就必須擯棄對心理能量一般目的的假設。當行為結構被促發的時候，顯然存在物理能量；但是，當我們解釋動物行為，假設存在心理能量並不比用它來解釋機械控制系統更有必要。非適應行為以及可以被看作其他行為的一種替代行為，可以用很多種方式解釋，但是其中任何一

種都不需要假設存在「從一個通道轉向另一個通道的心理能量」。同樣的，一個行為強度上的差別，應該歸因於存在的促發條件強度差異，以及行為系統促發時的發展狀態，而並不是心理能量產生的壓力。佛洛伊德所提出的「Trieb」概念，很不幸的被錯誤翻譯為「本能」，它顯然應當被歸到「經濟的」趨向想法當中。

科學理論的價值在於其能解釋的現象、其結構內部的一致性、其能做出預測的準確性，以及用來驗證的實踐。我們認為，從任何一條標準來看，新的理論都更加優良。尤其是在提出了相關概念，並具備源於動物行為學和比較心理學的觀察和實驗資料之後，現在我們已經可以展開針對人類社會反應的廣泛研究項目。從嬰兒的前語言期開始，透過這種方法，我們可以羅列出調節人類本能行為的行為系統清單，並確認它們的發展模式。針對每一個系統的研究，都可以發現促發和終止的條件，以及為什麼有些個體的系統會被異常的客體促發和終止。而導致某個行為表現出現標準上或高或低的異常狀態，以及這種狀態的波動，也可以進行研究。其他的研究興趣還包括：當兩個或兩個以上不兼容系統同時被促發時其衝突及被調節的方式。最後，我們尤其感興趣的是，調查發展調節衝突過程的敏感期，以及導致個體採用某種主導模式進行調節的條件。

如此簡要的概述勾勒出很大的項目。臨床工作者對這些內容以及此與傳統研究中，從後期調查回推早期發展方法之間相關性的評價可能因人而異。不過，由於這個新理論的成果僅僅初露端倪，所以評價它的價值可能還為時過早。對於很多人來說，這個理論透過引入更精確的概念，以及對早期情緒發展更嚴格的研究方法帶來了新的希望，它有可能會開啟一個新的階段，在這個階段，我們將得到更多可靠的資料，基於這些資料，可以讓這個替代性理論模型的價值被進一步評價。

依附行為

母親與孩子
最原始的聯結

如果要理解孩子與母親角色分離或失去母親角色時的反應，就
需要理解孩子與這個人物之間的聯結。在自然界裡，我們發現
了許多動物也呈現出顯著的依附行為，儘管每一個物種間，母
親與孩子的聯結形式不同，但是我們認為比較了人類兒童的依
附行為以及其他物種中幼年動物的依附行為，並考察這些行為
已知的自然歷史，能幫助我們理解人類依附行為。

第11章

依附行為，
是兒童與母親的聯結

> 「首先我要說明兩個令我感到震驚的新的事實：女性對其父親強烈的依賴不過是替代了她對母親同樣強烈的依附而已，並且，在更早期它持續了超出預期的長久時間。對我來說，所有關於這個最初對母親的依附問題，在分析中都是那麼難以掌握、理解……」
>
> —— 西格蒙德・佛洛伊德[131]

替代理論：傳統母嬰客體關係與依戀理論差異

如果要理解孩子與母親角色分離或失去母親時的反應，就需要理解孩子與這個人物之間的聯結。在精神分析領域，與此有關的討論出現在客體關係主題中❶。所以，在對傳統理論的描述中，肯定會出現客體關係這個術語；但是在呈現新理論的時候，我們使用更多的會是「依附」和「依附角色」這樣的術語。

長久以來，精神分析師都一致認可孩子最初與人的關係是人格發展的基石，但是對於這個關係的性質及其來源的看法，並不一致。其爭議之

---

❶ 這個術語來自佛洛伊德的本能理論，在他的理論中，將本能的客體定義為「本能得以達成目標需要透過或涉及的事物」[123]（S.E.14,p. 122）。

大，無疑是因為它本身的重要性極高。儘管大家都已經一致認可大部分嬰兒在出生後12個月內已經建立與母親角色❷之間強烈聯結的這個經驗性事實，但是這個聯結出現的速度、透過什麼樣的過程得以維持、會持續多長時間，或者它實現什麼樣的功能，這些問題至今仍未達成一致的共識。

在1958年以前，也就是哈洛的第一篇論文以及我的早期觀點發表之前[53]，在精神分析以及其他心理學學派的文獻中，有關兒童聯結的本質和起源，有四個主要理論，分別是：

〔理論1〕**孩子有很多生理需要必須被滿足，尤其是溫飽需求。**嬰兒之所以對某個人（尤其是母親）感興趣並產生依附，是因為母親滿足了嬰兒的生理需要，並且在可預期的過程中學習到她是自己得到滿足的源泉。我把這個理論稱為「次級驅力」（Secondary Drive），這個詞源於驅力理論，同時還被稱作「有企圖之客體關係愛的理論」（cupboard-love theory of object relations）。

〔理論2〕**嬰兒身上本來就存在一種將自己與人類乳房聯結吮吸，並占有它們的傾向。**在一個可預期的過程中，嬰兒學到了這一點，並開始依附乳房，由於這個過程中有母親的存在，因此它們就與母親聯結。我建議將此視為「原初客體吸吮理論」（theory of Primary Object Sucking）❸。

〔理論3〕**嬰兒身上本來就存在一種需要被愛撫並依附人類的傾向。**從

---

❷ 在第2章中已經解釋過，儘管本書全篇通常用的都是「母親」而不是「母親角色」，但需要了解，在每種情境中指的都是像母親一樣照顧孩子的人，以及孩子依附的對象，而不一定是真實的母親。

這個角度來說，存在一種獨立於食物、對某個客體的「需要」，它與對食物和溫暖的需要一樣是初級的。這個理論我建議稱之為「原初客體附著理論」（theory of Primary Object Clinging）。

〔理論4〕嬰兒怨恨自己被從子宮中擠出，並希望回到子宮中去。我將這個理論稱為「原初返回子宮渴望理論」（the theory of Primary Return-to-Womb Craving）。

這四個理論中，傳播最廣、最受關注的是次級驅力理論。從佛洛伊德的年代開始，儘管不是全部，但是很多精神分析文獻都是以此為基礎，並且也是學習領域理論家所持有的一個普遍假設。代表性的表述如下：

「愛的源泉是依附被滿足的營養需求。」[133]（S.E., 23, p. 188）
「孩子很可能在餵養過程中學習與他人待在一起的情境。」[96]

我在 1958 年發表有關這個主題的論文包含了綜述 1958 年之前的精神分析文獻，略作增補之後，那篇綜述被放在本書英文版第 1 版的附錄中。其他的綜述（尤其與學習理論相關的文獻），請見麥柯畢（Eleanor Maccoby）和麥斯特（John Masters）的研究[220]。

這裡，我將提出的假設與以上所列的理論不同，它是基於之前已經概述的本能行為理論之上的。我認為，**孩子與母親的聯結，是很多將「接近**

---

❸ 在命名過程中，「原初」與「次級」指的是反應是自主發展出來，還是完全源於某個初始系統的學習過程；全篇都是從這個角度來使用這兩個詞。它們並不表示這些反應出現的時期，或是佛洛伊德所假設的「初級」或「次級」過程。

母親作為可預期結果行為系統活動」的產物。由於人類兒童的這些系統發育較為緩慢和複雜，而且發展速度具有極大的個體差異，因而無法對其第一年中發生的過程進行簡單闡述。但是，當孩子的生命進入第二個年的時候，幾乎總是能看到一些不那麼固定但相當典型的依附行為。在這個年齡，大部分孩子與此相關的行為系統都已經整合並準備好被促發，尤其是當母親離開或任何受到驚嚇的時候，能夠最有效終止這個系統刺激的，是母親的聲音、形象或接觸。在孩子3歲生日之前，這些系統都持續保持易被促發的狀態。隨後，在大部分兒童身上，它們變得不那麼容易被促發，並且還會經歷一些改變，使得接近母親不再那麼急迫。青少年時期和成年期，還會發生更進一步的變化，包括這些行為指向的人物變化。

依附行為指的是某種重要性等同於交配行為和親職行為的社會行為，對個體自身具有獨特的生物學功能，但是迄今為止，得到的關注仍非常少。

需要注意的是，這個框架無須參考「需要」或「驅力」。發生依附行為被認為是某些行為系統促發。這些行為系統本身的發展，源於嬰兒與其進化適應性環境互動，尤其是他與環境中主要人物（也就是母親）的互動。攝食在這個發展過程中，只扮演非常微小的角色。

在文獻的四大主要理論中，「原初客體吮吸」和「原初客體附著」最接近我們的假設（這些理論都假設一種自主帶著某些特徵，以某種方式指向某個客體的行為傾向）。與當前假設不同的是「次級驅力」和「原初返回子宮渴望理論」，我們已經討論過前者，而後者不僅冗餘，而且從生物學角度來看也並不合理。

我們所要呈現的假設，代表了我在1958年提出的理論發展。其中主要的變化在於更適切的理解控制理論，以及認可控制本能行為的行為系

統，可能具有的形式複雜性。在當前呈現的假設中，我們認為，負責依附行為系統發展的某個階段，接近母親變成了一個設定目標。在這個理論的早期版本中，有五種行為模式被認為是有助於依附關係的，分別是：吮吸、依附、跟隨、哭泣和微笑。在新版本中，這五種模式仍具有很高的重要性，但是同時，我們還認為在嬰兒9～18個月大時，會被嵌入更加複雜的目標適應系統中。這些系統的組織和促發，使得兒童傾向保持接近母親。

早期理論版本可以被看作「成分本能反應理論」（theory of component instinctual responses），而新版本可以被看作依附行為的控制理論。

具體描述這個理論之前，基於已有的一些證據（見第12和第13章），比較了人類兒童的依附行為以及其他物種中幼年動物的依附行為，且考察這些行為已知的自然歷史，會對我們有所幫助。

依附行為及其在自然界中的位置

春天的鄉間，動物母親帶著小動物的情境再常見不過。在田野裡，母牛帶著小牛、母驢帶著小驢、母羊帶著小羊；在池塘和小河邊，大鴨帶著小鴨子、大天鵝帶著小天鵝。這樣的情景如此熟悉，我們理所當然會認為小羊和母羊應該在一起，而一大群小鴨子就應該跟著母鴨，以至於很少會有這樣的問題：「是什麼使得這些動物相互陪伴？牠們這樣做能夠達成什麼功能？」

對於上面這些動物來說，幼崽在出生後幾個小時內，就已經有能力開始自由活動，而且在每一種情境中都可以觀察到，當母親朝某個方向移動的時候，幼崽通常會跟隨牠們。但是其他物種，包括食肉動物和齧齒動

物，也包括人類，新生兒的發展程度要低得多。在這些物種中，嬰兒要經過數週甚至數個月的時間，才能夠得到移動的能力，不過一旦得到這種能力，也可以明顯看到同樣與母親保持接近的傾向。不可否認，**當年幼的動物迷路的時候，母親會表現出「重獲接近性行為」，但是更常見的情況還是年幼動物發現自己落單的時候，成為「重建接近性主體」**（principal agent for restoring proximity）。

以上所描述的行為有兩個主要特點。首先是保持接近另一個動物，並在受到損害的時候進行重建；其次是對其他動物的「特異度」（specificity）。通常在孵化或分娩後數小時內，父母就可以從其他幼崽中識別出自己的幼崽，並且只對牠們表現出親職行為，而反過來，幼崽也很快就可以從其他成年個體中識別出自己的父母，並用一種特殊的方式對待牠們。也就是說，通常父母和孩子相互對待的方式，會有別於對待其他動物的方式。個體識別和高度區別的行為，是鳥類和哺乳動物父母與幼崽的關係法則。

當然，與其他形式的本能行為一樣，常規發展模式也可能出現錯誤。尤其是，比如幼崽可能不是接近母親而是接近其他動物，甚至是非生物的客體。不過在自然界，這種異常發展極其少見，所以我們不會進一步討論。

在大部分物種中，幼崽都會表現出一種以上的行為使自己和母親保持親密的距離。例如，幼崽的叫聲會吸引母親，移動會使牠接近母親。由於這兩種以及其他種類的行為都具有相同的結果，也就是「接近性」（proximity），因此我們可以用一個總體術語來稱呼，也正是出於這個目的，我們使用了「依附行為」（attachment behaviour）一詞。任何幼年期導致接近性的行為形式，都可以被看作是依附行為的成分。這種術語命名的方式沿用

了動物行為學已有的傳統。每當幾種不同類型的行為具有相同結果的時候（或者至少有助於相同的結果），通常會被歸入一個類別，並參考它們的結果進行命名。眾所周知的兩個例子就是「築巢行為」和「交配行為」。

與年幼個體依附行為相對的父母行為，被稱作「養育行為」（caregiving behaviour），在第13章會進一步討論。

依附行為和養育行為在出生後就離開巢穴的鳥類中很常見，這兩種形式的行為也同樣出現在所有哺乳動物中。除非發展過程中出現不幸事故，否則依附行為最初總是指向母親。如果父親在養育過程中扮演重要角色，依附行為就會指向父親。在人類當中，也可能會指向其他人（見第15章）。

依附行為在生命週期中出現的階段，不同物種之間有很大的差異。通常會持續到青春期，但是不一定會持續到完全性成熟階段。很多種鳥類中，依附行為終止的時間在兩性中是相同的，這就意味著幼年個體已經準備好配對了，通常發生在第一個冬天的末尾，或者像鵝和天鵝發生在第二個或第三個冬天的末尾。但是，對很多哺乳動物來說，兩性之間存在顯著的差異。雌性蹄類動物（羊、鹿、牛等等）與母親的依附關係會持續到很大的年齡。因此，羊群或鹿群的結構，是幼崽跟隨母親或隨外祖母、曾祖母這樣的形式。相反的，這些種群的雄性幼年個體在進入青少年期時就會離開母親。此後，牠們會依附更年長雄性並終身待在牠們身邊，除了每年發情期的幾週。

猴子和猿的依附行為在嬰兒期和兒童期是十分強烈的，但是進入青少年期之後，聯結就開始變弱了。儘管過去人們默認這時候這種行為已經終止，但是最近的證據表明，至少在一些物種中，這種聯結會持續到成年期。這就產生了動物的亞群體，在這些亞群體中，所有動物都有同一個母親。關於恆河猴的報告見薩德（Donald S. Sade）的研究[302]，關於黑猩猩的報

告見古德（Jane Goodall）的研究[143]。沃什伯恩等人認為[374]，這些親屬關係的亞群體是由「母親和新生兒之間所需要的親密聯繫決定，隨著時間和代際的傳承不斷擴展，而且可以被分化到兄弟姊妹之間的親密聯繫中」。同時，他們相信「這種母親和後代之間持續的社會關係模式，也可見於其他種類的靈長動物中」。

由於人類嬰兒出生時未成熟程度很高，而且發展過程又很慢，因此沒有哪一種動物的依附行為，所需的時間比人類更長。這也可能是這麼長以來，人類兒童指向母親的行為，都沒有被歸入與其他動物相同類型行為的原因之一；另一個原因可能在於動物的依附行為只是在過去的20年間才得到了系統性研究。無論出於什麼樣的原因，兒童與母親聯結的人類行為版本，與其他很多種類的動物是共通的，這一點如今已經是無可辯駁的事實，而我們也是從這個角度來檢驗這個聯結的本質。

我們必須有適當的謹慎態度。最終形成鳥類和哺乳動物的兩條動物進化線索，早在爬行動物時期就已經出現差異，因此幾乎可以肯定的是，兩者依附行為的進化也是相互獨立的。再加上鳥類大腦結構與哺乳動物差別很大，使我們確信調節兩者依附行為的行為機制，很可能極為不同。也就是說，這裡所採用任何來自鳥類的論據都只是一種類比，來自幼年哺乳動物依附行為的論據則更具說服力，而任何來自非人靈長類動物的行為證據，都可能與人類的行為更加相似。

有關人類兒童依附行為發展，以及其隨時間變化過程的記錄，實際上是非常少的。部分原因來自於此，但是更主要是為了能夠提供更廣闊的角度來看待人類的情況，接下來的討論會從已知的猴子、狒狒和類人猿依附行為開始。

非人靈長類的依附行為

除了人類以外，很多靈長類嬰兒在一出生或者出生後不久，都會緊靠母親。在整個兒童早期，牠們若不是直接從物理上接觸母親，就是只離開不到幾英尺（1英尺約30公分）遠的距離。母親也會回應牠們並維持嬰兒和自己之間的親密距離。隨著幼年個體成長，與母親直接接觸的時間逐漸減少，而且還會被趕到距離母親很遠的地方，但是晚上還會和母親一起睡覺或者至少在警覺的時候衝到母親身邊。更高等種群中，有些個體對母親的依附行為可能會延續到青少年時期，還有一些種群的動物會以弱化的形式，持續到成年期。

雌性幼年個體的活動性和冒險性比雄性更低。青少年期的雌性個體常常待在群體中心位置、接近成年雄性，但是青少年期的雄性個體，則成長在邊緣地區甚至單獨活動。

以下描述的是四種靈長類幼年個體的依附行為，兩種舊世界猴（恆河猴和狒狒）以及兩種類人猿（黑猩猩和大猩猩）。選擇牠們的原因如下：

〔原因1〕這四個種群（尤其是狒狒和大猩猩），都適應陸地生態系統。

〔原因2〕這四個種群都有很好的野外研究資料。

〔原因3〕恆河猴和黑猩猩還可以得到實驗室資料。

儘管為了簡便，以下很多描述都不夠充分，但必須牢記的是「同一物種中，不同動物行為會有很大的差異，而且一個物種中一個社會群體的某些典型行為，可能在某些方面會有別於同一物種的另一個群體。」其中一些群體差異可以用其居住地不同解釋，但是還有一些則源於群體中創新的

某個動物，並透過社會傳統被傳遞給其他成員。

恆河猴的依附行為研究

關於恆河猴的一些研究，來自在一定條件下的自然觀察，也有很多來自實驗室的觀察和實驗❹。無論是北印度仍住在樹林裡的少數群體，還是更多住在村莊和耕種土地上的群體，都是相同的。相比陸生種群，儘管牠們仍是樹棲動物，但是白天有很長的時間都在地面上活動，夜晚會回到樹頂或屋頂。群落包含兩種性別的成年個體、青少年個體和幼年個體，通常很長一段時間內都是穩定的，無論白天還是夜晚都在特定、有限的範圍內活動。群落的大小從15到超過100個成員不等。

恆河猴大概在4歲的時候進入青春期，6歲時發育完成，之後還會擁有大約20年的壽命。大概在3歲以前，年幼恆河猴在野外都會和母親保持很近的距離。在那個年齡，「大部分雄性都會離開母親，在群落邊緣與其他青少年期個體待在一起或者到別的群落中去」[199]，但是雌性與母親在一起的時間可能會更長。位階較高的雌性恆河猴，牠的兒子有時候也會和母親在一起，等到這些受寵的兒子成年，很可能會在群落中占據主導地位。

海因德和他的同事對小型豢養動物群體中，前兩年半嬰兒和母親之間的互動做了十分具體的描述[183 & 184]。

有些嬰兒從一出生就會立即緊靠住母親的皮毛，而且還傾向於爬到母親身上。但是，其他嬰兒一開始手和腿都是緊縮著的，需要母親支撐牠

---

❹　對行為的描述，見索斯威克和他的同事對北印度恆河猴的觀察[337]、科福德（Carl B. Koford）[199 & 200]以及薩德[302]對波多黎各一個小島的半野生群落觀察、海因德和他的同事對豢養的小社群猴子（一個成年雄性、三或四個成年雌性及其後代）的觀察[183 & 184]，以及哈洛和他的同事發表很多關於在非典型條件下養育幼猴的實驗結果[161 & 163]。

們。嬰兒要在幾個小時以後才會找到乳頭,最長的間隔是9小時。一旦發現,乳頭就會被緊緊抓住很長一段時間,儘管吮吸時間所占的比例很小。

生命最初的1～2週內,嬰兒會持續與母親保持腹部對腹部的接觸,白天大部分的時間都緊緊抓住母親的手、腳和嘴,到了夜晚則被母親擁抱著入睡。隨後,母親在白天時開始把嬰兒趕走一會兒,嬰兒也會這麼做;但是在6週之內,實際上的距離不會超過兩英尺(約60公分)的半徑範圍(這個距離近到足以讓母親可以在任何時候把牠們抓回來)。此後,這種離開會延續更長的時間和更遠的距離。不過,滿10週之後,白天會有一半的時間離開母親,到1歲生日的時候,這個時間的比率會提升到70%。

儘管在第二年,嬰兒白天大部分的時間還是在母親的視野之內,但是母親從物理上接觸不到牠們,實際上,大部分和母親在白天的實際接觸時間,仍占了一定比率(10%～20%)以及整個晚上。一直到兩歲以後,物理接觸的時間才會少到可以忽略不計。

身體接觸中斷和重新恢復,部分來自母親、部分來自嬰兒,隨著嬰兒長大,這個平衡會以一種複雜的方式發生改變。在一開始的幾週內,嬰兒有時候會以一種「明顯無所畏懼的方式」出發去探索,這時候母親通常會限制牠們。兩個月之後,這種平衡就會開始變化。母親更少限制而且偶爾還會開始打牠們或排斥牠們,「自此,嬰兒在保持與母親接近中所扮演的角色變得越來越重要」。然而,母親角色仍然是重要的,方式大概是——當牠安靜坐著並且沒有什麼威脅的時候,不鼓勵嬰兒離得太近,而當牠準備移動或變得警覺的時候,會很快的發起接觸。

每當母親移動到一定距離的時候,嬰兒通常跟隨在牠們腹部下方,用手抓住母親的皮毛、嘴裡含著一顆乳頭。在第1或第2週的時候,有些母親還會用手給予一些額外的支持。孩子很快就學會適應這個攜帶姿勢,而

且當母親的手在牠們脖子或肩膀上輕觸的時候，牠們就會用恰當的方式回應，這通常是母親要移動的信號。當牠們3或4週大的時候，孩子可能偶爾還會騎到母親背上。

在孩子第一次離開母親之後的幾週裡，陸地上的母親一旦移動，牠就會跟隨。即使牠還不太能緩慢爬行也會嘗試。

這些早期的跟隨嘗試，通常是由母親主動鼓勵，牠會用很慢、很猶豫的方式移開，不斷看著孩子，甚至會拉牠、鼓勵牠過來。

如果母親移動太快或突然離開，孩子就會發出叫聲，通常母親的反應是把牠抱過來。在其他一些情況下，當孩子離開母親的時候可能會發出尖銳的叫聲，也會把遠處的母親引來、抱起牠。失去母親的孩子會把嘴脣突出，發出很長的叫聲，可能會讓另一個雌性個體過來抱牠。當孩子和母親沒有在一起的時候，一旦出現突發情況，兩者都會迅速靠近對方，孩子會用腹部對腹部的姿勢緊靠住母親並含住乳頭。而這種行為會持續好幾年。

儘管在兩歲半或3歲以後，幼猴通常會離開母親，但是有越來越多的證據表明，這種聯結可能持續並且在成年期社會關係中扮演了重要的角色。對已知半野生個體家庭歷史的群落進行長達數年的系統觀察中，我們可以明顯看到：不僅每一個群落具有穩定亞群體，這些亞群體由相互維持接近、包含兩種性別的幾個成年個體和一些幼年、嬰兒期個體所組成，而且所有亞群體的成員，可能都是某一隻年長雌猴的子代或孫代❺302。

---

❺ 似乎存在一種明顯的傾向，兒子（同父異母或同母異父的兄弟）會彼此靠近，而女兒（同父異母或同母異父的姊妹）會彼此接近。由於青少年和成年期，兒子會離開母親而女兒不會，因此由幾代個體組成的親屬亞群體中，雌性的比例總是高於雄性。

狒狒的依附行為研究

體型大概是恆河猴兩倍的大狒狒，在非洲很多自然棲息地中都被觀察過，牠們在赤道以南地區十分常見。有些群落生活在森林中，但是更多生活在開放式的熱帶稀樹草原。無論在哪裡生活，牠們大部分時間都在陸地上，只有睡覺和躲避捕食者的時候，才會爬到樹上或懸崖上。與恆河猴相同，牠們以穩定的群落生活，包含兩種性別的成年個體、青少年個體及幼年個體。群落大小從十幾個到一百多個不等。每個群落都在有限的陸地上活動，儘管群落領地的邊緣地區可能會有重疊，但是群落之間的關係比較友好❻。

幼年狒狒的成熟度要比恆河猴稍低一些。大概4歲左右進入青春期，6歲時雌性可以第一次生育。雄性要比雌性高大得多，但是要到9或10歲時才完全成熟。

幼狒狒在整個第一年間，都與母親保持親密的接觸和緊密的關係，在第二和第三年會有一些中斷，但是基本上也是如此。在這之後，雄性和雌性的發展就出現了差異。

在狒狒出生後的第1個月中，幾乎總是用腹部對腹部的姿勢依附著母親，就像恆河猴。5週之後，嬰兒偶爾會離開母親，也是從這個時期開始，牠會騎到母親背上。大概到4個月的時候，離開母親的時間會更加頻繁，大概會離開兩碼（約183公分）左右的距離。這個時期，「騎師式」騎法變得更加普遍（除了母親奔跑或攀爬的時候，嬰兒會恢復腹式依附），同時同伴之間也開始社交玩耍。從6個月開始，與同伴之間的玩耍會增加並且會

---

❻　參見《靈長類行為》中的兩篇文章94 & 95，以及德沃爾有關自由放養狒狒的母嬰關係文章93。更近期的報告，請參見阿爾特曼（Jeanne Altmann）與他的同伴的研究16，以及阿爾特曼有關母嬰關係的書籍15。

消耗幼狒狒大量的時間和精力。不過，在12個月之內，牠仍會與母親維持較近的距離，並且一起睡覺。牠騎在母親身上的時間變少，步行跟隨的時間變多。

幼狒狒的第二個年頭，基本上都是和同伴在一起，有些階段還會和母親發生較為激烈的衝突。雌狒狒在哺乳期間不會出現正常的性週期，但是當嬰兒大概滿1歲之後，泌乳就會停止，性週期和交配行為又會恢復。在此期間，母親會斷然拒絕孩子想要含乳頭或嘗試騎在牠背上，甚至在夜晚也會拒絕牠們。德沃爾報告：「這些拒絕似乎使嬰兒更焦慮的想要待在母親臂彎中、想要把乳頭放到嘴裡、想要騎在母親背上去樹上睡覺。」當性衝動降低之後，母親通常會再次接受孩子。即使存在這些斷然的拒絕，當母親或嬰兒警覺的時候，仍會尋找對方。而且，當嬰兒和同伴或其他成年雄性發生衝突的時候，母親仍會試圖保護牠。

第二年末尾，嬰兒的母親很可能有了另一個孩子，但是幼小的孩子仍會待在牠身邊，而且一起睡覺的時間相當頻繁。警覺的時候，兩歲大的孩子會跑到母親身邊，就算有另一個熟悉成年雄性離牠更近，也更可能會爬到母親那裡。

到4歲之後，青少年期的雌性傾向加入成年雌性，並表現得像牠們一樣。雄性還需要4～5年的時間才會成熟，在此期間，牠們會開始對其他狒狒群落感興趣。完全成熟之後，大部分雄性會轉移到其他群落並切斷與母親的聯結。相反的，雌狒狒則會與母親終身保持緊密關係，有時候還會和姊妹（母親一方的）保持相似的關係。

黑猩猩的依附行為研究

黑猩猩在中非叢林地區以及樹林高地被觀察過，這些是牠們的自然棲

息地，同時，長久以來，黑猩猩也是實驗室的研究對象。儘管牠們很擅長樹上運動而且睡在樹上，但是當牠們行進的距離超過5米的時候，通常都在地面上行走，而且逃避入侵者的時候也會在地面上。和其他接受研究的靈長類動物不同，黑猩猩並不會在一個穩定的社會群落中親近的生活在一起。個體通常隸屬於由六十到八十個動物組成的單個社會群體，但是這個群體會分成一些持續變化的不同臨時亞群體。每個亞群體都可以包含任何年齡、性別和數量的動物，但有兩種類型的亞群體是非常普遍的，一種是幾個雄性在一起，另一種是幾個雌性和牠們的嬰兒在一起❼。

黑猩猩比恆河猴或狒狒成熟的速度都要慢。普西（Anne Pusey）在坦桑尼亞的觀察顯示[274]，雌性黑猩猩大約在第9年進入青春期，且在2～3年之後第一次懷孕。雄性大概也是在9歲的時候達到性成熟，但是需要幾年後才會達到完全成熟。儘管動物之間通常會相互陪伴，但是這種陪伴會持續變化，唯一穩定的社會單元是母親和嬰兒以及其他年長一些的後代。古德的報告顯示[144]，有證據表明，在大部分情況下，母親和其後代之間以及兄弟姊妹之間的親密關係，會持續整個生命週期。

就像其他靈長類嬰兒，小黑猩猩的整個嬰兒期都和母親保持很近的距離。在最初的4個月裡，牠會用腹部對腹部的姿勢緊靠母親，只在極偶爾的情況下才會與母親分開，隨後通常就坐在牠身邊。每當冒險離開母親幾英尺的時候，就會被拉回來；每當母親觀察到捕食者接近的時候，就會把孩子抱得更緊。

在出生後6～18個月期間，嬰兒以騎師式姿勢騎在母親背上的情況

---

❼ 有關黑猩猩的描述，請見以下相關研究：古德的研究[143 & 144]、雷諾（Vernon Reynolds）與其同伴的研究[278]、普西1978年提出的研究[274]。有關黑猩猩豢養狀態下的社會行為描述，請見耶基斯（Robert Yerkes）著作《黑猩猩：一個實驗室部落》[393]，以及梅森的研究[236]。

會更多，而不是待在母親的腹部，牠不再緊緊依附母親的時間逐漸增加。在這個階段的末尾，白天小黑猩猩有25％的時間不和母親有物理接觸，通常是在和同齡夥伴玩耍，但是從不會離開母親的視線。中斷玩耍回到母親身邊、坐在母親腿上或者旁邊的情況，也並不少見。當母親準備離開的時候，牠會用碰觸嬰兒、打手勢，或者當牠在樹上的時候，輕敲樹幹等信號，將自己的意圖傳達給孩子。嬰兒會立即服從，同時恢復攜帶姿勢。

在接下來的18個月（一直到3歲）中，小黑猩猩離開母親和同伴玩耍的活動逐漸增加，不和母親保持物理接觸的時間增加到白天時間的75％～90％。但是仍然持續被母親用騎師式姿勢攜帶，除非移動得太快，而且晚上還是和母親一起睡覺。

在4～7歲之間，幼兒已經斷奶了，儘管這段期間在進食、移動和睡眠上已經獨立於母親，而且有很多的時間都在和同齡夥伴玩耍，但是幼年個體仍會持續和母親待在一起、一起行進。例如，在「坦桑尼亞岡貝溪保留區」（Gombe Stream Reserve）進行的一項研究中，普西觀察到[274]四個母親尚在的幼年雌性，至少有五分之四的時間和母親待在一起，只有當首次發情期到來，才會減少和母親在一起的時間而增加和成年雄性在一起的時間。同樣的，在青春期之前，牠們仍會有至少一半的時間和母親在一起，直到母親去世之前，都會持續、偶爾見面。在獨立性逐漸增強的這些年中，離開和歸來的發起者，更多時候是年幼的一方，我們並沒有觀察到母親出現阻止或拒絕後代的行為。

大猩猩的依附行為研究

大猩猩和黑猩猩一樣，生活在中非熱帶雨林和叢林高地，近些年來同樣也是系統性野外觀察對象。儘管牠們經常睡在樹上，而且幼年大猩猩也

在樹上玩耍，但是剩下大部分時間幾乎都在地面上。除了一些成年雄性之外，牠們都生活在由兩種性別、所有年齡段之個體組成的社會群落中，每個群落個體數量從十幾個到近三十個不等。幾年內，群體成員並不穩定，一些群落不穩定性要高於另外一些。雄性和雌性都可能在青少年期或稍後，離開出生的群落。大猩猩群落之間會面不一定總是和平：曾經觀察過幾次單獨的雄性或者其他群落的雄性，攻擊雌性並殺死牠們孩子的情況。而不同黑猩猩社群之間，有時也是敵對的[8]。

生物學證據顯示，大猩猩和黑猩猩與人類的親屬關係最近。

大猩猩成熟速度大致與黑猩猩相類似，若要說有所不同的話，可能更快一些。年幼個體和母親的關係和黑猩猩也很相似。

在生命最初的2～3個月裡，年幼大猩猩還無法安全的抓緊母親的毛髮，需要母親手臂支持。但是到了3個月的時候，就可以成功的靠住母親並騎到母親背上。在3～6個月內，偶爾會看到幼年個體坐在母親身邊的地上，而母親可能會慢慢走開，鼓勵牠跟上。但是，嬰兒很少會被允許離開超過10英尺（約300公分）的範圍，一旦超過，母親會立即把牠們拉回來。直到大約8個月大的時候，牠還沒有意識到母親要離開，因此需要母親抓著牠走。之後，牠會更清楚意識到自己的位置和行為，並且一看到母親要離開的徵兆，就會立即跑回來爬上去。

1歲之後，當群落休息的時候，嬰兒可能會在其他動物之間漫步，可能會短時間離開母親的視野，同時還會花時間坐在母親身邊而不是腿上。等到18個月大的時候，母親常常會變得不太願意再帶著牠們。

---

[8] 有關野外大猩猩的描述，請見夏勒（George Schaller）的研究319，以及弗西（Dian Fossey）109、哈考特（A. Harcourt）159的研究。

「經常見到的情景是雌性個體慢慢行走，後面跟著蹣跚學步的嬰兒（有時候用一隻或者兩隻手抓住母親尾部的毛髮）。但是，一旦出現危險或者開始快速移動，所有3歲以下的幼兒都會衝到母親身邊並爬到牠們身上。」[319]

3～7歲的青少年大猩猩，與母親之間的互動和在黑猩猩身上看到的沒有太大不同。這些孩子不再被攜帶，而且可以獨立進食和睡眠。白天大部分時間，牠們都和其他青少年個體在一起。但是，牠們與母親的關係仍會持續，即使另一個孩子出生之後仍然如此，儘管這時得到的關注可能比新生兒要少。隨著逐漸成熟，孩子會決定來還是走，與母親的關係變得沒有那麼緊密。到大猩猩8歲的時候，大部分都會花更多的時間和其他成年動物在一起。

幼猴、類人猿與群落中其他成員的依附關係

嬰兒期（1歲以內的恆河猴和狒狒，3歲以內的大猩猩），除了母親之外，很少和其他成年個體在一起。離開母親的時候，才有可能和其他嬰兒或青少年個體在一起玩耍。不過，成年、沒有孩子的雌性想要養育孩子並且成功得到一個嬰兒的情況並不少見。在大部分種群中，母親都不喜歡這種情況，牠們會很快把孩子搶回來❾。不過，印度長尾葉猴會允許其他成年雌性抱牠們的孩子。夏勒也曾描述觀察到[319]，兩隻大猩猩嬰兒與母親以外的

---

❾ 海因德有一篇文章的主題就是「雌性恆河猴：『阿姨』的入侵行為」[179]。孩子的母親會極度限制這些行為，並且保護孩子不被「阿姨」偷走。

雌性保持更強烈的聯結：「一隻6個月大，會和『阿姨』在一起1小時甚至以上的時間，另一隻兩歲大，在6個月大部分時間裡，都和另一個雌性及牠的小嬰兒待在一起，白天會間斷的回到母親身邊，晚上則和母親待在一起。」

　　大部分種群的雄性成年個體，對帶著孩子的母親都會非常感興趣，不僅允許攜帶幼崽的母親待在身邊，還可能會待在後方保護牠們。不過，通常情況下，成年雄性不會或者很少自己帶著孩子。唯一的例外是日本獼猴（恆河猴的近親）。在這個物種的某些群落中，高等級的成年雄性通常會在母猴生育新的孩子時，「領養」牠1歲大的嬰兒。在有限的時間段內，牠們的行為「與母親對嬰兒的行為非常相似，除了沒有吮吸動作之外」[188]。這種父親的行為在印度雄性恆河猴身上並沒有出現，牠們不是對嬰兒不感興趣，就是充滿敵意。

　　很多種群中，隨著年齡增長，幼兒與成年雄性的關係會增強，但是這種情況出現的年齡差異很大。在熱帶草原狒狒中，帶著嬰兒的母親通常會和一個特定雄性（有時兩個）建立聯繫。孩子很可能會開始依附這個雄性，並且當母親生育另一個嬰兒之後，這種關係還會持續下去[15]。因此，幼年狒狒在第二年開始，當牠們警覺的時候，會跑到成年雄性身邊而不是母親身邊也就不足為奇了。幼年大猩猩會被具有支配地位的雄猩猩吸引，當整個群落休息的時候，牠們會在雄性身邊坐著或玩耍，有時候還會爬到雄性身上甚至搭個便車。如果玩耍並不是很吵鬧，雄性也具有很高耐受性。幼年時期的大猩猩有時候也會尋求成年雄性陪伴，並且會跟在牠後面離開群落。這些友好關係並沒有在黑猩猩中看到，不過當黑猩猩成長到青少年期時，無論哪種性別，通常都會與成熟雄性建立聯繫。由於在這些種群中，群內交配都是混亂的，因此觀察者可以假設這些動物無法知曉哪個雄性是

哪個嬰兒的父親。但是，近期的研究發現，至少在某些種群中，雄性和某些嬰兒在一起的時間要超過其他嬰兒，而這些嬰兒通常是那些與該雄性交配時，更有可能懷孕的雌性後代[36 & 15]。

嬰兒和母親在依附關係中的角色

從以上敘述中可以清晰看到，對所有非人靈長類動物來說，嬰兒出生後最早的幾個月中，母親在「保證孩子與自己接近」的過程裡扮演著極其重要的角色。當嬰兒抓不住的時候會給予支持、當嬰兒離太遠的時候會把牠拉回來，當有老鷹在頭頂上盤旋或者有人類過於接近的時候，就會把嬰兒抱起來。所以說，即使嬰兒想要離開，母親也不會允許牠這樣做。

但是所有證據都顯示，嬰兒並沒有想要遠離的傾向。這一點在嬰兒被帶離母親身邊的時候就可以看出來，猴和類人猿中，很多不同種群的嬰兒都是一樣的。這些靈長類嬰兒被人類養育的情況下，研究者對此有傳記式的描述。比較好的案例有羅威（Thelma Rowell）研究的幼年狒狒[299]、鮑維（Niels Bolwig）研究的幼年赤猴[48]（也是陸生種群，成熟速率與狒狒相似）、凱洛格（Winthrop Kellogg）[194]、海斯（Cathy Hayes）[166]研究的幼年黑猩猩，以及馬爾悌尼（Helen Martini）研究的幼年大猩猩[232]。眾所周知，實驗模型下長大嬰兒的最好報告，就是哈洛及其同事的研究[162 & 163]。

這些扮演了幼年靈長類動物養父母角色的勇敢科學家，都可以證明這些動物靠近他們的強度和持久度。羅威這樣描述她照顧的一隻小狒狒（15～17週）：「每當因某個很大的噪音或者突然移動讓牠提起警覺時，就會跑到我這裡，絕望的抓住我的腿。」養育牠10天之後，她說：「牠不再允許我離開牠的視線，也不接受模型或者是圍裙，而是更強烈的要靠緊我。」鮑維描述他從幾天大，就開始照顧的赤猴時寫道：「一開始，牠會

緊緊抓住任何放在手裡的東西，如果移走就會大聲尖叫反抗，之後牠的依附很快就會變得越來越緊密，到最後變得幾乎牢不可破。」海斯描述她從黑猩猩維吉3天大就開始撫養牠，並報告了在4個月的時候，維吉已經可以走得很穩了，但是「除了大概1小時的午睡，維吉會像嬰兒一樣掛在我身上，直到晚上把牠哄睡」。這些描述，都包含了相似的訊息。

嬰兒依附行為與其區分母親的行為

依附行為被定義為「尋求和保持接近另一個個體」。儘管這些報告無疑證明靈長類所有種群的幼年個體，都會以最大的韌性緊靠住某些客體，但是從什麼時候開始，牠們可以區分並依附於特定個體仍有待考察。

哈洛認為，恆河猴嬰兒「學會依附特定母親（這個母親）」在其生命第1～2週的時候[163]。海因德支持這樣的觀點：剛出生幾天裡，恆河猴嬰兒的指向行為，會更偏向母親而不是其他猴子。例如，在第1週末尾，可能會很短暫離開母親爬到另一隻雌猴那裡，但是很快就會轉向並回到母親身邊。如此短暫的時間內，恆河猴就已經得到辨認特定個體的能力，也因此，現在有證據證明非人靈長類在剛出生的時候，就具備某種程度的視覺模式，也就不奇怪了[104]。

來自人類養父母有關這種聯結的報告，也是相當有意思的。

鮑維撫養5～14天大的赤猴，在來到人類家庭不久之後就開始區分不同個體成員。來到家裡3天以後，如果照顧牠的鮑維小姐走開、把牠留在鮑維博士身邊，赤猴寶寶就會跑到門口、大聲尖叫，直到鮑維小姐回來，把牠抱起來才會停止哭泣。

「接下來幾天裡，這種依附關係從對我的女兒轉移到我身上，而且變

得越來越強烈，以至於我到哪裡都不得不把牠放在肩膀上……到3個半月大的時候，如果把牠交給家裡其他人照顧，牠就會感到非常痛苦。」

儘管到5個月之後，猴子與其他人類以及其他同種類猴子相處時間變得更多，但是牠對鮑維博士的偏愛依舊持續著，尤其當牠感覺到痛苦的時候，而且這種偏愛在4個月後又再次明顯出現（這時牠已經9個月大），儘管在這段期間裡，鮑維博士並非總是待在牠身邊。

羅威大概是在小狒狒5週大的時候成為牠的養母。在第1週，小狒狒就已經可以區分出熟悉的人和陌生人，並且可以辨認出牠的主要照顧者。一開始，如果不餓的話，就可以滿足的單獨和實驗模型或者照顧者的圍裙待在一起。但是，10天之後，羅威表示：「牠就不再允許我離開牠的視線……如果牠看到我移動或者只看到我的眼睛，就會扔掉模型跑到我身邊來。」

所以，這些報告毫無疑問的證實了「某些種類猴子的依附行為在1週左右內，就會指向某個特定偏好的個體，且一旦這種對偏好個體形成指向，就會變得極其強烈和持久」。

相應於黑猩猩較慢的成熟速率，黑猩猩嬰兒出現對照顧者的清晰偏好，時間要更慢一些。但是，一旦發展出這種偏好，強烈程度不亞於任何猴子。在海斯的描述中，赤猴寶寶維吉在3個月以前，就開始關注自己跟誰在一起了。然而一旦到了這個時期，偏好會變得非常明顯。例如，海斯描述了維吉在不到4個月的時候參加了一個晚會，牠探索客人和退回養母身邊這兩種行為交替出現。當客人移到一個相鄰房間的時候，牠不小心抓住了另一位女士的裙子，但是當牠抬頭看到自己犯了錯的時候，就哭了起來，然後立刻轉移爬到養母身上❿。

影響依附行為強度的其他因素

對野外靈長類嬰兒的所有描述都顯示，至少在提高警覺的時候，離開母親的嬰兒會飛奔到母親身邊，而已經在母親身邊的嬰兒，則會把牠抓得更緊。這種毫無例外的依附行為，對我們理解其原因和功能，都具有極重要的意義。

導致依附行為出現或強度提升的其他情景，還出現在人類養父母撫養的動物嬰兒身上。羅威報告當小狒狒餓了的時候：「牠會堅持與我接觸，如果我離開牠就會大聲尖叫。」羅威和鮑維都曾經描述過，當動物嬰兒長大一些之後，開始有探索傾向，但是哪怕照顧者呈現要離開的最輕微跡象，牠們都會立即留意到，並且讓這個小動物很快出現緊靠的動作。短暫的分離會有同樣的效果。鮑維記錄了當小赤猴和其他同類猴子被留在籠子裡幾個小時後，被放出來的狀況：

「牠會緊靠住我，當天接下來的時間裡再也不讓我離開牠的視線。晚上，牠醒來會輕聲叫喚並緊緊靠著我，當我嘗試放開牠的時候，牠顯得非常害怕。」

隨著年齡增加，依附行為減弱

野外幼年靈長類動物依附行為的描述中可以看到，隨著牠們逐漸長大，和母親在一起的時間會減少，和其他同伴在一起的時間會增加，隨後

---

❿　耶基斯的描述還顯示幼年黑猩猩要在幾個月大之後，才能正確辨識照顧者。一對由母親養大的雙胞胎，大概5個月之前，似乎都「無法將對方看作一個社交客體」[362]。

和其他成年個體在一起的時間也會增加，且這種變化主要是牠們自己發起的。而母親對促進這種變化的作用，在不同種群之間存有很大的差異。母狒狒在孩子10個月之後經常會拒絕牠們，尤其是當牠準備再生一個孩子的時候。恆河猴母親也會做出一些拒絕動作，但是雌性黑猩猩和大猩猩，似乎很少有這樣的表現。

不過，**已有的證據似乎可以清楚表明，即使沒有母親的拒絕，在某個特定年齡之後，依附行為被引發的強度和頻率都會減弱**。這時很可能有很多不同的過程正在發生。其中一種變化可能發生在調節依附行為的系統本身。而另一個變化是好奇心和探索行為增加，哈洛和他的同事，對這一點的影響力做過很多說明[161]。

鮑維描述赤猴依附行為減弱的過程非常具有啟發性。他非常生動的描寫了從第一天開始，小猴子就充滿好奇心，牠喜歡盯著手和臉看。一開始，牠就會探索非生命物體，而且會穩步增長，到了第2個月月末，在家裡的時候，很多時間都在家具上攀爬。大概到了4個月的時候，就會很享受和一群學生待在一起，甚至叫牠的時候也不願意回來；隨後這樣的拒絕變得越來越多。鮑維認為，小猴子對玩耍和探索的興趣「就像依附階段的對手，並且會逐漸主導牠每個小時的活動」。

依附行為減弱的速度顯然受到很多因素影響。其中之一就是提高警覺事件出現的頻率：所有描述都一致顯示，在提高警覺的時候，即使是大一些的幼兒，也會立即回到母親身邊。另一個因素是「過早出現強制分離」的頻率。在鮑維的描述中，小赤猴在照顧者被別人說服而訓誡了牠們之後（與自己更好的判斷相反），就會出現更強烈的緊靠行為，例如把牠們鎖在門外或關到籠子裡：「每次我這樣做了以後……小猴子的發展就會退化。牠會有更多的依附行為、更淘氣、更難相處。」

儘管非人靈長類的自然發展過程中，指向母親的依附行為會逐漸減弱，但是卻不會完全消失。不過，由於野外觀察資料太少，其在成年生活中所扮演的角色還不能得出確定的結論，豢養動物方面也是如此。

　　上文提到所有人類養育的猴子和類人猿，都是在幼兒時期來到動物園或實驗室群落。從這些動物得到的普遍經驗是，儘管牠們通常會恰當的與同種類成員社交，但是仍會持續表現出對人類更強烈的興趣。此外，其中一些還會被人類喚起性，並將性行為指向人類。因此，**嬰兒時期依附行為指向人物的性質特徵，也具有長期影響。**

人類的依附行為研究

人類與非人靈長類依附行為的異同

　　乍看之下，人類依附行為和非人靈長類之間似乎有很大的鴻溝。對後者來說，嬰兒對母親的緊靠行為在出生時或者出生後不久就會出現，但是人類嬰兒意識到母親存在的過程很慢，而且要在有能力移動之後，才會尋求母親的陪伴。差異確實存在，但是我相信人們很容易誇大其重要性。

　　首先，我們可以看到，至少在一種類人猿（大猩猩中），嬰兒出生的時候並沒有足夠的力量支撐自己的體重，因此在前2～3個月都需要母親支撐牠；其次，我們要知道在更原始的人類社會（例如游獵部落時期），嬰兒並不是被放在小床或者嬰兒車上，而是被母親背在背上。所以，大猩猩和人類之間在母嬰關係上的差異並沒有那麼大。實際上，從最低等靈長動物到西方人類社會，我們可以看到一個連續的圖譜。在進化水準最低的靈長類中（例如狐猴和獼猴），嬰兒一出生就要發起所有緊靠行為，牠不會從母

親那裡得到任何支撐。在更高等一些的猴類中（例如恆河猴和狒狒），嬰兒需要發起大部分緊靠行為，但是其生命早期的幾天裡，母親會給予一些幫助。在最高等的大猩猩和人類中，嬰兒也會有依附行為，但是沒有力量長期支撐他；所以，在幾個月內，需要依靠母親的行動維持嬰兒接近母親，但是仍會維持母嬰親近。只有在經濟發展更高的社會，尤其是西方社會，嬰兒才會在一天中有很多時間不與母親接觸，晚上也常常不在一起。

這種進化從完全由嬰兒發起接觸，到完全由母親發起接觸的轉變是非常重要的。這也就是說，恆河猴在學會識別母親從其他猴子（以及非生命物體）之前，就已經出現很強烈的依附行為，但是**人類嬰兒在還不會緊靠或主動移向母親的時候，已經能夠將母親從其他人（或物體）中識別出來了。這個現象使得我們能精確的確定人類依附行為開始的標準。**

人類依附行為在第一年中的發展

有足夠證據表明，在家庭中，大部分嬰兒在3個月左右的時候對母親的反應就已經有別於他人。比起看到其他人來，這個年齡的嬰兒看到母親來的時候，更願意發出微笑、更願意發出聲音，並且更長久的跟隨她的眼睛。因此，這個時期已經出現了知覺辨認。但是，直到有證據表明嬰兒可以辨認出母親，並表現出想要與她保持接近的行為傾向之前，還很難說已經存在依附行為。

保持接近的行為，最明顯的時候是母親離開房間、嬰兒哭泣，或者哭泣並想要跟隨她的時候。安斯沃思曾報告[3&5]，在一組非洲嬰兒中，最早在15～17週的時候就會出現哭泣並試圖跟隨的行為，到6個月大的時候，這些行為就已經很普遍了。除了其中四個，所有嬰兒剛剛會爬的時候，就試圖跟隨正要離開的母親❶。

在這個研究中，安斯沃思觀察了烏干達部落，她運用下午幾個小時去拜訪住在那裡的母親，這個時候她們通常經歷了一整個上午的工作，可以休息並接待訪客。在這個時候，醒著的嬰兒不是被抱著放在大腿上，就是在自由爬行。由於這時候周圍會有很多成年人，可以很容易看到嬰兒區別化行為以及對母親的依附行為。在大約7個月的時間內，她隔週拜訪了二十五位總共有二十七個嬰兒的母親❿。研究結束的時候，其中最小的兩個嬰兒還只有6個月，但是大部分都已經是10～15個月大了；除了其中四個，所有嬰兒都表現出依附行為。

安斯沃思的發現使我們清楚看到，除了少數情況，烏干達兒童的依附行為在6個月的時候已經明顯展現。這些行為不僅表現在母親離開房間時嬰兒的哭泣，也表現在當母親回來的時候，孩子用微笑、抬起的手臂，以及發出愉快的聲音來迎接她。孩子被單獨留在陌生人身邊的時候更有可能哭泣，但是在這個年齡層，並不是每次都會哭。但是，在接下來的3個月裡，當嬰兒進入6～9個月階段時，這些行為更有規律也更生動的出現，就好像對母親的依附變得更加強烈、更加鞏固。這個年齡層的孩子在母親離開房間的時候會跟隨她，在她返回的時候會迎接她，並盡可能快速爬到她的身邊。

這些行為模式都會維持到第一年最後3個月以及整個第二年。滿9個月之後，當母親離開房間的時候，孩子可以更有效的跟隨她，因此這些情境下，哭泣的情況就會減少，而緊靠母親的行為在9個月之後也變得十分

---

❶ 烏干達兒童研究樣本中，會爬行的年齡平均是25週，而美國白人兒童爬行的平均年齡是7個半月139。在這個方面，以及其他許多運動發展方面上，烏干達嬰兒比白人嬰兒進步許多137。

❿ 還有一個嬰兒也出現了依附行為，但由於他在研究結束時才3個半月大，所以把這個案例從實驗樣本中剔除了。

明顯，尤其是當有什麼事物提高孩子警覺的時候，例如陌生人出現。

儘管這些孩子的依附行為也會指向其他熟悉的家庭成員，但是對母親的依附關係，總是最早出現、最強烈，也最持久。在6～9個月的時期，父親如果規律回家，當他出現的時候孩子都會愉快的迎接他，但是跟隨一個熟悉成年人（不是母親）離開的行為，要到9個月才能看到。自此以後，如果母親不在，孩子就會傾向於跟隨他恰好遇到的任何熟悉成年人。

在安斯沃思觀察的二十七個烏干達孩子中，有二十三個準確無誤的出現依附行為，其餘四個嬰兒在觀察結束之前卻沒有出現任何形式的依附行為。這四個孩子當時的年齡是8個半月（雙胞胎）、11個月和12個月。他們發展遲滯的可能原因會在第15章中討論。

安斯沃思在烏干達觀察到依附行為出現的年齡，與謝弗和愛默生（Peggy E. Emerson）在蘇格蘭孩子身上觀察到的並沒有很大的差異[316]。他們的研究包含了六十個從剛出生到12個月大的嬰兒。每4週一次從父母那裡收集訊息。對依附關係的標準，嚴格限定在母親離開時的反應。研究者定義出了七種可能的情境，如被單獨留在房間裡、晚上睡在小床上，並評分反抗強度。研究者並沒有進行第一手直接觀察，除了觀察孩子的迎接反應。

在蘇格蘭的調查中，三分之一6個月大的孩子和四分之三9個月大的孩子，都出現了依附行為。如同烏干達的情況，有些嬰兒出現得很慢，其中有兩個孩子在12個月大的時候仍沒有觀察到。

表面來看謝弗和愛默生的發現顯示蘇格蘭孩子依附行為發展比烏干達孩子更慢。這是有可能的，而且這與烏干達孩子顯著超前的動作發展，也是一致的。但是另外一種解釋是這些差異來自對依附關係的不同標準，以及兩個研究採用的不同研究方法。透過現場本人的觀察，安斯沃思可能會

記錄到依附最早的跡象，但是謝弗和愛默生依賴母親的報告，可能做不到這一點❸。即使如此，這兩個研究的發現仍有很多一致的地方。其中包括不同孩子出現依附行為的年齡範圍不同（從4個月前到12個月之後）。我們不能忽視這個巨大個體差異，在第15章會討論可能的原因。

依附行為指向母親以外人物的頻率，兩者也是一致的。謝弗和愛默生發現，在孩子第一次出現依附行為後的1個月內，其中四分之一的孩子會指向其他家庭成員，到18個月大的時候，除了少數幾個，幾乎都會依附媽媽以外至少一個人，常常還是好幾個人。父親是其他人中引發依附行為最多的人物，其次是年長的孩子，且不只是有時候會代替母親日常照料、年紀較大的孩子，還有學齡前的孩子。謝弗和愛默生沒有發現可以表明當孩子的依附行為同時指向其他人的時候，對母親的依附強度會減少的證據。相反的，在依附出現的前幾個月中，孩子依附對象數量越多，將母親作為主要依附人物的強度就越大。

兩個研究不僅都記錄了孩子之間發展速度的差異，且報告了**對所有孩子來說，出現依附行為的強度和持久性在每天或者每個小時都有巨大差異**。造成短期變化的因素可能有兩種類型——有機體或者環境。有機體方面，安斯沃思列出了饑餓、疲勞、疾病和不愉快，這些都會導致哭泣和跟隨行為增加，謝弗和愛默生同樣也列出了疲勞、疾病和疼痛。在環境因素方面，兩個研究都指出當孩子提高警覺的時候，依附行為會更加強烈。安斯沃思對這個方面的觀察更具權威，因為作為一個白皮膚的陌生人，她更容易喚起孩子的警覺反應。在40週之前，沒有一個烏干達孩子出現警覺

---

❸　之所以認為謝弗與愛默生可能沒有彙報最早出現、不那麼持久的依附行為，因為當他們第一次報告出現依附行為時，都已經存有母親離開時的反抗行為，而且強度幾乎是最大的。

反應，但是在隨後幾週內，幾乎所有觀察都發現：「在這個季度中（第四個），第一次見到孩子看上去都很怕我……這種情況下可能會看到他們伴隨恐懼的依附行為。」謝弗和愛默生注意到另一個引起依附強度增加的場景是——母親缺席❶。

需要注意的是，**所有報告過短期影響人類嬰兒依附強度的因素與短期影響猴子和類人猿嬰兒依附強度的因素是一致的。**

儘管有充分證據顯示嬰兒從母親那裡得到照顧的類型，在決定他的依附行為發展中起主要作用，但是我們不能忘記嬰兒本身發起的互動及其所採取形式的影響程度。安斯沃思、謝弗以及其他觀察者都注意到「人類嬰兒扮演著非常主動的角色」。

安斯沃思回顧在烏干達的觀察時寫道3：

「依附行為尤其令我震驚的一個特點是嬰兒本身在發起互動時的主動程度。至少從兩個月大開始，在第一年中還會逐漸增長，這些嬰兒在尋求互動的過程中就變得越來越主動而不只是被動接受。」

謝弗也以同樣的脈絡描述了蘇格蘭嬰兒3 II：

「孩子似乎經常會用他們對需求的堅持來指示父母的行為，我訪談過的很多母親都曾報告她們被迫做出的反應比本來想要做得更多……」

---

❶ 謝弗與愛默生報告，他們無法確定影響強度變化的因素，「有些本質上似乎是自發性的」。不過，很有可能當我們更頻繁且直接觀察，會揭示一些僅透過每個月訪談母親所無法得到的訊息。

除了哭泣這種無法令人忽視的行為，嬰兒通常也會不斷發出叫聲，當他們被注意到，且照顧者轉向他的時候，就會對著母親或其他陪伴者微笑。之後，他會迎接並接近母親，用一千種有吸引力的方式尋求她的注意。他不僅用這些方法引起陪伴者的反應，且還會「透過強化其中一些而不是另一些，來維持並進一步細化他們的反應」[282]。**母嬰之間逐漸發展出來的互動模式源於兩者共同的作用，尤其是兩者交替影響對方行為的方式。**這個觀點在第16章會有更多闡述。

人類依附行為的後續過程：兒童依附與成年依附之間的關係與聯結

儘管生命的第一年，已經完善記錄下依附行為的發展，但是在後續幾年中的發展過程，還未有詳盡紀錄。有證據顯示，在第二年以及第三年的大部分時間裡，依附行為出現的強度和頻率不亞於第一年末尾。但是，隨著嬰兒知覺範圍和理解周圍事件能力的增加，引發依附行為的環境事件，也會發生變化。

其中一個變化是「嬰兒越來越意識到即將到來的分離」。在第一年，嬰兒會反抗，尤其是當他被放到小床上後並看到母親離開視線。隨後，當孩子全神貫注於其他事情的時候，如果母親離開，他就會注意到並表示抗議。在此之後，他對母親的行蹤會變得極其警覺——他會花很多時間看著她，或者當母親不在視線範圍內的時候，會仔細傾聽母親移動的聲響。在第11或12個月時，孩子可以透過注意母親的行為來預期她即將離開，並且在她離開之前就開始抗議。基於了解這種情況，很多兩歲大孩子的父母會隱藏離開前的準備動作到最後1分鐘，以避免孩子大吵大鬧。

大部分孩子強烈、有規律的依附行為，會保持到大概第三年末尾。之後就會發生變化。幼兒園的老師對此有相當普遍的經驗。在孩子大概兩歲

9個月的時候，也就是上幼兒園而母親離開的時候，大部分都會感到不安。儘管哭泣只會持續一段較短的時間，但是很容易會保持安靜且不活躍的狀態，並持續尋求老師的注意——這與他們在相同設置下，母親在場的時候表現大相徑庭。但是，等孩子過了3歲生日之後，通常會更適應母親暫時離開並加入到其他孩子的遊戲中。對很多孩子來說，發生這個變化似乎很突然，這說明這個年齡的孩子可能達到了某個成熟閾限值。

3歲生日之後，大部分孩子最主要的變化在於「變得更可以在陌生地方帶著安全感和次要依附人物待在一起」，如親戚或老師。不過，即使如此，這種安全感仍是有條件的。首先，這些次要人物必須是熟悉的人，最好是那些孩子在母親陪伴下認識的人；其次，孩子必須在健康且不會提高警覺的狀態下；最後，他必須知道母親在哪裡，並且有信心在很短的時間內就可以恢復與她接觸。如果沒有這些條件，孩子就更有可能保持一種非常「孩子氣」的狀態，或者出現其他的紊亂行為。

這種隨著年齡增長逐漸增加的信心，可以清楚的在墨菲（Lois B. Murphy）和她的同事描述「兩歲半到5歲半孩子對遊戲邀請的反應」中看到[248]。當他們第一次拜訪孩子的家庭時，研究者就按照計畫告知幾天之後會開車來帶孩子去參加一個遊戲項目。儘管研究者會鼓勵孩子單獨前往，但是如果孩子抗議、要求母親陪同，或者母親想要陪同，並不會有什麼阻礙。雖然對母親來說，研究者是熟悉的人，但是對孩子來說仍是陌生人，只有在研究者初次拜訪的時候見過面。

不出意料，當研究者來到孩子家裡，並且要帶他們去遊戲中心的時候，大部分年幼的孩子只有在母親陪同的情況下才會前往。這種拒絕和年齡大小相關：在十七個4～5歲孩子中，除了其中兩個孩子，其餘的孩子都接受了母親的安慰和鼓勵，並願意單獨和研究者一起去，但是在十五個

2～3歲孩子中，只有一小部分願意這麼做❶。大部分年幼的孩子不僅堅持要母親一起去，而且在第一個遊戲時段中，也要保持與母親有肢體接觸，比如坐在她旁邊、緊抓住她的衣服、抓住她的手或者拉著她。在這些支持的基礎上，孩子在稍後逐漸得到更多的信心。相反的，大部分年長的孩子，第一次就很高興的單獨前往而且立即或很快就投入中心提供的玩具和測試中。4歲半以上的孩子中，沒有一個出現年幼孩子典型的依附行為。為了詳細闡述這些差異，墨菲對每一個孩子的行為表現，提出了生動的概括描述。

墨菲在這個研究中所描述的孩子，都來自從事科技或專業工作的白人家庭，大部分是老美國人血統，成長環境比較保守和嚴格。因此，孩子沒有被溺愛，也沒有理由假設他們在任何方面是非典型的。

英國孩子也沒有什麼不同。紐森夫婦（John and Elizabeth Newson）詳細記錄了七百名4歲、居住在英國中部兒童樣本的依附行為發生率[253 & 254]。「4歲孩子是否會緊靠你的衣服撒嬌？」這個問題上，16％的母親回答「經常」，47％的母親回答「有時候」。儘管剩下三分之一的母親回答了「從不」，但是在有些情況下，更有可能是一廂情願的想法。通常不會表現出緊靠行為的孩子，出現這種行為的常見原因是身體不舒服，或者嫉妒比年紀較小的弟弟或妹妹。儘管幾乎所有母親都表示：她們會回應孩子的要求，但是其中有四分之一的人表示她們的回應是不情願的。紐森夫婦注意到這是他們和母親訪談中，經常出現的主題，孩子在當中施予了影響，而且這種影響成功達成了他們的目的。紐森夫婦評論：「這個事實是『大部分父母會意識到，但是很少在育兒手冊中有所警示』。」

---

❶　墨菲並沒有給出具體數字或相關資料。

因此，儘管大部分孩子在3歲之後出現的依附行為，其急迫程度和頻率要低於之前，但這仍是他們行為中主要的一部分。此外，即使在強度減弱的情況下，4歲孩子身上有一種與常見依附行為相似的行為，在學齡早期仍會持續。外出散步的時候，5～6歲甚至更大的孩子喜歡不時握住甚至緊抓住父母的手，如果父母拒絕，他還會充滿怨氣。當他們和其他人玩的時候，一旦有什麼不好的事情發生，就會立即回到父母或者父母替代者身邊。一旦害怕的感覺更多一點，就會立即尋求身體接觸。所以說，普通孩子的整個潛伏期中，依附行為仍然是其生活中的一條主線。

到了青春期，孩子對父母的依附關係就會發生變化。其他成年人對孩子的重要性可能等同或超過父母的重要性，而同齡人之間的性吸引，又會擴展這個範圍。這就導致原本個體間已經有很大的差異，變得更大。一個極端是：青少年切斷與父母的關係；另一個極端則是：維持對父母的強烈依附關係，並且不能夠或不願意將依附行為指向他人。大部分青少年處於兩個極端的中間，他們會維持對父母的依附關係，但是與其他人的聯結也同樣重要。對大部分個體來說，與父母的聯結會持續，並且在成年期會以無數方式影響他們的行為。很多社會中，女兒對母親的依附關係要比兒子對母親更加明顯。楊（Michael Young）和威爾莫特（Peter Willmott）就曾表示：「即使在城市化的西方社會中，成年女兒和母親之間的聯結仍然在社會關係中扮演著重要的角色。」[395]

最後，進入老年期後，人們的依附行為無法再指向更年長一代的成員或同一代成員的時候，就有可能會指向年輕一代的成員。

在青少年期和成年期，部分依附行為不僅常常會指向家庭以外的人，還會指向家庭以外的群體或機構。學校或學院、工作團體、宗教團體或者政治團體，可能會成為很多人的次要依附對象，以及一些人的主要依附對

象。在這種情況下，很可能，至少在一開始，依附團體中占據重要位置的人物，聯結了個體對這個團體的依附行為。也就是說，很多公民對國家的依附關係，是他最初依附該國君主或總統的一種衍生而來的結果。

容易引發成年期依附行為條件的研究，可以說明成年依附行為直接延續了兒童依附行為。當遭遇疾病或不幸的時候，成年人常常需要其他人；當突然遇到危險或災難的時候，大部分人肯定會尋求接近一個認識並信任的人。在這些情況下，自然就會發現依附行為增加❶。因此，用「退化」這個詞來形容所有成年依附行為，顯然是誤導，這種情況在精神分析文獻中經常出現，而且往往帶有病理性含義，或至少被認為是不受歡迎的[34]。將成年依附行為當作退化，實際上忽視了它在人類一生中所扮演、至關重要的角色。

哪些行為形式，中介了依附行為

早期有關這個主題的討論，研究者列出五種產生依附行為的反應[53]。其中兩種（哭泣和微笑），會將母親帶到嬰兒身邊並保持緊密聯繫。另外兩種（跟隨和依附），則可以將嬰兒帶到母親身邊並保持與母親接近。第五種「吮吸」的角色，則不太容易被歸類，仍需要進行細緻考察。第六種「叫聲」也是重要的，超過4個月大的嬰兒，任何時候都會用短促而尖銳的叫聲呼喚母親，當然，後來就會叫她的名字。

由於這些反應所扮演的角色以及特點，最好能夠和其發展一同討論，

---

❶　韋斯（Robert S. Weiss）做了許多有關成人依附研究，相關研究發現與評論請見1982年發表的研究。[380]

因此對此進一步考察，會推遲到稍後的章節。

母親，是孩子出發探索的安全基地

描述生命第一年中依附行為發展，需要用到兩種標準：母親離開之後的哭泣和跟隨，以及母親回來時候的迎接和接近行為。其他標準還有對母親區別性的微笑，通常在第4個月中可以觀察到，以及當孩子警覺的時候，向母親移動以及對她依附的行為。還有一個指標是有依附行為的孩子在母親在和不在的時候，表現方式的不同。

在安斯沃思的烏干達嬰兒研究中[5]，她注意到：嬰兒會爬之後，不再總是與母親保持接近。相反的，有時候會離開母親一點點，去探索其他物體或人，並且，如果得到允許，甚至會離開母親的視線。不過，時不時的，嬰兒會回到母親身邊，就好像是要確定母親還在那裡。這種自信的探索，會在兩種條件下突然中斷：

〔條件1〕孩子害怕或受傷的時候。

〔條件2〕母親離開的時候。這些時候，孩子就會儘快回到母親身邊，伴隨著或多或少的痛苦跡象，或者會無助的哭泣。安斯沃思觀察到這種行為，最早出現在孩子28週大的時候，而在8個月之後，大部分孩子都會出現這種行為。

從這個年齡階段開始，母親在或不在的時候，孩子表現出的行為開始出現很大的差異，當孩子面對陌生人或者在陌生的地方時，這種差異尤為明顯。**當母親在的時候，大部分孩子明顯更有信心去探索；但是當她不在的時候，就會更加膽怯甚至常常陷入痛苦當中。**安斯沃思和威迪（Barbara

A. Wittig）[14]以及瑞格德（Harriet L. Rheingold）[284]的實驗，展示了12個月大孩子的這類互動，研究結果都相當清晰且鮮明。有關這個主題，會在第16章中進一步討論。

依附行為與孩子的焦慮與安全感

沒有一個行為形式所伴隨的情感強烈程度可以超過依附行為。行為直接指向的人物是被愛的，嬰兒對他們的到來會帶著愉快的歡迎。

只要確保孩子的主要依附人物在場，或者很容易接近，他就會感到安全。**失落的威脅會引起焦慮，而真正的失落則會悲傷；此外，兩種情況都可能會引發憤怒。**對於這些主題，我們都會在《依戀理論三部曲2：分離焦慮》和《依戀理論三部曲3：失落》進一步探索。

第12章

依附行爲的本質與功能

「你知道，至少你應該知道，因爲我常常這樣對你說，

永遠不要讓孩子在人群中，離開他們的照顧者；

「吉姆現在就有這樣的問題，他一有機會就會跑開，

就在那個不祥的日子，他鬆開手跑開了！

當時他還沒有跑出一碼遠，忽然一聲巨響，

一頭獅子張著大口跳了出來，餓餓的獅子開始吃起了這個男孩，

從他的雙腳開始。

「他的父親，竭力克制自己，命令周圍所有孩子注意，

吉姆悲慘的結局，並讓他們永遠抓住照顧者的手，

因爲他害怕更糟糕的事情發生。」

——希萊爾‧貝洛克（Hilaire Belloc）摘錄自《吉姆》（*Jim*）一書。

「次級驅力理論」的起源，以及其目前狀態

上一章，我們概述了五種靈長類動物生命週期中，依附行爲的發展過程（從恆河猴到人類）。現在，我們的任務是考察如何更完善的理解這類行

為本質,以及控制它的因素。

目前為止,最廣為接受的理論是「次級驅力」,因此,探討這個理論的起源和目前狀態作為開端,頗有助益❶。

次級驅力理論認為「喜歡同類其他成員,源於被他們餵養」。杜拉德(John Dollard)和米勒(Neal E. Miller)表述[96]:「……很可能,餵養體驗是孩子學習喜歡和別人相處的機會,也就是說,它是建構社交的基礎。」或者,正如佛洛伊德所說:「母親懷裡的嬰兒之所以想要知覺到母親的存在,只是因為過去的經歷告訴他,母親會毫不延遲的滿足自己的所有需要。」[130](S.E., 20, p. 137)。後來,他更針對性的說:「『愛』起源於依附關係中,滿足營養需求。」[133](S.E., 23, p. 188)

有關這類理論,首先需要注意的是它來自一個假設而不是觀察或實驗。赫爾(Clark L. Hull)認為,初級驅力的數量是有限的(食物、水、溫暖和性),而其他所有行為都源於此,並透過學習得到。佛洛伊德有著與此幾乎相同的假設。兩種理論——「學習理論」(learning theory)和「精神分析」(psychoanalysis)——隨後對此所做的進一步闡釋,都建立在這個基本假設信念上,從未對此做進一步討論。由於並沒有其他理論出現,次級驅力理論的適時出現幾乎被認為是不證自明的事實。

這個理論首次被嚴肅質疑,來自羅倫茲早期有關銘印行為的研究。儘管羅倫茲的理論發表於1935年,但是他的發現在1950年之前沒有得到多少關注,且在10～20年之後,才對心理學思想產生了深遠影響。這項研究毫無疑問顯示了:小鴨和小鵝的依附行為,可以在沒有接受食物或其他任何常規獎勵的情況下發展。被孵化後的幾個小時內,這些幼小的生物會

---

❶ 關於這類理論的精神分析和社會學習較為全面與最新的闡述,請見麥柯畢和麥斯特的研究[220]。

跟隨自己看到的任何移動物體，無論是一隻鳥、一個人、一顆橡膠球，還是一個紙箱。此外，一旦開始跟隨某個特定物體，就會更偏好這個物體並且在一段時間之內不再跟隨其他物體。學習跟隨物體特徵的過程，就是我們所知的「銘印」（見第10章）。

當羅倫茲的實驗被重述並驗證之後，我們自然的就會想到哺乳動物和人類依附行為是否也是以相似的方式發展。現在，我們已經有大量證據證明確是如此。所以，若是支持次級驅力理論的人，希望他們的理論在未來仍能被認真對待，就必須拿出令人信服的證據。

我們可以在人類以外的哺乳動物中找到充分證據證明**「依附行為在沒有任何傳統獎勵（如食物、溫暖或性）的情況下，也可以發展並指向一個客體的只有天竺鼠、狗、羊與恆河猴」**[70]。

在一個系列實驗中，斯普利（William U. Shipley）發現出生4小時、被單獨隔離的天竺鼠會跟隨一個移動的白色扁平木質形狀東西，並對它產生反應[332]。這些反應不僅包括接近，還包括很多其他典型社交反應，如嗅、舔和尋求接觸。在另一個實驗中，小天竺鼠和母親一起在完全黑暗的環境中待了五天。之後把牠們從母親那裡移走，並暴露在光線和移動的物體中。牠們再一次對模型產生了接近、跟隨以及其他社交反應。由於牠們是在黑暗中被養大，因此不可能從母親那裡得到「視覺概化」（visual generalisation），而且，由於接近先於接觸模型，因此可以排除之前與母親接觸的效應。

儘管史考特（John P. Scott）和其同事對小狗所做的實驗不那麼嚴格[328]，但是結論仍然令人印象深刻：小狗出生之後完全與人隔離，只和母親以及同一窩小狗待在一起，保持光照直到2～3週大，實驗開始的時候為止。他們所提出的問題是：「從沒有見過人也沒有被人餵食過的小狗，會不會

接近和跟隨人類？」「如果會的話，在哪個年齡？」「在什麼樣的條件下？」

其中一個實驗條件中，不同年齡的小狗首先被暴露在坐著不動的人面前，暴露時間是每天10分鐘持續一週。所有3或5週大的小狗，第一次暴露在人面前的時候都立即開始接近研究者，並且10分鐘都和他待在一起。第一次暴露時，更年長的小狗感到害怕的數量更多；14週大的小狗在第一次暴露的時候，沒有一隻接近人類。這也就是說，大約在小狗剛剛會爬的幾週內，都會接近人類，即使人類保持不動，而且從未產生過與食物有關的聯繫。

另一個實驗中，史考特的一個同事將3週大的小狗單獨由機器餵養。此後每一天，牠們都會被放出來一小段時間，並觀察牠們對走動的人的反應。結果所有小狗都會跟隨走動的人。其中一組小狗不僅不會得到任何獎勵，而且當牠們每次試圖跟隨的時候，還會被懲罰，這樣一來，牠們與人接觸的體驗都是痛苦的。幾週之後，研究者停止了懲罰。很快，這些小狗就不再逃開，實際上，牠們和人待在一起的時間要比那些接近人時得到愛撫和善待的小狗更長。

凱恩斯對羊的實驗，得到了類似的結果[70 & 71 & 72]。小羊從6週大開始被單獨養育，但是視覺和聽覺上，可以與一台開著的電視機保持接觸。小羊不僅會維持接近電視機，而且在9週之後分離時，仍會搜尋電視機並且在發現它之後立即接近。在另一個實驗中，使小羊在視覺、聽覺和嗅覺上與一隻狗維持接觸，一些情況下，兩者被鐵絲網隔開以避免發生直接互動。幾週之後，小羊又會把狗作為依附「角色」，分開的時候會咩咩叫，尋找牠並且一旦找到就跟著牠到處跑。這也就是說，小羊依附一個客體，可以在只有視覺和聽覺暴露，但沒有任何身體互動的情況下發展。

此外，小羊和小狗一樣，即使在這種陪伴中遭受懲罰，也會發展這樣的依附行為。如果羊和狗被關在一起並且不限制牠們的行動，狗很容易就會咬、打或者用其他方式虐待羊。但是，即使如此，當牠們被分開的時候，小羊仍然會立即尋求狗的陪伴並接近牠。這些發現都不符合次級驅力理論。

哈洛對恆河猴的實驗，同樣不支持次級驅力理論。在一系列實驗中，幼兒一出生就離開母親，提供牠們的模型母親是由鐵絲做成的圓筒或類似的、裹上軟布的圓筒，並透過放在模型上的瓶子完成餵食。這就使我們能夠分開評價食物和某些可依靠、舒服的東西所起的作用。所有實驗顯示：「接觸舒服的東西」會導致依附行為，而食物不會。

一個實驗中，八隻小猴子可以選擇被軟布模型或鐵絲模型養育。而在研究者要求下，其中四隻由軟布模型餵食，而其餘四隻被鐵絲模型餵食，研究者測量了幼猴和模型待在一起的時間。結果顯示，無論哪個模型提供食物，幼猴很快就會花大部分時間和軟布模型在一起。兩組幼猴每天都有15個小時的時間緊靠著軟布模型，但是與鐵絲模型相處的時間，24小時中不會超過1～2個小時。其中有些會吃來自鐵絲模型的食物，幼猴在探出身體吮吸奶嘴的同時，仍然會抓住軟布模型。哈洛和齊默爾曼（Robert R. Zimmermann）推斷[164]：

「這些資料清楚顯示：接觸舒服的東西，對代理母親（例如模型）的情感反應發展中，是非常重要的變項，而餵養的角色則可以忽略。隨著年齡和學習機會增加，被鐵絲母親餵奶的幼猴，並不會像『驅力衍生理論』（drive-derives theory）所預期，對它產生更多反應，相反的，對非餵奶軟布母親的反應則會逐漸增加。這些發現與情感發展的『驅力減少理論』

（drive-reduction theory）完全不符。」

　　哈洛的另一些實驗也支持這個結論，尤其是那些比較由軟布母親陪伴但不餵食幼猴，以及由鐵絲模型陪伴並餵食幼猴的行為。兩個實驗考察了在警覺情況下和在陌生環境中幼猴的行為。

　　不提供餵食的軟布模型所養育的幼猴，在警覺的時候會立即尋找軟布模型並緊靠它（就像在相似的野外情況下，會立即尋找母親並緊靠）。這樣做，幼猴會變得不那麼害怕，甚至此後還有可能會開始探索這個引起警覺的客體。但是在同樣實驗條件下，提供餵食的鐵絲模型所養大的幼猴，行為則大相徑庭——牠不會尋找模型，而是持續感到害怕且不會探索。

　　在第二個實驗中，幼猴被放在一個陌生的測試房間（6號立方體），其中有各式各樣的「玩具」。只要軟布模型在場，幼猴就會探索這些玩具，將模型作為隨時返回的基地。但是如果模型不在的話，嬰兒就會：

　　「在測試房間亂跑、面朝下猛衝、緊緊抓住自己的頭和身體並痛苦尖叫……鐵絲母親的存在不會比沒有母親帶來更多安慰。對照組的幼猴從出生開始就只和餵奶的鐵絲母親在一起，即使是這些幼猴，都不會對它有什麼感情，也不會因為它在場感到任何安慰。」[161]

　　兩個實驗中，典型依附行為都指向非餵食的軟布模型，並沒有發現這些行為會指向餵食的鐵絲模型。

　　羅威養育小狒狒的經驗，也與哈洛在小恆河猴身上發現的結果一致。狒狒是被一個奶瓶餵食，同時牠還有一個可以吮吸的模型和一個想要的時候可以緊靠的照顧者。在這些條件下，當小狒狒饑餓的時候，才會對奶瓶

感興趣。只有這種情況下，牠會狂熱的抓住奶瓶。其他的時間，牠的行為都指向模型或是養母：「雖然瓶子有時候會在牠嘴裡，但是牠對奶瓶的興趣，似乎不會超過任何與之大小類似的物體。」[299]

在哈洛的實驗中，食物唯一的作用似乎就是能夠讓該軟布模型比另一個更具吸引力一些。也就是說，如果有兩個軟布模型可以選擇，那麼可餵食的綠色模型相比不可餵食的褐色模型，嬰兒更常與可餵食模型待在一起。40天大的小猴，在餵食模型上所待的時間，一天大約有11個小時，在非餵食模型上大約為8個小時。但是即使如此，有限的偏好也會逐漸減弱，到小猴4個月大的時候，兩個模型幾乎會被同等對待[161]。

有趣的是，正如費雪發現小狗被懲罰時會更堅持跟隨，而凱恩斯發現小羊會有同樣的情況，哈洛發現小恆河猴在面臨懲罰的時候緊靠行為也會變得更強。在實驗中，軟布模型被裝上一個噴嘴，在壓縮空氣時會發出衝擊氣流。另裝設一個蜂鳴器作為刺激警告幼猴即將有衝擊氣流的條件，這對恆河猴來說，是十分厭惡的強烈刺激。儘管小恆河猴很快就會學習到什麼事情即將發生，但牠非但不會逃避，反而會出現相反的行為。牠們會更用力的抱住模型，在這種情況下，牠們的臉和腹部會受到最大強度的衝擊氣流[161 & 297]。受到母親嚴重虐待的幼猴也會表現出強烈依附行為[331]。顯然，這種矛盾行為是依附行為在警覺情況下被引發後，出現不可避免的結果。這一點，我們會在下一章做更多討論。

次級驅力理論與人類的依附行為

儘管這些實驗都可以在低於人類的哺乳動物身上，有效排除次級驅力理論，但是人類的情況仍是未知的。不過，已經有不少觀察資料提示，影響人類依附行為的因素與影響其哺乳動物近親的因素，並沒有多大區別。

首先，眾所周知的是人類嬰兒出生的時候，就具備依附能力，這使他可以支撐起自己的體重。佛洛伊德觀察到這種能力並稱之為「抓握本能」（grasping instinct）[120]（S.E., 7, p. 180）。其次，嬰兒很喜歡有人陪伴，即使在出生第一天，嬰兒會因為社交互動而安靜下來，比如被抱起來、對他們說話或者愛撫，並且很快就開始享受看著人們在身邊走來走去。第三，嬰兒牙牙學語和微笑這兩種行為，如果得到成年人以純社交方式回應，也就是給予嬰兒一點點關注，強度就會大大增加[62 & 285]，這種反應無須任何事物或身體上的照顧（雖然它們出現會有很好的輔助作用）。也就是說，有證據清楚顯示，人類嬰兒可以很輕易的對社交刺激產生反應並很快參與到社交互動中（進一步討論請見第14章）。

　　人類嬰兒對社交刺激的反應如此強烈，以至於他們也常常會依附其他同齡或大一點的嬰兒，其他孩子離開的時候，他們會抗議和跟隨，當他們回來的時候會歡迎和接近。謝弗和愛默生報告了這種類型的依附關係[316]。他們的想法成形於安娜・佛洛伊德和戴安（Sophie Dann）的一篇文章中[115]，這篇文章描繪了六個3～4歲在納粹集中營生活的孩子，互相之間持久的陪伴顯然是他們生活當中唯一的關係。作者強調：「這些孩子的積極感受完全集中在團體內部……他們非常關心彼此，但是不關心除此之外的任何人或事情。」

　　嬰兒可以依附同齡或年長一些的人，這個現象清楚說明了依附行為可以發展並指向一個「與滿足嬰兒生理需要完全無關」的人物。即使依附人物是成年人的時候，情況也是一樣的。被謝弗和愛默生評定為其研究中六十個蘇格蘭孩子的主要依附人物，不少於五分之一的人「沒有參與過哪怕一點點對孩子生理上的照顧，但是看上去，依附關係仍可以發展」，他們推論：「即使所指向的人物，與滿足生理完全沒有聯繫。」這些研究者發

現，**最能夠清晰決定孩子依附人物的變項，是一個人對嬰兒做出反應的速度以及與嬰兒互動的強度。**

關於這個結論的訊息持續增多，近期的實驗發現：要提高孩子在識別或運動技巧上的表現，最有效的方法就是用另外一個人的歡迎反應當作獎勵。鮑爾（T. G. R. Bower）描述了透過操作條件技術探索兩週以及更大一點孩子的視覺世界，其中的強化物只不過是成年人用躲貓貓的形式出現在孩子面前[50]。史蒂文森（Harold W. Stevenson）回顧了很多研究[349]，在這些研究中，每一次做出正確反應之後都能得到一點社交性肯定的時候，孩子在簡單任務中的表現就會提升❷。

也就是說，現在已經有證據可以有力支持這個觀點，正如其他物種，人類的依附行為可以在沒有傳統食物或溫暖等獎勵情況下發展。這就意味著，在與人類關係相當緊密的種群中站不住腳的次級驅力理論，如果要在人類例子中被證實，就需要更多新的有力、正面的證據，但是我們看不到存有這些證據的跡象❸。那麼，為什麼還要堅持次級驅力理論呢？

精神分析師之所以不願意放棄這個理論，原因之一是他們需要一個理論來解釋在各種精神官能症和精神病狀態下高頻率出現的「口欲症狀」（oral symptoms）。

❷ 很多學習理論受到這些結果啟發，都推斷依附行為發展可以完全用「操作制約」（operant conditioning）來解釋嬰兒的社交反應受到其依附人物的社交性強化[141]。儘管這種觀點與我們所提出的觀點並沒有矛盾之處，但是似乎輕視了關係中，每一方具有並帶到關係中的先天傾向。當這些先天傾向被忽視的時候，安斯沃思指出[8]，就有可能出現將所謂行為系統都無限程度當成環境依賴型的危險，並可能對實踐產生不利影響。

❸ 墨菲提出了改進次級驅力理論的方式，但是並沒有提出新證據支持這個理論[249]。之前提到批評我的理論中[53]，墨菲承認食物可能並不是唯一重要的獎勵，但是她認為，之所以會發展嬰兒依附，只是因為他知道母親人物會滿足、保護和支持他：「依附和跟隨行為並不會產生依附關係，所表達的是嬰兒依賴滿足需求、保護和支持的母親人物。」如果真的是這樣，那麼就很難指向其他孩子或是與此無關的成年人。

基於次級驅力理論，這些症狀可以很容易被解釋為「簡單退化到早期客體關係中的口欲階段」。如果這個解釋不被接受，還有其他選擇嗎？有三種方法可以處理這個問題。首先，儘管我們提出的假設認為，依附行為發展是獨立於食物的，但是並不認為它是獨立於吮吸的（這個矛盾在下一章中會有充分討論）。因此，退化理論不能完全被排除。第二，有時候病人會使用象徵替代的方式把口欲症狀等價於與一個人的關係，對他來說，部分就等於全部。第三，在很多情況下，口欲活動很可能可以被歸為一種替代活動，也就是說喚起這個活動是因為另一個活動受挫，所以看起來與背景不一致。這類活動在衝突情境中被引發的可能方式，已經在第6章討論過。由於我們所推論的過程處於「象徵以下」（infra-symblolic）的水準，因此有必要簡單討論它們在人類生活中的角色。

研究人類的工作中，某種活動透過等價象徵的方式代替另一種活動的現象如此司空見慣，以至於可能很難想像「表面上與此類似的替代物，也可能發生在象徵以下的水準」。可以舉兩個例子來說明：孩子丟人的吮吸大拇指、和母親分開的孩子暴飲暴食。在這種情況下，人們很有可能會認為大拇指和食物，是母親的象徵或至少是乳頭和奶水的象徵。但是另一個想法是把這些活動看作是象徵以下水準運作過程中的替代性產物，就像是受驚嚇的海鷗會出現築巢行為。換句話說，也就是當孩子對母親的依附關係受挫之後，吮吸或暴飲暴食是非象徵性脫離情境的活動。值得注意的是，這類情形幾乎都會出現在非人靈長類身上。沒有可依靠母親的恆河猴和黑猩猩幼崽會出現過度的自慰性吮吸。尼森（Nissen）報告：「儘管被母親養大的小黑猩猩中沒有看到吮吸拇指的情況，但是獨立長大的幼年黑猩猩中，有80%會出現這種行為。」恆河猴也是一樣，在哈洛的實驗室中，獨立長大的成年的雌性恆河猴習慣吮吸自己的乳頭，而雄性會吮吸牠們的

陰莖。這些情形我們都可以描述為：嬰兒被剝奪對母親角色依附關係導致的口欲症狀，這些過程顯然是屬象徵以下水準。那麼人類嬰兒的口欲症狀，是否也是如此呢？

安娜・佛洛伊德和戴安觀察集中營裡六個孩子的報告，會啟發我們：「彼得、魯斯、約翰和莉亞都有吮吸大拇指的癖好。」作者認為原因在於對他們來說「客觀世界都是令人失望的」。她們還寫道：

「這種過度吮吸與他們的客體關係穩定性有直接相關，這種關係在年末的時候更可以得到確認，當孩子知道他們要離開布魯道格斯以後，白天吮吸大拇指的情況變得非常普遍。這種對口欲滿足的堅持……會隨著孩子與環境的關係變化而波動……」

如果這種形式的替代可以發生在人類嬰兒中，是不是有可能這個象徵水準之下的過程，至少也可以解釋一部分發生在更年長主體，在客體關係由於某種原因發生問題時的口欲症狀呢？

這種看待口欲症狀的方式，是否站得住腳還需要進一步研究。我們在此進行描述的原因是為了展示依戀理論能夠為基於次級驅力理論、傳統對口欲症狀的解釋提供一個合理的替代選擇。

討論人類依附行為與銘印行為是否一致

一旦拋棄次級驅力理論，並在羅倫茲及其追隨者的工作中找到新理論的線索時，就會出現這樣一個問題：「人類依附行為發展和銘印行為一致嗎？」

羅倫茲最早對銘印的表述中[218]，很直接的否認了在哺乳動物中發生此類行為的可能性。但是，隨著時間推移，觀點也發生了變化。一方面，銘印概念被進一步拓展（見第10章）。另一方面，對非人靈長類的實驗顯示，至少在一些種群中，其發展過程可以與孵化離巢鳥類相比，並從中得到豐富的成果。所以，如果要避免海因德竭力反對那種輕易做出的假設❹，就必須先考察人類是否存在任何與銘印相似的行為。這就再次涉及之前提到的問題：「這些行為類型，是否發生在非人哺乳動物身上？」

非人哺乳動物的銘印行為

在之前的小節中，我們已經充分說明很多哺乳動物的依附行為和孵化離巢的鳥類之間，擁有很多共同之處。這也就是說，從一開始，指向母親的許多行為反應，可以被很大範圍的客體引發。通常有效客體的範圍很快就會縮小，這似乎是由於暴露學習以及被某種知覺特徵強化所致，如接觸、移動以及母親呼喚的聲音。一旦個體學習到依附人物的特徵，那麼反應指向就會主要或完全指向它。此外，**人物一旦被選定，那麼個體對這個人物的偏好就會保持穩定，而依附行為從熟悉人物轉向新的陌生人物，就會變得越來越困難**。其中最主要的原因就是——哺乳動物與鳥類一樣，隨著不斷成長，對任何陌生人物的反應可能越來越恐懼和退縮。

隨著動物長大，恐懼會扮演限制依附發展的角色，這一點在之前提及的史考特對小狗的實驗中可以清楚看到。小狗第一次暴露在人類面前時只要沒有超過5週大，就會立即接近人類。相反的，7週大的小狗第一次暴

---

❹ 海因德回顧哺乳動物和鳥類比較的作用時，曾提出這樣的警告：「任何相似性都可能只源於類似的選擇力量，而不是類似的機制。」[177]他繼續說道：「一種情況下的問題，可能會提示其他情況下的問題但無法提供答案。我們必須分別對每一種情況進行細緻分析。」[178]

露在人類面前時，實驗最開始的兩天會走開，後來才開始出現接近行為。9週大的小狗首次暴露時，剛開始前三天內都會與人保持明顯的距離。另一些已經14週大的小狗首次暴露後，實驗中每一天都與人保持一定距離。史考特寫到：「只有經過極其小心、更長時間的對待，最後一組小狗才會克服恐懼；不過即使如此，往後生活中，在人面前仍然是很害羞的。」❺
328

　　哈洛和他的同事對恆河猴的研究發現與此一致。在6～7週之前，小恆河猴由視覺引發的恐懼反應很少[164]。所以，在這個年齡之前，小恆河猴很容易接近任何新的動物或物體；但是超過這個年齡之後，退縮的可能性就會增加。因此，在生命的前3個月，被隔離的小恆河猴轉移到更多樣化、與其他猴子在一起的環境中時，就會出現很大的問題，牠會保持原地不動且可能不吃東西。即使如此，這些小恆河猴在隨後幾週內會恢復到某種程度，一、兩個月之後，就會主動的與其他幼猴一起活動[149]。但是，最初6個月都被社交隔離的小恆河猴，就沒有出現類似的恢復程度，當被帶到多樣化環境中時，牠們在接下來的16個月裡仍會保持孤立，只會出現蜷縮、擁抱自己，以及搖晃行為，這種情況至少會持續2～3年[237]。這種行為上的缺陷，似乎是由於牠們對所有新事物，當然也包括對其他猴子感覺到極度恐懼。

　　這就是說，**無論是狗還是恆河猴，依附關係最容易發展的階段是有限的。一旦過了這個階段，儘管還是有可能會依附新的客體，但是這個進程**

---

❺　富勒（John L. Fuller）和克拉克（Lincoln D. Clark）在後續一系列實驗中發現，如果先前被隔離的小狗，在社交測試之前使用一點「氯丙嗪」（chlorpromazine），牠們對陌生情境的恐懼反應會降低。這些3週到15週不等、被隔離的小狗，對新情境的恐懼反應要比沒有用藥的比較組小狗更少，也不會那麼不情願接近研究者，而是開始建立依附關係[135 & 136]。

會變得更加困難。

不論在這個方面，或是依附行為發展的其他多方面，哺乳動物和鳥類之間明顯有很高的相似性。實際上，如果把這些相似性看作趨同進化的結果，而不是共同先天進化的結果，這種程度的相似性是非常顯著的。海因德指出[177]，這無疑是由於動物王國中，每一個分支所面對的生存問題是一樣的。

人類依附行為與銘印的關聯

後續章節中，我們會更加清楚看到，從目前所見而言，人類嬰兒依附行為發展儘管慢很多，但是仍可以在非人哺乳動物發展中看到一部分。有很多證據支持這個結論且沒有發現與此矛盾的證據。

當前有關人類依附行為發展的知識，可以用第10章描述鳥類銘印知識的八個重點來簡要概括：

〔**重點1**〕人類嬰兒的每種社交反應，一開始都可以被很大範圍的刺激引發，但是隨後這個範圍會逐漸變小，在幾個月之後，縮小到一個或一些特定個體所產生的刺激上。

〔**重點2**〕有證據表明嬰兒的社交反應對某些刺激比另一些刺激有更顯著的偏好。

〔**重點3**〕嬰兒與此人的社交互動體驗越多，對他人的依附也就越強烈。

〔**重點4**〕對不同面孔辨認的學習通常在注意性注視和傾聽階段之後，這個現象說明暴露學習可能在其中扮演一定的角色。

〔**重點5**〕大部分嬰兒對偏好人物的依附行為是在第一年發展出來的。

這一年中，似乎存在一段更容易發展依附行為的敏感期。

〔重點6〕敏感期不大可能在6週以前開始，甚至更晚才出現。

〔重點7〕比起更小的時候，在6個月甚至8、9個月之後，嬰兒對陌生人更可能會出現明顯的恐懼反應，並且更有可能會以強烈恐懼反應來回應。由於這種恐懼反應在頻率和強度上增加，嬰兒依附新人物，在第一年末尾以及之後的時間裡會變得更加困難。

〔重點8〕一旦孩子對特定的人物形成了強烈依附關係，就會偏好這個人超過其他人，並且這種偏好即使在分開的時候也會持續。

支持這些論點的證據，會在後續章節中呈現。

因此，我們可以推斷，以目前所知而言，**人類嬰兒依附行為發展及其聚焦到一個可識別人物身上的過程，與其他哺乳動物以及鳥類發展方式相當類似，所以也可以合理的被歸到銘印的標題之下**（只有當我們使用的是銘印的廣義意思）。實際上，如果不這樣做，反而會產生人類和其他物種之間毫無根據的鴻溝。

依附行為功能假設 —— 保護動物不受捕食者攻擊

在第8章中，我們提出了一個特定類型行為的原因及其所達成的功能之間有非常鮮明的差異。以行為系統結構來說，其運作的變項包括激素，和來自環境特定種類的刺激。但是行為達成的功能，應該對生存有所貢獻。可以用雄性交配行為舉例：常見的出現原因是雄性激素升高和雌性出現，功能則是對繁殖做出貢獻。

傳統中，討論孩子和母親之間聯結時，並沒有清楚區分其原因和功能。因此，研究者並沒有系統探討這個聯結的功能。認為這種聯結來自饑餓的次級驅力，這個想法似乎假設這個聯結是為了使嬰兒能夠接近食物供應，儘管這個部分尚未明確討論。

儘管我們很容易認為佛洛伊德也認為孩子與母親聯結的功能，主要是為了保證食物的供應，但是實際上，佛洛伊德的想法與此稍微不同。在他第一次系統性討論這個問題時[130]，就曾提出：「嬰兒要面對最基本的危險，在於生理需要未被滿足的過度刺激，可能會打破生理器官的秩序。獨自處理這個危險的時候，嬰兒非常無助。所以，當嬰兒了解到『依照過往經驗，母親會毫不遲疑的滿足自己的所有需要』時，他就想要察覺到母親存在。」這個論點的結論似乎是：次級驅力聯結嬰兒與母親，為了達成「透過確定母親存在，防止生理器官受到『需要處理大量積累的刺激』威脅」（S.E., 20, p. 137）。從這個角度來說，食物是重要的，它可以幫助嬰兒處理大量積累的刺激。

所有證據都顯示，無論用何種形式的次級驅力理論去解釋嬰兒與母親的聯結，都是錯誤的，**即使在哺乳動物中，食物在依附行為的發展和維持，只起到了邊緣作用**，孩子與母親聯結的功能必須用新的視角去考察。

我已經提過一種觀點是「依附行為的功能在於防備捕食者」[6] [59]。近幾年還提出了另外一個理論，也就是「提供嬰兒從母親那裡學習各種生存技能的機會」。後者有時會被提出來討論，在墨菲的一篇論文[7] [249]中似乎也曾提及。

---

[6]　金（D. L. King）也曾提出這個假說[196]。
[7]　墨菲寫道：「……母親不僅滿足嬰兒營養和其他生理需要……而且還會支持其特定自我功能發展……」

這兩個假設並不衝突，不僅如此，也都是非常合理的。如果捕食者在附近，嬰兒的依附行為無疑有利於安全。此外，擁有母親陪伴，嬰兒便擁有更好的學習活動條件和其他有助於生存的事物。既然這些結果都是依附行為帶來的，且每一個都是有利的結果，那麼我們為什麼不能把它們都作為可能的功能呢？

但是，如果這麼做，就規避了一個問題。我們在第8章討論過：「一個特定行為的生物學功能，並不是這個行為的表現會帶來的任何有利結果。」生物學功能的定義是更細緻的──功能指的是那些在進化過程中，能夠導致該行為整合到一個物種生物學構造中的結果。發生這種整合源於這個行為會為擁有它的個體帶來的某些優勢（在生存和差別化繁殖成功方面）。具備發展這個行為能力的個體，會比沒有這個能力的個體留下更多後代，而且，透過遺傳的作用，所有後代都具備了這個能力，使得一旦達到一定的時間，這個種群的所有成員（或至少其中一部分），都具備發展出這種行為的能力。為了確定這個行為的生物學功能，我們需要回答的問題就是：「發展出這個行為的個體，其所擁有的具體優勢，能夠使他們比缺少這個能力的個體，更容易繁殖成功嗎？」

然而，對於依附行為來說，證據太少無法得出明確結論。那麼支持和反對這兩個觀點的論據，又有哪些呢？

乍看之下，依附行為的關鍵優勢在於為嬰兒提供可以向母親學習各種生存所需技能機會的觀點，似乎更有前景。高等動物，尤其是哺乳動物幼崽出生的時候，其行為構造具有可塑性。在發展過程中，這些構造透過學習的過程變得更加精巧，其中很多學習都源於模仿母親，其行為與母親的行為指向同一個客體，例如，母親行為指向的食物。因此，毫無疑問，幼年動物留在母親附近所導致的結果，其中一個就是有足夠機會學習有用的

東西。

　　但是，還有兩個原因使得這個優勢並不太可能是我們想要尋找的根本性優勢。首先，很多哺乳動物種群中，為什麼依附行為會在學習已經完成的情況下，仍然持續到成年期？而且，為什麼雌性持續的時間特別長？其次，為什麼在動物提高警覺的時候，會高度引發依附行為？把依附行為的功能假設為「學習機會的理論」，似乎並不能回答這些問題。

　　認為依附行為保護動物免受捕食者傷害的作用，是主要的優勢理論，需要一系列邏輯推理過程，這個過程對所有野外自然學家來說非常熟悉，但是心理學家和精神分析師卻對此一無所知。不過，有一點是毫無疑問的，對所有種類的動物來說，攻擊帶來的死亡威脅與饑餓帶來的死亡威脅，強度相等。所有動物都是捕食者，無論是素食還是肉食或雜食。因此，為了生存，每種動物都必須成功獲取自己的食物供應，並能夠在不成為其他動物一部分食物供應的情況下，或至少在成為之前繁殖。因此，保護動物免受捕食者攻擊的行為構造與那些獲取營養或繁殖的構造，具有相同的重要性。但是這個基本自然現象在實驗室或城市環境中，往往被遺忘。

　　保護動物免受捕食者攻擊，可能是依附行為最主要的功能，而這個觀點目前得到了三種現象支持。首先，觀察多種類鳥類和哺乳動物的證據，良好的顯示落單動物比待在同類群體中的動物，更有可能被捕食者攻擊和捕獲；其次，由於年齡、體型或者其他條件而在捕食者面前顯得脆弱的動物，最容易引發依附行為，例如年幼動物、懷孕的雌性，以及生病的動物。最後，依附行為在警覺的情況下容易高度引發，這些情境通常都是感知到捕食者，或者捕食者似乎出現的時候。其他理論都不符合這些現象。

　　幼年個體受到的懲罰越強烈，對懲罰者的依附關係就越強烈，這個矛

盾很難用其他理論解釋，但是卻可以與認為保護動物免受捕食者攻擊是依附行為功能的觀點相符合。有一個非常重要的觀察，可以證明這一點：處於支配地位的雄性感知到捕食者或其他危險的時候，通常會威脅甚至攻擊那些毫無防備、接近危險地點的幼年個體[154 & 193]。透過恐嚇幼年個體，這些具支配地位的雄性引發了幼年個體的依附。這就導致幼崽會尋求接近成年動物而且接近的往往就會是恐嚇牠們的雄性；當牠們這麼做的時候，就避開了危險[8]。

　　儘管這些論點相當重要，但是對於亞人類靈長類動物的野外研究，效果似乎有待商榷。只在極偶爾的情況下觀察過捕食者攻擊猴子，且從未觀察到攻擊黑猩猩和大猩猩的情況。實際上，這兩個種類的人科動物，似乎生活在沒有敵人的伊甸園。事實究竟是否如此，仍不能確定。沃什伯恩和他的同事對此有所質疑。討論這個問題時[374]，他們寫道：

　　「靈長類捕食與被捕食關係問題難以研究。像被鷹攻擊這樣的罕見情況，對靈長類的生存極其重要，但是我們很少觀察到這樣的攻擊，因為人類觀察者在場，會阻礙捕食者和被捕食者活動。我們認為，目前這種不重視靈長類動物被捕食情境的情況，就源於觀察上的困難，同時也源於這樣的現實——即使在今天，大部分有關自由放養靈長類動物的研究，都是在那些捕食者已經被人類減少或消除的地區進行。大部分捕食者在夜間活動，但是對任何一種猴或人科動物，夜間行為研究都仍然不充分。」[9]

---

[8]　庫默（Kummer）描述了離開母親但尚未成熟的幼猴行為：「當牠被群體內的成年個體嚴重威脅時，總是會尋找可接觸的最高位階個體，通常就是占據主導地位的雄性。由於這個個體通常是一開始威脅到牠的那個個體，所以經常會發生幼猴接近引起恐懼物體的情況。」[77]

對這個問題的討論就到此為止了。總而言之，我們認為在眾多依附行為功能假設中，最有可能的假設是保護動物不受捕食者攻擊。以下我們就會採用這個假設。

「依賴」一詞與「依附」的不同

讀者可能會注意到，儘管長期支持次級驅力理論的精神分析師與心理學家經常使用「依賴性」（dependence）和「依賴」（dependency）這兩個術語，但是本文的說明，沒有用到這兩個詞。這個術語源於這樣的觀點：孩子之所以與母親聯結，是因為他依賴母親獲取生理上的滿足。不過，除了因為這些詞源於這項幾乎確定是錯誤的理論，還有其他很重要的理由，使得我們沒有在這裡用到這些詞。

事實在於：**依賴母親角色和依附母親，是兩件完全不同的事情。可以說，嬰兒在最早的幾週當中，無疑是依賴母親照顧，但是在這個時候，他還沒有依附母親。**反而在 2 ～ 3 歲大、被陌生人照顧的孩子，卻可能最為明顯展現出對母親的強烈依附，儘管這個時候他已經不再依賴她。

從邏輯上來說，「依賴」一詞表示「個體依靠他人存在」，因此是功能上的參照；但是「依附」指的是一種行為形式，是純粹的描述。由於兩者意義不同，我們可以看到，依賴在出生時處於最高值，隨著個體成熟逐漸穩定減少，而依附在出生時是完全沒有的，一直到嬰兒 6 個月之後才明

---

❾ 進一步討論評價靈長類捕食者的方法學問題時，沃什伯恩推斷「唯一有效的方法就是研究潛在的捕食者」373。對葉猴的深度研究中，從沒有觀察者報告過美洲豹攻擊這些猴子。但是夏勒的研究320卻顯示，27%的美洲豹糞便都含有曾經吃掉這些猴子的證據。沃什伯恩還討論了有關「近期顯示捕食是決定靈長類動物形態和行為的主要原因」的證據。

顯變得強烈。所以，這兩個詞完全不能稱作同義詞。

　　儘管存有邏輯上的問題，但是有那麼多的心理學家習慣使用「依賴」這個詞，所以或許可以繼續使用「依賴行為」（dependency behaviour）來代替「依附行為」（attachment behaviour）。但是，還有一個比前述更重要的理由，使我們不能使用這個詞。那就是，「依賴」一詞所隱含的價值與「依附」一詞所傳遞或可能傳遞出來的價值，是完全相反的。

　　通常的評價中，依賴的人不如獨立的人。實際上，說一個人在人際關係中比較依賴他人，通常表示輕視。但是，如果要說一個人依附他人，就完全不是輕視了。相反的，如果說家庭裡的成員相互依附，對很多人來說是值得羨慕的一件事情。反過來說，說一個人在人際關係中疏離，通常並不是欣賞。這也就是說，人際關係中的依賴，是需要迴避或擺脫的狀態，但是依附則是被珍視的狀態。

　　基於這些原因，我們認為如果繼續用「依賴性」和「依賴需要」（dependency need）這些詞來表示保持接近的行為，只會造成混淆。有意思的是，儘管支持次級驅力理論，但是佛洛伊德和安娜·佛洛伊德採用的都是「依附」（attachment）一詞[131 & 69]。

　　其他使用過的詞還有「客體情感投注」（cathexis of object）和「親和」（affiliation）。

　　「情感投注」（cathexis）有兩個缺點。首先（也是最主要的缺點），在於它源於佛洛伊德的「能量理論」（energy theory），這個問題在第1章已經討論過；次要的缺點是，它無法區別討論依附行為指向的客體，以及性行為指向的客體，這個問題在本章後段會討論。

　　「親和」一詞是由莫瑞（Henry A. Murray）引入：「這個詞包含了所有種類的友好和善意表現，是想要和其他人一起做事情的願望。」[250]這是比

依附要廣泛的概念，且並不包含那些指向一個或幾個特定人物的行為，但是這些恰是依附行為的標誌性特點。莫瑞也意識到這個區別，因而提出了另外一個需要——尋求撫育的需要。在莫瑞的圖示中，依賴源於「親和」與「尋求撫育的需要」兩者結合。

「親和」的另一個缺點在於：這個概念是從「需要」（needs）的角度產生，當中的模糊概念已經在第8章討論過。由於這個詞仍然被用來表示莫瑞最初的意思[309]，顯然不太合適用來替代依附。

依附與其他社會行為系統的關聯

在本章以及之前章節中，討論到孩子與母親的聯結時，並沒有參考關聯性或其他類型社會行為。依附關係反而被闡釋為「擁有其內部組織模式，並完成自身相應功能」的行為系統。此外，到目前為止，對性行為的討論（見第10章）都視為不同於依附行為的系統、擁有不同的發育過程，當然也具備不同的功能。那麼，這是否就意味著在新的模式中，依附和性之間不存在任何聯繫？如果是這樣，不就忽略了佛洛伊德最主要的貢獻？

對這些問題的簡短回答就是，儘管依附行為和性行為被作為不同的行為系統，但是我們相信兩者之間存在非比尋常的緊密關係。也就是說，新模式清楚意識到佛洛伊德理論所解釋的現象基礎，並提出不同的解釋。

佛洛伊德理論中有關嬰兒性慾的一些部分，是用來解釋「性慾倒錯」（sexual perversion）通常（可能總是）源於童年期的現象。在第10章中提到很多已知的幼年動物中，常見的發展過程，如果出現扭曲，就可能會導致性行為組織形式異常發展，且這也很可能是人類異常發展的原因。

精神分析理論中，其他有關嬰兒性慾的部分，旨在解釋：成年期的性

行為模式受到幼年時母親或父親（或兩者）行為模式很大影響這個現象。傳統精神分析理論中，對於存在這個聯繫的解釋是基於嬰兒期和成年期，這兩種形式的行為不過是單一原欲驅力的不同表達。從這個角度來說，兩者之間的聯繫和影響是理所當然的，需要解釋的反而是兩種形式行為之間的差異。但是，在新的理論中則相反，理所當然存在的是兩種形式行為之間的差異，而需要解釋的，則是兩者之間的聯繫。

將依附行為和性行為在概念上進行區分，有三個主要原因。首先，兩個系統促發是相互獨立的；其次，兩種行為指向的客體類型可能相當不同；最後，兩者發展的敏感期很可能發生在不同年齡階段。讓我們逐一考察這些原因。

充分實現功能的依附行為成熟於生命週期早期，並很快就在較高強度的標準運作起來；在成年期，依附行為通常處於低強度運作，或者，在一些種群中，幾乎完全不運作。相反的，性行為則成熟得更晚；並且，當出現在未成熟個體中時，通常只是片段且不具備功能的形式。

依附行為和性行為，在生命週期中運作方式的不同，其中較為顯著的例子就是——有蹄動物。小羊在年幼時會跟著母親，如果是雌性，還會一直維持這種跟隨行為。因此，我們已經提過，羊群是由小羊跟母親、外祖母以及曾外祖母這樣的形式組成，因此牠們是被最年長的母羊帶領。對雌羊以及很多相似種群來說，依附行為從出生到死亡都是明顯而強烈的，但是這些動物的性行為則是片段式的。幼年雄性成熟之後，會離開羊群組成一個單身群落。每年一到兩次，雄性在發情期會侵入雌羊群落，求偶並交配。隨後，雄性再次離開，兩種性別的個體在下一個發情期之前，都恢復到非性活躍的生活。所以說，依附行為和性行為，不僅實際的模式不同，而且最活躍的生命週期階段也不同。

其次，這兩個不同形式的行為所指向的客體類型，在某些情況下非常不同。例如，一隻依附行為指向人類的小鴨子，其性行為卻可能指向與其同種的鳥類。原因在於：首先，能夠引發兩類行為的刺激範圍可能非常不同；其次，兩者範圍縮小的敏感期，也可能不同。綠頭鴨的實驗表明，跟隨行為的敏感期是最開始的48小時左右，而性行為的敏感期則是3～8週（見第10章）。儘管關於哺乳動物的實驗證據還不盡人意，但是性對象的選擇敏感階段，比依附角色的選擇敏感階段似乎更晚。在人類中，病人出現戀物偏好的時間通常集中在大約3歲左右，也就是說要比選擇依附人物的敏感階段至少晚兩年。

無論事實是否如此，哈洛對非人靈長類的實驗令他確信「在這些動物中，應當與其他動物一樣，將依附行為和性行為視為不同系統」。

在近期的綜述中，哈洛區分了五種情感系統❿ 163：

「將一個（靈長類）種群中的不同個體，以合作性和建設性的社會關係聯結在一起……每一個系統都有自身成熟發展階段，產生和控制其特定反應模式的潛在變量，也是不同的。通常，它們成熟的階段會相互重疊……這五種情感系統按照發展順序來說是：（a）『嬰兒／母親情感系統』（infant-mother affectional system），將嬰兒與母親聯結（這裡被叫作依附行為）；（b）『母親／嬰兒或母性情感系統』（mother-infant or maternal affectional system）；（c）『嬰兒／嬰兒，同齡夥伴或同輩情感系統』（infant-infant, age-mate, or peer affectional system），孩子和嬰兒之間透過這個系統相互聯結……

---

❿　如果用本書術語來說，那麼每一個情感系統，都是調節某種特定社會指向本能行為的一個整合行為系統。

並發展出彼此之間的情感；（d）『性和異性戀情感系統』（sexual and het-
erosexual affectional system），在青少年時期，性慾達到頂點並最終透過成年
期行為導致生育；（e）『父性情感系統』（paternal affectional system），被廣
泛定義為成年雄性對嬰兒、幼兒及其他特定社會群體成員的積極反應。」

　　值得注意的是，哈洛區分這些系統的理由，和我們提過的一樣，就是
「每一個系統都有其自身成熟發展階段，產生和控制其特定反應模式的潛
在變量，也是不同的」。致使他得出這些結論的實驗證據，可以在他的科
學研究論文中找到。

　　所以說，已經有很有力的證據表明「靈長類動物和其他物種一樣，依
附行為和性行為的特性不同」，同時也沒有證據表明人類是例外。但是，
儘管兩個系統互相區別，但是也有很有力的證據表明「它們很可能聯繫緊
密，且會相互影響彼此發展」。這種情況人類與其他動物一致。

　　依附行為是由很多成分模式組成，性行為也是如此，其中有些成分是
兩者共享。因此，儘管它們通常在一個系統中比在另外一個系統中更加典
型，但是卻是兩種類型的行為都有的元素。例如，可以在某些種類的鴨子
身上見到的典型求偶動作，也可以在剛剛孵化的小鴨子身上看到。在這種
情況下，這些動作會指向任何引發銘印反應的客體[101]。在人類中，緊靠和
親吻是兩種共同行為模式的例子。

　　安德魯（R. J. Andrew）還報告了一些其他依附行為和性行為相互聯繫
的證據[22]。某些種類的幼年雄鳥和幼年雄性天竺鼠，如果注射雄性激素加
速其性的發展，就會出現性行為指向已經銘印的依附行為客體。尚未銘印
的對照組動物也被注射，但並沒有出現針對同樣客體的性行為。一種可能
的解釋是：在這些種群中，依附行為和性行為共享某些引發和控制機制。

實際上，**不僅依附行為和性行為之間共享著某些成分和因果機制，父性行為也可能分享其中一些部分**。例如，之前已經引用過的鳥類性行為和父性行為的重疊部分（求偶性餵食），在這種情況下，公雞會用對待小雞的方式來對待母雞，而母雞會對公雞做出只有小雞從父母那裡求食時才出現的姿勢[181]。

　　在人類當中，依附行為、親職行為和性行為之間的重疊很常見。例如，個體將性伴侶當作父母來對待，而伴侶也採用父母的方式來回應，這些情況並不少見。扮演幼年角色伴侶一方，其中一種可能也是合理的解釋是：在這一方中，依附行為不僅持續到了成年期（這點很常見），而且由於某些原因，引發這個行為就和在小孩子身上一樣容易（這一點並不常見）。

　　坦白說，要闡明這幾類行為之間的重疊部分以及相互影響，還需要很多研究。不過，我們希望已經充分說明了將依附行為、性行為和親職行為作為相互區別的系統，並不會危及精神分析所取得的成果。

第13章

依附行為的
控制系統觀點

「它們必須自由，就像大海中的魚、

天空中的星星，當你停在岸邊，

它們就可以隨意的回來。」

——福爾絲・康福（Frances Cornford）

從本能行為來探討依附行為

對於次級驅力類型的理論來說，依附行為笨拙而頑固。相反的，對控制類型的理論來說，它們卻是一個有趣的挑戰。實際上，一旦這個觀點獲得支持，我們就不難看到可能解決的大致框架。

我們在第5章曾指出，對於一個動物來說，很多本能行為會在某些特定環境、某些特定關係中維持很長一段時間。例如「孵蛋行為」意味著在幾週內維持接近蛋和巢；「領地行為」意味著在幾個月或幾年內，在環境中維持某個特定位置。同時具有此類可預測結果的行為，可能以不同程度的複雜形式組織起來。較不複雜的，例如與目標客體距離較遠的時候，趨向特定目標客體的移動就會增加。本章的一個重要議題就是說明依附行為也是以這類方式組織起來。

當然，以上的想法僅僅是我們提出所有理論的基本架構。要解釋所見行為，需要更進一步的詳細闡述。首先，孩子表現出來的依附行為強度，每一天、每一個小時，甚至每一分鐘都在變化，因此有必要探討促發和終止依附行為或改變其促發強度的條件。其次在嬰兒期和兒童期，調節依附行為各種系統之間的組織方式，會發生巨大改變。不過，在討論這些問題之前，必須先考察母親作為夥伴的角色，因為不僅距離增加可能源於母親或孩子，距離減少，同樣也可能源於兩者中任何一方的動作。

母嬰互動中，孩子和母親角色間的關係

四大類行為合力產生的母嬰互動

任何觀察過母親以及 1 ～ 2 歲孩子行為一段時間的人，都能看到兩者會展示出不同的模式。儘管雙方的某些行為都會影響兩者增加或保持接近，但是還有很多完全是其他類型的行為。有一些與接近問題毫不相關（例如：母親做飯或者縫紉、孩子玩皮球或是掏空母親的手提袋），另一些行為則與維持接近相反（例如：母親走到另外一個房間，或者孩子離開她去爬樓梯），還有一些行為則是有悖於接近的尋求（例如：通常在很少的情況下，母親或孩子被激怒以至於他們採取增加與對方保持距離的行為方式）。因此，維持接近只是兩者可能會有的一個行為結果。

但是，**在平常的一天當中，兩者之間的距離不太可能會超過某個極限。一旦這種情況發生，組合中的一方就可能很快採取減少距離的方式。**有些情況下是母親主動，她會呼喚孩子，或者去看看孩子到哪裡去了；另一些情況下則是孩子主動，會跑回母親身邊或者哭泣。

所以說，在母嬰組合中存有一種動態平衡。儘管兩者都有很多不相關的行為，其中一些是具有競爭性的，還有一些是不兼容或者相反的行為，但是兩者之間的距離卻會經常保持在某個穩定界限內。將兩者之間的空間關係分為以下四種類型行為結果，有助於理解這段過程：

〔類型1〕孩子的依附行為。
〔類型2〕與依附對立的孩子的行為——明顯的探索行為和遊戲。
〔類型3〕母親的照顧行為。
〔類型4〕與照顧行為對立的母親行為。

其中，第一種和第三種是與功能同性質的行為，而第二種和第四種屬不同性質的行為。

這四種類型行為的強度，時時刻刻都不同，在某些時候可能完全看不到其中一種類型的行為。此外，每一種類型的行為，都有可能會被其他類型行為存在或缺失影響，因為任何一種行為的結果，可能會引發或抑制其他三種類型行為。也就是說，當母親呼喚孩子的時候，可能會引發孩子的依附行為，但是可能會抑制探索行為。相反的，當孩子探索區域太遠的時候，可能會引發母親的照顧行為，而抑制她正在做的其他事情。**快樂的母嬰組合中，這四類行為以和諧的方式發生，不過衝突的威脅始終存在。**

這個分析顯示，孩子的依附行為只是四種不同類型行為中（兩種是孩子固有的，兩種是母親固有的），一種組成母親與孩子互動行為的一種。進一步討論依附性之前，有必要簡要考察一下其他三種類型行為。我們從「把孩子從母親身邊帶離」這些與依附行為相對的行為開始。

孩子的探索行為和遊戲

過去10年中，皮亞傑的觀點被廣泛接受：「探索和研究是一組與攝食和交配同樣獨特和重要的行為類型。」

探索行為有三種主要形式。首先，頭部和身體的定向反應，使得感覺器官進入對刺激客體進行取樣的位置，同時警覺的肌肉和心血管系統做好行動準備；其次，身體接近刺激客體，促使所有的感覺器官得到更多、更好關於客體的訊息；最後，透過其他操作或實驗來進一步研究客體。這些行為在所有的鳥類和哺乳動物中都很常見，在某些種群中尤為突出，例如鳥類中的烏鴉，哺乳類中的靈長類動物。幼年動物會比年長動物表現出更多此類行為❶。

典型引發探索行為的刺激新奇且複雜，這兩種特徵常常伴隨出現。任何新的物體被放到動物籠子裡之後（例如猴子、鼠類或是犀牛），遲早會被原有動物檢查和研究。一段時間之後，興趣會減弱，新奇感逐漸消失。但是新物體出現會引發新的興趣，舊的物體在一段時間間隔後再次出現，也會有相同的效果。

當獎勵僅僅與新奇物體遊戲，或看一眼新奇物體時，動物就會長時間按壓槓桿或打開擋板。食物並非必要，而且，**當食物和某些新的東西一起出現時，探索新物體通常先於進食，即使動物處於饑餓狀態。**

人類，尤其是幼年個體也有同樣的行為方式。所有母親都知道，孩子喜歡觀看變化的情景，而且，正如瑞格德在實驗所展示[280]，如果重複觸摸一個小球可以觀看一個簡短的電影，僅4個月大的嬰兒，很快就可以學

---

❶　研究動物和人類探索行為的經驗，綜述可見柏林（Daniel E. Berlyne）的著作《衝突、喚起與好奇》[38]，也可見於弗拉維爾（John H. Flavell）的作品《皮亞傑的發展心理學》[107]。

會。每個母親都知道，當某個新的事物或人進入孩子的視野範圍時，他會立刻停止進食。實際上，這就是新奇對人類兒童的影響。「就像孩子拿到一個新玩具」這樣簡短的句子，所表達的就是孩子將注意力放在環境中某個物體的縮影。

因此，探索行為並不是進食行為或性行為的附屬品。相反的，它是獨立的行為，可以被理解為：由一組為了達成從環境中提取訊息的功能，而進化出行為系統所中介的行為。和其他的行為系統一樣，這些系統可以被具備某種特質的刺激促發，並被具備某些其他特質的刺激終止。促發這個行為系統，源於新奇感而止於熟悉感。探索行為的特殊之處就在於它將新奇轉變為熟悉，並且透過這段過程，將促發刺激轉變為終止刺激。

探索行為的矛盾特點是「所有引發探索的特質，都會同時引發警覺和退縮」。因此，感興趣的接近與警覺的退縮，常常在動物或孩子身上同時出現或者快速交替。一般來說，兩者之間的平衡會從警覺轉變為感興趣。一開始，完全陌生的事物只會引起退縮。接下來，會從一段距離之外檢查它（通常會帶著緊張且持續很長一段時間）。隨後，只要物體保持靜止並不發出令人驚訝的聲音或圖像，這個物體遲早會被接近並探索（一開始非常小心，後來變得更有信心）。大部分動物中，這段過程在朋友在場的情況下進展會快得多。而對於幼年動物來說，母親在場的情況下，加速這段過程會相當明顯。

同伴之間一開始的遊戲可以被看作探索靜物和遊戲的延伸。哈洛對小猴子的描述，或許可以同樣應用到人類孩子身上：

「引起個體探索和社會探索的變項，無疑是同一個類型……移動的物體為猴子提供了互動反應的機會，而靜止的物體則給了靈長類嬰兒很多機

會去體驗刺激回饋，這也可以透過接觸社交夥伴或其他夥伴達成……遊戲階段可能從個體與物理客體之間非常複雜的活動開始……個體遊戲出現一定的模式……這些模式無疑是隨後出現多樣而複雜互動的徵兆。」[163]

由於探索行為和遊戲會將孩子帶離母親身邊，因此成了依附行為的對立面。相反的，透過把母親帶到孩子身邊，母親的母性行為與依附行為具有互惠關係。

母性行為的作用與形式

所有哺乳動物（包括人類），母性行為不止一種形式。很多物種一開始就可以辨別出養育、築巢和取回行為。每一種對於幼崽的生存都至關重要，但是當前最感興趣的是「取回行為」（purposes retrieving）。

取回行為的定義是：任何來自父母的可預期結果，是將幼崽帶回巢穴或母親身邊，或兩者皆有。齧齒動物和食肉動物用嘴，而靈長類動物用手臂。除此之外，大部分的動物都會使用特定的叫聲（通常是較為溫和的低音）來引發依附行為，並將幼崽帶回身邊❷。

人類當中，取回行為有很多不同說法：「母性」（mothering）、「母性照顧」（maternal care），以及「養育」（nurturance）都是。在一些情景中，會偏向使用更普通的術語「母性照顧」；在其他一些情況下，使用「取回」（retrieval）會更好一些。尤其是，「取回」讓人注意到很多母性行為涉及減少母親和孩子之間的距離，以及恢復嬰兒與母親身體親密接觸這個現象。當使用其他詞語的時候，很容易忽視這個現象。

---

❷　關於哺乳動物母性行為綜述，請見瑞格德的研究[281]。

靈長類母親的取回行為，是用手臂將嬰兒拉過來並抱起牠，和幼崽的依附行為具有相似的結果，也可以用相似的術語理解。也就是說，很多可預期結果是保持與嬰兒接近的行為系統中介變項。我們可以研究促發和終止這些系統的條件。在引起促發的生理變項中，母親的激素水準幾乎肯定扮演了一定的角色。在環境變項中，嬰兒的位置和行為會是其中之一，例如當嬰兒偏離到一定距離之外或哭泣的時候，母親就會採取行動。當牠處於警覺狀態或看到嬰兒被其他個體帶走的時候，會緊急和強烈的努力找回孩子。只有當孩子安全回到懷裡，這類行為才會停止。其他時候，尤其是當孩子很開心的與其他認識的個體在附近玩耍，母親就會順其自然。但是牠的取回傾向並不是完全處於休眠狀態，牠會持續警惕的觀察孩子，對任何哭聲都保持警覺，一旦注意到就能夠立即行動。

正如母性取回行為的可預期結果與孩子的依附行為相似，導致取回行為和依附行為指向所選擇人物的過程，也是相似的。**就像嬰兒的依附行為會指向特定的母親角色，母親的取回行為也會指向特定的嬰兒。**有證據顯示，在所有種類的哺乳動物中，識別嬰兒在他出生後的幾小時或幾天內就會出現。一旦被識別出來，母性行為就會只指向這個特定的嬰兒。

母親取回行為和孩子依附行為的相似性，還表現在第三個方面——其生物學功能。母親維持接近嬰兒，並在警覺的情況下將牠帶回，顯然具有保護功能。在野外，嬰兒的主要危險來自捕食者，其他危險包括從高處摔下去和溺水。

母性取回行為在非人靈長類身上可以看到最為基本的形式，在人類母親身上也十分明顯。在靈長類動物社會中，母親可能會與嬰兒保持很近的距離，幾乎總是在其視野和聽力範圍之內。母親提高警覺或嬰兒感到痛苦，會立即引發行動。在發展程度更高的社區中，情景會變得更加複雜，

部分是由於母親經常會指定一個人於一天中或短或長時間內代理她的角色。不過，即使如此，大部分母親還是會體驗到把她們與嬰兒或幼兒拉近的強烈力量。她們是服從這種力量還是與之抵抗，取決於成百上千的變項，包括個人、文化和經濟。

與母性行為不相容的行為類型

母親照顧孩子的時候，通常會同時做另一些事情。這些其他行為，有時候不會與照顧行為不相容，但是卻或多或少與其具競爭關係。不過，還有一些其他行為與照顧行為相反，且本質上來說不相容。

與照顧嬰兒在不同程度上具有競爭關係的行為包括所有日常家務勞動。但是，大部分都可以在短時間內放下，所以與母性行為並不衝突。但是還有一些行為則不是那麼容易就可以擱置，其中最棘手的，就是來自其他家庭成員的要求，尤其是丈夫和其他年幼的孩子。因此，母親不可避免的會體驗到衝突，也會損害到她對嬰兒的照顧。

但是，那些僅僅與照顧孩子競爭時間和精力的母親活動，與那些本質上與照顧行為不相容的行為，是兩個完全不同類型。例如不喜歡與嬰兒接觸，或者不喜歡他尖叫，可能會導致母親從嬰兒身邊撤離。對於一個正常的母親來說，儘管偶爾會發生退縮行為，但是卻不太可能頻繁持久，很快就會被當時所需要的照顧行為替代。但是對於情緒紊亂的母親來說，有可能會嚴重干擾照顧行為。

也就是說，**就像嬰兒的依附行為會受到其探索行為和遊戲平衡，母親的取回行為也會被很多競爭性的和不相容的活動平衡。**

至此，我們就簡要總結與孩子的依附行為一起組成母嬰互動的一些其他類型行為。

需要牢記的是，這些互動都伴隨著強烈的感受和情緒，無論是快樂還是其反面。當組合之間的互動比較順暢的時候，每一方在對方的陪伴下，都會展現出高度愉悅，尤其是當另一方表達出情感的時候。相反的，當互動出現持續衝突的時候，雙方都有可能會間或出現強烈的焦慮或不愉快，尤其是被對方排斥的時候。

如果用第7章的理論來描述，也就是說母嬰對這些行為結果的內部評價標準為「是否有利於依附關係發展」：接近和愛意的互動被雙方評價為愉快，而距離和排斥的表達則被雙方評價並感受為不愉快或痛苦。或許再也沒有其他行為，人類的評價標準會在一開始就如此清晰、環境穩定程度如此高了。這種穩定性高到人們會認為孩子愛母親、母親愛孩子是那麼理所當然，這就是人類的天性。也正因為如此，有時候，任何個體在發展過程中出現的這些明顯偏離正常標準的情況，都會被評判為病理性的條件。

母嬰之間，維持雙方接近的責任轉換

所有靈長類嬰兒期和幼兒期，母親和幼崽維持接近的責任會逐漸從母親轉換到孩子身上。

在所有的種群中（包括人類），起初嬰兒的依附行為是不存在或非常無效的。他的強壯程度可能不足以抓緊或移動，甚至當他能夠移動的時候，有可能會不小心離開太遠。因此，嬰兒期存有這樣的階段——在此期間，主要依靠母親的行為來達成維持接近。一開始，她會把嬰兒抱在身上，這種情況在非人種群和人類種群中很相似。在進化程度更高的人類社會中，這個階段表現為母親將孩子放在搖籃裡或綁在搖籃板❸當中，無論哪種情

---

❸ 編注：搖籃板（Cradle-board），北美和斯堪地那維亞北部土著常用的傳統嬰兒背帶。

況，母親都對嬰兒負有全部責任，並且不大可能在不指定其他人代替她的情況下，離孩子很遠。

下個階段中，嬰兒可以移動（1～2週之後的恆河猴、1～2個月之後的大猩猩，以及6個月以後的人類）。在這些種群中，儘管嬰兒經常強烈表現出傾向維持與母親角色接近，但是他能夠持續這麼做的能力是很低的。當母親處於靜止狀態的時候，他不僅會探索且會不加辨別或判斷的去施行，結果就可能會離開母親可接受的範圍。不幸的是，當母親走開的時候，嬰兒的跟隨能力仍然不足。因此，在這個階段，維持接近大多仍然透過母親的行為達成。在人類當中，這個階段大概要持續到第三年的末尾。在整整兩年半的時間內（從6個月到3週歲），依附行為儘管強烈，但並不總是有效。

在隨後的階段中，這個平衡發生了轉換。自此之後，嬰兒的依附行為變得更加有效，他對接近是否足夠的判斷得到了改善，隨後維持接近就會同時透過嬰兒和母親兩者的行為來達成。實際上，有時候母親還會拒絕他並鼓勵他遠離。不過，當母親提高警覺的時候，第一個反應還是尋找孩子並把他抓回身邊。一對母子身處陌生環境中時，母親會緊緊盯著孩子以確保他不會魯莽行事。在人類中，這個轉換會持續數年之久，時間的長度取決於家庭居住的條件。例如，在現代城市化的社會，很少有10歲以下的孩子會被允許到離家很遠的地方。

這個過度階段會在幾乎毫無察覺的情況下進入最終階段，在這個階段中，母親離開的時候越來越多，直到幾乎完全離開成長中的幼年個體。自此之後，除非緊急條件，她所扮演的角色會非常微小。

中介依附行為的形式及其組織

人類的依附關係，是由不同種類的行為作為中介變項，其中最明顯的就是哭泣和呼喚，牙牙學語和微笑、緊靠、非營養目的的吮吸，以及用來接近、跟隨和尋找的動作。從很早期發展階段開始，每一種動作都會產生接近母親的可預期結果。之後，會被組織入一個或多個更高級而通常是目標適應的系統。

所有形式的依附行為都會指向空間中的一個特定客體，通常就是特殊的依附人物。為了能夠達成這個指向，嬰兒必須轉向這個人物，他會採用很多不同的方式。例如，在6個月的時候，嬰兒已經可以熟練的從其他人物中識別出母親，並以視覺和聽覺追蹤她的移動。透過這些方式，嬰兒就可以了解到母親的位置並促發一種或多種指向她的依附行為形式。因此可以說，「定向行為」（orientational behaviour）是依附行為的基本要求（當然，對很多其他類型的行為來說，也是如此）。

有助於依附關係的特定行為形式，可以分成兩個主要類型：

〔類型1〕「信號行為」（signalling behaviour），其效果是將母親帶到孩子身邊。

〔類型2〕「接近行為」（approach behaviour），其效果是將孩子帶到母親身邊。

信號行為：將母親帶到孩子身邊的特定行為

哭泣、微笑、牙牙學語，以及後來的呼喚和某些特定姿勢，都可以很容易劃分為社交信號，要產生並且都具備讓母親接近孩子的可預期結果。

但是，每一種信號發出的情境對不同母性行為元素產生的效應即使是一種單一信號行為形式（例如哭泣），也可以分成幾個不同種類、被不同條件引發，並且具有與其他種類不同的效應。也就是說，從進一步的探問可以發現，**依附行為的不同信號之間的元素完全不能相互交換。相反的，每一種都是獨特的，它們之間能引發互補作用。**

許多條件會以不同的形式引起哭泣❹。舉例來說，有饑餓的哭泣和疼痛的哭泣。饑餓的哭泣加強的速度很慢。剛開始聽到的是強度較低且無節奏的，隨著時間推移逐，漸變得更響亮和有節奏，呼氣的哭聲與吸氣的喘鳴聲相互交替。另一方面，疼痛的哭聲則從一開始就會很響亮。最初突然一聲持久且強烈的哭聲，之後跟隨著一段長時間因窒息產生的完全安靜。到最終這些情形消失，而短促的喘氣聲和呼氣的咳嗽聲交替出現。

兩種類型的哭泣都會對母親的行為產生不盡相同的影響。沃爾夫（P. H. Wolff）發現，疼痛型的哭泣是將母親很快帶到孩子身邊的刺激中，最有力量的一種。而另一方面，對於從低強度開始的哭聲，母親的反應可能會相當從容。她可能準備好要緊急介入孩子的情況，也可能會搖動並餵食孩子。

微笑和牙牙學語發生的情景與哭泣完全不同，但也具有不同類型的效應❺。

哭泣從出生一開始就有效了，但是微笑和牙牙學語與哭泣則不是，約在4週大之後才會有效影響母親的行為。與哭泣不同，微笑和牙牙學語會

---

❹　我的訊息來自沃爾夫研究十四個家庭中，孩子哭泣的自然歷史[389]，以及我與同事安布羅斯博士（Anthony Ambrose）的個人交流。

❺　微笑與牙牙學語的早期發展，請參考沃爾夫的研究[388]；關於微笑對母性行為影響的討論，請參考安布羅斯（J. A. Ambrose）的研究[17]。

在孩子清醒並滿足的時候引發，也就是說他不餓、不感覺孤單或痛苦的時候。最後，哭泣導致母親採取保護、餵食或安慰孩子的行動，而微笑和牙牙學語，引發完全不同類型的行為。當孩子微笑和牙牙學語的時候，母親會用微笑回應、對他說話、輕撫並輕拍他，並且可能會把他抱起來。在這些過程中，雙方似乎都在表達對方存在所帶來的快樂，而且這個效果肯定延長了他們之間的社交互動。很難找到一個詞語來形容母性行為這種非常重要的元素，用「母親正在愛著」的行為或許比較恰當。

嬰兒的微笑不僅會對母親的行為產生即時影響，而且還可能會產生長期影響。安布羅斯曾經描述過母親第一次看到孩子社交性微笑時的驚人效果[17]，似乎使得母親自此以後，對孩子表現出更多的反應。當她感到疲憊或被孩子惹惱的時候，孩子的微笑會舒緩她的感受；當她餵食或用其他形式照顧孩子的時候，孩子的微笑就是對她的獎勵和鼓勵。用嚴格的科學術語來說，**孩子的微笑對母親的影響，在於她在未來會更快對他的信號做出反應，而母親也會採取更有助於孩子生存的反應方式**。聽到孩子滿足的牙牙學語聲，可能也具有相同的長期效果。

最初，無論是哭泣還是微笑或牙牙學語，都不是目標適應型。相反的，當信號發出的時候，可能會被對方回應但也可能不會。當得到對方回應的時候，哭泣和微笑通常就停止了。所以，眾所周知，想讓孩子停止哭泣的一個好辦法，就是把他抱起來搖晃或對他說話。不過人們不太了解的是，其實當孩子被抱起來的時候，微笑也會停止[17]。

牙牙學語的組織形式又是不同的。孩子的牙牙學語通常會引發母親相同的回應，並形成或長或短的交流鏈。不過，抱起孩子也會使它停下來。

當信號未被回應時，會出現各式各樣的行為。例如，在某些情況下，哭泣的信號會持續發出很長一段時間。但是，它也可能在另一些情況停

止，或者被不同的信號取代。例如，當微笑未被回應時，它不會一直無限持續下去，被哭泣替代也並不罕見。同樣的，大一點的孩子如果一開始呼喚母親，母親並沒有過來，可能會變成哭泣。

還有一種與已經考察過的信號完全不同，但非常有意思的信號就是「抬起手臂的姿勢」，這種姿勢可以在母親出現在大概6個月大❻嬰兒的小床邊上時看到，也常常會發生在學會爬行或者蹣跚學步的孩子，在接近母親或者母親接近他們的時候。對母親來說，這個姿勢總是被解讀成孩子想要被抱起來，而且她通常會做出相應的反應。

人類抬起手臂的姿勢在形式上和猴子伸出雙臂、從側面抓住母親的行動非常相似，後者發生在非人靈長類嬰兒當中，是孩子依附母親行為序列的一部分。因此，看起來人類嬰兒抬起手臂的姿勢，可能與此同源，它逐漸變成了一種儀式化的功能信號。

另外還有一種形式的行為似乎也能夠被很好理解為一種信號行為，但是從一開始，它就是目標適應型的，那就是「試圖引發並抓取母親的注意」。雪莉（Mary M. Shirley）研究的二十三個嬰兒中，最先展現出這種行為形式的是一個32週大的嬰兒，而其中半數的孩子在兩星期之後，都表現出了這種行為[333]。

嬰幼兒從大約8個月開始嘗試引起父母注意，並且得不到就不罷休的強度眾所周知，有時候還會引發不少煩惱。實際上，就像其他很多依附行為，有時候會被認為是幼兒令人討厭的一個特點，需要儘快被治癒。但是，一旦將它當作依附行為整合的一個部分時，這點就可以被理解了，並且還可以用更同理的態度來看待這種行為。在人類的進化適應性環境中，

---

❻　嬰兒中，這種反應首次出現的最早時間是14週，最晚是37週[333]。

3～4歲孩子的母親知道孩子在哪裡和做什麼，並準備好在危險來臨的時候介入顯然至關重要。因此，對孩子來說，將他的位置和活動持續告訴母親直到她發出「收到訊息」的信號為止具有適應性。

接近行為：將孩子帶到母親身邊的特定行為

將嬰兒帶到母親身邊，或者讓他維持在那裡的行為，有兩個最著名的例子：第一個是「接近」（approach），包括尋找和跟隨，在每種情境下使用任何可能的方式移動；第二個則是「攀附」（clinging）。第三種不太容易識別的例子是「非營養性吮吸或抓握乳頭」（non-nutritional sucking or nipple-grasping）。

接近母親和跟隨她，通常在孩子學會自己移動的時候變得更加明顯。此外，很快，通常是在第一年的第9～12個月的時間裡，這種行為的組織形式會變得更加目標適應型。這意味著，當母親改變位置的時候，孩子的移動方向也會相應的改變。此外，一旦孩子的認知器官成熟到可以開始認知不見的客體，並尋找的時候，皮亞傑認為[259]，大約從9個月開始發展這個階段，孩子不僅會接近或跟隨可以看得見或聽得見的母親，而且還可以在她不在的時候去熟悉的地方尋找她。

為了達到接近母親的設定目標，所有孩子具備的移動技能都會展現出來。他會爬行、拖著腳走、步行或者奔跑。當他的行動能力嚴重受損時（例如由於藥物作用），他仍然會試圖達到這個目標，即使用翻滾著過去[88]。這些觀察所得，意味著這些行為系統不僅是目標適應，還是計畫組織形式——總體目標是恆定，但是達成所要使用的技巧則是靈活的。

雖然人類嬰兒比起近親猴子更不善於攀附，不過從出生開始就已經具備攀附的能力。在隨後的4週中，這種行為越來越有效。到了30天的時

候，麥格勞發現[223]，他可以用手抓著杆子支撐自己半分鐘的時間。後來，在西方國家，這個能力會降低的其中一部分原因，可能是這個功能不被使用。在大概18個月之後，這個能力又會提高，但是那個時候會以更複雜的方式組織起來。

在較早或稍後的幾週裡，引發嬰兒攀附行為的條件包括：赤裸身體（例如沒穿衣服待在母親的腿上），並且突然面對變化（例如母親跳起來或被絆了一下）❼。之後他就會緊緊依靠，尤其是在提高警覺的時候。例如，在9個月的時候，如果嬰兒在陌生人的懷抱裡，當要把嬰兒放到陌生環境中的時候，他就會緊緊抓住這個人，想要「把他放下來」會非常困難❽。

儘管人類嬰兒的攀附行為曾一度被認為是「原始人類樹上生活時代所遺留的行為」，但是我們沒有理由懷疑，實際上「它是在所有猴子和人科動物中，發現的嬰兒攀附行為人類版本」，雖然沒有那麼有效，但是起到的作用相同。在組織方面，攀附一開始似乎是相當簡單的反射反應，但是隨後才變成目標適應形式。

吮吸通常被看作簡單的食物攝取方式，但也有更進一步的功能。所有靈長類嬰兒，無論是人類還是低於人類的種群，都會花費很長的時間抓住或吮吸乳頭或類似乳頭的物體，儘管大部分時候並沒有得到食物。在人類嬰兒中，吮吸大拇指或安撫物極其常見，在沒有母親帶大的小猴子當中也很普遍。但是，如果被母親帶大，那麼小猴子吮吸或者抓住的就是母親的乳頭。所以說，在自然條件下，非營養性吮吸和抓住乳頭的主要結果，就是嬰兒保持與母親親密接觸。海因德等人[183]也強調了這一點，他們指出，

---

❼　我要感謝我的女兒瑪莉，總是赤裸著來激發、吸引我的注意。
❽　來自我與瑞格德的私人交流。

當小恆河猴緊靠住奔跑或攀爬中的母親時，通常不僅用雙足和雙手依附住母親，還會用嘴巴含住一個或兩個乳頭。實際上，是五點位置的方式抓住。在這種情況下，抓住乳頭也發揮了攀附的功能。

這些觀察清楚顯示，**在靈長類中，抓住乳頭和吮吸有兩個不同的功能，一是營養，另一個是依附**。這兩種功能都具有很高的重要性，假設營養在某種程度上是最主要的而依附只是次要，這會產生一個錯誤。實際上，靈長類動物花在非營養吮吸上的時間要遠遠超過營養性吮吸。

從兩種不同功能的角度來看，這個行為的兩種形式在動作上有所不同，也就不足為奇了，羅威提到[299]，非營養性吮吸要比營養性吮吸更表淺。在她養育的小狒狒身上，其實很容易區分出兩種不同形式的吮吸，因為營養性吮吸總是指向奶瓶而依附吮吸總是指向安撫者。感到饑餓的時候，小狒狒總是會去吮吸奶瓶；而當他提高警覺的時候，則會去吮吸安撫者：「食物供應者無法提供安全供應者所提供的價值。」反之亦然。當小狒狒提高警覺的時候，只要開始吮吸安撫者，很快就會放鬆並感到滿足。

這些發現有助於解釋人類嬰兒花費在非營養吮吸上的時間。在靈長類社群中，嬰兒的非營養性吮吸通常指向母親的乳房。在其他社群中，通常會指向乳頭替代品（大拇指或安慰物體）。不過，無論指向的是什麼物體，能夠進行非營養性吮吸的嬰兒，要比那些無法進行的更容易感覺滿足和放鬆。此外，就像猴子，尤其是在不安或提高警覺的時候，人類嬰兒會進行非營養性吮吸。這些發現都支持這個結論：**非營養性吮吸是獨立於營養性吮吸的活動；並且，在人類的進化適應性環境中，非營養性吮吸是依附行為整合的一部分，其可預測結果是接近母親。**

到此為止，我們概括了中介依附母親角色的主要行為形式。在下一章，有關這些和其他行為的發育過程會做更加細緻的討論。

中介依附行為形式，以及其行為強度

由於很多形式和序列的行為，都可能是依附行為的中介，因此並不存在對強度的簡單標定。反而是，每種中介依附行為形式都具有千差萬別的強度，並且，當總體強度升高的時候，也會喚起更多更不同的行為形式。總體依附關係強度較低時，通常會被喚起的行為形式包括：微笑、放鬆的移動、觀察和觸摸。當依附關係強度較高的時候，可能會被喚起的行為形式包括：快速移動和攀附。強度高的時候總會伴隨哭泣，但有時哭泣也會在強度低的時候出現。

中介依附行為系統的組織形式

在第5章的一小節中，已經解釋行為系統潛在組織方式的主要原則。在目標適應型系統和非目標適應型系統有根本性差異。儘管兩種類型的系統在進化適應性環境中被促發的時候，通常會產生特定可預測結果，但是兩者運作的方式卻是不同的。在目標適應型系統中，可預測結果之所以會在促發之後出現，是因為這個系統的結構形式會持續關注設定目標和表現之間的差異，獵鷹俯衝就是其中一個例子。在其他沒有設定目標的系統中，也就不會存在計算這個差異。相反的，可預測結果源於某些行動以某些序列，在某些場景中被簡單執行。這類系統的一個例子是「鵝透過推蛋的行為，將蛋重新放回巢裡」。

在中介依附關係的行為系統中，有一些組織形式是目標適應系統，另一些則是簡單的線性。最早發展出來的系統肯定不是目標適應型，但是在嬰兒後期階段，尤其是在1週歲之後，目標適應型系統開始扮演越來越多角色，並最終成為主導角色。

讓我們來看看兩個可預測結果是接近母親，但本身並非目標適應型行

為系統的例子。當4個月左右大的孩子在母親短暫離開之後又看到她時，很可能會微笑。母親可能會用更接近他、微笑和對他說話，或者輕輕拍他或抱起他來做出回應。所以說，嬰兒微笑的可預測結果就是更加接近母親。在達成這個結果的過程中，微笑似乎並沒有因為是否看見母親過來就與常規形式有所差異。事實反而是，對於這個年齡的嬰兒，微笑似乎是主要由母親的臉（正臉而不是側臉）所促發的固定行動模式，會被社交互動加強，並且會在被抱起的時候終止。

在促發的時候，通常會產生接近性但並非是目標適應型的第二個系統例子是「哭泣」。當年幼個體在進化適應性環境，也就是處於母親聽覺範圍之內哭泣時，可預測結果就是母親會走到他身邊。但是，同樣的，在最早的幾個月中，似乎並沒有像目標適應系統那樣，因為母親位置是遠還是近，或者她來還是走，就會出現哭聲變化的傾向。

在嬰兒大概8個月大的時候，尤其是在1週歲之後，存在中介依附而更加精緻的系統變得更加明顯。孩子緊緊盯著母親，當她在的時候可以滿足的遊戲，但當她移動的時候要跟隨她的情況並不少見。在這種情況下，對孩子行為的理解，可以推斷只要母親在視野或接觸範圍內時就不會運作，但是一旦這些條件變化，就會很容易被促發的系統掌控。一旦被促發，帶有恰當目標適應性的接近行為就會持續到孩子再次回到母親視野或接觸範圍之內，只有達到這種條件時，系統才會終止運作。

另一種中介依附的目標適應行為是「呼喚」。在第二年的某個時間點，孩子通常會開始以某種新的方式呼喚母親。這時候，呼喚會隨著對母親位置以及當前動作的評價有所不同，當他評價母親較遠或正要離開的時候，呼喚行為會增加，當他評價到她很近或者正向他走來的時候，則會減少。

繼目標適應型行為序列如移動或呼喚之後，會出現一些其他形式的依附行為，如抬起手臂或抓手的姿勢動作。這些不少見行為的可預測結果就是隨之而來是孩子和母親之間的身體接觸。在這種情況下，整個行為的演進似乎是鏈式組織形式。只有當孩子和母親之間的距離縮小到一定範圍內時，第二種類型的動作才會被引發。

兩歲孩子在不同情境下的典型行為

中介依附的特定行為形式，以及在不同年齡段不同情境中特定的組織形式和出現的組合幾乎無限多。但是，在某個特定年齡之後，可以說是15個月之後，某些特定的行為形式和組合出現的頻率就會很高，而其中一些只會在孩子處於某些情境時才會發生。定義這些情境的主要方式就是母親的位置和動作，另一種方式就是孩子對所處環境的感受是熟悉還是陌生。

接下來，我們會嘗試描述一些常見情境下的典型行為。由於孩子之間巨大個體差異以及缺乏細緻研究，我們只能就影響行為的變項繪製出一張草圖。

母親在場且保持靜止時，孩子的行為

1～2歲大的孩子在熟悉的情境中，將靜止的母親作為安全基地，可以滿足的玩耍或探索半個小時或更長時間的情況並不少見。在這種情境中，他依賴轉向母親、記住她的位置來維持接近。緊靠、吮吸和哭泣都不會出現。偶爾一瞥的眼神、微笑以及觸摸的交流，都可以讓一方確信對方知道自己的位置。

安德森（J. W. Anderson）報告了觀察年幼孩子與母親在公園時所得到的

資訊[21]。他選擇的孩子年齡介於15個月到兩歲半之間，母親安靜坐著，允許他們在相對熟悉的環境中四處奔跑，安德森注意到每15分鐘就會出現一次孩子與母親聯繫的動作。在三十五個被觀察的孩子中，二十四個孩子在整個過程中，都與母親保持不超過200英尺（約500公分）的距離，在此範圍內，孩子會在母親身邊來來回回，而母親不需要採取任何行動來確定兩者的接近性。安德森評論了這些孩子在離開母親即刻控制距離時，保持朝向母親姿態的能力。在剩下的十一個孩子中，有八個走得更遠，被鞦韆或者其他感興趣東西吸引。所有情況下，母親都會護送孩子過去。只有三個孩子由於走得太遠或離開母親的視線而被抓了回來。

典型情況下，維持朝向母親的孩子，不是直接離開母親就是直接朝她移動，移動一陣子之後總是會停下來一會兒。回到母親身邊的移動比離開的旅程來說，似乎伴隨著更多跳躍動作而且速度更快。在母親身邊停留並不常見，但是相對時間會長一些；與母親保持一定距離的停留，則更多但時間會更短。

安德森強調，只有在極少的情況下，離開或返回與正在發生的事件有關：「孩子自由扭動並離開幾步時，只不過是出於腳下想要離開母親的一些願望，而沒有任何其他明顯的動機，他會在那裡站一下，直到下次活動開始。」通常，返回旅程開始的時候，幼兒會看母親一眼。在七個孩子的四十九次返回移動中，只有兩次似乎是被母親的情況所引發，兩次都是因為母親的朋友到來。

返回移動也會在與母親有一段距離時停下，停在離她幾英尺（1英尺約30公分）近的地方或接觸她。大概四分之一的情境中，孩子會爬到她腿上、靠著她的膝蓋，或拉著她的手進行接觸。很多時候，孩子只是靠近但不會有真實的接觸。有二分之一的情況，孩子就停在一段距離的地方。

除了兩個人在一起很近的時候，無論孩子還是母親，都不會進行言語交流。當距離變遠的時候，孩子會發出一些對自己的聲音。而母親則很少會嘗試透過呼喚讓孩子回來，而且當她們這麼做的時候，除了極少數例外的情況，結果都是徒勞無功。

儘管安德森並沒有做系統性報告，但是可以從其他途徑得知，當孩子在靜止的母親身邊玩耍時，常常會尋求她的注意，如果不能得到就會感到不滿。阿佩爾（G. Appell）和大衛（M. David）研究13個月的孩子在家裡與母親的互動情況，他們描述了相對少有接觸的母子，二者之間大部分的接觸就是互相看著對方。記錄了母親如何看著兒子，並為他提供很多玩具之後，他們寫下[24]：

「鮑伯也有很多時間看著母親……他需要被看到，當母親過於聚焦在工作上時，他便無法忍受……他會變得煩躁而沮喪，程度和母親離開的時候一樣……」

與這一對母子對照的是，阿佩爾和大衛發現，其他組合的觸覺交流和視覺交流一樣多。

當母親在場且移動時，孩子的行為

到了某個時間，孩子變得有能力透過目標適應型移動，維持接近一個移動人物。年齡大致是在3週歲，比通常認為的要晚得多。儘管兩歲半的孩子可能已經能夠非常穩健的行走，並且有能力在母親保持靜止的情況下進行長期且具有良好指向的短途移動，但是一旦母親開始移動，他就會變得異常笨拙。這個兒童發展現象鮮為人知，忽視此現象產生了很多養育煩

惱。我們仍然可以在安德森的觀察中找到更細節的訊息。

當安德森觀察的兩歲大孩子的母親，通常在外出結束、站起來的時候，她會對孩子發出信號。如果有的話，孩子就會很樂意的爬到推車裡。但是如果母親想讓他走路，那麼很快就會出現困難，除非母親走得非常慢並且拉著孩子的手。安德森報告，母親常常會失去耐心，抓住孩子的手臂把他拎起來並拽著他走。

如果母親在意料之外站起且沒有發出信號（比如要去拿點東西），孩子最有可能的情況就是會站在原地保持不動。如果接下來，母親希望孩子過來，就需要非常耐心的鼓勵他，否則孩子就有可能會一直保持不動。

安德森觀察了另外十二個年齡相同、不坐嬰兒車，而母親在公園裡步行的孩子，確認了極度無效的跟隨行為。孩子會不斷停下來，通常是在與母親有一定距離的地方，以至於在每隔5～8分鐘的時間段內，母親停下來等孩子的時間要超過行走的時間。其中八個孩子完全偏離了方向需要母親抓回來。至少一半的孩子在短暫觀察期結束之前，都會進入被運載的狀態，其中三個由孩子發起，其餘三個由母親發起。

安德森的證據清楚表示：**3歲以下的孩子尚不具備有效的目標適應系統，使他們能夠維持接近移動中的人物，在此之前，人類的適應性安排就是由母親來運載他們。**這個年齡的孩子樂意接受被轉移的程度，取決於他們被帶著的時候，是否滿足與有效維持他們的平衡，以及被要求攜帶時的決定方式，以及是否經常突然發生，都有深刻的影響。安德森報告了走在母親側邊的孩子，是如何突然移動到面對她的位置並舉起雙臂。這個行為發生得如此突然，以至於母親很容易不小心撞到孩子。這個不良後果並沒有阻礙孩子的行為就表明——這種行為是本能，而且是因為看到母親移動所引發的。

已有的證據表明，無論是在經濟發達還是不發達的社區，父母無論去哪裡，3歲以下的孩子都是被父母帶著。在西方社會通常是透過某種類型的嬰兒車。不過，由父母一方背或抱著也並不少見。在瑞格德和基恩（G. C. Keene）的一項研究顯示[286]，在華盛頓特區公共場所被成年人（大部分是父母）帶著的五百個孩子中，大約89%小於3歲，三個年齡階段大致平均分布。3週歲以上的孩子只占觀察的一小部分；8%的孩子4歲；只有2%超過4歲。

看起來，在3週歲之後，大部分孩子開始具備恰當的目標適應系統，能夠使他們在母親角色移動的情況下也維持接近。即使如此，之後很多年，這些孩子還會抓住父母的手或衣服或者抓住嬰兒車的扶手。只有在7週歲之後，大部分孩子才不再抓住父母的手，但是在這方面如同其他方面也具有很大的個體差異。

當母親離開時，孩子的行為表現

12個月大以後（往往會在此之前），孩子看到母親離開時通常會反抗。這種反抗可能是從低聲啜泣到大聲哭喊之間的任何形式。他們通常還會試圖跟隨她，不過實際表現出來的行為取決於很多因素。例如：孩子越小，哭泣的可能性越高而跟隨的可能性越低。另一個影響因素是母親離開的方式，緩慢而安靜的撤退引起的反抗和跟隨，可能會少一些；快速、慌忙離開則會引發大聲抗議和艱苦的跟隨。還有一個因素涉及對環境的熟悉度或陌生程度。被留在熟悉場域中的孩子，可能相對更滿足，但是被留在不熟悉場域中的孩子，不是哭泣就是試圖跟隨。

看到母親離開所引發的行為與孩子單獨一人時的行為非常不同。很多在看見母親離開時會反抗並試圖跟隨的孩子，在得知母親在哪裡並且只要

願意的時候，都可以找到她的情況，即使母親不在身邊也可以很滿足的一個人玩。他出現某種依附行為之前（通常不是尋找母親就是哭泣，取決於年齡和其他因素），一個人玩的時間可以達到 1 ～ 2 個小時。

當母親回來時，孩子的行為

母親回來時，孩子的表現取決於離開的時間以及再次出現時，孩子的情緒狀態，而這些又反過來取決於他與母親之間所形成的關係模式（見第6章）。

經歷了短暫且常規的離開之後，孩子幾乎會轉向母親並接近她。他會微笑，如果他在哭很有可能會停止，尤其是如果母親把他抱起來。如果哭得比較厲害，很可能會緊緊抓住母親，被抱起來的時候會緊緊靠著母親。

在經歷一段較長時間、不那麼常規的離開之後，當母親最終返回的時候，孩子的表現可能要痛苦得多。在這種情況下，剛看到母親的時候，他的反應可能會更少甚至會退縮。如果沒有在哭，他可能會保持沉默一段時間然後開始哭泣。一旦與母親之間建立身體接觸，哭泣就會減少，並最終停止。隨後，他很有可能會緊緊靠住母親並且不讓母親把他放下來，還有可能會出現很多非營養性吮吸。

經歷了持續幾天或更長時間的分離後，尤其如果處在陌生環境，孩子的依附行為就有可能出現異常，其與正常情況的區別不是強度過大，就是明顯缺失。

在母親返回時，孩子不同形式的表現中，有些行為明顯是目標適應型的，但是另一些則不是。

促發與終止中介依附行為系統

依附行為最明顯的第二和第三年中，觀察任何一個孩子都會發現：這些行為在促發的形式和強度上差異巨大。某個時刻，當母親不在視野範圍內且顯然不在孩子心裡的時候，他可以滿足的探索環境，但是下一個時刻，他可能就在絕望的尋找母親或放聲痛哭要找到她。某一天他還很快樂並不需要母親，隔天可能就會變得煩躁和「孩子氣」。

探討孩子身上決定依附行為這些差異的條件，用我們所提出的理論來說，就是探討中介這些行為系統的促發和終止。

本章中，我們只探討目標適應型系統以及影響它們的條件。討論促發和終止非目標適應型系統的條件，會延遲到下一章，到時候也會探討它們的發展。孩子在幾個月或幾年中的行為差異變項，以及解釋孩子之間個體差異的可能變項的簡要討論，會放到第16章。

在本書的第一版（英文版第一版）中，我們提出的是相當簡單的即停即止型模型，但是在經過深入研究之後，尤其是布列松頓（Inge Bretherton）的研究顯示，儘管這是一個好的開始，但卻是不充分的[64]。因此，在第19章中，我們會更詳細闡述這個模型。我們先從這個簡單的版本開始。

就像大部分行為系統被促發時的狀態，中介依附行為的系統在促發強度上，會有從低到高的差異。我們提出的模型，其主要特徵是「終止條件會因促發強度有所差異」。**當系統被高度促發的時候，只有與母親身體接觸才能終止。當系統的活動程度低一些的時候，看到或者聽到母親的聲音就可以終止，並且將某些次要依附人物的接近作為母親的替代人物，可能就已經足夠。**終止條件的差異可以從嚴格到寬鬆不等。

很多條件都會促發依附行為，其中最簡單的就是與母親之間的絕對距

離。安德森的觀察顯示了這個變項所扮演的角色。除了一部分的兒童，他所觀察的孩子與母親的距離保持在200英尺（約500公分）的半徑範圍之內，達到這個距離之後，就會返回而不是離得更遠。該類型的另一個條件可能是時間的流逝。儘管只有幾個與之相關的系統性觀察研究，但是普通幼兒園的經驗顯示，時間流逝扮演了一定的角色。例如，通常一個安心玩耍的兩歲孩子會時不時檢視母親的位置。這些檢視可以被看作依附行為的強度，被週期性促發的例子。

其他已知的促發依附行為，並影響其表現形式及強度的條件，主要可分為以下三種：

〔條件1〕孩子的狀態：疲勞、疼痛、健康狀況不良、饑餓、寒冷。

〔條件2〕母親的位置和行為：母親不在、母親離開、母親阻礙接近。

〔條件3〕其他環境條件：發生提高警覺的事件、被其他成年人或孩子拒絕。

讓我們先考察一下被歸到「孩子的狀態」這一類因素的影響。

母親都知道，當孩子感到疲憊、饑餓、寒冷、處於健康狀況不良的狀態，或感到疼痛的時候更有可能會變得「孩子氣」。他不僅會不願意母親離開視線範圍，還會要求坐在她的大腿上或被她帶在身邊。在這種強度，依附行為可能只被身體接觸終止，任何由母親所引起的打斷動作，都會再度引發強烈依附行為（哭泣、跟隨、緊靠），直到兩者再次建立接觸。相反的，當孩子不再疲憊、饑餓、寒冷、處於健康狀況不良的狀態，或感到疼痛的時候，他的行為就會相當不同：他會覺得滿意，即使母親與他之間有一段距離或者只是在他聽覺範圍之內。因此，這五種條件會導致依附行為

高度顯現，也因此，其終止條件也相對比較嚴格。

當孩子提高警覺或受到其他成年人或孩子拒絕的時候，變化也是類似的，也就是被歸為「其他環境條件」的條件。

容易引起孩子提高警覺的事件有：巨大、尤其是突然的刺激度變化的事件（如亮光、突然的黑暗、巨大的噪聲）；本身較為陌生的客體，或者是出現在意料之外的背景中。兩歲或大一點的孩子，在這些情況下幾乎都會受到驚嚇並衝到母親身邊。換句話說，依附行為被高度促發且相對應的終止條件是嚴格的。除了接近，也有可能引發哭泣或緊靠行為。另一方面來說，當孩子只受到一點驚嚇的時候，依附行為的強度較低且其終止條件也比較寬鬆。孩子之後可能只是會移動到離母親近一點的地方，或者甚至只是轉過頭、檢驗一下母親的位置並關注一下她的表情和姿勢❾。

此外，母親對待孩子的方式也會影響依附行為強度。通常會引發高度依附行為和對應終止條件的母性行為，是任由那些阻礙或威脅接近。當母親拒絕孩子接近她或坐在她腿上的願望時，而出現與其意願相反的結果，此情況並不少見──孩子會更緊緊的靠住她。類似的情況是，當孩子懷疑母親要把他留下的時候，會堅決待在她身邊。另一方面，當孩子觀察到母親正在關注他，而且準備好回應他任何想要更接近她的意願時，孩子可能會感到滿足並可能會離開一定距離去探索。儘管這些行為看起來似乎違背常理，但是實際上，這符合了依附行為會達成保護功能的假設。**當母親似乎無法扮演維持接近的角色時，孩子就會提高警覺，並用自己的行為努力**

---

❾ 羅森塔爾（Miriam K. Rosenthal）在針對3歲半到4歲小女孩的實驗中發現：在警覺情況下，被試者傾向接近實驗房間中任何可以接近的人（有時候是母親，有時候是陌生人）。[298]也就是說，在警覺情況下，維持接近的平均值比非警覺情況下高50％。相反的，尋求關注和幫助的平均值，在兩種情況下沒有差異。

確保維持接近。另一方面，當母親表現出準備好維持接近的時候，孩子就可以放鬆了。

對大多數幼兒來說，僅僅是看到母親懷裡抱著其他的孩子，就足以引發強烈的依附行為。大一點的孩子會堅持與母親保持親近，或者要爬到她的腿上。通常孩子會表現得像嬰兒，這個眾所周知的行為，很可能只是孩子在母親缺乏關注和回應時的特殊例子。但是事實上，大一點的孩子即使在母親給予更多關注和回應時，仍然會有這樣的表現。利維（David M. Levy）的開創性實驗也表明：「僅僅是一個嬰兒出現在母親腿上，就足夠讓大一點的孩子出現更多的攀附行為。」[208]

隨著年齡發生變化的中介依附行為系統

第 11 章已經描述，在滿 3 週歲之後，大部分孩子依附行為的緊迫性和頻繁度，會比之前史低，這個趨勢會持續多年，儘管依附行為並不會完全消失。以我們所理解的理論：**出現這些變化，很大程度是因為行為本身變得不那麼容易被促發，並且在任何預定的條件下，促發的強度都變得更低了**。因此，終止條件變得更加寬鬆。也就是說，對於年長一些的孩子來說，早前會引發高強度依附行為的條件，現在引發的強度會變低，也因此，早前只有透過親密身體接觸才能終止的行為，現在可能一個輕輕觸碰甚至一個確認的眼神就可以終止。

導致依附行為更不容易被促發且強度更低的原因，目前還是未知的。經驗無疑扮演了一定的角色，例如：先前陌生的事物變得更加熟悉，也就不需要那麼警覺了。不過，隨年齡發生的變化似乎不可能完全由經驗影響。在本能行為的主要系統中，例如性行為和母性行為，激素平衡的變化眾所周知非常重要。對於依附行為來說，激素平衡的變化，似乎可能也扮

演了重要的角色。如果能夠確認那些證明依附行為在女性當中更容易被引發的證據，就有可能支持這個結論。

除了依附行為的促發變得更不頻繁、強度更低，另一個隨著年齡發生的變化，是依附行為會變得可以被越來越多條件終止，其中一些是純象徵性的。也就是說，只要強度不是很高，照片、信件以及打電話，都會變成某種程度上有效的「維持接觸」的方式。

關於上述與其他依附行為形式的變化，會在最後一章中更深入討論。

到此為止，我們概述了依附行為的控制理論。我們內心有兩個目的：一是要展示這種類型的理論已可以合理容納當前人類生活中已知的早年依附行為；二是鼓勵更多研究出現。在這種模型下，行為可以被準確預測且這些預測是可以被檢驗的。

人類依附行為的
個體發生學

嬰兒誕生後不是白紙一張。與此相反，嬰兒天生配備了很多套
行為系統、準備促發，而且每套都已經設定了偏好設置。若刺
激屬某個或某些大範圍，特定的行為會被促發；若刺激屬於別
的範圍，行為會終止；若是其他種類的刺激，行為要麼增強，
要麼減弱。為了更清楚理解依附行為，這一部將詳細解釋依附
發展過程，並進行充分討論。

第14章

依附行爲的開始

——新生兒的依附行為發展

「遺傳提出建議，發展做出決定。」

——彼得·梅達沃（Peter B. Medawar）[240]

人類依附關係發展4階段

大部分兒童都成長在普通家庭環境中。在這種環境，調節依附的行為系統會以相對穩定的方式逐漸衍生和發展，因而可以變得相當複雜。對於該系統的發展過程及影響因素，我們了解了哪些？

嬰兒誕生後不是白紙一張。與此相反，嬰兒天生配備了很多套行為系統、準備促發，而且每套都已經設定了偏好設置。若刺激屬某個或某些大範圍，特定的行為會被促發；若刺激屬於別的範圍，行為會終止；若是其他種類的刺激，行為要麼增強，要麼減弱。在這些系統中，有一些奠定了後來依附發展的基石，例如那些原始系統，用來調節新生兒哭泣、吮吸、依附和定向行為。短短幾週之後，這些行為系統就有了新成員，加上了嬰兒的微笑和咿咿呀呀聲。幾個月後，又多了爬行和走路。

這些行為最初出現時，結構非常簡單。有一些動作模式本身就是線性的，只比固定的行動模式精細一點點。很多刺激都能促發和終止這些動作，而系統只是用一種最粗略、最省事的方式來區分這些刺激。即使如

此，有些差別一開始就存在，而且從一開始，嬰兒就有一種明顯偏好，會用幾種特定方式來回應通常來自人類的幾種刺激，例如來自人類聲音的聽覺刺激、來自人類面孔的視覺刺激，以及來自人類手臂和身體的觸覺、運動刺激。這些細小的開端，衍生出所有具有高度鑑別力的複雜系統。在嬰兒後期和兒童期，乃至終生，這些系統調節都指向依附特定個體。

第11章粗略勾勒了人類嬰兒的依附行為發展。為了更方便進行深入分析，我把發展過程分為幾個階段。不過我們必須注意，這些階段之間並沒有清楚界限。下面的段落會簡要描述四個階段。在本章和下一章，我會對此進行充分的探討。

階段1 區分對象的程度與有限的定向和信號

在這個階段，**嬰兒對人們的回應已經有一些特點，但是還只能透過嗅覺和聽覺刺激來區分不同的人。**這個階段始於嬰兒出生時，結束的時間不會早於8週，而且通常會持續到大約12週。在不利的情形下，這個階段還會持續相當長。

有人出現在嬰兒的感知範圍內時，嬰兒的反應包括：轉向這個人、用眼神追蹤、抓握和伸手、微笑和咿咿呀呀聲。通常，聽到聲音或看到面孔時，嬰兒會停止哭泣。透過影響陪伴者的行為，這些行為都可能增加陪伴者待在嬰兒身邊的時間。在大約12週後，這些友好行為反應的強度會有所增加。從此以後，嬰兒「主動、快活而愉悅的」提供「極具社會性的反應」[279]。

階段2 對一個或多個區分對象的直接定向和信號

這個階段，嬰兒跟階段1一樣，會用友好的方式回應，但是對母親的

反應會比其他人更明顯。嬰兒對不同聽覺刺激的反應差異在大約4週後才能觀察，而對視覺刺激的反應差異則要到大約10週後才能看出來。然而，大部分在家裡長大的嬰兒，對這兩種刺激的反應差異都在12週左右變得非常明顯。根據周遭環境，這個階段會持續到6個月，或者更晚。

階段3 透過定向和信號，讓特定對象一直在旁邊

在這個階段，**嬰兒對待人們的方式差異越來越大，而且反應方式增加**，包括母親離開時跟隨她、母親回來時迎接她，以及將母親作為安全基地出發去探索周圍。與此同時，對其他人的友好回以無差別的反應會減弱。某些人會被嬰兒選中，成為次要依附對象，其他人則沒有這份榮幸。嬰兒對待陌生人會越來越謹慎，而陌生人的出現，遲早會激起嬰兒的警覺和退縮行為。

在這個階段，嬰兒對母親行為的一些系統會被調節，會根據目標進行校正偏差，變得越來越有條理。隨後，所有人都能看出嬰兒依附母親角色。

這個階段通常在6、7個月時開始，但是也可能延遲到1歲以後，尤其是當嬰兒跟主要依附對象沒有什麼接觸時。這個階段可能會持續到第二年與第三年。

階段4 形成根據目標進行調整的合作關係

在階段3，**嬰兒和幼兒已經擁有「根據目標進行校正」的行為系統，該系統略有條理，但是會運用相對原始的認知地圖，讓特定對象一直待在身邊**。在這幅認知地圖中，嬰兒遲早會把母親形象感知為獨立客體，在時空中一直存在，而且行動或多或少是可以預測的。但是即使嬰兒擁有了這

個概念，我們仍然不能假定孩子已經理解了是什麼在影響母親的行為，讓她靠近或遠離自己，或者可以採取什麼行動來改變母親的行為。以下認知很可能仍在他的理解範圍之外：母親的行為是圍繞著自己的目標來組織的，這些目標數量繁多，而且在某種程度上會相互衝突，但是嬰兒可能會推斷這些目標，並據此採取行動。

但是，這個狀況遲早會發生變化。透過觀察母親的行為及影響因素，兒童可以推斷出母親的某些預定目標，並覺察出母親為了實現目標而採用的某些計畫。從這一點開始，兒童對世界的認知變得複雜多了，而他的行為也可能更靈活。換言之，兒童即將得到洞察母親感受和動機的能力。一旦兒童走到這一步，就已經奠定了基礎，讓親子間可以發展出較複雜的關係，也就是我所說的合作關係。

這顯然是一個全新階段。雖然目前證據不足，但是已有的案例表明，一些孩子在3歲半就已經做得很好，例如布列松頓在研究中提及的例子[65]。在第18章中，我們會進一步討論。

判定孩子在哪個階段形成依附關係太過武斷。顯然，在階段1，孩子還沒依附母親，而在階段3，則明顯有了依附關係。至於在階段2，孩子是否形成了依附，或者到哪種程度，則取決於我們如何定義依附關係。

內在過程和外在條件，能讓嬰兒發展出一套行為系統，從而度過上述四個連續階段。在這一章以及後面幾章，我們會嘗試描述這些內在過程和外在條件。為了追溯這套系統的發展，我們會持續提及第10章探討過的個體發展原則，也就是下列三種趨勢：

〔**趨勢1**〕有效刺激的範圍變得有限。

〔**趨勢2**〕原始行為系統變得精細，並被複雜行為系統取代。

〔**趨勢3**〕行為系統最初沒有任何功能，後來被整合到具有功能的整體中。

但是在踏上個體發展的追溯之旅前，讓我們暫緩腳步，仔細審視我們的起點，也就是人類嬰兒降臨到這世間時所配有的行為裝備。

人類新生兒具有的行為裝備

關於人類嬰兒在出生後前幾個月的行為裝備，已經有很多無意義的論述。一方面，新生兒的反應被視為毫無差異、尚未成熟；另一方面，嬰兒竟具備了階段4的典型意念或行為。至於嬰兒的學習能力，變化範圍從幾乎毫無能力到等同於3歲孩子的能力。

即使在60年代，這些近似於神話的看法也毫無存在的理由。而到了現在，到了80年代早期，由於發展心理學家的辛勤研究，原本止步於猜測的領域已擁有了豐富的知識。若讀者希望了解更多，可以參閱沃索夫斯基（Joy D. Osofsky）編撰的文獻集[255]，這本書非常棒。事實證明，瑞格德10年前的概論，其實是一則預言：「用已驗證的方法進行細心探測，幾乎總是能得出很多證據，而這些證據的敏感度遠遠高於猜想。」[283]

實驗表明，**在嬰兒出生時或出生後不久，感覺系統都已經在運作。不僅如此，幾天之後，他就可以區分不同個體氣味和聲音。透過更加頻繁的轉頭和加快吮吸，嬰兒會展現出他更加喜歡母親的氣味和聲音**[222 & 89]。嬰兒在視覺方面沒有這麼屬害，但是很快就可以聚焦在一束光線上，並追蹤光線的運動，幾週後，嬰兒就可以感知到圖案。

研究者會給嬰兒某個選擇或改變刺激，觀察嬰兒是否做出不同反應，從而判斷嬰兒能在多大程度上區分不同刺激。透過留意嬰兒對不同刺激的反應方式，研究者能夠得到非常有價值的訊息──了解嬰兒的偏好。結果是，有些聲音讓嬰兒哭泣，有些聲音則讓嬰兒平靜下來；嬰兒會格外注意某些東西，不怎麼留意其他物體；有些味道會激起吮吸反應和快樂的表情，而其他味道則會引發厭惡的行動和厭煩的表情。很顯然，透過這些不同反應，嬰兒會對接收到的感官輸入產生不容忽視的影響，顯著的提高某些輸入出現的頻率，並將其他輸入出現的頻率降為零。而研究者一再發現，這些內在偏好有利於社會互動發展。

　　在一項較早的實驗中，海澤（H. Hetzer）和哈特（B. H. Tudor-Hart）呈現多種聲音給嬰兒[175]，有些響亮、有些柔和；有些是人類的嗓音，有些是陶器撞擊或碎裂的聲音，有些是口哨聲。出生幾天後，嬰兒對響亮和柔和的聲音就有非常不同的反應。聽到響亮的聲音時，嬰兒會退縮皺眉，顯得不太愉快；而聽到柔和的聲音時，嬰兒會平靜的向上看，緩慢伸展雙臂，並發出愉快的聲音。**從第3週開始，嬰兒對人類聲音的反應就會比較特別。聽到人類嗓音時，嬰兒會開始吮吸、咯咯笑，並出現愉悅的神情；嗓音停止時，嬰兒會開始哭泣、表現出不太愉快的模樣❶。**

　　研究者做了大量的研究，探索嬰兒的視覺能力發展速度，尤其是嬰兒喜歡看什麼物體[78]。雖然很多研究結果會讓我們相信「在前4個月，嬰兒還沒有區分人類面孔跟其他同等刺激的視覺能力」，但是湯瑪士（H. Thomas）證明這個結論是錯誤的[354]。湯瑪士考察了單一嬰兒的偏好（而不是

---

❶　嬰兒3週大時對女性嗓音的不同反應，海澤與哈特傾向解釋為「嬰兒已經把嗓音與實務聯繫在一起」，但是這其實是毫無必要的假設。此外，他們的研究也表明，在同樣的年齡，準備奶瓶的噪音，嬰兒並不會有特別的反應。

取多個嬰兒偏好的平均值），指出：早在第5週，嬰兒就會偏好與面孔相似的刺激。其中一項研究中[355]，研究者向2～9個月大的嬰兒呈現四種圖片，分別是空白的橢圓形、打亂的面孔簡筆畫、正常的面孔簡筆畫、真實面孔的黑白照。嬰兒2個月大開始，圖片越像面孔，嬰兒就越喜歡。

但是區別不同人的面孔，似乎在嬰兒出生後14週前不會出現。到14週後，在家裡長大的嬰兒識別母親形象的面孔，就非常明顯了，表現方式是當母親出現時，嬰兒會立刻綻放出笑容來迎接媽媽，而且比給其他人的笑容更燦爛。

因此，**由於天生有選擇的敏感性，不同種類的刺激會引發不同種類的行為，而且嬰兒會對環境中某部分刺激給予更多注意**[303]。不僅如此，在得到集中回饋時，不同單一行為的結果，會對將來的行為產生不同的效果，因而某些種類的行為序列會急劇增加（被強化），而其他序列則會急劇減少（被抑制）。在2～3天大的新生兒身上，就可以看到這種變化。顯然，經過最初幾週和幾個月的積累，這種變化將產生深遠的影響。

過去，研究者曾經想像：調整嬰兒行為的主要方式在於該行為是否能帶來食物。這種把食物視為獎賞的執念，產生了兩種負面效果：一是帶來純屬猜測而且絕對錯誤的理論；二是讓人們非常悲哀的忽視其他獎賞，而與食物相比，其中一些獎賞在社會依附的發展過程中作用更大。即使就吮吸而言，雖然食物肯定是一種強化物，但是得到食物並非唯一能夠增強反應的行為結果，例如萊普西特（Lewis P. Lipsitt）在研究中表明，吮吸物體的形狀也很重要[215]。

本章剩下部分，我們會著重探討調節依附的各種行為形式。首先，嬰兒的感知裝備系統傾向讓嬰兒注意母親形象，因而讓母嬰更加熟悉；其次，嬰兒的知覺系統，尤其是手和腳、頭和嘴，總是把握各種時機，把母

嬰黏在一起；最後，嬰兒的信號裝備系統，如哭泣微笑、咿咿呀呀聲、揮舞胳膊等，都會影響母親的活動和對待嬰兒的方式。在探討每一個裝備系統時，我們會聚焦於這些裝備在嬰兒出生後幾個月內的發展過程，此時嬰兒仍然處於依附發展的第一個階段，也就是「區分對象程度與有限的定向和信號」階段。至於已知的，或我們猜想中的進程影響因素，則留到下一章討論。

新生兒對人的早期反應

定向行為：嬰兒天生的行為偏好

　　新生兒對人類做出反應時，並非完全把人當作「人」。不過，正如上文討論的，**新生兒的感知裝備系統設計精良，能夠識別和處理人類產生的刺激，而且新生兒的反應裝備系統有一定偏好，讓嬰兒以特定方式對這些刺激做出反應。**研究者經常發現，嬰兒的行為方式會最大化的利用這類刺激。我們已經舉出了一些例子，例如傾向於觀看圖案或至少是輪廓圖，尤其是跟人類面孔相似的圖。除此之外，嬰兒還傾向於聆聽人類的嗓音，尤其是女性，而且在聲音停止時會開始哭泣。還有一個偏好一開始就出現了，那就是傾向於看運動中的物體，而不太喜歡靜止的。

　　不僅嬰兒偏好以特定方式對人類做出反應，母親也偏好以特定的方式對待嬰兒。母親讓嬰兒跟自己臉對臉、讓嬰兒有機會看著自己。母親抱著嬰兒時，會讓嬰兒的肚腹貼著自己，因而更可能激發反射反應，不僅更精準的讓嬰兒對著自己，而且讓嬰兒有機會用嘴、手和腳來抓住自己的身體。母嬰雙方體驗更多這種互動，相關的反應越強烈。在這種互相激發

中，母親和嬰兒的早期互動就這樣開始了。

讓我們更深入探討嬰兒的視覺行為，以及這種行為如何促進與母親形象的互動。以母乳餵養時，若新生兒碰巧處於警覺狀態、碰巧睜開眼，就很可能會注視母親的面孔[147 & 343]。我們大可不必感到驚訝，回想一下新生兒對特定圖案類型的偏好。另外，在最初幾週，嬰兒只能清楚聚焦距離眼睛 8～9 英寸（約 20 公分）的物體[105]。一旦注視某個物體，新生兒就傾向於用眼睛和頭部追蹤該物體。最初只是偶爾追蹤，而且效果欠佳，但 2～3 週時就會有卓越成效[387]。我們會發現，餵養嬰兒時，母親的面孔正好處於被注視和追蹤的最佳位置。

嬰兒 4 週大時，跟其他物體相比，嬰兒注視人類面孔的傾向已經變得非常明顯[388]，麥格勞也加以強調這一點[223]。在研究視覺收斂的發展時，麥格勞注意到，跟非生命物體相比，放在合適位置的人類面孔更容易引起「視覺聚和」（visual convergence）。對於麥格勞記錄到的這種偏好，或許有個很簡單的解釋：跟實驗中的其他物體相比，人類面孔包含更多輪廓，因為柏林發現[37]，至少從 3 個月大開始，嬰兒更加喜歡注視相對而言包含大量輪廓的物體。當然，另一個因素也非常重要，而且變得越來越重要，那就是表情變化帶來的面孔運動。沃爾夫認為「到兩個月大時，關鍵因素就是運動」[388]。

嬰兒不僅僅在早期表現出偏好人類面孔，而且到大約 14 週大時，至少在某些情況下，嬰兒還會表現出另一種偏好，那就是喜歡看著母親的面孔，而不是其他人的面孔。此外，安斯沃思觀察到，在大約 18 週時，烏干達的嬰兒在其他人懷中時，即使有一點距離，也會一直朝向母親：

「當嬰兒與母親分開、不在母親懷裡但能夠看到母親時，眼睛總是或

多或少盯著母親。嬰兒可能往別處看一會，但是總會不停的瞥向母親。當嬰兒被其他人抱著時，我們可以感覺到，嬰兒一直有『朝向母親』的定向動作，因為嬰兒既不願意跟抱著自己的成人互動，也不願意在這人懷裡放鬆下來。」[4]

至於決定發展過程，至少有以下四種進程在發揮作用：

〔進程1〕跟其他物體相比，更喜歡看特定圖案和運動物體的天生偏好。
〔進程2〕暴露學習，陌生和熟悉的刺激由此逐漸區分開來。
〔進程3〕靠近熟悉刺激的天生偏好（以及後來出現，遠離陌生刺激的偏好）。
〔進程4〕結果的回饋，當行動序列之後出現特定結果時，該序列會因該結果的回饋而增強，而之後出現其他結果時，該序列則會因此減弱。

至於在增強嬰兒行為中起主要作用的行為結果，研究者傳統上認為是食物。但是，沒有任何證據表明食物能增強嬰兒對母親的視覺定向。相反的，有一點已非常清楚，那就是**嬰兒越常注視母親，母親就越可能走向嬰兒、對嬰兒打手勢、對嬰兒說話或唱歌、輕拍嬰兒或擁抱嬰兒**。顯然，正是對嬰兒行為結果控制系統的回饋，增強嬰兒的視覺定向和注視。

作為觀察對象，母親既有趣，又會給予獎賞，不僅值得看，也值得聆聽。我們已經描述過女性嗓音對3週大嬰兒有非常獨特的撫慰效果。除了撫慰，聽到嗓音還可能讓嬰兒轉頭，並發出舒服的聲音。實際上，沃爾夫

發現，這種區分性反應在出生後24小時就已經存在[387]：

「在安靜的育嬰房，研究者呈現尖銳清晰的聲音，讓怠惰的嬰兒提高警覺。嬰兒會左右轉動頭部和眼睛，似乎想發現聲音的來源……跟響亮的聲音相比，柔的聲音會激起更加清晰的追求動作。」

此外，近期研究表明，到第三天時，嬰兒已經能區分出母親的嗓音。

另外，跟視覺注意和追蹤一樣，嬰兒的聽覺注意和追尋，也會得到回饋和學習進程的激勵和強化。**一方面，嬰兒對母親嗓音的興趣可能讓母親更常對嬰兒說話；另一方面，嬰兒對母親的注意能增加母親說話和其他指向嬰兒的行為，而這個事實會讓嬰兒對母親的嗓音給予更多的注意。**透過這種交互強化，母親和嬰兒之間的口語和聽覺互動增強❷。

轉頭和吮吸

嬰兒跟其他人實現身體接觸的主要器官是頭和嘴、手和腳。

新生兒嘴部跟乳房接觸的過程中，普契特（H. F. R. Prechtl）細緻研究了新生兒的頭部運動[266]。普契特區分出兩種主要行為形式。兩種都被稱為「覓食反射」（rooting），雖然這名稱最好只留給第一種形式。

第一種是交替的左右運動，似乎是一種固定動作模式。只要出現在嘴

❷　近期研究已經表明[197 & 63 & 308 & 348 & 313]：健康的新生兒有強大的潛能，能夠參與簡短的社交互動，而敏感的普通母親，也具備成功參與到互動中的潛能。在嬰兒出生後2～3週時，活躍的社交互動與疏離的狀態會交替出現。最開始，嬰兒開始互動或退出互動，完全跟隨自己的自主節律，而敏感的母親會調節自己的行為，從而與嬰兒的行為一致。之後，嬰兒的節律會轉換，適應母親的干預。這些對話發展的速度和效率，以及雙方共同獲得的樂趣，清楚的表明每一位參與者都已經預先適應、準備參與這些對話。若想閱讀關於這些研究的精采綜述，請參閱謝弗的研究[314]。

唇周圍的較大區域，很多種觸覺刺激都可以激發出這種運動。當嬰兒很饑餓時，也會表現為「真空活動」（vacuum activity）。雖然這種運動的頻率和強度不同，但是形式相對刻板，不會被任何特性的刺激影響。

第二種運動形式則是定向的轉頭動作，組織的方式複雜得多。當觸覺刺激出現在貼近嘴唇的區域時，頭會轉向刺激即將到來的方向。此外，如果刺激在皮膚某個點上停留更久，然後移開，嬰兒的頭部會跟著移動。這表明，觸覺刺激不僅會激發這種運動，而且刺激的確切位置還會持續不斷的調節運動形式和方向。

早產嬰兒出生28週後，很容易被激發出這種左右移動的固定動作模式，而定向的轉頭行為則出現得更晚許多。即使是足月嬰兒，也只有大約三分之二出現這種定向轉頭。至於剩下三分之一的足月嬰兒，大部分會經歷同時存在這兩種運動的階段；而在小部分嬰兒身上，固定動作模式的消失和定向有規律的運動出現之間，會出現一天或更長的時間間隔。

若嬰兒所處的環境符合發展要求，無論嬰兒使用哪種運動，都會產生同樣可預期的結果，也就是「攝食」。在兩種情況下，作為一個鏈條的行為序列，都跟下面的描述相同[266]：

〔序列1〕頭部運動讓嬰兒的嘴巴接近母親的乳頭。

〔序列2〕觸覺刺激出現在嘴唇或貼近嘴唇的區域，讓嬰兒的嘴巴張開、嘴唇含住乳頭。

〔序列3〕嬰兒嘴內任何區域的觸覺刺激（尤其是硬顎）[151]，會激發吮吸運動。

〔序列4〕奶水在嘴內激發吞咽運動。

留意這個序列：轉頭、含住乳頭、吮吸⋯⋯都出現在得到食物之前。正如岡瑟（M. Gunther）所強調的：

「人們常有的觀點『嬰兒進食是因為感到饑餓』，其實站不住腳。即使在嬰兒剛剛出生時，如果把空奶瓶放到嬰兒嘴裡，嬰兒也會嘗試進食。但是給嬰兒一匙牛奶時，牛奶只是從嬰兒口腔滑過，與嬰兒對奶瓶的反應形成鮮明對比。」[151]

新生兒透過這種鏈條式序列開始餵養行為，不久之後，這個行為就開始變化與發展。例如：在剛出生前幾天，嬰兒吮吸的強度已經得到增強或減弱[215]。毫無意外，食物是增強強度的重要因素，因此，若形狀糟糕的物體能產生食物，就會被更頻繁吮吸。但是，**食物遠非增強吮吸強度的唯一因素——被吮吸物體的形狀也有很大關聯**。若形狀相對傳統（例如橡膠奶嘴），嬰兒不僅更可能吮吸，而且即使沒有產生食物，吮吸的強度也會增加；當形狀跟傳統奶嘴差異顯著（例如橡膠管子），而且不會產生食物，那吮吸的頻率較低，而且強度會減弱。

嬰兒出生後頭幾天還會有另一項發展，也就是嬰兒預期到自己的臉和嘴會接觸到乳房或奶瓶時，會朝向乳房或奶瓶。考爾（J. D. Call）觀察到[75]，早在第四次餵奶時，就會出現這種預期定向；到第十二次時，這種定向就非常常見了。發展出這種定向後，一旦嬰兒被放到哺乳位置，就會張開嘴，把能自由移動的胳膊移到嘴巴附近、接近母親不斷靠近的乳房。在哺乳位置時，雖然嬰兒的臉沒有跟母親接觸，但是身體會接觸到母親的身體。在考爾的觀察中，幾個嬰兒的這種定向發展較慢。在哺乳時，這些嬰兒跟母親的身體接觸非常少。

最開始，激發嬰兒預期性運動的並非出現乳房或奶瓶，而是嬰兒被放到哺乳位置時的觸覺和本體感刺激。直到3個月大時，嬰兒的預期性運動才會受到視覺指引[174]。

嬰兒饑餓時，普契特描述的定向轉頭運動，很容易被激發，而且這運動通常會讓嘴巴接觸乳房，因此定向轉頭運動顯然是進食的有機組成部分。但是除此之外，在沒有進食時，定向轉頭也能讓嬰兒朝向母親。布勞維爾特已經提出這個觀點。透過使用時間和動作研究技術，布勞芙特（H. Blauvelt）和麥肯納（J. McKenna）證實了對刺激做出反應時，嬰兒頭部轉動是多麼精確[46]。因此，當觸覺刺激從耳朵移向嘴部，嬰兒會轉頭迎接該刺激；與此相反，若刺激運動方向相反，嬰兒會改變嘴巴的位置，去追隨該刺激。在這兩種情況下，結果都是相同的──嬰兒會借此面對刺激。

抓握、依附和伸手抓

研究者已經描述過嬰兒的依附能力，也就是「緊抓或抱住某個物體，讓自己的身體懸空」；此外，有研究者進一步假定，這種行為跟非人類靈長類動物的依附行為同源。近年的研究支持這個觀點，並揭示出人類嬰兒的定向依附反應是如何從新生兒具備的某些原始反應發展出來。擁抱反射和抓握反射，正是其中兩種原始反射。

1918年，德國兒科醫生摩洛（Ernest Moro）首次描述一種「擁抱反射」（Umklammerungs-Reflex），也就是現在通常所說的「摩洛反射」（Moro's response）。普契特稱這是[268]：「一種非常複雜的模式，由多種成分組成。」若突然搖晃、傾斜、舉高或扔掉嬰兒，就會激發出摩洛反射。激發這種刺激與前庭覺有關，可能也與嬰兒脖子的本體感覺有關聯。

關於摩洛反射的本質和序列，以及這種反射在嬰兒行為程式中的位置

和功用，學術界爭議紛紛。值得注意的是，之所以會出現很多困惑和爭議，是因為人類嬰兒通常所處的環境具有進化適應性，而研究摩洛反射的環境，卻往往不具備適應性。一旦在生物學意義上適宜的情境下研究這種運動，就可以從全新的角度看待這個問題，答案也就水落石出了。

在傳統研究中，研究者會在嬰兒雙手沒有抓握任何東西的情況下激發摩洛反射。之後，反射通常分為兩個階段：在第一個階段中，手臂和某些手指會向外展開；在第二個階段則是手臂內收。與此同時，腿部也會伸展和彎曲，只是順序並不固定。但是普契特的研究表明，當人們抱住嬰兒，讓嬰兒的雙手和雙臂受到牽引時，激發出的摩洛反射會截然不同，也就是「手掌抓握反射」（palmar grasp reflex）。當嬰兒突然掉落時，激發出的伸展只有一點點或根本沒有，而內收反射則非常強烈，或者依附會非常有力。普契特由此得出結論：在嬰兒的手臂沒有受力的情形下激發摩洛反射，其實在生物學上並不恰當，因此只引發出怪異的動作模式、令人費解。若把人類的摩洛反射放到原始依附背景下，一切就昭然若揭。此外，普契特繼續寫道：「這個新發現與從小恆河猴身上觀察到的反射一致……母親突然移動會激發幼崽增加鉗握和抓握的力度，防止幼崽從母親背上掉落。」換言之，摩洛相信這種反射的功用是「擁抱」母親，無疑非常正確。

哈維森（H. M. Halverson）[155] 和丹尼—布朗（D. Denny-Brown）[90 & 91] 研究了人類嬰兒的抓握反射。丹尼—布朗區分出三種複雜程度不同的反應類型。

最簡單的是「牽拉反應」（traction response）：當懸空的嬰兒突然被放低，嬰兒會對牽引做出反應，雙手雙腳彎曲。複雜程度稍高的是「真實抓握反射」（true grasp reflex），包含兩個階段。第一個階段是單手或單腳的

輕微閉合，由手掌上的觸覺刺激激發。閉合涉及的肌肉群出現運動知覺，激發出第二個階段，即手腳的強烈彎曲。

無論是牽拉反應，還是抓握反射，都沒有空間定向性，而幾週後發展出來的「本能抓握反應」（instinctive grasp response）則具備空間定向性。與手掌抓握反射相同，本能抓握反應也分為兩個階段。當觸覺刺激突然消失時，會出現第一個階段，即「手向最後的接觸點運動」，就像摸索。一旦手掌接受到觸覺刺激，就會激發第二個階段，即「猛烈的閉合」。

在之後的階段，這些反應形式會再次被更加複雜的反應取代，尤其是抓握會受到視覺刺激控制。嬰兒不再本能抓住手掌接觸到的第一件物體，而是選擇性抓握視野中自己偏好的某個物體。

懷特（Burton L. White）、凱索爾（Peter Castle）和霍爾德研究過伸手和抓握受視覺控制的過程[381]。這些研究者發現，人類嬰兒兩個月大才能將手臂、手的動作跟所看到的內容整合。在出生後第2個和第3個月，眼前出現規律運動的物體時，嬰兒會伸出手，用拳頭重擊這個物體，但是不會試圖去抓握。但是到了第4個月，嬰兒伸出去的手就是張開的，當手接近物體時，會交替看自己的手和物體，直到最終抓住這個物體。雖然嬰兒最開始的表現很笨拙，但是幾週之後，所有動作都會整合，嬰兒可以又快又準的伸手抓住這個物體，而且一擊必中。

到這個時候，嬰兒已經5個月大，不僅能夠認出自己的母親，而且很可能會把自己的大部分社交行為都指向母親。因而，嬰兒很可能會伸手抓住母親身體的某個部分，尤其是頭髮。但是，要1～2個月之後，嬰兒才開始真正依附母親，尤其是在嬰兒提高警覺或不舒服的時候。安斯沃思觀察烏干達嬰兒時，有些嬰兒早在6個月大就會依附母親，而有些直到9個月大時才會這樣。在此之後，當陌生人出現，尤其是母親試圖把嬰兒交給

陌生人時，依附行為就會非常明顯。

討論這項視覺定向抓握發展實驗的結果時，懷特、凱索爾和霍爾德得出了結論，認為多個相對獨立的運動系統都作出了貢獻：

「這些系統包括眼／臂和眼／手的視覺運動系統，以及雙手的觸覺運動系統。這些系統似乎是在不同時期發展出來……而且可能相對獨立……但是逐漸互相協調，演變成一個融合了各個系統能力的複雜高級系統。」

三位研究者還作出推論：這種發展仰賴一些自發活動，而這些活動是嬰兒在家庭環境中通常會參與的。例如嬰兒的自發抓握和控制雙手，當這些運動受到視覺調節時，視覺和觸覺「透過雙重回饋系統」聯結起來。「因為不僅是眼睛會看到雙手感覺到的內容（即嬰兒和物體），而且兩隻手會同時進行觸摸和主動被觸摸。」這種尋常的系統整合，會讓嬰兒得以實現視覺調節的抓握。但是如果嬰兒沒有機會得到這種類型的積極體驗，這種系統整合可能根本不會出現，或者會發展較晚，而且有一定缺陷。這再次闡釋了一項普遍原則，也就是：**雖然行為系統朝著特定方向發展的強烈偏好，但是除非小動物在適宜該種族進化的環境中得到良好照顧，否則就不會發展這種行動。**

微笑

人類嬰兒的微笑如此討人歡喜，對父母的影響如此強烈，因而毫不奇怪，自達爾文以來[81]，無數研究者將注意力傾注在微笑上。費德門（D. G. Freedman）簡要回顧了大量文獻[112]，安布羅斯則作出了細緻的評判[17]。

研究者曾認為：嬰兒微笑的運動模式是後天學習所獲得，而且讓嬰兒

對其他人微笑的主要因素就是被餵養，但是這兩種觀點都沒有得到證據支持。如今獲得最多支持的觀點如下：（a）微笑的運動模式屬於本書所說的本能類；（b）雖然各種刺激都可以激發出微笑，但是整個機制有一定的偏好次序，某些刺激比其他刺激更有效；（c）在適宜進化的環境中，有效的刺激更可能源於嬰兒的母親或其他家人，而不是源於其他來源，無論這來源是否有生命；（d）透過學習，有效的刺激逐漸僅限於人類，尤其是人類的嗓音和面孔；（e）透過進一步學習，跟其他刺激相比，熟悉的聲音（大約4週）和面孔（大約14週）激發出的微笑更加迅速、燦爛。

除了這些廣為接受的觀點，或許還可以審慎的增加以下觀點：（f）嬰兒的笑容可以充當社交誘發因子，引發可以預期的結果，即母親或其他嬰兒微笑的對象會以充滿愛意的方式對待嬰兒，讓彼此間的社交互動延長，並且增加母親出現母性行為的機率（參見第13章）；（g）嬰兒微笑的功能是增加與母親的互動，並讓嬰兒和母親保持親近。

嬰兒微笑的4個發展階段

在出生後第一年，嬰兒的微笑經過了四個主要發展階段：

階段1 自發和反射微笑階段（spontaneous and reflex smiling）

各式各樣的刺激都可以偶爾激發出微笑，但是這種微笑轉瞬即逝，而且尚不完整。這個階段從出生開始，通常持續大約5週。在前3週，微笑反應非常短暫，以致於觀察者絲毫不為所動。換言之，這種微笑不會帶來功能性結果。在第4和第5週，甚至偶爾在更早的時候，微笑仍然很短，但是更接近完整，開始具有社交影響力。因此，這兩週是進入第二個階段

的轉換期。

階段 2 非選擇性社交微笑（unselective social smiling）

　　能激發出微笑的刺激越來越有限，而有效的刺激大多來自人類的嗓音和面孔。雖然仍然難以激發出微笑反應，但是微笑本身已經很完整，而且可以維持一段時間。微笑引發的結果具有一定的功能，能讓陪伴者以充滿趣味和愛意的方式對待嬰兒。到第5週結束時，大部分嬰兒的非選擇性社交微笑已非常明顯。

階段 3 選擇性社交微笑（selective social smiling）

　　嬰兒對微笑對象的區分度越來越高。在第4週時，嬰兒不僅能夠區分嗓音，而且對熟悉的嗓音會更容易微笑。10週之後，跟不太熟悉的人或繪製的面具相比，熟悉的照顧者面孔會激發出嬰兒更加鮮活大方的微笑。在家裡長大的嬰兒，早在14週時就出現這種對面孔的差異性微笑，而在機構中成長的嬰兒會稍晚，大約在20週時。儘管如此，直到嬰兒6～7個月大時，陌生的面孔、甚至面具，仍然可能激發出微笑，雖然有時候比較遲緩微弱。

階段 4 差異性社交反應（differential social reponsiveness）

　　這種微笑將持續終生。到現在，面對熟悉的面孔，尤其在玩耍或見面時，嬰兒會自在的微笑。至於對陌生人，嬰兒的反應五花八門，從害怕的後退，到遲疑的歡迎，再變化成幾乎有意識的社交微笑。而在露出社交微笑時，嬰兒通常會跟陌生人保持安全距離。

〔論證1〕自發和反射微笑

關於微笑起源的這個最早階段，我們的知識大都源於沃爾夫細緻觀察八位嬰兒在出生後前幾週的行為[388]。這些嬰兒最初在婦產醫院，後來回到家裡。沃爾夫每週進行觀察，其中五天每天觀察4小時，一天觀察10小時，既有系統觀察，也有軼事趣聞，而且還進行了計畫周密的實驗，涉及所有跟社交相關的行為。費德門及其同事展開了另一項非常有價值的研究，觀察二十對相同性別雙胞胎的社交行為發展[114 & 113]。

沃爾夫的觀察中，嬰兒出生後12小時內，八位嬰兒的唇部偶爾都會抽動，看上去就像微笑。但是，這種動作都非常短暫，而且沒有眼部典型微笑表情（這種表情源於眼部周圍的肌肉收縮，會讓眼角產生褶皺）。通常，這種運動是單側的。這些早期微笑尚不完整，沒有任何功能，總是會時不時的自發出現，但是也能被激發。在最初幾週自發出現時，通常「正好在嬰兒睏意襲來、眼睛合上的時候」[388]。我們沒有理由認為這些微笑是因為嬰兒被風吹了，目前的最佳解釋是「真空活動」，但是有待進一步驗證。對於大部分嬰兒，這種偶爾的發性微笑／鬼臉，最初幾個月之後就再也不會出現[113]。

根據沃爾夫的報告，出生後前兩週，唯一能激發出嬰兒微笑的情景就是嬰兒處於毫無干擾，但不太規律的睡眠時。但到了第二週，嬰兒被哺餵時，雙眼圓睜卻興味索然的打量週遭空間，也可以被激發出微笑。在這兩種情況下，若溫柔撫摸嬰兒的臉頰或肚子，用柔和的燈光照入嬰兒的眼睛，或者發出溫和的聲音，都能偶爾激發出短暫的微笑動作。但是這種反應不太確定，而且延遲期較長，一旦出現，會有一段時間不能再出現更多的反應。在第一週，幾種不同種類的聲音似乎同樣有效，但到了第二週，跟鈴聲、鳥笛或撥浪鼓等相比，人類的嗓音似乎更有效。

頭兩週，不管是激發出還是自發性，微笑都轉瞬即逝而且並不完整，因而對觀察者沒什麼影響。換言之，這些微笑沒有任何功能。

〔論證2〕非選擇性社交微笑

沃爾夫發現，新階段通常始於大約14天時，而且到第5週結束時已經非常扎實。這個階段伴隨著兩個巨大的變化：（a）微笑出現時，嬰兒處於警覺狀態、眼睛明亮；（b）嬰兒嘴部的運動幅度更大，而且眼角會皺起。另外，很顯然，明顯的人類刺激最容易激發嬰兒的微笑。但是，這種反應仍然出現得很慢，而且持續時間較短。

在出生後第3週，能最有規律激發出這種原始社會微笑的是聽覺刺激，而且到目前為止，最有效的是人類的嗓音，尤其是高頻率的。到第4週結束時，沃爾夫發現女性的聲音非常有效，以致於在嬰兒哭泣或吮吸時，也能夠激發出微笑。當嬰兒哭泣時「女性的談話聲首先會讓嬰兒停止哭泣，然後讓嬰兒提高警覺，最後讓嬰兒綻放出燦爛笑容」。當嬰兒吮吸奶瓶時，即使剛開始吮吸不久，聽到嗓音也會讓嬰兒停止吮吸、綻放出笑容，然後再繼續吮吮。

第4週結束時，視覺刺激在激發微笑方面仍然沒有什麼作用。視覺刺激唯一的作用就是讓人類嗓音更有效一點。例如，點頭的畫面能增強嗓音的效果，但是點頭本身幾乎沒有什麼明顯的效果。

到第5週時，嗓音本是到目前為止最有效的刺激，卻失落了激發微笑的大部分魔力。激發微笑最常見、最有效的刺激變成了人類面孔。從此以後，嬰兒的微笑就會在歡樂的視覺互動中浮現。

在視覺刺激登上舞臺中央的同時，「本體感覺」（proprioceptive）和「觸覺刺激」（tactile stimuli）也變得重要。因此，沃爾夫發現，在第4和第

5週，即使嬰兒無法看到或聽到陪伴者，拍手遊戲的本體感覺、觸覺刺激突然間也可以非常有效的激發出微笑。

在嬰兒開始對看到的事物微笑前，通常會經歷持續數天到一週的階段。在這個階段，嬰兒會專心注視面孔。在出生後前3週內，嬰兒可能會看著面孔，並用眼神追蹤面孔，但是似乎不會聚焦在面孔上。但是到3週半時，觀察者得到的印象變得截然不同。沃爾夫報告，從此以後，嬰兒似乎會聚焦在陪伴者的面孔上，並進行眼對眼的交流。我們很難界定到底是發生了什麼變化，但是這對嬰兒陪伴者的影響毋庸置疑。在沃爾夫留意到嬰兒注視的變化後的兩、三天後，母親開始驚呼：「他能看到我了。」或：「現在跟他玩特別有趣。」與此同時，母親突然開始花更多時間與嬰兒玩耍❸。

在第4週，專心注視已然是常態，而少數嬰兒會第一次出現視覺刺激激發的微笑。但是大部分嬰兒要到第5週才會出現這種微笑。從一開始，陪伴者的眼睛就是最重要的：

「嬰孩最初會搜索面孔，看看髮際線、嘴部和面孔的其他部位，一旦建立了眼對眼的接觸，嬰兒就會咧嘴微笑。其他嬰兒出現這種行為的時間較晚，但是也遵循同樣的模式，聚焦在眼睛和露出微笑之前，會先檢索面孔的其他部分。」[388]

第5週結束時，幾乎所有嬰兒都會出現視覺激發的微笑，而且微笑持

---

❸ 羅布森（Kenneth S. Robson）描述過同樣的時間序列[294]。布朗森指出，人際交流的這個轉換，可能代表新皮質控制開始出現。

續的時間越來越長。微笑的同時,嬰兒會發出更多的咿咿呀呀聲、揮舞胳膊或踢蹬小腿。從今以後,母親會以全新的方式來體驗自己的孩子。

雖然在第2和第3個月,幾乎所有嬰兒都會出現社交微笑,微笑仍然會出現得比較慢、強度比較低,而且持續時間相對較短。但是在14週之後,大部分嬰兒都會笑意融融,微笑出現得更容易、更燦爛、更持久[18]。

自從嬰兒開始對視覺刺激微笑,最有效的視覺刺激就是運動中的人類面孔。如果面孔處於柔和的光線下,並不斷靠近嬰兒,會更有效;若還伴隨著撫摸和嗓音,就越發有效了。換言之,**當嬰兒看到運動中的形象,而且這個形象會看著他、靠近他、跟他說話並撫摸他,嬰兒就會綻放出最燦爛的微笑**[264]。

至於嬰兒對人類面孔之外視覺刺激時的微笑程度,研究者還不太確定。包括史畢茲在內的幾位研究者,報告「嬰兒不會對餵食的奶瓶微笑」。但是皮亞傑觀察到10～16週大的嬰兒,會對熟悉的玩具微笑,例如小棉球或賽璐珞膠片[259]。在回顧自己的研究結果時,皮亞傑格外強調物體是嬰兒熟悉的,並由此得出結論:「微笑主要是對熟悉的圖像、對已經看過的事物的反應。」以此為出發點,皮亞傑推演出另一項結論:「漸漸的,只有人類能夠激發出嬰兒的微笑,是因為人類『正是最可能不斷出現、不斷重複的熟悉物體』。」

格外強調熟悉性作用這一點上,皮亞傑的觀點跟近期的研究一致(參見第10章)。但是皮亞傑認為熟悉是主要或唯一因素,導致嬰兒逐漸的只對人類微笑,這個觀點卻不太可能是正確的。我們已經討論過,嬰兒來到這個世間很可能已經帶著一些天生的偏好。其中一個偏好就是跟其他物體相比,嬰兒更喜歡看人類面孔。而另一個偏好則是嬰兒更可能對人類面孔微笑,尤其是運動中的人類面孔。

自凱拉（Eino Kaila）和史畢茲、沃爾夫的經典研究問世以來[192 & 344]，很多研究者都致力於發掘「到底是什麼，讓人類面孔在激發嬰兒微笑時能有如此強大的效力」。解釋這方面的研究時，我們有必要先區分足夠刺激和最佳刺激。任何能激發微笑的刺激，即使是偶爾出現，都可以被視為足夠刺激，但是很顯然，足夠刺激在很多項標準上遠遠不及最佳刺激。一般而言，好的刺激能夠激發出迅速、持久而強烈的微笑；弱的刺激激發出的微笑則緩慢、簡短而微弱[264]

　　雖然運動中的人類面孔很快就成為最佳視覺刺激，但是在兩個月到7個月大的這整個半年期間，某些面孔草圖有時候也足夠激發出某種微笑。所有實驗中使用的草圖都有一個共同點，也就是「有一對像眼睛的點」。這個發現非常一致，而且跟沃爾夫的自然觀察相符，也就是：嬰兒看到陪伴者的眼睛對激發微笑，有著重要作用。此外，這個發現也跟另一項觀察一致，也就是「側臉不會激發嬰兒的微笑」。

　　阿倫斯（R. Ahrens）在一系列實驗中使用不同的面具，發現兩個月大的嬰兒會對有一對黑點的面孔大小的卡片微笑，而且有六個點的模型會比兩個點的更有效[1]。阿倫斯還發現，3個月大的嬰兒仍然會對只有眼睛眉毛、沒有嘴巴或下巴的面具微笑。而隨著嬰兒年齡漸長，面具必須提供更多的細節，才足以激發出微笑。到8個月大時，只有完全符合真實人類面孔，才能激發出微笑。

　　雖然這些實驗都表明，7個月大的嬰兒仍然不太能識別出自己是在對誰微笑，但是我們不能就此得出「認為嬰兒缺乏辨別力」的結論。相反的，波拉克（P. R. Polak）等人用延遲度、強度和持續時間作為標準，發現滿3個月的嬰兒已經能區分真實面孔和大小相同的彩色照片，而且**雖然照片仍然足夠激發嬰兒微笑，卻遠非最佳刺激。嬰兒對人類面孔的微笑會更**

快、更長、更強烈[264]。

眼盲嬰兒也會微笑，而這些嬰兒微笑發展的研究，則幫助我們更完整的理解視力正常兒童的微笑[112]。

對於眼盲嬰兒，嗓音和撫摸是激發微笑的主要刺激，而且單獨出現的嗓音也足夠激發出微笑。但是，眼盲嬰兒到6個月大時才會正常微笑。跟視力正常嬰兒的持久微笑不同，眼盲嬰兒的微笑，長時間以來一直是轉瞬即逝，跟視力正常嬰兒在出生後頭幾週的惺忪狀態類似。眼盲嬰兒的微笑在大約6個月時會變得持久，而在此之前，眼盲嬰兒會經過一個階段，這個階段的微笑其實是一連串快速的反射性微笑。

因此，在視力正常嬰兒的微笑中，人類嗓音只在最初幾週扮演重要角色，而在眼盲嬰兒中，嗓音在之後會一直發揮重要作用。儘管作用如此重要，在眼盲嬰兒6個月大之前，嗓音仍然無法激發出正常嬰兒具備的持久微笑。這無形中支持了觀察正常視力兒童時得出的觀點，**即在嬰兒出生5週之後，能讓微笑保持的正是持續看到激發微笑的視覺圖案**。例如，視力正常的嬰兒能看到陪伴者正面時，會持久的微笑，但是一旦陪伴者的面孔變成側臉，嬰兒就會停止微笑。

〔論證3〕選擇性社交微笑

到了第4週，跟其他人的聲音相比，嬰兒聽到母親的聲音時會更加一貫性的出現微笑[388]。但是對於視覺刺激，嬰兒毫無區分力的階段持續更長。實際上，到第3個月月末時，嬰兒對陌生人的微笑跟對母親一樣自在。在機構中撫養大的嬰兒，到第5個月結束時才會對熟悉的面孔和陌生的面孔有不同反應[18]。

一旦嬰兒開始區分陌生人和熟悉的人，對陌生人的微笑就比之前更

少。例如，在13週大時，嬰兒可能對陌生人的靜止面孔都會笑得非常自在，但是14天後，嬰兒卻可能完全不露出笑容。而對母親，嬰兒的笑容會跟以前一樣放鬆，甚至放鬆程度有增無減。對於這個反應變化，安布羅斯探討過多種可能的解釋[18]。雖然毫無疑問，對陌生人的警惕在半歲到1歲間起著一定作用，但是在3個月到半歲之間，不太可能是主要因素。相反的，母親看到嬰兒微笑時會有充滿愛意的舉動，或者僅僅是母親這個熟悉對象出現，似乎都發揮著重要影響。

有明確的證據指出，**得到充滿愛意的社交回饋時，嬰兒的微笑會更加強烈**。布萊克比爾（Y. Brackbill）在八位3個月大嬰兒身上進行實驗[62]，將自己的面孔湊近嬰兒，從而激發微笑。每次嬰兒微笑時，布萊克比爾都會報以微笑，並柔聲細語的把嬰兒抱起來、擁在懷裡。幾次體驗後，所有嬰兒都變得更加愛笑（用回應的頻率來衡量）。與此相反，若研究者不再有這樣的回應，嬰兒微笑的頻率會逐漸降低，直到完全消失。實驗研究結果完全符合操作條件作用的模式。對於到底是什麼讓嬰兒逐漸跟某個特定對象形成依附關係，這個實驗的結果跟很多觀察結果一致。在下一章，我們會詳細討論這些因素。

嬰兒微笑時也會做其他事情，不僅會看著靠近的人，還會把頭和身體轉向這個人，揮舞胳膊、踢踏小腿。嬰兒還會發出咿咿呀呀聲，帶來第二種人類嬰兒天生就具備的強大特徵反應，而這個反應，會讓嬰兒進入跟陪伴者的社交交流中。

發出咿咿呀呀的聲音

發出咿咿呀呀的聲音在社會交往中的作用，跟微笑非常相似。兩者都發生在嬰兒清醒、滿足的時候，且都會帶來可預期結果，讓嬰兒的陪伴者

用社會性方式回應，並進行一連串的互動。此外，兩者成為有效社交觸發因子的時間點都差不多，也就是嬰兒5週大時。由於激發二者的刺激相同，因此可以一起發生。顯然，主要的區別就在於微笑及與之相關的四肢運動是視覺信號，咿咿呀呀則是聽覺信號。

大約在4週時，嬰兒第一次發出咯咯哼哼聲，主要是回應某個嗓音，而嗓音在這時也會激發出微笑。雖然之後1週左右，嗓音會同時激發出咿咿呀呀和微笑，但是很快的，嗓音激發出的微笑減少，而主要激發出咿咿呀呀的聲音[388]。在激發出牙牙學語方面，嗓音非常有效。沃爾夫報告說，從大約6週後，「透過模仿嬰兒的聲音，成人可以參與到大約十到十五種發聲的交互作用中」。沃爾夫還發現，到這個年齡時，母親的嗓音已經比研究者的聲音更有效。

但是視覺刺激也可以激發咿咿呀呀聲。從一開始對移動中的人類面孔微笑，嬰兒就會對著面孔發出咿咿呀呀聲，雖然不會像微笑那麼有規律。當嬰兒既看到移動的面孔又聽到嗓音時，咿咿呀呀聲的可能性最大。

因此，咿咿呀呀聲與微笑相似，在社交情境下出現的頻率較高，也會出現在其他情境中。瑞格德曾強調3個月大的嬰兒看到撥浪鼓，並聽到撥浪鼓發出的聲音時會咯咯笑，而5個月大的嬰兒卻不會[279]。嬰兒不再咯咯笑的原因很可能是非生命的物體不能受到嬰兒微笑和咿咿呀呀聲影響，而這一點與嬰兒的人類陪伴者，形成鮮明對比。

布萊克比爾每次都用微笑、喃喃說話和抱起嬰兒來回應，從而成功強化嬰兒的微笑，與此相似，瑞格德等人也運用類似的社交獎賞[285]，成功增加嬰兒發出咿咿呀呀聲的頻率。實驗對象是二十一位3個月大的嬰兒。研究者俯身，面無表情看著嬰兒3分鐘，從而激發出嬰兒的咿咿呀呀聲。在第一天和第二天，研究者對嬰兒的咿咿呀呀聲毫無反應。到第三和第四

天，每次嬰兒發出聲音，研究者就會立即回應，而且每次回應都是三重的：燦爛的微笑、三次噴噴聲，以及輕輕捏一下嬰兒腹部。到第五和第六天，研究者再次對嬰兒的咿咿呀呀聲毫無反應。結果非常清晰，當嬰兒發出的聲音得到回應時，會發出更多的聲音，到得獎賞的第二天，嬰兒發聲的頻率幾乎翻倍。當嬰兒的發聲不再得到回應時，發聲的頻率又會再度減少。

至於嬰兒的咿咿呀呀聲是否能被其他方式強化，如果能，又是哪種方式？這依然不為人所知。不過，若每次嬰兒發出咿咿呀呀聲時都出現門鈴音樂，頻率並不會增加[378]。

就目前所知，這些結果顯然支持以下觀點：**跟微笑相似，咿咿呀呀聲也是社交觸發因子，促進嬰兒與母親角色之間的社會交互，從而讓母親待在身邊。**

跟其他社交反應一樣，嬰兒跟熟悉的母親角色互動時的發聲頻率，遲早會超過其他人。沃爾夫早在嬰兒5～6週大時就留意到這一點[388]。安斯沃思到20週時才留意到[4]，但是她也指出對這個行為特徵的觀察並不夠系統。

到4個月大時，嬰兒能夠發出很多種聲音。從此之後，嬰兒會更加頻繁使用某些聲音，而6個月到1歲期間，嬰兒表現出一種明顯的趨勢，會明顯傾向選擇陪伴者使用的語音和語調。這段發展中，有兩個因素似乎都具有重要作用，即「嬰兒模仿陪伴者發出的特定聲音」的趨勢，以及「陪伴者會選擇性強化嬰兒發出的相同聲音」。

哭泣行為

目前為止，我們討論的嬰兒反應都受到陪伴者的歡迎，而且陪伴者通

常會非常樂意激發和鼓勵這些反應。與此相反，哭泣不僅不受歡迎，而且一旦嬰兒哭泣，陪伴者會盡己所能終止哭泣，並減少哭泣再次出現的可能性。因此，社交刺激對哭泣的作用剛好與面對友好反應的作用相反。對於友好反應，社交刺激是主要的激發因子和強化因子；**對於哭泣，社交刺激則是主要的終結因子，也是降低未來哭泣可能性的主要機制。**

之前的章節中，我們已經指出哭泣分為很多種。每一種哭泣都有獨特的音高、模式、激發刺激和終結刺激，並在陪伴者身上產生獨特效應。一般來說，母親都會採取措施讓嬰兒停止哭泣；當母親聽到突然迸發的痛苦哭泣時，會立即採取行動；而當嬰兒的哭泣是有節奏，且聲音逐漸升高，母親會根據自己的時間採取行動。實際上，人們很難忽視或容忍嬰兒的哭泣。安布羅斯指出，主要原因是：「嬰兒哭泣的節奏和範圍變化都非常大，意味著人們很難習慣這些哭泣。」

母親都知道，嬰兒哭泣的方式都是獨一無二的。確實，聲譜圖表明「哭泣印」（cry-prints）跟手印一樣獨特，可以用來識別新生嬰兒[389]。母親很快就能識別出自己嬰兒的哭聲。弗盧姆貝（D. Formby）的研究對象是二十三位母親。在嬰兒出生48小時內，半數母親都能熟練的識別出自己嬰兒的哭聲，而在48小時後，接受測試的八位母親沒有人犯錯[108]。沃爾夫也發現，大部分母親很快就會成為這方面的行家。從此以後，母親就會選擇性做出反應，會安撫自己的嬰兒，但不一定會照顧別的嬰兒。

我們已經描述過兩種哭泣──源於饑餓的哭泣（逐漸開始，並變得有節奏），以及源於疼痛的哭泣（突然開始，且毫無節奏）。沃爾夫簡要描述了第三種哭泣[389]，特徵是「響亮急促」，通常被解釋為憤怒的信號，而第四種哭泣，主要或僅僅源於腦損傷的嬰兒。沃爾夫報告陪伴者尤其對這種哭泣感到不快，會變得容易被激怒惹惱，希望遠離能聽到這種哭泣的範圍。

幼小嬰兒最常見的哭泣是有節奏的，但是可能是源於饑餓以外的原因。例如，若哭泣突然開始，可能是外部刺激導致；或者若哭泣從煩躁開始，聲音逐漸變強，那麼可能源於嬰兒的內在變化或是寒冷。

激發有節奏哭泣的外部刺激包括突然出現噪音、光亮和猛烈的姿勢變化，裸露也屬這種外部刺激。沃爾夫報告[389]，尤其在出生後第2～4週，一旦被脫掉衣服，很多嬰兒就會開始哭泣，而再次穿上衣服或蓋上厚重的毯子時，會立刻停止哭泣。

感到饑餓或寒冷的嬰兒很可能會發出有節奏的哭聲，且聲音逐漸升高，來表明自己的需求。一旦得到食物或溫暖，哭聲就會停止。但是，剛吃過東西、全身感到溫暖的嬰兒，也可能發出逐漸升高的有節奏哭聲。這種哭泣很常見，但是原因卻讓人有點費解。

母親可以透過多種途徑確認嬰兒哭泣的原因：若是疼痛，哭泣的類型很可能會提供線索；若是外界刺激，母親可能已經留意到這個不愉快的起因；若是饑餓或寒冷，環境本身會有提示，而提供食物或溫暖就可以有效檢驗母親猜測是否準確；若都不是這些原因，母親可能會感到惶惑不安。

關於原因不明的哭泣，有一個特點讓人震驚，那就是某些刺激可以有效終止這種哭泣，而在自然環境中，這些刺激幾乎肯定源於人類。這些刺激包括聲音，尤其是人類的嗓音，以及觸覺和本體感覺刺激，而後者源於非營養性吮吸和搖晃。我們已經了解關於這些來自社交的終結因子，在終止嬰兒哭泣方面的效果，在此回顧一下。

沃爾夫在波士頓研究了十四位嬰兒的早期社交反應，這些嬰兒都待在自己家裡[389]。沃爾夫對哭泣進行了很多自然觀察與多項實驗。沃爾夫注意到：自嬰兒出生以來，幾種不同的聲音都可以有效終止嬰兒的哭泣，或至少暫時停止。出生後的第1週，撥浪鼓或鈴鐺聲效果跟人類嗓音不相上

下，有時候甚至更有效，但是這種效果平均來說無法持續多久。若仍然持續，可能是因為與嬰兒的哭泣相比，鈴鐺或撥浪鼓的聲音更容易被聽到。無論如何，到第2週時，人類嗓音成為終止嬰兒哭泣的最有效刺激，而到第3週，女性嗓音比男性更有效。幾週之後，母親的聲音通常是最有效的，而且效果非常顯著，以至於嬰兒停止哭泣之後，若母親的嗓音仍然持續，嬰兒可能會露出微笑[388]。

人部分母親都知道，吮吸可以讓嬰兒安靜下來。在西方國家，橡膠安撫奶嘴已銷售多年。英國中部地區的大型兒童養育研究中[252]，得到滿意評價的母親，有半數會給嬰兒安撫奶嘴，而這個狀況並沒有造成負面效果。在未開發國家，母親通常會讓哭泣的嬰兒吮吸自己的乳房，而不太關心是否分泌乳汁。

凱森（William Kessen）和魯滕道夫（Anne-Marie Leutzendorff）的實驗，探討了非營養性吮吸安撫嬰兒的效果，實驗對象是三十位出生24小時到60小時之間的嬰兒[195]。實驗目的是「比較短時間吮吸橡膠乳頭和溫柔撫摸額頭，在安撫嬰兒方面的效果」。實驗記錄了嬰兒手腳運動和哭泣的頻率。在吮吸30秒後，嬰兒的運動量平均減少一半，而哭泣減少五分之四。在撫摸相同時間後，平均而言，嬰兒的運動量和哭泣程度都輕微上升了（雖然並不顯著）。作者評論，嬰兒已經在其他場合透過吮吸獲得食物，所以這種安撫的效應可能是「從乳房和吮吸食物的關聯中，學習到的次級強化結果」。但是沃爾夫研究中的證據卻不支持這個結論：出生時食道閉鎖❹的嬰兒無法透過嘴部接受食物，但是有東西可以吮吸時，仍然會停止哭泣。

❹　編注：食道閉鎖是新生兒疾病，發生在懷孕的第 4 週至第 6 週，可能由於氣管食道生成組織變長（elongation）過快，以及氣管食道間中膈發育缺陷所造成。

沃爾夫還注意到，**即使不吮吸，脣間出現安撫物也能讓嬰兒停止哭泣**。沃爾夫指出，如果嬰兒吮吸著安撫物睡著了，但是尚未進入深層睡眠，那麼移開安撫物可能會讓嬰兒再次醒來，並開始哭泣。

搖晃嬰兒通常也是讓嬰兒安靜下來的好方法，很久以來都是育兒傳說中的一部分。近幾年來，人們錯誤的堅持「餵養是最重要的」，搖晃嬰兒的價值已經被淹沒，但是我們仍然有理由思索一下在嬰兒出生3個月內，人們在兩種截然不同環境下得到的實踐經驗成果。

第一份報導來自英國兒科醫生：

「在這段時期，引發哭泣最重要的原因是孤獨，或者想被抱起來的欲望。至少，這看上去是導致哭泣的原因，因為一旦嬰兒被抱起來、擁抱著，就會立即停止哭泣。引起人們注意的是，很多母親都沒有意識到嬰兒渴望和需要擁抱，因此錯認為所有嬰兒哭泣都是源於饑餓。一個基本特徵可以區分源自饑餓的哭泣和源自孤獨的哭泣，那就是若導致哭泣的原因是饑餓或其他不適，把嬰兒抱起來並不能終止哭泣。」[186]

第二份則提及東非班圖語社區中的育兒實踐：

「前3個月，母親會識別出無法被餵食所安撫的哭泣……通常發生在晚上……母親會開燈，把嬰兒背在背上，在屋子裡走動、上下晃動嬰兒。嬰兒的臉緊緊貼著母親的背部，通常會因為摩擦而安靜下來。在白天，照顧者也會用搖晃的辦法，要嘛在背上，要嘛在臂彎裡，從而安撫哭泣不止卻拒絕進食的小嬰兒。」[206]

數年前，安布羅斯博士透過實驗分析在這種情景下的有效刺激[20]。安布羅斯觀察剛出生5天的足月產嬰兒，每天下午一次，嬰兒剛吃完東西換好尿布就開始。每個嬰兒都會躺在嬰兒床裡。嬰兒床放在某個裝置上，這個裝置既能讓嬰兒床搖晃，也能讓床穩定下來。裝置最初處於靜止狀態，在觀察的一個小時期間，研究者會用「多種波動描計器」（polygraphically）❺來記錄嬰兒的行為和生理變化。

在這些情境下，嬰兒可能會安靜的躺著、醒著或睡著，整個觀察過程中都不太會哭泣。但是大多數情況下，嬰兒遲早會哭泣，而且通常沒有明顯原因。有時候，嬰兒哭泣在開始後不久就停止，有時則一直持續。哭泣超過兩分鐘時，研究者就會開始搖晃嬰兒。搖晃的頻率會有變化，從而判定在終止哭泣方面特定的頻率是否比其他的更有效。

實驗顯示，在這種情景下，受到搖晃床的前庭覺刺激後，所有嬰兒都會停止哭泣。這種運動是上下運動，加上3英寸（約7～8公分）的左右晃動。每分鐘三十轉的低速搖晃，對終止哭泣幾乎沒什麼效果。但是一旦速度提高到每分鐘五十轉，哭泣就會減弱；若每分鐘六十轉或以上，嬰兒都會停止哭泣，而且幾乎都會保持安靜。此外，一旦速度達到每分鐘六十轉，嬰兒的心跳就會急劇降低（在哭泣時，心跳會達到每分鐘兩百次或以上），呼吸變得更規律、逐漸放鬆下來。這項觀察最令人矚目的是對速率的精確計算：在每分鐘六十轉時，大部分嬰兒會停止哭泣，雖然有幾位嬰兒需要達到每分鐘七十轉。五十轉以下毫無效用。還有一點值得注意，那就是隨著時間推移，搖晃仍然是讓嬰兒停止哭泣的有效手段（基於個人觀察）。換言之，嬰兒似乎不會習慣這種刺激。

---

❺　編注：可以同時描記動脈、靜脈、心跳及呼吸運動的器械。

在實驗過程中，安布羅斯也比較了其他刺激在「終止嬰兒哭泣」方面的效果。在非營養性吮吸方面，安布羅斯的觀察驗證和拓展了凱森和魯滕道夫的實驗結果。

安布羅斯發現，把普通的安撫物滑到嬰兒嘴裡，嬰兒很快就會安靜下來，但是安撫物的效果不及搖晃。從這兩種方式對心跳速率的影響，也可以看出差異。當嬰兒被搖晃時，心跳通常會降到休息標準附近，但是另一方面，在非營養性吮吸時，雖然嬰兒的表現可能跟搖晃一樣，哭泣完全停止、心跳降低，但是心跳的頻率仍然高於休息標準。

從上述觀察和實驗中，我們可以得出結論：**當嬰兒沒有感到饑餓、寒冷或疼痛時，按照效果由低到高排列，終止哭泣的因素分別是噪音、非營養性吮吸和搖晃。**這些發現充分解釋了為什麼人們說嬰兒會因為孤獨而哭泣、會渴望被抱起來。雖然不能想當然的替這些剛出生幾個月的嬰兒貼上多愁善感的標籤，但是這種說法確實有道理。沒有被搖晃，也沒人對他說話時，嬰兒確實有哭泣的傾向；當有人搖晃，並對他說話時，嬰兒會停止哭泣，顯得心滿意足。到現在為止，最可能搖晃嬰兒、對嬰兒說話的人，必然是母親。

由於這種關聯，以特定方式搖晃嬰兒會一擊必中、百試不爽，其效果令人印象深刻。事實是，如果要終止嬰兒哭泣，搖晃必須是每分鐘六十轉或以上，這與成人走路的速率有關。實際上，每分鐘六十步是比較慢的，人們走路幾乎都會超過這個速率。也就是說，當小嬰兒躺在母親的背上時，被搖晃的速度至少是每分鐘六十轉，因此不會哭泣，除非嬰兒感到饑餓或疼痛。這個有趣結果可能是一場偶然，源於人類進化期間一直存在的選擇壓力。

因此，作為終止有節奏哭泣的因子，搖晃顯然跟餵食對等。當嬰兒饑

餓時，餵食是有效的終止因子；當嬰兒沒有感到饑餓時，搖晃則是最有效的。若在相反的情境下，兩者的效果都無法持久。

研究者還發現，搖晃不僅能停止有節奏的哭泣，還能延緩這種哭泣出現。戈登（T. Gordon）和福斯（B. M. Foss）的實驗證明了這一點[146]。作為婦產科醫院日程的一部分，出生後幾小時到10天不等的嬰兒，每天下午都會在育嬰室裡度過1小時左右。除了一、兩個嬰兒以外，大部分的嬰兒因為剛進食都很安靜。在實驗的18天期間，研究者每天都會從最安靜的嬰兒中（隨機）選擇一位，在嬰兒床中搖晃半個小時。接下來的半小時，研究者繼續留在育嬰室，留意那些安靜的嬰兒是否開始哭泣。結果顯示，在觀察期間，相比沒有被搖晃過的嬰兒，搖晃過的嬰兒哭泣比率更低。

隨著嬰兒年齡增長，激發和終止哭泣的刺激也會發生變化。嬰兒能夠看到的事物變得特別重要。沃爾夫發現[389]，早在第5週時，當看著的人離開視野範圍時，原本滿足的嬰兒會開始哭泣，而當這個人再次出現，嬰兒又會停止哭泣。在這段時間以及後續的幾個月內，嬰兒看到的人到底是誰，似乎一點都不重要；即使是寵物離開和再次出現，都會有同樣的效果。但是，從第5個月大開始，出現和離開的人是誰，開始變得非常重要。

記錄烏干達嬰兒中，安斯沃思報告[5]：雖然個體差異很大，但是大約5個月大開始，當母離開房間時，即使嬰兒身邊還有其他陪伴者，也傾向開始哭泣。大約9個月大時，嬰兒的哭泣會減少，因為嬰兒可以更有效的追隨母親身影。這種哭泣不僅有個體差異，也有情境差異。例如，在任何家庭中，我們都會觀察到：母親離開房間時，12個月大嬰兒的反應跟母親離開的方式有很大關聯。緩慢輕柔的離開幾乎不會激起抗議，快速忙亂的離開則會激起響亮吵鬧的哭聲。

第一年快結束時，嬰兒對陌生面孔和陌生情境的覺察度和警覺度都會越來越高。之後，陌生感成為讓嬰兒哭泣、轉向母親的常見因素。由於這跟依附行為之間有重要而緊密的關聯，我們會在下一章詳細探討嬰兒對陌生面孔和地點的恐懼。

大約與嬰兒看到陌生人會開始哭泣的同一時期，若預期會發生不愉快的事情，嬰兒也會開始哭泣。例如利維的紀錄：

「幾週前，嬰兒接受疫苗注射，而現在在診所看到醫生準備針筒時，就會開始哭泣。在11個月之前，偶爾會有嬰兒做出這樣的反應；而在11、12個月時，嬰兒中大約有四分之一會有這樣的反應。12個月大嬰兒正快速提高對周圍世界的理解力，而這種行為正是了解世界的重要部分。」[209]

先天和後天因素對依附行為的發展與影響

與其他生物特徵的發展相同，依附行為的發展中，先天和後天相互交織。若環境因素被限制在一定範圍內，不同兒童的行為差異似乎大多可以被歸結為基因差異。但是一旦環境變量增強，這些作用就顯而易見。

有些個體差異幾乎源於基因差異，其中一個例證是男孩和女孩視覺注意的差異[211 & 210]。這些研究者觀察24週大的嬰兒，發現與非面孔圖案相比，女嬰表現出對臉孔的強烈偏好，而男嬰沒有這種偏好。

費德門比較同卵和異卵雙胞胎的研究表明：**定向和微笑首次出現，也會受到基因影響**[114 & 113]。與性別相同的異卵雙胞胎相比，同卵雙胞胎中首次出現定向和微笑的年齡會更接近。因為研究中的雙胞胎都在同樣的家庭中長大，環境變項幾乎為零。

一旦環境差異增加，對發展的影響很快就變得顯而易見。很多研究比較了在家庭中和在機構中養育的兒童。因此，在安布羅斯使用的實驗情境中[18]，家中嬰兒出現微笑的時間要早於在機構成長的嬰兒（家中是 6 ～ 10 週，機構是 9 ～ 14 週）。普羅旺斯（S. Provence）和立頓（R. C. Lipton）報告：早在 3 個月大時，機構中嬰兒牙牙學語的時間就少於住在家中的嬰兒[272]。自此之後，在機構這樣被剝奪環境中長大的嬰兒，其發展逐漸偏離於家中成長的嬰兒。普羅旺斯和立頓報告：

　　「機構中的嬰兒較晚學會區分臉孔和面具，以及不同臉孔（安布羅斯也報告了類似的內容），且較少嘗試發起社交接觸，富有情緒表達的行為種類較少。此外，12 個月大時，於機構中的嬰兒仍然沒有與某個人建立依附關係的跡象。在嬰兒情緒低落時，這種依附缺失越發明顯。即使在這時候，嬰兒也很少向成人求助。」

　　至於機構環境中哪些因素引發這些發展遲緩的效應，研究者有很多討論。有些人認為原因在於母親缺失，而凱斯勒（Lawrence Casler）等認為這個觀點有誤，導致遲緩的主要因素是刺激輸入減少[76]。對於這個爭論，安斯沃思做出回應，強調在嬰兒出生後前幾個月，無論是什麼刺激，嬰兒的母親都是主要刺激來源[2]。此外，除了提供刺激，母親與嬰兒互動的尋常過程中，還會提供嬰兒用手和眼主動探索世界的機會。皮亞傑首次提出這種機會對「感覺—運動」發展至關重要[259]，而懷特和霍爾德的實驗研究支持這個論斷[382]。因此，在機構這樣被剝奪環境中成長的嬰兒，其實遭受了多重剝奪（例如缺乏刺激輸入、缺乏接觸學習的機會、缺乏「在可信任的結構化環境中產生由自己引發動作」的機會）。

因此，後續討論中，我們必須時時刻刻銘記「環境變化會帶來巨大發展差異」。在第16章，我們會進一步討論這個主題。

第15章

依附行為如何
聚焦在一個對象上

「啊，」貓說，「所以嬰兒到底喜歡什麼？」

「他喜歡軟軟癢癢的東西，」蝙蝠回答，「他喜歡抱著溫暖的東西進入夢鄉、他喜歡有人陪他玩。這些，他都喜歡。」

——魯德亞德·吉卜林（Rudyard Kiplino）❶

外在環境對依附關係發展的影響

　　依附關係的發展分為四個階段，上一章的敘述只略微超出第一個階段——「區分對象程度與有限的定向和信號」。這一章，我們會描述第二和第三個階段，但是這只侷限於普通家庭環境中成長的嬰兒。這兩個階段分別是：對一個或多個區分對象的直接定向和信號、透過定向和信號，讓特定對象一直在旁邊。

　　至於在嘗試理解階段4（形成根據目標進行調整的合作關係）發展時浮現的論題，我們會留到第17章和第18章討論。

　　關於階段2的行為發展，主要資料來源是三項細緻的觀察研究，分別是沃爾夫對波士頓愛爾蘭裔美國嬰兒的研究[388]、亞羅（Leon J. Yarrow）對華

---

❶　摘自《原來如此故事集》（*Just So Stories*）。

盛頓嬰兒的研究[392]、安斯沃思對烏干達嬰兒的研究[5]。關於階段3的發展，主要的訊息來源則是安斯沃思對烏干達嬰兒、謝弗和愛默生對蘇格蘭格拉斯哥地區嬰兒的觀察[316]。

關於階段3的發展，我們特別幸運，手上的資料非常具有可比性，因為接受觀察的嬰兒於非洲鄉村和蘇格蘭城市這兩個截然不同的環境成長，而這兩種環境，嬰兒共同經歷的行為變化，很可能也適用於其他環境成長的嬰兒。但是，比較這兩組資料時，我們需要時刻牢記一個難處：在謝弗和愛默生的研究中，依附行為只有一個標準，也就是「有人離開時，被留下的兒童會抗議」。相形之下，安斯沃思在烏干達地區的研究中，標準要廣泛很多：除了抗議分離，依附的標準還包括嬰兒迎接某個人，以及將某個人作為向外探索的安全基地。

嬰兒定向區分與行為模式的漸進轉變

之前說過，行為起源過程中總會出現的主要變化，能夠有效激發或終止某個反應的刺激範圍，變得越來越有限。對於嬰兒的友好反應和哭泣反應，顯然非常正確。

在出生後幾天，嬰兒就具備透過氣味和嗓音來分辨母親的能力。這種能力的表現是「嬰兒會更明顯的朝向母親，而不是他人；或者聽到母親的嗓音時吮吸會加快」。此外，到第5週，跟父親或觀察者的嗓音相比，母親的嗓音都能更有效持續激發出嬰兒的微笑[388]。亞羅也觀察到，雖然只有少數嬰兒身上會出現，在第一個月快結束時，嬰兒對母親和陌生人的反應是有差異的[392]。亞羅的樣本中，每個年齡層都有四十多位嬰兒，觀察標準是（與陌生人相比），嬰兒選擇對母親的嗓音和身影表現出注意偏好，即對

母親會有興奮的表現和積極的感情，而對陌生人不會。亞羅發現20％的嬰兒在1個月大時，就會表現出對母親有明顯偏好；到3個月大時，80％的嬰兒都會表現出此偏好；到5個月時，接受觀察的所有嬰兒，都表現出此偏好。

安斯沃思列出超過十二種「嬰兒出生後第1年出現的不同行為」[5]。大部分在家中成長的嬰兒，漸漸都只有特定的人能引發這些行為，或者這些行為會指向特定的人。接下來的大部分內容，都源自安斯沃思的紀錄。正如安斯沃思所強調：由於觀察是在自然發生的情境中進行，若進行更系統、更加敏銳的觀察，每種區分出現的時間可能都比觀察到的要早幾週、甚至幾個月。鑒於嬰兒之間有巨大個體差異，而且每位嬰兒接受觀察的精確環境不同，我們盡可能提供這些區分行為首次浮現的大致年齡。

行為 1 發聲行為是否區別母親與他人（5週～6週）

標準是與他人相比，嬰兒跟母親互動時更容易發出聲音，且發聲更加頻繁。沃爾夫在嬰兒出生後5～6週就留意到這點[388]。

行為 2 被擁抱時是否停止哭泣（9週）

標準是其他人抱起嬰兒時，嬰兒會繼續哭泣，若是母親擁抱，嬰兒會停止哭泣。安斯沃思在9週大的兒童身上，首次留意到這種區分行為。

行為 3 母親離開時會哭泣（15週）

標準是母親離開房間時，嬰兒會馬上哭泣，而其他人離開時不會。安斯沃思在15週大的嬰兒身上首次留意到這種區分行為。

行為 4 **視覺刺激的微笑有所區分**（10週~13週）

　　判斷標準是比起看到他人，嬰兒看到母親時更容易綻放微笑，而且微笑更加頻繁、燦爛。觀察烏干達兒童時，一位孩子早在第10週就出現這種區分行為。安布羅斯對一些倫敦嬰兒進行實驗，發現嬰兒對陌生人微笑在第13週達到高峰；自此之後，嬰兒主要傾向對母親微笑，或只對母親微笑[18]。

行為 5 **視覺／姿勢定向有所區分**（18週）

　　標準是被其他人抱著時，嬰兒更喜歡注視著母親，而且身體會朝向母親。安斯沃思在18週的嬰兒上留意到這一現象。

行為 6 **迎接反應有所區分**（21週）

　　標準是母親離開後返回，嬰兒看到母親時，會用比較典型的方式迎接母親。在最開始完整的迎接通常包含微笑、發聲和普遍的身體興奮；嬰兒大一點時，迎接還會包涵舉起手臂。安斯沃思在21週孩子身上留意到這種完整迎接行為，但是安斯沃思有些懷疑，在小幾週的孩子身上，也可以觀察到這種反應。一旦孩子能夠爬行，爬向母親也會成為迎接反應的一部分。

　　另外兩種迎接反應也相當普遍，但是似乎取決於文化差異。第一種是拍手，安斯沃思發現在烏干達嬰兒30週後，拍手非常普遍，但是在白人美國嬰兒樣本中，並沒有發現這個現象。第二種是親吻和擁抱，烏干達嬰兒沒有這種反應，但是西方文化中的嬰兒，在第一年快結束時會表現出這些行為。

行為 7 **接近行為有所區分**（28週）

標準是，跟母親和其他人在同一個房間時，兒童會選擇爬向母親。有時候，當母親再次出現時，兒童也會用這種方式來迎接母親。安斯沃思在28週嬰兒身上留意到這種行為。

行為 8 **跟隨行為有所區分**（24週）

標準是母親離開房間時，嬰兒會試圖跟隨，而對他人則不會。安斯沃思注意到，一旦學會爬行，嬰兒就會傾向於跟隨，而大部分烏干達嬰兒在24週時就會這樣做。更幼小的嬰兒會邊哭鬧、邊跟隨。大約到9個月大之後，只要母親沒有非常快速離開，嬰兒通常就不再哭泣，只是跟隨。

行為 9 **攀爬和探索行為有所區分**（22週）

標準是嬰兒會爬到母親身上、探索母親的身體，以及玩弄母親的面孔、頭髮或衣服，即使對其他人也會這樣做，頻率相對較少。安斯沃思在22週嬰兒身上首次注意到這種行為。

行為 10 **埋起面孔行為有所區分**（28週）

標準是在攀爬和探索過程中，或在活動結束後，嬰兒會把臉埋在母親腿間或其他部位。安斯沃思觀察到，兒童的這種行為只會指向母親，而從不指向其他人。一位孩子在28週時就出現這種行為，而其他孩子則是幾週之後才會出現。

行為 11 **將母親作為向外探索的安全基地**（28週～8個月）

標準是兒童會從母親身邊出發進行探索活動，並時不時回到母親身

邊，但是對待他人探索的程度不同。安斯沃思在28週大的兒童身上觀察到該現象，而對於8個月大的兒童，這種現象非常普遍。

行為 12 逃到母親身邊，將母親作為安全天堂（8個月）

標準是當兒童提高警覺時，會以最快的速度逃離警覺刺激，逃向母親，卻不會逃向其他人。安斯沃思在兒童8個月大時留意到該現象。在亞羅的研究中，3個月大的嬰兒中大約有一半的嬰兒會在心情低落時看向母親，期待著母親給予安慰。

行為 13 依附行為有所區分（9～12個月）

當嬰兒感到警覺、疲勞、饑餓或不舒服時，依附母親的行為區別尤其明顯。雖然安斯沃思沒有特別研究依附的發生，但是報告中提及在9個月到12個月期間，嬰兒的這種依附行為尤其明顯。

綜合上文提及的研究和其他研究成果，我們可以說，在16週之前，區分行為相對較少，只有敏銳觀察才能看到；在16～26週之間，區分行為變得更多、更明顯；在家中長大的大部分嬰兒，6個月時，這些反應都顯而易見。

依附對象是否單指「親生母親」？

目前為止的討論中，似乎都暗示兒童會將依附行為指向特定對象（母親角色），或者簡單來說就是嬰兒的母親。為了讓敘述更加簡潔，我們難以避免這個用語但卻會造成誤解❷。諸多問題可能隨之浮現，並需要解

答，例如：

〔**問題1**〕兒童是否通常會將依附行為指向更多對象？

〔**問題2**〕如果會，指向不同對象的依附是同時發展出來，還是某種依附總是會先於其他對象？

〔**問題3**〕兒童有多個依附對象時，是否會以相似的方式對待所有對象，還是會偏好其中一人？

〔**問題4**〕若一位女性並非嬰兒的親生母親，她能勝任主要依附角色嗎？

由於這些問題的答案相互交織，在分別討論每個問題之前，有一套簡單的答案會比較方便：**幾乎從一開始，很多兒童依附對象都不止一個；兒童對待這些對象的方式會有所不同；親生母親之外的人可以勝任兒童的主要依附角色。**

首要和次要依附對象的區別

在1～2歲之間，大部分嬰兒依附行為所指的對象不止一個，而且通常是很多個。有些嬰兒剛開始表現出區別時，就會選擇多個依附對象，但是大部分嬰兒會稍晚一些。

謝弗和愛默生研究了五十八位蘇格蘭嬰兒，其中十七位（29％）剛開始表現出依附行為時，就會指向多個對象[316]。在4個月之後，不僅有一半

---

❷　例如，有人宣稱我曾經說應該由兒童的親生母親來養育孩子，以及養育「不能安全分散到多個對象上」[239]，但是我從來沒有表達過這樣的觀點。

的嬰兒擁有不只一個依附對象，而且不少嬰兒會有五個或五個以上依附對象。到18個月時，依附行為仍侷限於一個對象的兒童，所占比率降到了樣本數13％。也就是說18個月大時，若兒童仍然只有一個依附對象就會非常獨特。安斯沃思在烏干達的研究，所發現的狀態也具有可比性：除了少數例外，大部分兒童到9個月或10個月時，都會表現出多重依附關係。

　　儘管如此，雖然到12個月時，多個依附對象幾乎成為定則，但是嬰兒對待這些依附對象的方式並不相同。我們考察的兩種文化中，嬰兒都表現出明顯的區別。在蘇格蘭樣本中，研究者設計了一個量表，用來衡量各依附對象離開時嬰兒抗議的強度。結果顯示，大部分兒童在某一位特定依附對象離開時，通常會表現出更多抗拒，而且兒童的依附對象可以按等級進行排序。安斯沃思採用更加寬泛的標準，發現烏干達嬰兒傾向將大部分依附行為指向某個特定個體。到9個月大時，安斯沃思觀察到，擁有多個依附對象的兒童，實際上只會追隨一個特別的對象。此外，當兒童感到饑餓、疲勞或不適時，通常會轉向特定對象。另一方面，兒童精神十足時，會轉向其他對象，這個人可能是經常一起玩耍、年齡較長的孩子。

　　這些發現表明，**從出生早期開始，不同對象可能激起不同的社交行為模式，若把這些對象都稱為依附對象，把這些行為都稱為依附行為，會令人困惑不解**。在未來的研究中，研究者必須更加注意這些差異：靠近玩伴跟靠近這裡所定義的依附對象，很可能有不同特徵。後續，我們會更深入研究這個問題。與此同時，我們需要留意安斯沃思的結論：

　　「在我的觀察中，所有結果都支持下面的假設：即使周圍有很多位照顧者……有機會尋求依附時，嬰兒總是會尋求某一位特定對象。」[4]

嬰兒如何選擇首要依附對象

很明顯，**兒童選擇哪個人作為自己的首要依附對象以及會依附多少人，很大程度上都取決於是由誰來照顧他，以及生活中的家人構成。**實際上，所有文化環境中，被選擇的對象最可能是兒童的親生母親、父親、哥哥、姊姊，或許還包含祖父母或外祖父母，而且兒童最可能從這些對象中挑選首要依附對象和次要依附對象。以經驗來說，這一點毋庸置疑。

蘇格蘭和烏干達的研究，都只選擇了跟親生母親住在一起的兒童作為觀察對象。在這種環境下，絕大部分案例中，兒童的首要依附對象都是自己的親生母親，這不足為奇，不過也有少許例外情況。兩位9個月大的烏干達兒童（一男一女），據說會同時依附母親和父親，但是更偏好父親。即使男孩在疲勞或生病時，也是如此。還有一位烏干達女童，到12個月時，仍然沒有表現出對母親的依附，而是依附父親和（同父異母或同母異父的）姊姊。

在蘇格蘭嬰兒中，母親在第一年期間幾乎都是首要依附對象，而到第二年，通常會是父親在某些情況分享這個角色。但是五十八位蘇格蘭嬰兒中，有三位的第一位依附對象並不是母親——其中兩位選擇父親，另一位嬰兒選擇了祖母，因為這位嬰兒的母親有全職工作，嬰兒大部分時間由祖母照顧（由於謝弗和愛默生使用的依附關係標準有限，很難確定應該如何解釋他們的其他資料）。

這幾例觀察以及其他研究，非常清楚表明：**雖然兒童的親生母親通常會成為首要依附對象，但是其他人也可以非常有效的替代這個角色。**我們手上的證據是：如果母親替代者以充滿母性的方式對待兒童，兒童也會像其他兒童對待親生母親那樣對待這個人。至於構成對待兒童的「母性方式」是什麼，我們會在下一章討論。簡而言之，這種方式似乎跟兒童進行

活躍的社交互動並迅速對兒童的信號和靠近做出反應。

雖然毫無疑問，替代母親可以用全然母性的方式對待兒童，而且很多人確實做到了，但是替代母親這樣做，會比親生母親更難。例如，就目前所知，其他物種中激發母性行為的因素，分娩後的激素濃度和新生兒產生的刺激，可能都非常重要。如果人類母親也是這樣，那與親生母親相比，替代母親肯定處於劣勢。一方面，替代母親不可能處於跟親生母親相同的激素濃度；另一方面，在嬰兒長到幾週或幾個月之前，替代母親可能覺得與嬰兒沒有什麼關聯。由於這兩個限制，與親生母親相比，替代母親的回應可能沒有那麼強烈，也沒有那麼始終如一。

如何區分次要依附對象與玩伴

我們已經申明，區分依附對象和玩伴應該比目前為止的研究更加細緻。在疲勞、饑餓、生病或感到警覺時，或者不太確定依附對象在哪裡時，孩子會尋求依附對象。找到依附對象後，孩子會想要待在依附對象身邊，可能想被擁抱、撫摸。相比之下，孩子精神狀態很好，而且非常確定依附對象在哪裡時，才會尋求玩伴；此外，找到玩伴之後，孩子會跟玩伴進行遊戲互動。

如果上述分析正確，依附對象和玩伴的角色截然不同。但是由於兩種角色並非毫不相容，某個對象在不同時間可能承擔兩種角色，因此，母親有時候既是玩伴，又是主要依附對象，而另一個人，例如年齡較長的孩子會主要充當玩伴，但是偶爾也可以充當次要依附對象。

不幸的是，作為我們的訊息來源，這兩項探索實驗並沒有做出這些區分。結果是，我們其實不太容易確定研究描述的「次要依附對象」是否都應劃入這一類。因此，在兩項研究的描述中，這些其他對象都被簡稱為

「次要對象」。這其中的假定是：有些人確實是次要依附對象，有些人則主要是玩伴，而少數人則兼具兩種身分。

根據報告，在烏干達和蘇格蘭嬰兒中，最常見的次要依附對象是父親和哥哥姊姊。其他的還有祖父母或外祖父母，或者家裡的其他成員，偶爾還包括鄰居。兩項研究都一致表明，對於這些喜歡的人和其他不喜歡的人，嬰兒的對待方式明顯不同。安斯沃思注意到「對於熟悉的人群，偏好的特異性和明顯度非常高」[5]，例如：嬰兒會一直興高采烈的歡迎某一位哥哥或姊姊，卻不會這樣對待其他人。

不可避免的，**對所有孩子來說，這些次要對象的數量和身分，都會隨著時間流逝而變化**。謝弗和愛默生記錄了孩子的次要對象數量可能怎樣突然增加，而後又如何減少。雖然並非總是如此，但是作為常規，這些變化顯然反應出當時哪些人待在家裡、哪些人是嬰兒容易接觸到的。

但是有一點仍然無法確定，那就是社交行為開始指向「有所區分次要依附對象」的時間，是跟首次指向主要依附對象的時間相同，還是稍晚一些。謝弗和愛默生使用的標準是嬰兒在有人離開時發出抗議，因此支持第一種觀點；但是安斯沃思傾向於第二個觀點，即依附行為指向次要對象的時間會比對主要對象晚一些。但是兩項研究使用的方法都不夠精確，無法解決這個議題❸。

當嬰兒有多個依附對象時，人們很可能會假定嬰兒對主要對象的依附關係會比較弱，而相反的，嬰兒只有一個依附對象時，對這個對象的依附關係會非常強烈。但是事實並非如此。實際上，蘇格蘭和烏干達的嬰兒都

---

❸ 安斯沃思觀察的間隔是14天；謝弗與愛默生的研究主要基於父母的回報，而回報的時間間隔是4週。

358

表現出相反的情況。在蘇格蘭，**嬰兒最開始對主要對象表現出強烈依附關係時，也更可能對其他有區分的對象表現出社會行為；而嬰兒依附關係較弱時，更可能把所有社交行為都侷限於單一對象**。安斯沃思在烏干達嬰兒中留意到相同的關聯性，她提出一個可能的解釋，即：嬰兒對主要對象的依附關係狀態越不安全，跟其他對象發展依附關係時，就越發受限。另一個解釋有待推演，可以補充或代替安斯沃思的觀點：兒童依附關係越不安全，跟其他對象發展玩伴關係時，就越發受限。

無論這種關聯的正確解釋到底是哪一種，有一個結論似乎非常明顯：若假定幼童會將依附分散給很多對象，以致不會跟任何人形成強烈依附關係，並且不會在某個人離開時思念這個人，那這個假定肯定是錯的。與此相反，不管是較早的證據還是近期的依據，都證實了我之前提出的假設[300 & 9]，也就是：兒童有強烈的傾向，會將依附行為主要指向某個特定對象[53]。需要注意支持該觀點的以下事實：在寄宿托兒所中，只要有機會，幼童都傾向把自己跟某個特定照顧者綁在一起。在《離開家庭的嬰兒》[69]一書中，博靈漢和安娜‧佛洛伊德對此給出了很多實例。例如：

「畢潔（2～2歲半）在簡護士的小家庭裡，畢潔非常喜歡簡。簡曾經因病離開幾天，然後再回到托兒所，畢潔這時會反復說：『我的簡、我的簡。』莉蓮（2歲半）有一次也說：『我的簡。』但是畢潔提出抗議，並解釋：『是我的簡、莉蓮的魯思、基恩是伊爾莎的。』」

兒童傾向把自己跟某個對象綁在一起，這一點似乎已經毫無疑問，而且對心理病理學有深遠的影響，因此我相信應該給這個獨特術語。在之前的文章中，我稱之為「單變性」（monotropy）。

依附行為與非生命物體的角色

到目前為止，我們只考察了依附對象可能指向的各種人類對象。但是眾所周知，某些依附行為的成分，有時候是指向非生命物體，例如非營養性吮吸和黏附。

當然，指向非生命物體的營養性吮吸也很常見，例如奶瓶。但是由於餵食行為與依附行為有所區別，對母親乳房之外物體的營養性吮吸，不在本書討論範圍之內。

在最簡單的社會中，嬰兒可能在一天中大部分時間都跟母親在一起，非營養性吮吸和黏附都指向母親的身體，這跟非人類靈長類動物中的情形一樣。但是在其他社會中，例如西方社會，非營養性吮吸在嬰兒出生後前幾週，可能指向橡膠奶嘴或大拇指。之後，而且通常是在嬰兒滿1歲前，可能會轉向衣服或毯子的某個角落，或者是某個適合抱抱的娃娃。嬰兒會堅持抱著這些物品睡覺，而且白天也可能要帶在身邊，尤其是嬰兒感到沮喪或疲憊時。嬰兒會經常吮吸和緊緊抱住這些柔軟的物體，但是也可能會做一些別的事情。

溫尼考特首次留意到這些最早被兒童珍視的物品[386]，之後多位研究者向父母收集了相關報告。這些報告表明：目前的英國，這種依附關係的發生率相當高。在謝弗和愛默生的研究中[317]，二十八位18個月大的蘇格蘭兒童中，有十一位正在或曾經依附某個特別適合擁抱的物體，也就是比例超過三分之一。此外，三分之一的兒童曾經或一直喜歡吮吸大拇指。另外有一點特別有意思，近乎所有擁有擁抱娃娃或喜歡吮吸大拇指的兒童，正是那些更喜歡被母親擁抱的兒童。

雖然吮吸大拇指或橡膠奶嘴通常是在出生後幾週就開始，依附特定、引人擁抱的柔軟物體，則很少在9個月之前出現，而且通常相對較晚開

始。在一項研究中，四十三位兒童曾經依附這種物體，或正在依附這種物體。根據母親的報告，九位兒童在12個月之前出現這種依附關係，二十二位在1～2歲生日之間出現，而十二位在兩歲生日後才出現[350]。而這些方面，沒有任何證據表明男孩和女孩有差異。

兒童習慣的這個特定擁抱物體，對安定他們的心神有十分重要的意義，母親都相當熟知這一點。如果有這個物體，孩子會心滿意足的上床睡覺，不用母親的陪伴。但是當這個物體遺失時，孩子可能完全沒辦法得到安慰，除非再次找到這個物體。有時候，兒童會依附多個物體。以下是馬克的例子，他是三個孩子中的老大，一直擁有母親的全部注意：

「4歲半之前，馬克都會吮吸自己的大拇指，尤其是有壓力或在夜裡時。在14個月之前，馬克會用左手拉起毯子的頂端，一邊吮吸右手大拇指，一邊用毯子纏繞左手拳頭。然後馬克會用包裹起來的拳頭打自己的額頭，直到睡著。這個毯子成了他的『斗篷』，到哪裡都陪著他（在床上、休假時等等）。從3歲開始，馬克還有了一個木頭松鼠。到晚上，馬克會把松鼠裹在『斗篷』的尾端，然後壓在自己身下。」[350]

我們沒有理由認為「孩子依附非生命物體對他們來說是不利的」。相反的，眾多跡象表明這種依附關係與令人滿意的人際關係是相互融合的。實際上，在一些孩子身上，缺乏對柔軟物體的興趣，可能讓人心生疑慮。例如，普羅旺斯和立頓報告[272]：他們觀察的兒童在出生後第一年就在剝奪性的機構中長大，而所有兒童都沒有對某個喜愛的擁抱物體產生依附關係。還有些嬰兒有時候會對柔軟物體表現出明顯的厭惡，而我們有理由認為，這些嬰兒的社交發展可能陷入歧途。史蒂文森（Olive Stevenson）描述

了這樣一個孩子[350]：「從嬰兒期早期開始，他就因為強烈厭惡柔軟玩具而引人注意。最初，這個孩子被母親拒絕，之後更被母親拋棄。我們完全可以假定，孩子厭惡柔軟物體在某種程度上，反映了對母親的厭惡。」

研究不僅發現兒童對擁抱物體的依附關係與人際關係是否滿意一致，而且對非生命物體的依附關係延長到兒童期這個現象，也比之前的廣泛假定要普遍許多，且將這段依附關係延長到學校時光的兒童不止一、兩個。雖然人們很容易做出假設，認為這些依附關係的延長意味著兒童感到不安全，但是實際上，這一點並沒有受到確認。而當兒童喜愛非生命物體更甚於人時，這觀點可能完全不同。史蒂文森給出了一些例子：

「羅伊的母親告訴我，當羅伊跌倒時，總是會叫：『塞。』也就是他的毯子，而不是呼喚母親來尋求安慰。兩位母親告訴我，在手術醒來後，他們的兒子一開口，就是要平常依附的物體。」

這兩個孩子中，其中一個正是馬克。在6歲時，馬克摘除了扁桃線。麻醉醒來後，馬克要「松鼠」，而拿到松鼠後，就安靜的進入夢鄉。

若假定兒童的所有依附行為，都可以指向非生命物體，而對人沒有任何依附行為，若這樣的情形持續一段時間，幾乎都會對兒童未來的心理健康有害。哈洛的觀察強烈支持這種「常識」。在哈洛的觀察中[163]，恆河猴嬰兒期的依附行為全都指向玩偶。這些小猴後來跟其他猴子在一起時，社交關係表現都嚴重失常。

很多臨床醫生已經討論過兒童對非生命物體依附關係的理論意義，其中溫尼考特提出的「過渡性客體」（transitional objects）尤為著名[386]。在溫尼考特推出的理論框架中，這些物體在客體關係發展中占有重要位置。溫

尼考特相信，這些物體屬某個階段，在該階段，嬰兒雖然還無法使用象徵，卻已朝著象徵發展，因此，會有「過渡」這個術語❹。雖然溫尼考特的命名已經被廣泛接受，其理論依據仍然值得探討。

　　在看待這些非生命物體的作用時，有一種更加簡單的方式，就是將這些物體視為某些依附行為的指向，或再次指向的對象，而原因是無法得到「自然」物體。 非營養性吮吸指向的不是乳房，而是橡膠奶嘴；依附不再指向母親的身體、頭髮或衣服，而是毯子或擁抱娃娃。我們有理由假定，這種對物體的認知狀態跟兒童對首要依附對象的發展階段相同——最初是精細程度跟單一刺激差不多的某些物體，之後是能夠識別和期待的物體，最後才是在時空中永存的對象。至於這些所謂的過渡性客體在兒童認知或其他方面發展中發揮的任何特殊作用，還需要更多證據來說明，我們還沒有任何理由來做出這樣的假設，因此，更加適合的術語應該是簡單的「替代客體」（substitute object）。

　　自《依戀理論三部曲1：依附》出版以來，這種更加簡單的理論得到了研究理論大力支持⁴⁹。觀察不在母親身邊長大的非人類靈長類動物行為研究，也支持該理論。人類嬰兒、猴子和猿猴的嬰兒，都非常容易從奶瓶中得到食物，並對慰藉物奶嘴和大拇指進行非營養性吮吸。非營養性吮吸也可能指向身體的其他部位，通常是腳趾頭，女性偶爾會指向自己的乳頭，男性則是自己的陰莖。至於依附的對象，哈洛的研究表明，只要代表母親角色的玩偶非常柔軟，小猴子很快就會依附上去。

---

❹　由於溫尼考特的主張不容易敘述，最好用他的原話呈現：「……毯子（或別的物品）象徵著某部分課體（例如乳房）。但是這張毯子的意義，更多在於其存在於現實而不是其象徵意義。其實毯子作為乳房（或母親）的重要性，不及毯子象徵乳房（或母親）這個事實……我認為，可以事實採用一個術語來表示這種象徵的起源，可以描述嬰兒從純主觀走向客觀的旅程。對我而言，『移情對象』（毯子等）正是我們在這個通往經驗的發展之旅中，經常看到的。」

得到人類養母照顧時，小猴子和猿會立刻把人類當作母親，不屈不撓的黏著她。由於牠們堅持不懈的黏著，如果能用一片布暫時哄騙牠們放開手，可說是非常幸運。海斯養大了一隻小猩猩，非常生動的描述了這種重新指向的行為。報告維吉9個月大的行為時，海斯寫道[166]：

「雖然維吉和我是好朋友，但是當牠感受到壓力時，我並不是唯一安慰。我們發現⋯⋯如果給維吉一條毛巾抓著⋯⋯維吉也可以得到安慰⋯⋯不管去哪裡，維吉總是拖著一條毛巾，要麼一隻手握著，要麼一隻拳頭攢著，要麼是搭在背上⋯⋯（當）維吉對玩具感到厭倦，決定做點別的事情時，總是會自信滿滿的伸手到背後拿毛巾。如果沒辦法拿到毛巾，維吉會轉頭看；若沒有看到毛巾，維吉會發瘋般的在屋子裡找尋。之後，維吉會抓住我的襯衫，跳上跳下，直到我為了保護自己給牠一條毛巾。」

在非典型環境中長大的非靈長類嬰兒，出現這種行為的例子還有很多。因此，顯然**無論是人類嬰兒還是小猴子，當依附行為的「自然」對象不在身邊時，行為可以指向某些替代客體**。即使是非生命的，這樣的物體似乎也經常能夠扮演重要的依附「對象」（雖然是次要的）。跟主要依附對象相似，孩子尤其會在感到疲勞、不適或沮喪時尋求這些非生命的替代客體。

引發選擇依附對象的進程

前一章，我們提出嬰兒依附行為指向特定的對象，這種發展其實是至少經過四個進程，才能在嬰兒身上起作用。以下是前三個進程，以及當嬰

兒在普通家庭環境中成長時，這三個進程必然會導致的結果：

〔結果1〕更願意朝向、觀看或聆聽某類刺激的天生傾向，這導致非常
幼小的嬰兒也會對照顧他的人類給予特別注意。

〔結果2〕暴露學習，使嬰兒了解照顧者的知覺特徵，並學會區分這個
人跟其他人或物。

〔結果3〕接近熟悉對象的天生傾向，一旦嬰兒的運動功能允許，就會
讓嬰兒靠近已經學會區分的熟悉對象。

〔結果4〕操作性條件學習，也就是透過行為結果的特定回饋，會增強
（被強化）其行為。

人們可能會問，在得到集中回饋時，原始依附行為形式引發的哪些結
果會增強該行為？

傳統理論認為，依附行為的關鍵強化物是食物，兒童依附某個特定對
象的原因是這個人會給兒童食物，並滿足兒童的其他生理需要。在第12
章，我們已經談論到沒有任何證據支持這種傳統理論。與此相反，現在有
重要證據表明，**依附行為最有效的強化物，是嬰兒的陪伴者對嬰兒的社交
嘗試做出反應**。我們可以更加細緻呈現這些證據。該證據源於自然觀察和
實驗這兩種渠道。

自然觀察的研究包括謝弗和愛默生對蘇格蘭兒童的觀察、安斯沃思對
烏干達兒童的觀察，以及一些對以色列集體農場孩子，系統性稍弱的研
究。所有的發現都趨於統一。

謝弗和愛默生關注18個月大嬰兒對母親依附關係的強度高低，以及
與此相關的因素，而強度的衡量標準是母親離開時嬰兒的抗議程度。兩位

的結論是基於觀察三十六位兒童的結果[316]。

結果表明，人們傳統上認為跟依附關係強度相關的一些因素，其實沒有顯著關聯。這些因素包括跟餵食、斷奶和如廁訓練方法有關的一些變項。其他無關的因素是兒童的性別、排行和發展商數。與此相反，跟母親和嬰兒社交互動相關的兩個因素非常突出，且顯著相關。這兩個因素是母親對嬰兒哭泣的反應程度，以及母親發起跟嬰兒的社交互動程度。母親對嬰兒哭泣的反應越迅速、發起的互動越多，18個月大嬰兒跟母親的依附關係就越強烈（衡量標準是母親離開時，嬰兒的抗議強度）。雖然這兩個因素某種程度上重疊，但是其相關指數在資料上並不顯著：

「……某些母親……會迅速對嬰兒哭泣做出反應，但是卻很少自發與嬰兒互動，而與此相反，有些不鼓勵哭泣的母親，卻會跟兒童有大量互動。」

對哭泣的反應度和社交互動的敏感度，是最相關的變項，該結論也得到謝弗和愛默生在次要對象上得到的資料支持。嬰兒哭泣時迅速反應，但可能沒有給予生理照顧的人，更可能被嬰兒選為次要對象；而偶爾會給嬰兒生理照顧，但是在社交上毫無反應的人，則不可能被選中。

通常，對哭泣反應靈敏、頻繁跟嬰兒互動的人，通常就是那些最常在嬰兒身邊的人。但事實並非總是如此，例如：一些母親整天都在孩子身邊，但是對孩子的反應不敏感，或很少互動，而有些父親雖然不是經常在孩子身邊，但是在一起時都會跟嬰兒頻繁互動。謝弗和愛默生發現，在這樣的家庭裡，嬰兒對父親的依附關係會比對母親更強烈。

「幾位母親……實際上會抱怨她們的『不溺愛』政策被丈夫給毀了。只有母親在身邊，嬰兒其實沒有什麼要求，但是只要到放假、週末和晚上，嬰兒就會強烈要求父親出現，並尋求父親的注意。」

分析烏干達兒童的資料時，安斯沃思傾向於做出相似的結論，雖然觀察中的某些不足讓她相對謹慎。但是在後續研究（美國馬里蘭州的白人嬰兒）中，安斯沃思借鑒了在非洲的經驗，對母親傾向對嬰兒社交反應的速度、頻率和形式，都進行了更有系統的記錄。該研究結果清晰表明[11]，兩個變項跟依附行為的發展顯著相關：（a）母親對嬰兒發出信號的反應靈敏度；（b）母親和嬰兒互動的質與量。嬰兒最依附的那些母親，會迅速、恰當的對嬰兒信號做出反應，是跟嬰兒進行大量社交互動的母親，而且母嬰雙方都為此感到愉悅。

對以色列集體農莊中成長的嬰兒依附行為發展，有一些觀察經過檢驗，但是結果不太容易用傳統理論來理解，但是若強調社交互動在依附關係發展中的重要性時，這些觀察結果就非常符合。

在某些以色列農莊中，孩子大部分時間由集體托兒所中的護士照顧。除了安息日可以全天陪伴，孩子的父母每天只照顧孩子1～2個小時。因此，到目前為止，孩子的大部分進食和日常護理，都由護士完成❺。但是儘管如此，農莊兒童的主要依附對象仍然是父母——在這一點，觀察者似乎都一致同意。例如，研究某個集體農莊兒童發展後，斯皮羅寫道[338]：

「雖然父母在兒童的社交或滿足生理需求方面，不會發揮重要作

---

❺　自1981年，這些方法不再普遍。

用……父母對兒童的心理發展非常關鍵……他們為孩子提供某種安全感和愛，而這是孩子無法從其他人那裡獲取的。如果有什麼區別，那就是這些孩子對父母的依附關係比社會中的更加強烈。」

派拉德（N. Pelled）重複了這個概論，其結論的基礎，是對農莊長大個體的20年心理治療工作[257]：

「……集體農莊中成長的兒童，主要客體關係是跟家人的關係，即父母和同胞……所有案例中，我都沒有發現兒童對農莊護士強烈、持久的聯繫……農莊護士屬於過去，通常只被短暫提及，而且語調中不帶一絲情感，有時候甚至有強烈反感……追溯時，跟農莊護士的關係似乎是某種轉瞬即逝、可替代、用於滿足需求的客體關係，而一旦需求情境消失，這種關係就會終止。」

顯然，這些發現跟傳統理論預期完全相反。但是另一方面，若從現在推出的理論出發，就不難理解這些現象。在集體農莊，護士總是要照顧多個孩子，而且必須給這些孩子準備食物、換衣服等等。因此，護士幾乎沒有時間對嬰兒的信號做出反應，或跟嬰兒玩耍。當母親照顧孩子時，會心無旁騖、有空閒對孩子的接觸做出反應，並發起社交玩耍。在1週的時間裡，跟護士相比，孩子跟母親有更多社交互動和更加合適的時機交流，這似乎有點不太可能。當然，可以透過系統觀察來確認這是否會發生❻。如

---

❻ 格威茨（H. B. Gewirtz）與其同事的發現，強力的支持這個推想。這兩位研究者採用直接觀察法，發現一個嬰兒出生後8個月在集體農莊度過，而該嬰兒每天看到母親的時間幾乎是看到護士時間的兩倍。其中大部分原因是護士照顧嬰兒的大部分時間裡，都不在嬰兒眼前[140]。

果這是集體農莊的真實圖景，那就跟謝弗和愛默生對一些家庭的報告相映成趣。在這些家庭中，母親整天照顧孩子，卻很少跟孩子互動，父親看到孩子的時間較少，卻會時刻對孩子做出回應，因此孩子更加依附於父親。

目前報告的這些觀察都是在孩子們被照顧的日常環境中進行——其優點是發生在現實生活中，而難處是較難解釋在這些情境中的發現。但是我們可以注意到，從這些研究中得出的結論，跟目前進行過的寥寥幾項實驗（上一章已提及）結果完全一致。因此，布萊克比爾在嬰兒微笑時，就做出簡單、迅捷的社交反應，即報以微笑、咕咕叫、抱起嬰兒或擁抱嬰兒，就能夠增加3個月大嬰兒的微笑頻率[62]。而瑞格德等人用非常相似的手法來增加同樣年齡嬰兒的咿咿呀呀聲——每次嬰兒發出咿咿呀呀聲時，研究者就用燦爛的微笑回應，發出三聲「嘖嘖嘖」聲，並輕輕捏一下嬰兒的小肚子[285]。

幼兒延遲形成依附關係的原因

依附關係發展較緩的嬰兒身上，我們得到的資料跟提出的理論一致。雖然大部分兒童到9個月時，就會表現出非常明顯的有所區分依附行為，但是在少數兒童身上，這種行為的出現較晚，有時候甚至到兩歲時才出現。有證據表明，**與發展較快的嬰兒相比，這些嬰兒通常因為種種原因從母親角色那裡得到的社交刺激要少很多。**

在冷冰冰機構中長大的嬰兒就是典型例子。我們已經留意到普羅旺斯和立頓的發現：兩位研究者報告，七十五位嬰兒12個月大時，都沒有出現有所區分指向的依附行為（這些嬰兒都是不到5週大就進入機構）[272]。

安斯沃思觀察在家中長大的烏干達嬰兒，結果跟普羅旺斯和立頓的發現完全一致。被觀察的二十七位烏干達兒童中，四位異於常人，即表現出

依附的時間顯著延遲。兩個嬰兒是同父異母的姊妹，到11個月大時，仍然幾乎沒表現出任何區分或依附關係；另外兩位是龍鳳胎，到觀察結束時37週大，這時仍然沒出現依附行為[3&5]。

研究者用七點評分量表評價二十七位母親給予嬰兒的照顧時間，分數最低的母親，牠們的孩子正好沒有出現依附關係。這些母親經常長時間離開孩子，即使有時間，也讓其他人分擔照顧責任。對比每位嬰兒從母親或其他人那裡得到的總照顧時間長短時，這四位嬰兒遠遠低於其他出現依附關係的嬰兒（其中一位除外）。

討論結果時，安斯沃思指出在該研究中使用的「母親照顧」量表太籠統。正如之前提過的，在安斯沃思看來，最重要的母性照顧成分是社會互動，而不是日常照顧。

不同感覺器官在建立依附關係時扮演的角色

在實驗和日常情境中，研究者報告能夠有效促進依附行為的社交刺激由視覺、聽覺、觸覺混合組成，而且通常還有運動知覺與嗅覺。因此帶出了下面的疑問：這些交互模式中，是否有發展依附關係必不可少的因素？如果有，是哪些？對於依附關係發展，哪些最有影響力？

討論該主題時，有兩個趨勢值得注意。大部分早期文獻都假定依附關係是兒童得到餵養的結果，故強調的重點放在觸覺刺激上，尤其是口腔。之後，該假定受到挑戰，尤其是瑞格德[279]、瓦爾特（Richard H. Walters）和帕克（Ross D. Parke）的研究[371]，其理論假定與本書相似。這些研究者強調：從出生後頭幾週開始，嬰兒的眼睛和耳朵就非常活躍，會調節社交互動，因此研究者開始質疑之前對觸覺和運動知覺刺激賦予的特殊角色。對於發展出母嬰聯結，除了微笑和咿咿呀呀聲，嬰兒與母親間的眼神接觸似乎也

發揮著特殊作用 294。

日常照顧中，母親抱著嬰兒的方式會妨礙面對面接觸。當母親想跟嬰兒互動時，總是習慣讓嬰兒面朝自己，而這個動作進一步支撐了視覺接觸的重要性 377。這個觀察也跟之前的發現一致，也就是：與只滿足嬰兒身體需求的人相比，嬰兒更容易依附與他有社交互動的人。

乍看之下，讀者可能會推想視覺比觸覺和運動知覺更有優勢，這個觀點也得到謝弗和愛默生的支持 317。該研究關注在嬰兒依附關係發展，而幾乎無法證實這些嬰兒討厭被擁抱、撫觸這個結論。

此研究是針對依附關係發展的大型研究一部分 316，研究者從三十七位嬰兒中找出九位嬰兒。在12個月大時，母親報告這些嬰兒非常抗拒被擁抱，正如其中一位媽媽描述：「他拒絕擁抱，會掙扎著逃開。」根據報告，另外十九位嬰兒享受被擁抱，而剩下的九名嬰兒則位於中間❼。討厭擁抱和喜歡擁抱的嬰兒之間，發展差異其實寥寥無幾，唯一顯著的差異是：根據研究者評價，喜歡擁抱的嬰兒依附關係強度更強。但是，到了18個月大時，雖然差異仍然存在，卻不再顯著，而且到這個時候，兒童依附行為指向的對象，人數也沒有任何差異。

雖然兩組嬰兒之間的差異非常小，或許可以解釋成「這意味著身體接觸對依附關係發展幾乎毫無效用」，但是做這種解釋必須謹慎。原因在

❼ 謝弗與愛默生聲稱，按照母親的描述，所有討厭擁抱的嬰兒在出生後頭幾週就表現出這種怪癖。但是「孩子一直都不喜歡抱抱」這種回溯報告，安斯沃思與我的私人交流中回應，她對此抱持著懷疑態度。安斯沃思針對美國馬里蘭州白人嬰兒的研究表明，討厭抱抱的嬰兒中，至少有一部分是出生後一開始的幾個月裡，母親很少抱他們，她說：「對於那些母親說他們討厭擁抱的嬰兒，我和助手有一套特殊擁抱手法。被我們抱著時，這些嬰兒其實很喜歡擁抱。事實是，這些母親其實不喜歡抱著嬰兒。我們發現，這些嬰兒後來會變得討厭擁抱，每次被抱著的時候都會扭來扭去。當然，一些腦損嬰兒會出現『張力亢進』（Hypertonic），可能一開始就討厭擁抱。」

於，如果假定謝弗和愛默生描述的「討厭擁抱的嬰兒」，沒有接受到任何觸覺或運動知覺刺激，就犯了嚴重錯誤。與此相反，討厭擁抱的嬰兒其實很享受被左右搖擺、嬉戲玩耍。此外，這些嬰兒在吃東西時很樂意坐在母親的腿上，而且覺察到危險時，也喜歡抓住母親的裙子或把臉藏到母親的腿間。實際上，這些嬰兒唯一與眾不同之處，就是他們討厭被限制——只要擁抱會限制行動，他們就會抗議。因此，雖然這些嬰兒得到的觸覺刺激可能少於喜歡擁抱的嬰兒，但是這些刺激並非無足輕重。

對眼盲嬰兒的依附關係發展研究，也得出了非常模糊的結果。一方面，研究者稱，跟視力正常的嬰兒相比，眼盲嬰兒跟母親的依附關係，特異度和強度都明顯較弱[294]；另一方面，則有觀點認為，眼盲兒童有時會給人留下，他們似乎很容易以不熟悉的個體來替代熟悉依附對象的印象，但是這個印象其實是虛假的，而這種印象的來源，其實是眼盲兒童跟正常視力的兒童提高警覺時一樣，如果熟悉的對象暫時不在身邊，兒童感到危險時，會傾向於依附在身旁的任何人[251]。對於這些看似截然不同的觀點，有一個解決之道，那就是**跟正常視力的嬰兒相比，眼盲嬰兒對特定對象發展出依附關係的速度相對較慢，但是一旦發展出依附關係，眼盲兒童的依附關係會更加強烈，而且持續時間更長。**

事實是，目前的資料尚不足以回答我們提出的問題。「距離感受器」（distance receptors）發揮的作用，比我們賦予的角色更加重要，這一點毋庸置疑，但是遠遠不能讓我們做出結論，說明觸覺和運動知覺感受器官微不足道。與此相反，當嬰兒非常沮喪時，不管是安撫剛出生幾個月的哭泣嬰兒，還是安慰稍大一點、受到驚嚇的大孩子，身體接觸似乎非常重要。就目前而言，最明智的假設是：**很可能，所有社交通道都發揮著重要作用，但是由於依附行為的組成其實相對冗餘，某種通道不足只要是在一定範圍**

內，就可以透過其他通道來彌補。就目前所知，在動物王國中，有大量的可替代手段用來滿足生存需求，是司空見慣的。

發展敏感階段和恐懼陌生人的關聯

研究證實，在其他物種中存有某個階段，該階段最可能發展出對某個偏愛對象的依附行為，因此人們自然會問：「人類身上是否也有相同的階段？」大部分生態學導向的工作者都認為很可能有。那證據是什麼呢？

論證發展依附關係敏感度升高的階段

研究該主題的一些學生，例如格雷（P. H. Gray）[148]、安布羅斯[19]、史考特[328]和布朗森[67]猜想：嬰兒在出生後最初的 5～6 週還沒有準備好，不能發展出有所區分的依附對象。無論是知覺能力，還是行為組織水準，都不足以讓嬰兒以非原始方式進行社交互動❽。

在大約 6 週後，嬰兒區分所見、所聽和所感的能力越來越強，此外，行為也更加有序。因此，到 3 個月大時，在家裡長大和在機構中長大的嬰兒，其社交行為差異變得顯而易見。參照這些證據，並考慮嬰兒神經系統的迅速發展，我們可以嘗試得出結論：**雖然出生後頭幾週發展依附關係的傾向比較低，但是到第 2 和第 3 個月時會提高。到 6 個月末，依附行為在很多嬰兒身上已經完全成熟**，這個事實表明，在之前的幾個月裡，也就是第 4 到第 6 個月，大部分已經處於依附行為發展高度敏感階段。

---

❽ 格雷提到的理論證據[148]，也就是人類嬰兒在出生後 6 週內無法學習，顯然是錯誤的（參見第 14 章）。

但是我們止步於這種廣泛的陳述，無法再深入。尤其是沒有任何證據表明到底在哪個月裡，敏感度會更高。

例如，沒有進一步證據時，我們不能接受安布羅斯的意見[19]，也就是從第6～14週，嬰兒正學習人類面孔的特徵（超個體學習supra-individual learning），但是還無法區分特定面孔，因此這可能是一個特別敏感的時期。安布羅斯呈現的證據，其實無法導出這個結論；此外，他的意見部分依據某個理論，也就是「銘印是焦慮降低的產物」[245]，而這個理論其實沒有得到廣泛認可（參見第10章）。

促使發展依附關係的某種敏感期，會持續幾個月

雖然在家裡長大的絕大部分嬰兒，在6個月大時會出現依附行為，但是有些嬰兒並不會，在機構中長大的大部分嬰兒也不會。由於這些孩子中，大多確實會在往後發展出依附關係，很顯然，某種程度的敏感度至少會持續一段時間。

謝弗的一項研究有助於解開這個疑問。在該研究中，兒童大約6個月大時經歷了長期分離，謝弗致力於研究這對開啟依附行為的影響[311]。研究中的二十位兒童，都在兩種機構設置下度過了10週或以上的時間，在這兩種設置下，兒童都沒有機會發展出有區別的依附關係，所有兒童回到家的年齡都在30～52週之間。由於兒童回到家的年齡正是有區分依附行為應該會出現的時期，研究者的興趣在於「了解前陣子的分離，會延遲產生依附行為多長的時間」。

謝弗發現，到12個月大時，只有一位兒童沒有發展出依附行為。延遲期間差異很大，從3天到14週不等。八位兒童在回到家兩週後就表現出依附行為；另外八位是4～7週之間；剩下的三位兒童則花了12～14週。

可能影響時間延遲變異的諸多因素中，有兩個最容易識別出來：（a）機構中的情況；（b）回家後的經歷。令人驚訝的是，離家的時間長短或回家的年齡似乎都不重要。

這些嬰兒可以分為兩組：第一組包含十一位嬰兒，待在醫院裡，幾乎沒有受到什麼刺激，無論是社交還是其他刺激。母親可以探視孩子，但是大部分只有每週一次，小部分會每週去四或五次。第二組包含九位嬰兒，為了避免感染肺結核而被隔離在育嬰室。雖然這些嬰兒沒有獲得母親探視的機會，但是護士相對較多，會提供這些嬰兒相當多的社會互動刺激。

回家後，跟在醫院待過的孩子相比，育嬰室的孩子會更快發展出跟母親的依附關係。在醫院的孩子，除了其中一位，所有孩子都花了4週或以上的時間才表現出依附，而在育嬰室的孩子，除了其中兩位，所有孩子都在14天內就表現出依附。有一位嬰兒在育嬰室待了37週，12個月大時才回到家，但是回到家第三天，就已經表現出依附行為。

從這些發現中，我們似乎可以得出結論，也就是：嬰兒若在6～12個月大之間得到大量社交互動，一旦有機會，就能夠迅速發展出有區別依附關係。相形之下，如果沒有這種社交刺激，發展依附關係的速度就會慢很多。顯然，當整體社交刺激程度較低時，母親偶爾探視不足以改善這種狀況（雖然聊勝於無）。

毫無疑問，在謝弗的研究中，最令人感興趣的部分涉及「曾在育嬰室的嬰兒發展出依附關係的速度」。在九位嬰兒中，七位在回家後14天內就出現依附行為，而另外兩位嬰兒中，有一位出現延遲的原因，幾乎可以肯定是嬰兒回家後得到的社交注意非常少。這位男孩在育嬰室待了12週，在36週大時回到家。男孩的父親身有殘疾，母親在外工作，這意味著孩子由父親照顧，很少見到母親。雖然父母都很喜歡這孩子，但是在這段時

間裡，兩個人都沒有給孩子很多關注，孩子沒有出現依附行為。但是兩個半月後，母親放棄工作、回歸家庭。這時孩子已快滿1歲，但是短短幾天後，就對母親發展出強烈而特別的依附關係。

這些資料表明，**在社交條件高於最低值時，主動發展出依附關係在一些嬰兒身上，可以維持到1歲時。**但是很多疑問仍然無解。（a）什麼是最低條件？（b）較晚發展出來的依附關係會跟更早發展出的依附關係一樣穩定、安全嗎？（c）主動發展出依附關係，可以在嬰兒兩歲期間保持多久？不管安全基準在哪裡，可以確定的是在6個月大之後，發展依附關係的情況會變得比較複雜。主要原因在於成長速度趨緩、更容易喚起恐懼反應，且強度更大。

隨著年齡增長，恐懼陌生人和建立依附關係敏感性降低

隨著年齡漸長，人類嬰兒跟其他物種的小生物一樣，看到任何陌生事物都會表現出恐懼，其中包括陌生人。一旦這種反應變得常見或者強烈，嬰兒就會傾向於退縮，而不是主動接觸。結果是，嬰兒跟新對象建立依附關係的可能性降低。

嬰兒表現出恐懼之前，他們看到陌生人的反應會經歷下列三個階段[111 & 312 & 5]：

〔**階段1**〕無法靠視覺區分陌生人和熟悉的人。

〔**階段2**〕通常持續6～10週，嬰兒對陌生人的反應相對積極，而且會主動靠近，雖然不會像對熟悉的人那樣主動。

〔**階段3**〕通常持續4～6週，嬰兒看到陌生人時會聚精會神的盯著看。在這個階段之後，嬰兒才會表現出典型恐懼行為，例

如：遠離陌生人，啜泣或哭泣，或露出厭惡表情[9]。

　　至於看到陌生人時，第一次表現出明確無誤的恐懼的年齡，個體差異很大，而且也因評價標準不同而有差異。在為數甚少的嬰兒身上，早在26週大時就已經出現；大部分嬰兒是到8個月大時出現；少部分嬰兒身上，則會延遲到兩歲時出現[10] [111 & 316 & 5]。與看到陌生人時流露出的恐懼相比，恐懼陌生人觸碰或擁抱，出現的時間更早[353]。

　　某些嬰兒很晚才會在看到陌生人時流露恐懼，解釋這個現象時，不同的研究者指出了不同的影響因素。費德門[111]和安斯沃思[5]報告，嬰兒依附關係發展得越晚，對陌生人的恐懼也就越晚；而謝弗[316]報告嬰兒平常接觸的人越多，恐懼出現越晚。毫無疑問，除了這兩個因素，肯定有其他因素。

　　隨著年齡增長，嬰兒對陌生人的恐懼通常會更明顯。田尼斯（K. H. Tennes）和蘭普爾（E. E. Lampl）把7～9個月大列為強度最高的階段[353]，而摩根（G. A. Morgan）和里丘第（H. N. Ricciuti）相信，高峰出現在兩歲期間[246]。安斯沃思留意到[5]，在9或10個月大時，強度會明顯增強，她也注意到個體差異非常大，而且每個嬰兒在不同月份都可能出現難以解釋的變化。

　　在確定恐懼開端和強度高峰時，主要的困難在於：**對嬰兒來說，對陌生人的恐懼，因情境而有很大的差異。**例如，出現恐懼和其強度，很大程度都取決於與陌生人的距離、陌生人是否接近嬰兒，以及陌生人的其他舉

---

[9]　安布羅斯提出：「在嬰兒表現出這些外顯行為之前，恐懼反應可能已經存在。」[19]他的觀點基礎是14～16週大時，嬰兒對陌生的人的微笑反應比率會劇烈下降，而他相信這是源於「一種新出現干擾反應的強大抑制……這個反應可能是恐懼」。但是這個結論絕對無法得到證實，進一步來說，即使結論合理，這種反應的強度也很低，而且嬰兒很快就會習慣了。

[10]　亞羅觀察的樣本中，恐懼發生率如下：3個月大時12％；6個月大時40％；8個月大時46％。[392]

動，這也取決於嬰兒是在熟悉的環境裡，還是在陌生的環境裡，以及嬰兒是否生病、是筋疲力竭還是神清氣爽。此外，摩根和里丘第特別研究了另一個因素[246]，也就是嬰兒是坐在母親腿上，還是不在母親身旁。從8個月大開始，這個情況就會導致不同結果——與坐在母親腿上相比，距離母親1英尺（約30公分）多的嬰兒會表現出特別多的恐懼。毫無疑問，這個發現也跟下述事實有關：**從8個月大開始，嬰兒會將母親作為安全基地，從這基地出發去進行探索。**

其他證據指出，嬰兒在離開母親到其他人那裡時，隨年齡的不同，對陌生人有負面反應增強的傾向。亞羅報告，對七十五位嬰兒進行研究的初步結論是：每一個6週到12個月大的嬰兒，從暫時撫養的家轉移到收養家庭中，都驗證了上述結論[391]。

在6～12週被轉移的兒童，沒有觀察到表現出不愉快的狀況，但是那些在3個月大時被轉移的兒童，就會出現不愉快的表現。因此，隨著年齡增加，不僅困擾會被大量記錄，而且這些困擾的嚴重性和廣泛性會更強。86％的6個月大嬰兒，會表現出一些困擾，年齡在7個月或更大，每個嬰兒都會出現「明顯困擾」。困擾行為包括：微笑、咿咿呀呀聲這些社會反應會減少，哭泣和依附反應會增加。還包括非同尋常的冷漠，以及進食與睡眠困擾，並且失落早前發展出來的能力。

結論：孩子形成依附關係的敏感度，會隨著年齡增長而降低

正如寇威爾（B. M. Caldwell）曾經強調：敏感期問題錯綜複雜[73]。例如海因德提出每種分離反應，可能都有自己的敏感期[178]。當然，很大部分取決於我們關注的是有區別的依附關係發展，還是建立的依附關係一旦被打斷會有什麼影響。例如，毫無疑問，**在嬰兒1歲之後的幾年內，已經建立**

的依附關係其實處於相當脆弱的狀態。

關於第一份依附關係發展，顯然在6個月到12個月期間，嬰兒相當敏感，已經準備好建立有區別的依附關係。在6個月之後，嬰兒仍然可以建立依附關係，但是隨著歲月流逝，困難度日益增加。到兩歲時，顯然難度已經非常大，而且依然相當困難。在第18章，我們會呈現進一步的證據。

史畢茲客體關係發展理論與依附關係的差異

只要熟悉史畢茲關於嬰兒1歲前客體關係發展理論，讀者都會意識到史畢茲的理論跟本書呈現的內容截然不同。由於史畢茲的觀點已獲得廣泛認同，我們必須在此細緻的討論。

史畢茲的觀點雛形出現於早期文章中[341 & 342]，後來在《生命的第一年》[343]中原封不動的再現。史畢茲觀點的主要內容，在於真正的客體關係要到8個月大時才會確立。

在得出這個結論前，史畢茲的理論根據聚焦於他所謂的「八個月的焦慮」（eight-months anxiety）（本書所指的「陌生人恐懼」）。史畢茲的觀點可總結為以下四點：

〔觀點1〕多項觀察，關於遠離陌生人這個現象普遍出現的年齡：史畢茲認為，大部分嬰兒在大約8個月大時首次出現該行為。

〔觀點2〕一個假設，即遠離陌生人不是因為恐懼：由於陌生人沒有對嬰兒造成疼痛或不快，在史畢茲看來，嬰兒沒有理由恐懼陌生人。

〔觀點3〕一項理論，即遠離陌生人其實不是從令人恐懼的事物那裡退

縮，而是分離焦慮的表現形式：「嬰兒遇到陌生人時，做出的反應是針對這個陌生人而不是母親，母親『已經離開他』……」[343]

〔觀點4〕一項推論，基於這些資料和理論，關於嬰兒能夠分辨母職人物、發展出「真正的客體關係」的年齡，史畢茲寫道[343]：

「我們假定8個月大的嬰兒識別陌生人的能力，反映出兒童現在已經建立了真正的客體關係，母親已經成為他的原欲客體，他的愛的客體。在此之前，我們幾乎不能說是愛，因為在能夠區分愛的對象和其他人之前，其實並沒有愛。」

根據本章詳述的觀察，顯然史畢茲的觀點站不住腳。

第一，也是最重要的一點是，史畢茲錯誤假定兒童對人或事物恐懼的唯一來源，是曾經遭到襲擊或曾經給兒童帶來疼痛或不快。陌生人本身其實是常見的恐懼來源，因此嬰兒從陌生人那裡退縮，原因就是對陌生人感到警覺，我們沒有必要再去尋找別的解釋。

第二，證據表明陌生人恐懼是與分離焦慮截然不同的反應，也就是──母親也在視野範圍裡時，嬰兒也可能表現出恐懼陌生人。有人首次提出反對意見時，史畢茲回應「這樣的嬰兒其實是例外，少之又少」[342]，但是這個觀點現在已無法成立。摩根和里丘第進行了細緻的實驗研究，觀察發現10～12個月大的嬰兒中，幾乎一半會表現出這種行為（三十二人中有十三人）[246]。

最後，有充分證據表明，早在表現出恐懼陌生人之前，嬰兒就可以分辨出熟悉的和不熟悉的人。

考察史畢茲的觀點後表明，其核心缺陷在於以下推測：遇到陌生人時，嬰兒不可能產生「現實的恐懼」。而這個推測又以下列假設為基礎：只有兒童把某個人或物與「曾經的不愉快經歷」聯繫在一起時，才會激發出對「現實的恐懼」。

史畢茲的理論已經產生了某些不良影響。首先，由於將「八個月的焦慮」視為真正依附關係的第一個指針，讓人們無法注意到觀察結果，而觀察的結果準確無誤的表明，在大部分嬰兒身上，區分熟悉對象和依附行為，早在8個月大之前就已經出現。第二個影響是，該理論將恐懼陌生人與分離焦慮綁在一起，混淆了這兩種反應，而讓這兩種反應保持涇渭分明，其實至關重要[11]。

陌生人恐懼、分離焦慮和依附行為的關聯

分離焦慮跟恐懼陌生人雖然有關聯，但仍是截然不同的兩種行為形式。我們在此推出該觀點，但是事實上幾乎所有呈現過的資料、思索過該論題的研究者，都已經提倡過這個觀點。這些研究者包括梅里（R. Meili）[242]、費德門[111]、安斯沃思[3 & 5]、謝弗與愛默生[311 & 312 & 316]、田尼斯與蘭普爾[353]，以及亞羅[392]。

雖然細節方面仍有諸多爭執，但是這些研究者都認為：在兒童發展中，恐懼陌生人和分離焦慮是相互獨立的。例如謝弗（私人交流）報告說，在二十三位嬰兒組成的樣本中，十二位嬰兒先出現分離焦慮，再出現恐懼

[11]　史畢茲的術語「八個月的焦慮」欠缺兩點：第一，由於在不同嬰兒身上，開始對陌生人產生焦慮的年齡不同、遵循的軌跡不同，而受到多種因素影響，訂定標準時指向特定月齡，其實會引起誤會；第二，根據佛洛伊德的用法，「焦慮」這個術語最好限於「思念所愛、所渴望的某個人」這種情景（S.E., 20, p. 136）[130]。

陌生人；八位嬰兒身上二者同時出現；三位嬰兒身上，陌生人恐懼出現的時間比分離焦慮更早。相比之下，班傑明報告[35]，在他使用的樣本中，分離焦慮的開端和達到高峰的平均年齡，都比陌生人恐懼要晚幾個月[12]。

由於影響因素眾多、研究使用的標準五花八門，關於陌生人恐懼和分離焦慮的關係眾說紛紜，但如今的共識是認為二者的關係不簡單。所有研究者的報告都沒有提出證據證實兩種反應源出同時或相互獨立。

分離焦慮和陌生人恐懼是截然不同的反應，這跟佛洛伊德的觀點一致。佛洛伊德一開始就認為焦慮跟害怕環境中某些讓人警覺的物體，是不同的，需要使用兩個不同的術語。大部分精神分析師都覺察到這種區分是正確的，雖然形成這種覺察的構想迥異。在我之前發表的文章中[54 & 56]曾討論過這些問題，特別提及分離焦慮，並提出了一種模式，跟佛洛伊德晚年採用的有許多相似之處。

要陳述這種區分，最簡單的方式如下：一方面，我們有時候會嘗試從感到警覺的環境中退縮或逃離，另一方面，我們試圖靠近感到安全的人身邊或者留在感覺到安全的地點。第一種行為通常會伴隨著害怕或警覺的感覺，跟佛洛伊德所說的「現實的恐懼」相去不遠（S.E., 20, p. 108）[130]。第二種行為類型，當然就是這裡所說的「依附行為」，只要個體能夠保持跟依附對象之間必要的接近程度，就不會體驗到不愉快的感覺。但是，若因為對象不在或有障礙干擾，個體無法維持接近，由此引發的搜尋和掙扎，就

---

[12] 雖然班傑明（J. D. Benjamin）與其同事的研究資料[353]，強烈支持存有兩種截然不同的行為模式，但是他的理論其實是某種折衷概念。一方面，班傑明遵循史畢茲的道路[35]，認為「恐懼陌生人」和分離焦慮有相同的主要決定因素，也就是恐懼失落客體。另一方面，與史畢茲不同的地方是，班傑明相信兩者並非完全相同：「恐懼客體失落是『分離焦慮唯一、即時動態決定因素』，『只是對陌生人感到焦慮的重要共同決定因素』……」班傑明認為，另一個共同決定因素是恐懼這種陌生對象。

會伴隨著劇烈程度不同的不安。當受到失落威脅時，也會發生相同情況。在後期作品中，佛洛伊德從這種面對分離或分離威脅的擔憂感中，看到了「理解焦慮的關鍵」（S.E., 20, p. 137）[130]。

在《依戀理論三部曲2：分離焦慮》，我會提出早年文章的修訂版、詳述這些議題。而在這本書後段，我們還要進一步探討依附行為發展。

第16章

依附的模式和
其影響因素

「我們被愛過的人反復塑造。縱然愛可能逝去，我們卻依然是他們的作品，無論好壞。」

——弗朗索瓦・莫里亞克（François Mauriac）

關於穩定依附模式，依然有4大問題尚待解決

發展令人滿意的依附模式，如同我們宣稱的心理健康一樣重要，我們必須區分出良好的發展和惡劣的發展，並了解哪些條件會促進這兩種發展。實際上，有四類相互獨立的問題需要解決：

〔問題1〕特定年齡的依附行為有哪些變化？哪種量表最適合用來描述這些變化？

〔問題2〕哪些先決條件會影響每種模式的發展？

〔問題3〕不同年齡階段，每種模式的穩定程度？

〔問題4〕每種模式如何跟後續人格發展和心理健康產生關聯？

雖然有大量研究致力於回答上述問題或與之相關的議題，我們卻很難得出結論。事實上，這些論題極度複雜，我們無法期望哪個研究能釐清這

些論題的一鱗半爪。此外，在1970年前實施的所有研究，幾乎都無法勝任最初設定的任務——無論是在理論層面，還是在經驗層面。

理論上，「依賴」（dependency）這個陳舊的概念無法承擔人們期望的角色。例如，希爾斯（Robert R. Sears）在一項長期性研究中，使用了多種方式來測量「依賴」，假設「幼兒的明顯依賴行為反映了統一的驅力或習慣結構」，但是實際結果表明二者其實沒有什麼關聯。因此，希爾斯得出結論，認為「整體依賴特質這個觀點，其實站不住腳」[330]。後來，希爾斯還強調，在人們的構想中，依附由某個行為系統控制，而依賴是驅力的表達，但是實際上，依附和依賴沒有任何關聯[329]。

經驗層面上，之前研究選擇的很多前因變項，例如餵食、斷奶和如廁訓練的技術，就目前所知，跟依附關係只有間接關係。此外，關於這些變項和其他變項的訊息，其實都來自父母本人的回溯訊息，我們無法避免這種方法本身帶來的不準確和誤解。因此，必須從零開始。

在前一章，關於依附關係是否會指向某個對象，可能的影響因素包括：（a）該對象對嬰兒發出信號的反應敏感度；（b）該對象跟嬰兒互動的量和質。如果真是這樣，回答上述問題所需要的基礎資料，只能從母親和孩子詳細互動的第一手報告中得到。近年已經出現一些這樣的研究和報告，大部分限於嬰兒出生後的第一年和第二年。這些研究和報告是一項偉大的進步，但是要利用這些結果其實會有困難，因為有關兒童依附行為的資料和母嬰互動模式的資料並非完全分隔。但是，正如在第13章中所提及，兒童依附行為其實是母親和兒童互動大系統中的一個成分。

不管如何，對於我們的探索目的來說，這些有待商榷的研究並非毫無價值。因為如果要理解依附行為的模式和導致兒童個體差異的因素，就必須謹記依附行為所屬大系統中的一部分，有異於母嬰之間不同的互動模

式。早期母嬰互動的第一手資料，相當具有指導意義，例如大衛和阿佩爾的報告 24 & 83 & 84。首先，研究比較了多對母嬰，用令人印象深刻的方式記錄了母嬰間的互動，而且互動的數量和類型變化範圍都非常大；其次，這些研究證實，到嬰兒1歲時，母嬰通常已經發展出高度特異化的互動模式；第三，這些研究表明，這些模式會以可辨認的方式持續存在至少兩年或3年❶。對一些風格迥異的母嬰，研究者的描述非常生動。

關於這些母嬰互動的描述中，或許最令讀者動容的是：很多母親和嬰兒在相處12個月後，是那麼適應彼此。顯然，在這段過程中，雙方在多方面都發生了或大或小的變化。無論兒童行為方式提供了什麼樣的形式，母親都會有所預期，並以特有的方式作出回應。相應的，無論母親提供什麼樣的反應，兒童通常都會有所期待而且也會以特有方式回應、鮮有例外。母親和嬰兒塑造了彼此。

因此，在考慮不同孩子特有的依附模式時，我們必須不斷提及不同母親特有的養育模式。

依附模式的標準與差異

描述兒童依附行為時，最明顯的標準是「當母親短時間離開兒童時，兒童是否會抗議，以及抗議的強度」。謝弗曾經以此定為依附關係強度標準 316，但是安斯沃思發現只用這個標準其實不夠，而且會產生誤導。在思

---

❶ 互動模式的許多差異中，這些研究者注意到以下幾種：「兒童和母親互動習慣的數量」表現為每天兒童醒著時，跟母親互動的時間比例；雙方互動行為的長度、發起和終止者；雙方習慣的互動模式（例如透過注視、撫摸或擁抱，以及雙方保持的典型距離）；兒童對分離的反應；跟母親在一起或不在一起時，兒童對陌生人的反應；當兒童探索他人或與其他人交朋友時，母親的反應。

索對烏干達嬰兒的觀察時,安斯沃思寫下[3]:

「一些嬰兒……似乎跟母親有最牢固的依附關係,幾乎不會出現抗議行為或分離焦慮,而是用另一種方式展現依附的力量。這些嬰兒隨時準備將母親作為安全基地,這樣雙方都可以探索世界,並透過納入其他依附關係來拓展彼此的疆界。快樂安全的兒童似乎把母親視為理所當然的存在;相形之下,焦慮、不安全的兒童可能顯得更依附母親。那些害怕世界和世界中的人的孩子會黏著母親,不願意離開母親去探索其他人或事物……他們是依附關係更強烈,還是只是更加沒有安全感?」

顯然,對一個或多個有區分對象的依附關係強度,這個概念本身太簡單,無法發揮效用(跟「統一的依賴驅力概念」一樣),因此我們需要新的概念。在發展出新概念之前,有必要記錄兒童的依附關係,而具體方法是「觀察不同特定情境下的多種不同行為方式」。行為方式應該包括:

〔方式1〕發起跟母親的互動行為,包括迎接。例如靠近母親、觸碰、擁抱、攀附在母親身上、把臉埋在母親腿間、呼喚母親、說話、揮手示意和微笑。

〔方式2〕母親發起互動後,兒童做出反應和維持互動的行為,包括上述行為和注視。

〔方式3〕致力於避免分離的行為,例如跟隨、黏附和哭泣。

〔方式4〕在充滿壓力的分離後跟母親重聚時的行為,不僅包括迎接反應,也包含迴避、拒絕和矛盾反應。

〔方式5〕探索行為,尤其是該行為如何指向母職人物,以及兒童對環

境中物體的注意力有多強烈和持久。

〔方式6〕退縮（恐懼）行為，尤其是該習慣如何指向母職人物。

觀察兒童行為的情景至少包含母親的位置和行動、其他人是否在場、非人類環境的狀況和兒童自身狀態。下面的清單，可以讓大家觀察我們應該考慮的多樣情境：

類型	對象	情境
A	母親的位置和行動	1. 母親在場 2. 母親即將離開 3. 母親不在 4. 母親歸來
B	其他人	1. 熟悉的人在場 2. 熟悉的人不在場 3. 陌生人在場 4. 陌生人不在場
C	非人類環境	1. 孩子熟悉這個地方 2. 孩子對這個地方有一點陌生 3. 孩子對這個地方非常陌生
D	兒童的狀態	1. 孩子很健康 2. 孩子感到不適或疼痛 3. 孩子覺得神清氣爽 4. 孩子感到筋疲力竭 5. 孩子感到饑餓 6. 孩子處於飽足狀態

值得強調的是，兒童感到疲勞或疼痛時的行為，通常特別具有代表性。在這種情況下，孩子通常會去找母親，但是因為長期缺乏母親照顧而

變得疏離或者是患有自閉症的孩子，則不可能這樣做。羅伯遜報告中的案例，描述了疏離的兒童在極度疼痛時的舉動[12]。貝帖翰（Bruno Bettelheim）則提出了自閉症兒童的案例[41]。

實踐時，若從這種理論上完備的情境範圍中作出相對有限的選擇，或許足以描述某個兒童。如果事實證明確實如此，那透過描述兒童在一系列選定情境中的行為，就可以描述兒童的依附行為。安斯沃思本人在自然觀察和設計實驗時，都採用了這個思考模式。

當然，為了反映全貌，我們必須建構出相輔相成的剖析圖，描繪母親如何採取行動，包括在一系列具有可比性的情境中，母親如何對兒童依附行為做出反應，以及發起互動的方式和時間。只有這樣，才能理解母嬰之間的互動模式，以及孩子在其中所扮演的角色。

1歲時顯露的一些依附模式

在這個部分，我們致力於簡要描述1歲左右依附模式的常見差異。我們只考察在家裡長大，且有穩定母親角色的孩子。至於異常模式，例如經歷分離或遭到剝奪的孩子，則是既宏大又特殊的問題，會留到倒數第2章進行簡要討論。

安斯沃思及其同事在美國馬里蘭州的巴爾迪摩市開展了一項短程長期性研究，選取白人中產階級家庭中的嬰兒為樣本，觀察嬰兒出生後12個月內的依附行為發展。在《依戀理論三部曲1：依附》的英文版第一版，我們只能提供該研究的初步結果。從那以後，該研究已取得長足進展，增加了從出生開始一直追蹤到12個月大的樣本數量，並對資料進行了大量、細緻的分析。研究小組還對八十三對母嬰進行陌生人情境測驗，從而得到

更多關於特有依附模式的證據。關於這項重要研究的完整細節，可以參見研究小組的專著[11]。由於在《依戀理論三部曲2：分離焦慮》已經呈現採用的程序和主要發現（第3章和第21章），我們只需要在這裡提供略述。近期的短程長期性研究使用了相似或相關的方法，追蹤兒童兩歲及以後的情況。這些研究的結果將呈現在第18章。

陌生人情境測驗用於評價12個月大嬰兒對母親依附行為組織化的個體差異。簡而言之，該測驗包含一系列3分鐘長的片段，時長共20分鐘。在測驗中，1歲的嬰兒處於舒適卻陌生的提供玩耍的屋子，屋內有大量的玩具。嬰兒一開始跟母親在一起，然後母親離開，之後母親回到屋子裡。在此期間，研究者會觀察孩子。該測驗呈現出不斷的壓力累加情境，觀察者有機會研究嬰兒在下述方面的個體差異：使用照顧者作為探索基地的能力、從照顧者那裡得到安慰的能力，以及隨著情境變換而發生變化的依附和探索之間的平衡。

雖然在每個片段中，嬰兒的行為模式有很大的個體差異，但是大部分嬰兒都呈現出高度的相似性，跟個體差異一樣驚人。《依戀理論三部曲2：分離焦慮》第3章用生動的例子詳細描述了相似的地方。在最開始的三分鐘裡，嬰兒跟母親單獨在一起，幾乎所有嬰兒都會忙碌的探索新環境，同時眼神會一直留意母親（實際上沒有嬰兒會哭泣。雖然陌生人出現幾乎讓所有孩子的探索行為有所減少，卻仍然沒有哭泣）。但是當母親離開，留下嬰兒跟陌生人在一起時，超過半數的兒童行為會突然改變，而反應的個體差異更加明顯。

討論結果時，安斯沃思特別強調，將兒童按照依附關係強度的簡單線性關係來排列極度荒謬。顯然，需要更多指標讓資料更加合理。

安斯沃思覺得特別有用的標準是該兒童依附關係的安全程度。因此，

在陌生人情境中，若12個月大的嬰兒可以將母親作為安全基地、自由自在的進行探索，在陌生人出現時不會感到沮喪、在母親離開時能夠覺察母親所在，並在母親回來時迎接母親，那麼安斯沃思會將這個兒童評價為安全依附，而不考慮在母親短暫離開期間，嬰兒是非常哀傷還是可以毫不沮喪的承受短暫分離。另一個極端，則是極度不安全的依附模式。即使母親在場，嬰兒也不會探索、陌生人出現時非常警覺；母親不在時，會一蹶不振、極度無助、陷入瀰散的痛苦中；而母親回來時，嬰兒也可能不會迎接她。

事實證明，**衡量嬰兒對母親依附關係的安全性時，特別有價值的指標實際上是母親短暫離開後回到孩子身邊時，他對母親的反應。**安全依附的嬰兒會展現出一系列目標校正、有組織的行為——在迎接母親、靠近母親後，要麼讓母親把自己抱起來、黏在母親懷裡，要麼會一直待在母親身旁。其他兒童的反應則主要分為下面兩類：一類是對母親的歸來毫無興趣，或者避開母親；第二類則是矛盾反應，既渴望又抗拒。

研究者用這些標準評判嬰兒在測驗中的表現，得出了三種主要依附模式。最初是臨床判斷識別出了這些模式，而自從測驗施行，這種已確立效力的複雜分析方法，證實了這些模式的存在。安斯沃思將這些模式命名為B、A和C型，具體如下[11]：

依附類型	反應模式
B型 （安全依附）	被劃分為安全依附的嬰兒，在大部分樣本中占據大多數，其主要特徵是在玩耍中非常活躍、在短暫分離時感到沮喪、在分離結束後會尋求跟母親接觸，很容易被安撫，而且很快就會繼續全神貫注的玩耍。

A型 （焦慮迴避依附）	被劃分為焦慮和迴避依附的嬰兒，在大部分樣本中占20％。在母親回來時，尤其是母親第二次短暫離開後，這些嬰兒會迴避母親。很多A型嬰兒對陌生人比對母親更友好。
C型 （焦慮抗拒依附）	被劃分為焦慮和抗拒依附的嬰兒，占大約10％，在尋求跟母親親近接觸和抗拒與母親交流互動之間搖擺。跟其他類型嬰兒相比，有些C型嬰兒明顯更憤怒，少數C型嬰兒會更消極。

該分類完全基於嬰兒在陌生人情境測試中的表現，而有證據表明：該分類觸及具有普遍心理重要性的因素。這些證據來自研究者的發現，即在家裡觀察母親在旁邊時，嬰兒的行為表現，不僅跟陌生人情境中大部分結果相似，而且根據嬰兒所屬的分類，會有系統性差異。將安全依附（B型）的嬰兒跟焦慮依附的嬰兒比較，無論焦慮的嬰兒是屬焦慮迴避型（A組）還是焦慮抗拒型（C型），行為差異都令人吃驚。

在9～12個月期間，與其他類型嬰兒比較，B型嬰兒在家的主要行為特徵如下：在探索和玩耍時，B型嬰兒很可能會將母親作為安全基地；嬰兒會滿足的離開母親，也會不時轉頭，留意母親的行動，呈現出探索和依附關係之間的愉悅平衡。但是焦慮依附的嬰兒不會出現這種平衡，有些會比較消極，不怎麼探索周圍，而且幾乎不發起交流。在這些嬰兒中，研究者也最常觀察到刻板動作。其他焦慮依附的嬰兒會進行探索，但是與安全依附嬰兒相比，探索的時間更短，似乎會一直擔憂母親在哪裡。雖然焦慮依附嬰兒通常熱切的渴望留在母親身邊，並跟母親相互交流，但是這樣做似乎不會為他們帶來愉悅感。

跟A型或C型嬰兒相比，B型嬰兒更少哭泣。當母親離開房間時，B

型嬰兒不太可能沮喪,而母親回來時,他會立即愉快的迎接母親。在被抱起來時,B型嬰兒會享受擁抱,之後被放下時也會滿意的繼續玩耍。到1歲時,B型嬰兒不僅比焦慮依附嬰兒更少哭泣,而且在跟母親交流時,已經發展出更豐富和微妙的交流方式。此外,在滿足母親的口頭願望和命令時,B型嬰兒會更加合作,而在自己心情不好時,B型嬰兒表達憤怒的可能性也較低。

在嬰兒家裡觀察A型(焦慮迴避型)和C型(焦慮抗拒型)嬰兒的行為發現,兩組之間也有各種差異,雖然差異沒有上文呈現的驚人。A型嬰兒的主要特徵是跟母親親密身體接觸方面,會有典型的靠近╱迴避衝突行為。例如,A型嬰兒可能靠近母親,但是隨即停止,要麼退縮,要麼調轉方向。在母親身旁時,嬰兒不太願意觸碰母親,即使觸碰也可能只碰身體外圍部分(例如腳)。被抱起來時,嬰兒不太可能舒服的在母親懷裡放鬆,但是被放下時,跟其他嬰兒相比,A型嬰兒更可能表現出抗議、想再次被抱起來。跟其他嬰兒相比,A型嬰兒在母親離開房間時更可能追隨母親。

跟另外兩組相比,A型嬰兒更可能出現憤怒行為。但是出現這種憤怒時,幾乎不直接指向母親,通常會指向某些物體。儘管如此,在一些偶然情況下,嬰兒可能擊打或啃咬母親,而且沒有明顯理由,也不顯露任何情感[2]。

C型(焦慮抗拒型)的嬰兒也會顯露出很多衝突。但是這一型的嬰兒不是迴避跟母親接觸,而是看上去想要更多接觸。此外,在母親嘗試轉移嬰兒的注意力讓他到別處玩耍時,會特別抗拒、非常憤怒。與此一致的是,

---

[2]　這種行為類型似乎可以理解為非常早期時,反應跟激發情境脫節,而這在很多心理病理性情況下會出現(參見《依戀理論三部曲3:失落》第4章與第14章)。

在其他孩童會活躍玩耍的情境中，這些嬰兒可能非常被動。

使用這些標準來區分依附類型，而這些發現讓安斯沃思有了信心。自本書英文版第一版問世以來，很多研究問世，進一步增強了安斯沃思的信心，我們將在第18章提出這些研究。同時，我們也注意到安全／不安全的標準也對臨床學者有意義。這顯然指向嬰兒的一種特質，貝內德克（Therese Benedek）稱之為「有信心的關係」（relationship of confidence）[33]，克萊恩稱之為「良好客體的內攝」（introjection of the good object）[198]，而艾瑞克森（Erik H. Erikson）則稱為「基本信任」（basic trust）[99]。就此而論，**衡量依附關係的安全性，是跟心理健康直接相關的人格側寫。**

第一年期間，影響個體依附行為差異的因素

顯然所有孩子的依附模式，部分取決於母嬰各自為雙方合作關係帶來的最初偏向，部分取決於彼此在這一年間的相互影響。在實踐時一直存在一個問題，那就是：「確定每一方的行為多大程度是自己最初偏向的結果？在多大程度上是來自對方的影響？」由於幾乎有著無限的可能性，系統化研究還有漫漫長路，因此這裡只能呈現為數不多的例子。

嬰兒的偏向及其對母親的影響

莫斯（Howard A. Moss）表明，嬰兒在出生後幾個月內的睡眠和哭泣時間有很大的個體差異，並探明了其差異如何影響母親的行為[247]。在這方面，男孩和女孩之間有性別差異。平均而言，莫斯發現男孩比女孩睡得更少、哭得更多。莫斯相信，在3個月大前，這或許會讓男孩從母親那裡得到更多社會關注和更多接觸（擁抱或搖晃）。至於這會如何影響未來的互動

還不得而知，但是絕不可能毫無影響。

　　嬰兒偏向的另一個來源是「產前和產期的危險帶來的神經生理損傷」。有充分證據表明，有這種問題的嬰兒會表現出一些令人不快的趨向，而這可能直接或間接影響之後發展出來的依附模式。烏克（L. E. Ucko）的研究記錄了二十九位男孩在出生後前5年的行為，將出生時曾遭遇窒息的男孩和對照組進行比較，結果發現，兩組有諸多顯著差異[367]。曾經遭遇窒息的男孩，從一開始就對噪音更加敏感，而且睡眠不安穩。環境變化更可能讓這些男孩沮喪，例如家庭旅遊、搬家，或跟某個家庭成員短暫分開帶來的變化。進入幼兒園或正規學校時，與對照組相比，這些男孩感到害怕的比率更高，會黏著家人不放。評價這些男孩5歲前所有行為訊息時，曾經遭遇窒息的男孩更多被評定為「非常困難」或「大部分時間困難」（窒息組十三位，對照組兩位）。此外，神經生理受損的這些孩子，在該層級上的分布跟最初記錄的窒息程度，有顯著相關。

　　顯然，這些嬰兒出生時就存在的行為偏向，不但會在某種程度上持續下去，而且會影響母親回應的方式。普契特提供了一些證據，描述在輕微腦損傷的嬰兒中常見的兩種症狀[267]：（a）運動功能減退的冷淡的嬰兒，回應非常微弱，幾乎不怎麼哭泣；（b）興奮的嬰兒，對輕微刺激都會有過度反應，而且會毫無預兆的從昏睡、難以喚醒的狀態轉向極度清醒、難以安撫的極端。雖然這兩種症狀在嬰兒出生後一年內都會有所緩解，但是跟反應正常的嬰兒相比，表現出這些症狀的嬰兒會為母親帶來更大困擾。冷淡的嬰兒較少發起互動，也較少給予母親獎勵，因此容易被忽視；而過度反應、難以預測的嬰兒則會讓母親惱怒。母親可能在養育嬰兒的過程中變得過度焦慮，或者會陷入絕望，感覺自己怎麼做都不對，因而傾向拒絕嬰兒。在這兩種情況下，跟原本可能的正常情形相比，母親的行為模式可

能會發生顯著變化。儘管如此，桑德（Louis W. Sander）表明，如果母親性情溫和，也可能不會因此而改變[307]。

關於一開始或很早就表現不同的嬰兒，對母親行為的不同影響，亞羅的研究工作也可以提供一些證據[391]。亞羅研究了寄養家庭和收養家庭中的嬰兒，年齡和性別相同的嬰兒，出生後前幾週都在同一個寄養家庭，跟天性消沉的嬰兒相比，天性活躍的嬰兒可能得到更多社交注意，原因很簡單，那就是這樣的孩子更要求得到注意，而且得到注意時，會給予回饋。

亞羅描述對比兩個6個月大男孩的行為和社交經歷。從幾週大開始，兩位男孩就由同一位寄養母親照料。從一開始，傑克就相對被動，而喬治比較主動。傑克「不會發起社交互動、不會伸手接觸人，也不會做出親近人的回應……醒著時，他大部分都處於消極的滿足狀態、吮吸著自己的手指或大拇指」。與此相反，喬治在相同年齡時，會「非常強力要求得到想要的東西，而且會堅持不懈，直到滿足……他會迅速對社交刺激做出回應，並且會發起互動，從別人那裡尋求社交回應」。結果在意料之中，這兩個男孩得到社交經歷的量和形式，差異非常大。「寄養母親、寄養父親和其他孩子經常擁抱或逗弄喬治」，「而傑克大部分時間都躺在護欄的地板上……獨自在飯廳的角落裡，遠離家庭活動的主流」。只是在生理照料方面，兩個男孩獲得的才相差無幾。

這些例子一致表明：嬰兒自身扮演的角色決定了所處的環境。當然，我們沒有理由假設所有行為偏差都從出生就開始，如同前面描述，相反的，很可能出現在短短幾個月或幾年之後。除非有方法可確定存在這種偏差，否則相關討論只能簡化為推論。

母親的偏向及其對嬰兒的影響

正如嬰兒最初的特徵會影響母親照料嬰兒的方式，母親的最初特徵也會影響嬰兒的回應方式。但是，母親帶到這種情境中的因素要複雜得多，這不僅源於母親的先天稟賦，也來自母親跟原生家庭的漫長人際關係史（或許還摻雜其他家庭），以及從所在文化中吸收的價值和實踐經驗。諸多因素相互交織，共同造就母親行為的多樣性，而探究這些因素及其影響方式已超出本書範圍。

若發現母親對待嬰兒的方式在某種程度上是嬰兒出生前就可以預測的，這可絲毫不讓人感到驚訝。因此，莫斯在我們之前提過的研究項目中[247]，得以發現**在嬰兒出生後前3個月內，母親回應嬰兒哭泣的方式與程度，跟母親在生育前兩年表達的觀點和情感相關**——關於家庭生活、照顧嬰兒的廣泛觀念，以及想像關於擁有自己的孩子，會帶來哪些愉悅或挫折體驗。在這項針對二十三對母嬰的研究中，莫斯調查了在孩子出生兩年前，女性的「照顧者角色接受程度」調查評價標準，以及想像她在擁有自己的孩子後，會得到哪些方面的獎賞。在嬰兒降臨後，與在這兩個層級上評分較低的女性相比，評分較高的女性更可能對嬰兒的哭泣做出反應。

另一種證據則是母親在原生家庭中的經歷。研究表明這也能預測母親對待嬰兒的方式，而有力證據來自沃金德（S. Wolkind）等人的報告[390]。

雖然莫斯或沃金德的研究，都沒有提出非常切題的資料，但是我們可以預期，跟反應度較低的母親相比，反應度更高的母嬰發展會有差異，而且這種不同發展會反過來進一步影響母親的行為。透過這種方式，得以開啟具有深遠影響的循環過程。

這方面的證據來自一些長期性研究。研究者記錄了母嬰互動，有時候甚至從嬰兒出生前就開始。呈現母嬰互動的圖像中，大衛與阿佩爾[84]、桑

德[306 & 307]、安斯沃思[14]的研究位列其中，表現出母親最初偏向的諸多差異。當然，每位母親都或多或少受到嬰兒的影響。但是，每位母親都依據自己的意念體系做出回應。嬰兒在社交上靠近時，一位母親會受到鼓勵，另一位則會迴避；嬰兒哭泣時，一位母親會更加熱切，另一位母親則變得更不耐煩。因此，某位母親對待某位兒童的方式，其實是複雜的產物，折射出母嬰相處經歷是如何確認、調整和放大母親最初的偏向。

我們已經提過，在嬰兒1歲時，每一對母嬰已經發展出特有的互動模式。此外，不同母嬰之間的差異程度非常驚人。例如，大衛和阿佩爾在報告結果時[83 & 84]，強調母嬰間的互動即使只是量的變化，範圍已非常大，更不用說品質差異❸。兩位研究者描述：一個極端是一對母嬰在小女孩醒著的時間裡，幾乎都在連續不斷的互動；而另一個極端則是另一對母嬰幾乎不在一起，母親忙著家務，大部分時間都忽略女兒；至於第三對母嬰，母親和兒子大部分會沉默的注視彼此，與此同時，兩個人都從事自己的活動；第四對母嬰是漫長的時間內毫無互動，偶爾毫無預兆的進入母親發起、長時間的親密互動中。

雖然大衛和阿佩爾發表的資料太少，不足以確定各對母嬰之間巨大差異來源到底是什麼，但是毫無疑問，就一方對另一方發起互動時的反應而言，母親之間的差異遠遠大於嬰兒。因此，每次母親發起互動時，這項研究觀察的所有嬰兒幾乎都會做出回應，因而嬰兒之間的回應頻率差異幾乎為零。與此相比，母親之間的回應頻率差異則非常大。每位母親都會忽略

---

❸　大衛與阿佩爾選擇巴黎的二十五位嬰兒，每次去嬰兒家裡拜訪3個小時，並且與下次拜訪時間間隔14天或更晚。拜訪期間，嬰兒不到1歲，兩位研究者收集母嬰在自然家庭環境中如何互動，並細緻記錄。嬰兒30個月大之前，研究者每個月拜訪一次；嬰兒第13、18以及30個月大時，研究者在實驗室環境下觀察嬰兒，拓展上述紀錄。但是發表的資料非常有限，大部分侷限於前13個月。

嬰兒發起的某些互動，但是其中一位母親平均會回應一半的互動，也有母親幾乎從不回應。正如我們可能預期的，回應度高的母親似乎享受嬰兒的陪伴，而很少回應的母親則將其視為負擔，除非她們自己發起互動。

這些發現強有力的表明，**在1歲前，互動的量更多取決於母親，而不是嬰兒**。畢夏普（Merrill B. Bishop）的研究可以得出相似結論[44]。畢夏普觀察幼兒園中的兒童，他們跟母親在遊戲室裡度過半小時。母親和兒童之間的互動模式變化很大，從幾乎連續不斷的互動到甚少互動，而最主要的影響因素似乎是兒童發起互動時，母親多大程度上會做出回應或直接忽視。

無論是什麼原因導致母親以某種方式來對待嬰兒，有很多證據表明，無論是哪種方式，都會在決定嬰兒最終發展出的依附模式中，發揮主要作用。亞羅的研究提供了間接的證據[391]。亞羅研究了四十位嬰兒在出生後前6個月的發展，這些嬰兒不是在寄養家庭中，就是在收養家庭中。結果發現，研究者測量的嬰兒6個月大時應對挫折和壓力的能力，跟母親行為的下列特徵相關：

〔特徵1〕母親與嬰兒身體接觸的量。

〔特徵2〕母親擁抱嬰兒的方式跟嬰兒特徵、節奏的適合程度。

〔特徵3〕母親安撫技巧的效果。

〔特徵4〕母親刺激和鼓勵嬰兒給予社交回應、表達需求，或取得發展進步的程度。

〔特徵5〕給予嬰兒的物質和體驗跟嬰兒個人特質的適切程度。

〔特徵6〕母親、父親和其他人對嬰兒表達積極情感的頻率和強度。

這些特徵的相關係數都是0.50或以上，而相關度最高的兩個指標是母

親適應嬰兒節律和發展的程度。

　　近年來，安斯沃思等研究者採用相同和相關的方法，呈現出大量的證據，表明：**嬰兒或年齡較長兒童的依附模式，跟當時接受的母親養育模式高度相關**（對於該證據的綜述，參見《依戀理論三部曲2：分離焦慮》第21章）。不僅如此，也有清楚的證據表明，兒童對母親角色表現出的依附模式，很大程度上是來自母親的養育模式。我們將在第18章進一步討論這個重要論題。安斯沃思思索了長期性研究的資料，梳理出了有利於嬰兒形成安全依附的母親行為指標，實際上，近期研究都有力支持這些指標的效果❹。安斯沃思列出的指標包括：（a）嬰兒和母親之間頻繁而持久的身體接觸，尤其是在嬰兒出生後6個月內，以及母親透過抱著嬰兒來安撫他的能力；（b）母親對嬰兒信號的敏感度，尤其是根據嬰兒的節律來選擇干預時間的能力；（c）有規律的環境，嬰兒可以感到自己的行為會引發特定結果。安斯沃思列出的另一項條件，或許也是上述條件的結果，其本身也能另構成一個條件，即「母親和嬰兒從彼此陪伴中得到的共同喜悅」。

　　一些具有臨床經驗的研究者，也開始認為這些條件對兒童發展極度重要[83 & 84 & 305 & 306 & 41]。這些研究者特別提及兩個條件，一個是母親對信號的敏感度與選擇介入的時間，另一個則是兒童體驗到主動可以帶來可預期結果，以及嬰兒主動程度，實際上能成功開啟跟母親的相互交流。當這些條件都齊備時，母嬰雙方活躍而愉快的互動似乎就很可能會得到保障，而安全依附由此發展。當這些條件只得到部分滿足時，互動就會有一定程度的斷裂和不滿，發展出的依附關係就會沒有那麼安全。最後，如果完全不滿

---

❹　下面的段落引自安斯沃思的文章[14]，但是稍稍經過精簡和意譯。支持這些結論的資料來自安斯沃思的研究[11]。

足這些條件，可能導致互動和依附關係嚴重缺失。在這些後果中，肯定會由於互動不足而出現依附關係發展的嚴重遲滯，而且可能導致某些形式的自閉症，因為兒童發現母親角色的社交回應太難預測❺。

針對特定兒童養育技巧的研究得出了很多陰性結果，若考慮上述只決定依附行為模式方面非常重要的因素，這些結果就不足為奇了[74]。關於乳房餵養或奶瓶餵養、尊重嬰兒自身需求或母親確定日程、斷奶早或斷奶晚，即使研究本身非常準確，也沒有告訴我們任何關聯。正如布洛迪（Sylvia Brody）多年前所證實：乳房餵養本身並不能確保母親對嬰兒信號的敏感度；在餵食時抱著嬰兒，也不能確保母嬰間密切或親密關係[66]。

儘管如此，我們沒有理由認為餵食過程中發生的一切都毫無關聯。尤其在最初幾個月，餵食情境是構成母嬰互動的主要場合，因此，這也提供了一個絕佳的機會，用來衡量母親對嬰兒信號的敏感性，調整干預時間來適應嬰兒節律的能力，以及對嬰兒主動發起的社交給予注意的意願——每一點都對確定母嬰社交互動發展有重要作用。因此，若從這些角度考慮，**母親餵養嬰兒的方式可能可以預測嬰兒的依附行為發展**。安斯沃思等人提供了支持該論點的資料[11]，桑德則用案例資料進行了闡述[307]。

我們不得不承認，與嬰兒出生後一年內依附行為發展有關的條件，我們提出的這些假設依然沒有得到足夠的檢驗。但是，正如第18章將說明的，很多新資料對這些假設給予支持，而且與60年代剛提出時相比，這

---

❺ 該觀點來自兩位具有豐富兒童自閉症治療經驗的臨床醫師。貝帖翰認為[41]，自閉症兒童缺乏相關經驗，感到自己在社交互動中所做的事情沒有任何可預期效果，因此跟人們打交道時，這些兒童已經「放棄目標指向的行為……以及預測」，與此形成對比的是，自閉症兒童對非人類物體的行動通常會變成目標指向，而且會一直保持下去。馬勒（Margaret S. Mahler）也認為「退回次級自閉症」（retreat into secondary autism）可能是因為兒童發現母親不可預測[227]。另外可以參考丁博根與其同事的研究[359]。

些假設如今的地位牢固許多。希望這些假設能夠繼續禁受嚴格的質詢。

母嬰互動模式的持久性和穩定性

嬰兒滿周歲時，母嬰大多已經對彼此做出許多調整、適應，而由此產生的互動模式已經變得相當典型。人們或許會問，這種模式及其兩個成分（兒童依附行為和母親照顧行為）穩定程度有多高？答案相當複雜。

簡單而言，**母嬰採用的互動模式為雙方帶來的滿意度越高，就越穩定**。而另一方面，若採用的模式給一方或雙方帶來不滿，穩定性就會相對較低，因為不滿的一方肯定會試圖改變母親的現有模式，不是自始至終，就是偶爾嘗試。桑德提供了一個不穩定模式的例子，而該例子的不穩定，源於母親的人格障礙[306]。

儘管如此，無論雙方是否滿意，母嬰在第一年間形成的互動模式傾向持續下去，至少持續到之後的兩、三年間[83]。部分原因是每一方都期望另一方以特定方式行動，而一般來說，只要期望的行為是對方的慣有反應，都會無可避免的在另一方身上激起這個行為。因此，期望傾向於受到確認。這種過程的結果無論好或壞、無論任何一方本身如何，互動的母嬰雙方都會以獨有的方式發展，並達到穩定狀態。

即使如此，也有充足證據表明，母親和兒童之間持久、看上去很穩定的互動模式，會因後來幾年內發生的事件產生實質變化。一場事故或慢性疾病可能讓孩子的要求更苛刻，母親會更加保護他；母親精力分散或抑鬱，則會導致回應度降低；若有任何事情導致母親拒絕孩子、用分離威脅，或用不再愛他來作為懲罰，幾乎可以確定孩子會變得更加黏人。新生兒的降臨或孩子跟母親的一段分離，本身就會帶來失衡，而這兩種事情有

時會改變一方或雙方的行為，導致雙方互動模式急劇惡化。與此相反，若母親富有洞察力的對待孩子，並更加接納孩子的依附行為，可能會急劇降低這些行為的強度，而母親可以更容易滿足孩子的要求。

因此，千萬不要把很多預測的重要性解讀為聲明，認為到嬰兒1歲時，母嬰可能已經確立了特有交互模式。這些重要性只是意味著，對於大部分母嬰，此時已經展露可能會持續下去的模式。

有言論表示，12個月大的嬰兒顯露出特有的依附行為模式，而且跟嬰兒參與其中的母嬰互動模式完全獨立，表明嬰兒具有某種程度的自主穩定性，而近期的所有證據都表明這樣的言論是錯誤的，就穩定性而言，嬰兒這時候的行為組織遠遠不及母嬰行為組織。幼童個體行為組織的穩定性或易變性，事實上目前我們所知甚少。**我們唯一能確定的就是「隨著年齡增加，易變性會降低，無論是否討人喜歡，現存的行為組織都會逐漸變得更難變化」**。

母嬰互動模式可能形成得更快，或許是因為不管確立的互動模式是什麼，都是作為互相適應的結果而出現。因此，維持這種模式的壓力來自雙方且逐步增強。這種穩定性是這種安排的優勢也是劣勢。若這種模式對雙方未來有利，就是優勢；若這種模式對一方或雙方不利，其實是很大的問題。因為作為整體，任何模式的變化都要求雙方改變其行為組織。

近幾年，兒童精神病學領域中最重要的，就是實務工作者日益認識到「他們需要處理的問題常常不是限於某個個體，而是源於雙方發展出的穩定互動模式，而且很多時候是家庭中多位成員的互動模式」。診斷技巧其實在於評價這些互動模式，以及每位家庭成員身上讓這些互動模式得以維持的偏向；治療技巧則在於讓家庭中所有成員多少能夠同時發生變化，從而催生新的互動模式，並讓新模式走向穩定。

第17章

依附行為組織
複雜化與其發展

「每一個合作雙方，這種調適都取決於多種因素。普通母子關係中，雙
方都可能做出很多調整來適應對方，雖然有時候某一方也可能堅持己
見、不肯讓步，但是愉快的合作關係，總是會有持續不斷的得與失。」

——約翰·鮑比

我們已經反復申明，**依附行為並不會隨著童年結束而消失，而會持續
終生。個體會選擇舊的或新的對象，並跟這些對象維持親近和交
流。**雖然依附關係的結果跟之前相差無幾，但是實現該結果的方式卻日益
多元。

　　年齡較大的兒童或成人維持跟某個人的依附關係時，往往會多元化自
己的行為，不僅包含出生後第一年就出現的依附行為基本元素，還具備一
系列日益豐富、更複雜的內容。例如，與在嬰兒期第一次嘗試跟母親離開
房間相比，考量一下學齡期男孩下述行為組織背後的複雜程度：男孩會尋
找母親，並在鄰居家發現母親的身影，或者懇求母親下週探望親戚時帶上
他。

　　這些更複雜的依附行為元素，其組織形式有既定目標的計畫。讓我們
考察一下這些既定目標是什麼。

　　9個月大之前，兒童似乎不可能做出任何有計畫的嘗試，去引入任何

條件來終止自己的依附行為。若條件齊備，嬰兒會感到滿足；若條件不足，嬰兒感到沮喪，僅此而已。無論嬰兒表現出什麼依附行為，其實都還不屬因目標校正的行為，雖然在普通家庭環境中，嬰兒行為的可預期結果很可能包括讓母親留在身旁。

但是在8個月到1歲時❶，嬰兒會變得更有技巧。自此之後，孩子似乎發現了哪些條件可以結束沮喪、感到安全。在這個階段之後，孩子能夠計畫自己的行為從而實現這些條件。因此，在兩歲期間，孩子可以發展出自己的意志。

由於對每位兒童而言，終止條件會隨著依附行為此時被激發的強度而變化，孩子選擇的既定目標也因場合不同而有所差異。在某一刻，孩子下定決心要坐在母親大腿上，絕不接受任何妥協；在另一刻，透過門廊看著母親，就足以讓他滿足。顯然，在平常的環境中、在任何時候，無論終止依附行為的條件是什麼，都會成為孩子採取的依附關係計畫既定目標。

目標校正的依附關係計畫在結構上會有變化，從簡單快捷到精巧細緻。特定計畫的複雜程度部分取決於孩子的既定選擇目標，部分取決於孩子評價自己和依附對象之間的情境，部分取決於孩子在設計達到該計畫情境時的技巧。不過，無論簡單或精巧，設計計畫都離不開環境和有機體運作模式（參見第5章）。因此，我們可以推斷，運作模式的建構和精細化，跟孩子出現的發展計畫能力同步。

---

❶　德卡里（Gouin T. Décarie）在加拿大法語區兒童中重複了皮亞傑的實驗[87]，得出了相似的結果，表明：若孩子在7個月大之前就可以做計畫，那將會非常傑出；大部分孩子到8或9個月大時才學會，有些甚至要到年齡更大一點才學會。此外，在這些年齡以及之後的幾個月內，做計畫的能力還處於萌芽階段，僅限於最簡單的情境[259 & 260]。弗拉維爾的著作全面闡述和導讀了皮亞傑的文獻[107]。皮亞傑並不使用「計畫」（plan）或「目標」（goal）這樣的術語，而是用「意圖」（intention）與「意圖性」（intentionality）。

兒童依附計畫的差異主要決定於「這些計畫是否影響依附對象的行為以及影響的程度」。當依附關係的目標僅僅是看到母親或更靠近母親時，兒童可能不需要採取任何有計畫的行動來改變母親的行為。當依附關係的目標可能是要求母親作出友好回應時，也不需要採取有計畫的行動。但是在其他時候，兒童的依附關係的目標可能要求母親進行更多的活動，那麼兒童的計畫肯定得包含一些措施，用來確保母親會以自己渴望的方式行動。

　　無可避免的，在改變對方行為方面，兒童最初的嘗試比較原始，例如「拉和推」，以及「過來」、「走開」這些簡單的要求或指令。但是隨著年齡漸長，孩子慢慢明白，母親可能有自己的既定目標，而且目標可能不太好，因此孩子的行為會變得更加複雜。即使如此，兒童的計畫可能構思得很糟糕，因為他對母親形成的運作模式還不充分了解。例如一個不到兩歲的小男孩，為了拿回被沒收的小刀，提出把自己的泰迪熊給母親。

　　事實是，如果要建構一項計畫，其既定目標有著改變其他人行為的既定目標，這需要很強的認知和模型建構能力。首先，是發現其他人具備擁有目標和計畫的能力；其次，是從已有的線索中推斷其他人的目標可能是什麼；最後，是建構計畫的技巧，可能使其他人的既定目標向兒童期望的方向改變。

　　雖然將他人視為目標而指向個體的這種能力，在兩歲時已經相當成熟，但是孩子把握其他人目標的能力，仍然處於萌芽階段。主要原因在於，要把握其他人的目標和計畫，通常需要透過對方的視角看待事物，而這種能力只能緩慢發展。

　　雖然這方面的不足限制了孩子的社交關係也可能讓孩子被誤判，但是短暫偏離原有的目標可能有所幫助。

孩子自我中心所導致的社交缺陷

幼兒難以從其他人的視角看待事情，皮亞傑首次注意到這一點，並稱之為「自我中心」（egocentrism）。皮亞傑用立體的阿爾卑斯山景象模型進行實驗，他得出結論，認為孩子到7歲時，才能夠從其他人的視角看待事情[258 & 262]。下一章中呈現了更多近期研究，其結果將證實皮亞傑的結論太過悲觀。儘管如此，跟其他人打交道時，無論在語言或非言語層面，跟成人相比，幼兒肯定處於劣勢。下面的例子將表明這一點：

研究發現，跟其他人進行言語交流時，不到6歲的兒童只會做出有限嘗試，讓自己說話的內容或方式適合聽眾需要。孩子似乎假定聽眾都跟自己一樣，完全了解自己想講述的事件背景和相關人士，只有在自己看來新奇有趣的細節，才需要詳細描述。結果是，只要不熟悉背景和人物，聽眾就很難理解孩子的敘述。

僅從現實角度來看，也能看出同樣的困難，也就是孩子難以想像其他人眼中的世界以及其他人的目標可能是什麼。因此，弗拉維爾報告了3～6歲兒童完成一些非常簡單的小任務[106]。第一個任務是：從一系列物體中選一個合適的送給母親當生日禮物，這些物體形形色色，從玩具卡車到脣膏都有；第二個任務是：向坐在對面的人展示一幅圖片，讓圖片在對方眼裡是上下顛倒的；第三個任務是：運用一頭柔軟一頭尖銳的棍子，柔軟的一頭在孩子手裡，尖銳的一頭在研究者手裡，研究者問孩子是否感覺棍子很柔軟，之後再問孩子研究者是否也感到棍子很柔軟。3歲孩子每一項任務的完成率都不到一半，某些任務只有四分之一數量的孩子完成。6歲時，則在每個任務全部或大部分孩子都可以勝任。

關於3歲孩子在這些任務中犯的錯誤，有一個非常典型的例子，就是

一個孩子挑了玩具卡車給母親當作生日禮物。我們之前提及孩子提出用自己的泰迪熊來換回被沒收的小刀，跟這個狀況如出一轍。

顯然，在這幾年裡，孩子不斷細緻化對母親的「側寫能力」。因此，關於母親的運作模式只能慢慢勝任其角色，能幫助孩子建構計畫，來影響母親對待自己的方式。

萊特（P. Light）的研究表明[213]，兒童理解其他人的觀點的能力的發展速度可能很大程度上受到母親的影響，即母親在跟兒童打交道時，是否會考慮兒童的觀點。我們將在下一章呈現相關細節。

當然，**皮亞傑的自我中心概念只是指兒童建構關於其他人的模型時具備的認知能力，跟自私自利毫無關係**，這一點是非常重要的。實際上，沒有任何理由認為兒童比成人更自私。正如近期的研究證實，事實上兒童可能對其他人的福利表達出諸多關心，並真誠的盡己所能幫助對方[397]。但是，正如曾被幼兒輔助的人所深知，結果並非總是受人歡迎。但是孩子缺乏的並非願意幫助關懷對象，而是從對方的角度來理解可能有益的方式。

要繼續探索這個主題，就必須觸及更宏大、困難且深刻的問題，即「孩子如何逐漸建構起自己的『內在世界』」。我們可以假設，這會從1歲開始，到兩歲和3歲時可能特別活躍，因為孩子在此期間掌握語言這個富有力量的非凡天賦。孩子忙著建構運作模式，關於預測物理世界如何運作、預測母親和其他重要他人會如何行動，自己可能被期望如何行動，以及每個人是如何跟他人互動。在這些運作模式的框架中，孩子會評價自己的處境，並打造計畫。在關於母親和自己的運作模式框架中，孩子會評價特定的自身處境而制定出依附關係計畫。

隨著年齡增長，若要理解依附行為隨著孩子年齡增長變得有次序的不同方式，下列問題非常重要：「運作模式如何建構起來？」「如何影響預

期和評價？」「計畫的充足和有效程度？」「模型表徵的真實或扭曲程度？」「哪些條件促進或妨礙模型的發展？」但是，這些主題會引出非常宏大的問題和巨大爭議，因此會延後討論。《依戀理論三部曲2：分離焦慮》與《依戀理論三部曲3：失落》，將會回顧相關研究，並設計一個構想的框架，來幫助我們釐清這些議題。

母嬰關係間的合作和衝突

依附行為組織一旦圍繞著目標校正展開，孩子和母親的關係就會複雜許多。雖然兩者之間的真正合作變得可能，但是也會出現難以解決的衝突❷。

兩個人在一起互動為彼此制定計畫，就浮現出一種前景，即「雙方分享共同的目標和計畫」。其互動基礎其實是固定行為模式鏈條相互交錯，而現在的互動會截然不同，具備新的特質。對於新的互動風格，最恰當的名稱應該是「合作關係」（partnership）。透過分享同樣的既定目標，並參與實現該目標的共同計畫，合作雙方會產生一種目標一致的滿足感，而且很可能認同彼此。

但是合作關係需要付出代價。由於雙方有各自想要實現的既定目標，只有某一方準備好在必要時退讓，或至少為了適應對方而調整自己的既定目標時，雙方才有可能合作。

---

❷ 當試圖透過「誘發其他個體改變目標，從而改變自己所處的環境」時，就會出現問題。麥凱透過控制理論探討過其中一些問題[224]。當兩個個體試圖改變彼此的目標時，「可能在邏輯上，分解這個雙目標複合體完全不可行。此時，兩個個體就會獲得一種關係，在這種關係中，他們的個體性會有部分融合」。該部分內容也可以參見海因德的研究[182]。

當然，每一個合作雙方，這種調適都取決於多種因素。普通母子關係中，雙方都可能做出很多調整來適應對方，雖然有時候某一方也可能堅持己見、不肯讓步，但是愉快的合作關係，總是會有持續不斷的得與失。

　　但是即使再愉快的合作關係也可能會持續出現小衝突，直到雙方的既定目標相互匹配。因此，母親通常會贊同孩子的要求，但是在某些情況下，也可能拒絕。實際上，時間緊迫時，尤其面對幼兒，母親可能會採用堅定而恰當的措施。但是，在大多數情況下，如果母親非常明智，就會力圖改變孩子的既定目標，努力透過說服或小小的討價還價，來實現自己的目的。

　　至於依附關係方面的要求，很顯然，在尋常一天中，兩歲孩子的母親很可能多次嘗試改變孩子行為的既定目標。有時候，母親會嘗試讓孩子遠離一會兒，例如當孩子一大早就跑到父母的房間，或在朋友拜訪時抓扭著母親的裙角。在其他時候，母親可能嘗試讓孩子留在身邊，例如在街頭或商店裡時。透過鼓勵或勸阻、嘮叨或懲罰，甚至收買，母親經常試著改變孩子依附行為的既定目標，從而努力調節孩子跟自己的距離。

　　與此相輔相成的是，孩子也不時努力改變母親的行為，改變母親跟自己的距離，而且孩子這樣做時，也會採取母親使用的方法，至少會採取少許。在這裡同時隱藏著希望和警示。

　　隨著年齡漸長，尤其是過了3歲生日之後，孩子的要求會減弱。其他的興趣愛好和活動會吸引孩子的注意力，占據他的時間，而且讓孩子感到害怕的事情也會減少。不僅孩子的依附行為促發的頻率和強度會降低，而且由於認知能力日益增強，尤其是透過空間和時間來思考的能力大大提高，他可以透過新的方式來終止依附行為。因此，在持續時間更長的活動中，即使母親不在，只要知道母親在哪裡、什麼時候回來，或者確定無論

什麼時候，只要自己特別想要母親，母親絕對會回來，孩子就可以感到滿足、安全。

對於大部分的4歲孩子，「隨時可以回到母親身邊」這個訊息可能至關重要。與此相反，在兩歲時，這可能沒有什麼意義[233]。

母親是否該調節關注與陪伴孩子的時間

母親和專業人士時常提及一個問題：「若母親總是滿足孩子的要求，陪在兒童身邊、給予兒童注意，這樣做是否明智？讓步是否會『寵壞』孩子？如果母親給孩子太多呵護，孩子是否會要求母親在其他方面也讓步，並期望母親如此？孩子是否會變得過於依賴母親？事實上，對兒童而言，到底給予多少呵護才算合適？」

看待這個問題的角度，最好跟下列問題相同：「對孩子而言，給多少食物才合適？」這個答案非常清晰。在最開始幾個月，最好跟隨孩子的指引，孩子想要食物時，食物很可能對他有益；如果孩子拒絕食物，大概也不會有什麼害處。只要新陳代謝沒有紊亂，孩子若擁有決定權，天生就可以有調控食物攝入的數量和品質的能力。因此，除了少數例外，母親可以放心將主動權交給孩子。

依附行為也是如此，尤其在最初幾年。**在一般家庭中，孩子由母親照顧，若孩子想要多少陪伴和關注，母親就提供多少，並不會為孩子帶來任何傷害。**因此，跟食物一樣，在養育方面，如果孩子一開始就能自己做決定，似乎也是天生就能發展令人滿意的「內攝調控」。只有進入學齡後，才會有一些場合需要溫和勸阻。

至於父母應該施加多大壓力促使孩子獨立，以及在什麼年齡、什麼場

合下這樣做是明智的還不得而知，因而必須尋求進一步研究。在西方文化中，或許壓力來得過早、過多；在東方文化中，或許有著相反的情事❸。在孩子年紀較小的時候，最能令母嬰都感到愉快的模式，正是在上一章提及、描繪的母嬰互動模樣。**當母親能夠敏感覺察兒童的信號，並及時、恰當的給予回應，那麼孩子就會茁壯成長，關係也會發展得非常愉快。**若母親沒有覺察力，或缺乏回應，或者給予孩子的並非他所想要的，情況就會變得困難。

依附行為產生的困擾分為很多種。在我看來，西方文化中最常見的類型是「源於母親養育太少，或者養育相繼來自不同的人」。母親過度養育帶來的困擾則相對少見，若這種情況出現，並非因為無法滿足孩子需要的愛和關注，而是因為母親有種衝動，要一古腦澆灌孩子愛和關注。近距離觀察研究發現，這樣的母親不會從孩子那裡捕捉信號，而是自己主動發起所有互動。母親會堅持靠近孩子、占據孩子的注意力，或保護孩子遠離危險——就像過度進食的孩子，其實是母親會堅持餵食。在《依戀理論三部曲2：分離焦慮》，我們會探討更多父母這樣行事帶來的風險。通常，這會導致依附／照顧關係顛倒（參見《依戀理論三部曲2：分離焦慮》第16和18章；《依戀理論三部曲3：失落》第11、12和19章）。

依附行為產生的其他困擾與因素種類紛繁，緣由並非母親過度或缺乏照顧。在尋找原因時，最好將其視為孩子已經接受或正在接受的養育模式有問題。但是，這裡並不適合進一步探究依附行為的心理病理機制，若只是短短幾段文字，很容易過度簡化。

---

❸ 當前的演化論用基因存活率作為衡量指標（參見第3章），它指出：隨著幼兒成長，母親和幼兒之間不可避免會出現某種程度的衝突364。至於將這些觀念運用到特定人類家庭生活中，還尚待確定。

這一章比較簡短，不足以支持「複雜化的依附行為組織與其發展」這個主題。這裡觸及的發展過程，不僅本身就非常有價值，而且正是這些過程讓人類跟其他物種不同。人類運用語言和其他符號以制定計畫和建構模型的能力，以及與他人進行持久合作或捲入長久紛爭的能力……正是這些能力造就了人類。這些過程都源於生命最初三年，而且從一開始就屬依附行為組織。那麼，關於依附行為組織在嬰兒出生後第二年和第三年的發展，是否再也沒有其他過程？

　　我在本書英文版第一版回答了這個問題，信口猜測的表示「或許未知的內容已經不多」，並評論「研究得最少的人類發展階段，依然是孩子得到讓自己成為人類特質的階段」。總結本書時，我曾指出未知的新大陸尚待征服。之後，無數優秀的探索者活躍在這個領域。在下一章，我嘗試勾勒出這些探索者的幾項發現。

依戀理論的
舊議題和新發現

穩定的依附模式，讓孩子擁有價值感、相信他人可以給予幫助，並且讓他可以建構良好的人際關係。當我們將孩子對母親角色的依附關係，視為不同於傳統次級驅力依賴理論的幼兒特徵，就能讓我們更加理解人類與嬰幼兒的行為特徵。

第18章

穩定的依附模式
以及其變化

「對天文學的最佳導覽，是將夜空看作屬於自己家中的諸多繁星。」

——喬治·艾略特（George Eliot）

安全或焦慮型依附嬰兒的進一步發展

在第16章，我們描述了安斯沃思設計的一種程序，用來評價12個月大的嬰兒對母親的依附關係類型。該程序所測量的，是非常重要的社會情緒特質，研究者最初的信心來源自兩個方面：一方面是實證研究，發現表現出同種模式的嬰兒在家裡的行為也會高度正相關；另一方面則是分類用的主要標準，即「安全／不安全」，顯然跟臨床醫師長期使用的標準有關聯，該標準有多種名稱，例如「信任／不信任」或客體關係品質。此外，孩子表現出的依附模式跟母親對待孩子的方式呈現高度正相關，這個事實不僅跟諸多兒童精神病學家的經驗一致，也提示出此間存在一種非常重要的實踐性因果關係。

如今，這種分類的價值讓我們的信心因為新的研究發現而劇增。研究表明，如果家庭環境保持穩定，這些模式不僅可能持續到第二年，而且會在後來的數年間繼續存在。跟我們的預測相同，孩子跟母親之外成人間的社交和玩耍模式，也跟依附模式相關。因此，儘管人格各方面具有發展連

續性的測量方法，在此之前渺無蹤跡，如今終於有跡可循。

康乃爾（David B. Connell）[79] 和沃特斯（Everett Waters）[375] 的研究證實，安斯沃思的分類系統對大部分 12 ～ 18 個月大的嬰兒，都能提供穩定測量結果。康乃爾評價了四十七位嬰兒，在 12 個月和 18 個月大時的依附模式，發現 81% 的嬰兒，在兩個年齡段的依附模式相同。在沃特斯研究的五十位嬰兒中，96% 表現出相同的模式。

12 個月大時的依附模式，可以預測多個月後的社交和探索行為，這方面的證據最初源自早年在美國巴爾的摩市展開的一項研究[228 & 229]。該研究中，嬰兒 12 個月大時接受陌生人情境測驗，9 個月後有機會自由玩耍，並跟陌生的成年人玩耍。結果發現，**跟之前被劃分為迴避或矛盾依附的嬰兒相比，安全依附嬰兒每段玩耍的時間都更長，對玩具的興趣更濃厚、更關注細節，而且會更常大笑或微笑。**除此之外，無論是跟母親還是其他人，安全依附嬰兒都更願意合作[217]。麥塔斯（Leah Matas）等人在美國明尼蘇達州的樣本中，驗證了該發現[238]。第三個樣本是梅因（May Main）和韋斯頓（D. Weston）在美國柏克萊展開的研究[230]。最初，成人嘗試吸引嬰兒玩耍，之後則表現出痛苦，而研究者觀察嬰兒對這位成人的反應。之前被劃分為安全依附的嬰兒顯然更願意互動，而且對成人的痛苦狀態，表現得很關切。早前被劃分為非安全依附的嬰兒，與成人間的互動很微弱。更深入的同類研究中[376]，研究者在嬰兒 15 個月大時，將他們分為安全或焦慮依附，到嬰兒 3 歲半時，再用布朗森（W. Bronson）製作的錄影帶觀察這些嬰兒在幼兒園的行為。在這種情境下，當母親不在時，跟 15 個月大時被劃分為非安全依附的孩子相比，安全依附的孩子更有社交能力，在玩耍時更有效率、更好奇，對其他孩子的痛苦更有同理心。因此，跟理論預測一致，到學齡前期，安全依附孩子令人喜歡的行為模式，已經變成孩子自身的能

力，不再依賴母親是否在場。

雖然目前描述的發現只涵蓋了12～42個月大的孩子，阿蘭德（Richard Arend）等人的研究則大大提高了這些研究的重要性[26]。三位研究者發現，早年被劃分為安全或焦慮的類似差異，到孩子5歲或6歲時依然存在。隨著孩子人格發展，有必要用不同的程序和量表來得到相關訊息，因此需要簡要描述我們所使用的工具，這項工具的設計者是布洛克夫婦（Jack and Jeanne Block）[47]。

布洛克夫婦採用兩項聞名的柏克萊長期性研究，以及他們所開展的一些研究，利用這些資料精心編製了對人格兩個層級的測量量表。布洛克夫婦相信，這兩個層級具有臨床價值和跨年齡穩定性。兩個層級分別被稱為「自我控制」（ego-control）和「自我韌性」（ego-resilience）。自我控制的變化範圍從過度控制、適度控制到過少控制，最佳狀態是中間的適度控制。自我韌性則從高到低（即脆弱），最佳狀態是高自我韌性。

層級 1 自我控制特徵

過度控制的個體特徵包括：有限、抑制的反應，情緒表達降低，和過度限制加工訊息。過少控制的個體的特徵則包括：衝動、注意力分散、情緒開放表達，和對加工訊息限制過少。

層級 2 自我韌性特徵

自我韌性指「個體根據環境調整自己的控制能力」。高自我韌性的個體特徵，包括在適應變化環境時，能有效利用資源、能夠靈活使用自己的行為系統，以及有能力處理競爭和衝突的訊息。與此相比，脆弱的個體則幾乎沒有什麼靈活度，面對變化的壓力時，應對方式若非僵化的保持原來

的反應，就是出現混亂無序的反應。相互競爭和衝突的訊息會讓這樣的個體變得無所適從、非常焦慮。

　　設計測量自我控制和自我韌性的程序時，布洛克夫婦收集的資料主要有兩個來源：（a）幼兒園老師的觀察（因為他們非常熟悉兒童），該觀察透過Q分類❶來記錄；（b）兒童在大型實驗室中測試的表現。對於這兩類資料，布洛克夫婦都盡可能從不同來源獲得指標並匯集同類資料。透過這些方式，與任何單一來源的單個測量相比，他們的指標更具代表性和效力。

　　為了證實這兩個概念的實用性和效用，布洛克夫婦在不同性別、不同年齡樣本中進行研究，並採用收集多種資料的方式：觀察、測試和自我報告[47]。布洛克夫婦進行的一項長期性研究中，樣本是一百多位兒童，且種族和社會經濟地位相當多元化。該研究從孩子3歲開始，目前仍在進行中。布洛克夫婦的報告稱，在孩子3歲時進行的測量，可以很強的預測四年後7歲時的測量結果。

　　阿蘭德等人進行的長期性研究，將18個月大和5歲這兩個時期勾連起來[26]。研究者用安斯沃思的方法，劃分18個月大的白人中產階級嬰兒樣本，並追蹤其中二十六位嬰兒在4歲半和5歲半之間的情況：「十二位嬰兒曾被劃分為安全依附，十四位嬰兒被劃為焦慮依附。」到現在，也就是三、四年之後，這些孩子都在幼兒園或日托中心就讀。研究者採用兩種程序來測量孩子的自我韌性和自我控制：一個是認識孩子至少8個月的老師

---

❶　編注：1953年由英國心理學家史蒂芬森（William Stephenson）所創，主要用來評量自我觀念與其他情感變項。Q分類被用來研究個人心理問題，受試者可以分析自己在不同情境的狀況，也可以分析對所認識的人的看法。在自我觀念研究方面，可以用來分析受試者認為的真實我（real self）、他認為別人對他的看法（社會我，social self），以及理想我（ideal self）。

所完成的Q分類，一個則是布洛克夫婦實驗室程序中的一部分。研究結果符合預期。自我韌性的分數分別來自兩個獨立來源，**跟十四位之前被劃分為焦慮依附的孩子相比，十二位安全依附的孩子，自我韌性分數均值顯著較高**。來自Q分類的自我控制均值表明，安全依附孩子處於適度控制，而八位焦慮和迴避依附孩子是過度控制，另外的六位焦慮抗拒兒童則是過低控制（實驗室程序的自我控制均值，則沒有差異）。還有一項發現跟預期一致，即：在三個相互獨立測量的好奇心量表中，安全依附型得分顯著高於焦慮依附型。

需要強調的一點是，研究評價的是這些5歲兒童，在學校和實驗室的表現，即「母親並不在場」。因此，這再度表明，安全依附型的表現跟母親是否在場無關。關於上述研究及相關研究的綜述，可參見索洛夫（L. Alan Sroufe）的研究[345]。

索洛夫還報告了一項更深入的長期性研究，該研究有力證實了以上這些結果。在報告中，索洛夫還對研究的臨床和教育意義進行富有價值的討論。

依附關係的組織結構發展：從可變性到穩定性

充分證據表明，在最初的一、兩年間，目前為止描述依附模式的穩定性，其實更多是兒童所屬、母嬰雙方的一種特質，而非兒童內部的行為組織。但是隨著時間流逝，依附關係的內在組織以及關於依附對象的運作模式，會變得更加穩定，結果是，依附關係的組織不僅會抗拒變化，而且抗拒的強度會日益增強。

有多個來源可以證明依附組織最開始是可變的。在前一章，我們提及

了依附模式穩定性的研究，研究樣本都來自白人中產階級、父母婚姻關係良好、母親對待孩子的方式具有高度連續性。但是，在相對劣勢的家庭中，這種父母照顧的連續性會很少見。一項有百位受試者的研究[368]，來自這樣的背景，其中只有一半的母親已婚，而且大部分母親不到20歲。在12個月和18個月時，測定這些孩子的依附模式，其中超過三分之一的孩子兩次結果不同，有些變得更好，有些則更差。四十五位一直是安全依附模式，而十位的依附模式從12個月大時的安全依附變成了18個月時的焦慮依附。跟安全依附孩子的母親相比，焦慮依附孩子的母親報告，在這段時間經歷的壓力事件明顯較多。有幾位孩子發生了相反的變化，從焦慮依附變成了安全依附，這似乎很可能是祖母或外祖母到來，產生了正面影響[98]。

在梅因和韋斯頓進行的另一項研究中[230]，最初的18個月中，孩子對父親和母親可能表現出不同的依附模式。研究者在孩子12個月大時，觀察六十位孩子跟雙親中的一人相處狀況，然後在6個月後再觀察孩子跟另一人相處的狀況。研究發現，就群體而言，孩子對父親的依附關係跟對母親的依附關係高度相似，不同模式的比率分布大致相同。但是若分別檢驗每個孩子的依附模式，對父親的和對母親的依附模式，就不再相關。接觸陌生人和新任務時，孩子跟父母雙方的關係都會發揮作用。**跟雙親都有安全依附模式的孩子最自信、最有能力；跟雙方關係都呈現不安全依附模式的孩子，則最不自信、最沒有能力；只跟雙親中的一位有安全依附模式的，則介於兩者之間。**

顯然，我們手頭關於兒童發展的依附模式證據，證實了照顧者重要性，而該重要性已在第16章強調。指向該方向的眾多研究中，包括安斯沃思對二十三位嬰兒的研究。該研究比較嬰兒在1歲期間的前3個月和最

後3個月的哭泣時間[II]。在最開始，嬰兒哭泣的時間跟母親對待嬰兒的方式沒有關聯，但是第一年結束時，跟任由嬰兒哭泣相比，若母親及時對嬰兒的哭泣做出反應，那嬰兒哭泣的時間會顯著較短。因此，雖然母親的行為依然跟最初相同，嬰兒的行為卻會變化。

索洛夫等人的長期性研究也有類似的發現[346]：最初幾個月母親敏感度和跟嬰兒12個月大時的依附模式之間，具有緊密關聯。此外，該研究開發了幾種測量新生兒時期嬰兒氣質的量表，但是氣質並不能深入解釋1歲時依附模式的巨大差異。

兒童早期經歷對依附模式的巨大影響，以及因此而產生對人格發展的影響，最明顯的例子莫過於曾遭到父親或母親身體虐待，或出生後前幾年在機構中度過的孩子——這些孩子的社交行為出現了嚴重紊亂狀況。

喬治（Carol George）和梅因報告了對十位學步期兒童的觀察[138]，這些孩子年齡介於1～3歲，曾經遭受身體虐待。對照組同樣為十位兒童，來自日托中心，這些孩子的家庭正承受高度壓力。遭受虐待的孩子中，頻率顯著更高的行為包括：攻擊同伴、侵擾和威脅攻擊照顧者。面對他人的友好提議，這些孩子的反應不是迴避互動，就是混合著迴避和親近的行動。透過這些方式，孩子將自己孤立起來，並疏遠可能對自己有幫助的成人，因而陷入自我塑造的循環。在正常樣本的迴避型依附嬰兒中，研究者也觀察到類似的行為類型，但是程度較輕，而且與之關聯的因素是母親厭惡與嬰兒身體接觸，以及對嬰兒展現憤怒的行為[231]。這些發現闡明了依附雙方是如何以不同程度影響彼此，以及其過去的互動過程如何造就當前的互動模式。

蒂澤德（Barbara Tizard）和霍吉斯（Jill Hodges）報告了五十一位8歲兒童的行為[360]，所有孩子出生後前兩年，都在機構中度過。其中一半被收養

（二十人在4歲前，五人在4歲後）；其他二十六人中，十三人回到父母身邊，六個人寄養，七個人一直留在機構裡。在二十五位被收養的兒童中，其中二十個人似乎跟新父母形成了互相喜愛的親密關係，但是五個人則沒辦法形成這樣的關係。這些收養時間較晚的孩子中，至少一半在學校裡非常讓人頭疼。他們坐立不安，動輒跟人爭吵、叛逆、討厭批評，而且似乎「對老師和陌生人等成人的注意，有著幾乎無法滿足的渴望」。

孩子是否（以某種形式）跟養父母形成依附，主要取決於養父母對待他們的方式。養父母越能滿足孩子在關注和照顧的渴望、給予的陪伴越多，依附就越明顯。至於沒有被收養的孩子，他們的發展也出現同樣清晰的關聯。跟預期相同，與形成了依附的孩子相比，沒有依附的孩子更可能「過度友好」。即使如此，很多據說跟母親角色有非常親密的依附兒童，其實也會毫無區分的待人非常友好。因此，研究者對這些兒童的依附品質其實相當存疑。各種研究的結果支持該結論[300]，認為兒童在早年有一個敏感階段，在該階段之後形成安全、有區分依附能力的發展會變得越來越困難；或者，換言之，兒童依附行為現有的組織模式會持續下去，而且隨著年齡漸長，修正的難度會越來越高，而且修正程度會越來越低。這個議題具有非常重要的現實意義，但是正如目前很多研究表明，該議題急需系統性研究。

兒童得到的照顧品質會影響發展中的依附模式，但是該發現並不會排除嬰兒的作用。母親對待嬰兒的方式部分取決於母親的人格和關於嬰兒的最初信念，以及在原生家庭中的經歷[134 & 390]，部分取決於母親當下的體驗，其中就包括嬰兒的行為類型[201]。天使寶寶可能會幫助忐忑的母親發展出令人喜歡的照顧模式。與此相反，比較難帶的新生兒，可能讓天秤往相反方向傾斜。但是所有證據都表明，如果沒有得到良好的照顧，本來天使

寶寶仍然可能發展不佳，而且更加幸運的是，除了少數例外，本來比較難帶的嬰兒，在得到良好照顧後也可以發展得很好[304 & 97]。即使是比較難帶的嬰兒，夠敏感的母親都可以適應，並借此幫助嬰兒得到良好發展，這種可能性或許是該領域近期所有發現中，最讓人感到寬心的。

兒童概念性角色替取的發展

我在第14章和第17章所說的目標校正的合作關係發展，有賴於兒童的兩種能力，一是明白母親擁有跟自己不同的目標和興趣；二是將母親的目標和興趣納入考慮。近期的研究對該發展提供了證據[234]。在3歲時，只有極小部分的孩子能夠完成這項壯舉。但是到5歲時，大部分孩子都可以做到。該轉變發生的時期，最可能是第四年和第五年。

萊特對目前的思潮進行了非常有用的回顧，指出皮亞傑關於自我中心主義的工作相當侷限[213]。例如，皮亞傑的研究結果只跟視覺觀點有關，而且即使只是視覺觀點，甚至侷限於非人類的場景；在做出結論時，皮亞傑依靠的是橫斷面研究中，不同年齡孩子的組間差異。

萊特本人研究了五十六名兒童（男孩女孩各半）組成的樣本，關鍵點是4歲生日，差不多在轉換時期的中間點。這項觀察在孩子家中進行，每位孩子得到八項任務。最令人吃驚的發現是，孩子的得分範圍非常廣。所有任務的滿分是四十分，得分從九到三十七分不等，平均是二十二分，這意味著有些4歲孩子完全有能力進行「概念性角色替取」（conceptual perspective taking），而有些孩子則對此幾乎毫無概念。基於組間平均得出結論的重大缺陷，在此顯而易見。

由於這項研究中的兒童樣本屬於一項長期性研究（在英國劍橋進行），

關於兒童及其家庭，還獲取了大量的其他訊息。這讓萊特得以探討角色概念得以替代替取的得分，是否跟兒童或其家庭其他特徵有關。結果跟兒童的性別或父親的社會階層，都沒有關聯。大部分時間都跟同伴相處的兒童，分數也不會比其他孩子高。至於母親描述對孩子的理解和養育方式，跟兒童的分數聯繫在一起時，其關聯相當一致。

研究者對每一位母親都進行了深度訪談，時間長為 1 ～ 2 個小時。訪談均為開放式問題並主要跟特定情境有關，且以靈活的順序詢問。訪談結束時是一些相對廣泛的問題，涉及關於兒童和最佳養育方式的觀念。觀點採擇得分高的母親與得分較低的母親相比，這兩組在下列方面有所差異。高分組的母親對兒童的情感和意圖關注程度，跟對兒童實際行為的關注程度不相上下，而且當情境需要時，母親會準備好做出合理退讓；而低分組的母親則會堅持自己權威的角色。母親如何回答下面問題，清楚呈現出這種差異。對於：「你讓孩子為你做某件事情，孩子說不行，因為他正在忙，例如在玩遊戲或做別的事情？你會怎麼做？」高分組的母親可能會回答：「如果他說在忙，我會說『忙完之後可以嗎？』，他會答應。」而低分組的母親很可能會回答：「你給我馬上去做！我已經跟你說過了。」因此，高分組的母親傾向讓步，並且討價還價，而低分組的母親則很可能會訴諸懲罰。遭到體罰的孩子，其概念性角色替取能力特別低。因此，很顯然，**若母親通常會考慮兒童的觀點和興趣，孩子也會考慮母親的觀點和興趣並給予回報**。這是父母強大影響力的又一個例證，而且我們或許可以假定，這是向榜樣學習。

在思索研究結果時，萊特的結論是，**兒童分數的差異來源，可能主要反映了「兒童在觀點的差異，和適應此差異所需的整體覺察狀態」，而不是基因差異**。萊特指出，當我們判斷成人的行為非常自我中心時，很少會

意味著成人完全不知道其他人的觀點可能跟自己不同，或成人無法考慮他人觀點。相反的，我們會假定成人有這樣的心智能力，但是若不是還沒有習慣使用這種能力，就是不想費這個心思。

由於萊特和其他研究者發現「很多兒童在4歲時已經充分具備概念性角色替取能力」，人們很自然會問被母親合適對待的兒童，發展出這種能力的最小年齡是多少。布列松頓和比格利—史密斯（Marjorie Beeghly-Smith）一項關於符號發展的長期性研究[65]，關注來自中產階級家庭的三十位兒童，並對此提供了線索。在兒童年滿兩歲4個月（約定好進行家訪的時間點）的1週前，研究者提供母親一張特殊的詞彙清單，請母親留意孩子是否會使用清單上的詞語，如果用過，涉及的情境是什麼、人物是誰。這些詞語涉及孩子自己和他人、他們的生理狀態、積極和消極情感、欲望和能力、認知、道德判斷和義務的覺察。而在後續訪談中會記錄母親的觀察。

大部分孩子使用的詞彙包括「看到」和「聽到」，一些情感詞彙（頻率由高到低）依次是「哭泣」（憂傷）、「生氣」（憤怒）、「害怕」、「有趣」、「高興」和「悲傷」，以及「明白」。80％的兒童使用了因果陳述，大部分指的是用來減輕不適感或提高舒適感的行動。幾乎60％的詞彙既用於他人，也用於自己。研究者發現「這些兒童解釋自己和他人的心理狀態、評論自己和他人過去的經歷、討論怎樣可能改變自己或其他人的狀態，以及是什麼導致了這種狀態」。研究者總結：「這些資料『表示其他人的目標和動機聯動於兒童自己的目標與動機，而分析他人目標和動機的能力，在3歲時已經發展得相當好』。」雖然，我們或許應該補充，只有得到母親敏感對待的孩子會這樣。這些發現激發了一種猜想：**即對於人類或對其他靈長類動物而言[269]，認為自己和他人具備心智的內在狀態，就跟認為周圍世界有空間性質一樣，是自然而然發生的。**

第19章

反對、誤解依戀理論的聲音，以及我的澄清

「……我相信，若沒有理論建構，就不存在任何觀察。」

——查爾斯·達爾文

依附關係的組織性概念：依戀理論與依附行為的差異

自本書的英文版第一版問世，已過了12年，期間「依戀理論」一直是討論的熱點。在一些人看來，依戀理論有其不足；在另一些人心中，依戀理論不僅受到歡迎，還需要澄清和強化。最重要的是，依戀理論的應用效果很好，指引了進一步的實證研究。本章的目的是提出一些爭議點、澄清誤解，並請讀者留意我認為有價值的貢獻。

誤解的來源之一，是我在英文版第一版中沒有清楚區分依附關係和依附行為。幸運的是，很多同事已經完好的彌補該遺漏，其中最引人注目的是安斯沃思在她的幾部著作中做出的貢獻[6 & 7 & 11]。比消夫（Norbert Bischof）[43]、索洛夫與沃特斯[347]、布列松頓[64]等研究者也做出了非常有價值的貢獻。

當我們說「兒童依附某個人或跟某個人有依附關係」，意味著兒童有強烈傾向，要跟特定對象保持親近和接觸，而且會在特定情境中展現，尤其是孩子感到害怕、疲勞或不適時。 這種行動的傾向是兒童的一種特質，隨著時間流逝，該特質只會緩慢發生變化，不會受到當下某個時刻的情境

影響。相形之下，**依附行為指「兒童為了得到或保持想要的親密感，而一般會採取的多種行為形式」**。在特定時刻，這種行為的某種形式存在與否，很大程度取決於當時的情境條件。

我們提出的依戀理論，試圖解釋依附行為，包括其片段式的出現和消失，同時也試圖解釋兒童和年長個體跟特定對象形成的持續依附。在依戀理論中，核心概念涉及一種行為系統。第3～8章已詳細闡述這種系統。

行為控制系統或行為系統首次作為一種「理解兒童行為跟母親關係方面，可能的出現方式」之術語時，對於發展心理學家和臨床醫師相對陌生。因此，很多已經深諳其他理論的人不是無法理解該概念，就是畏縮不去嘗試，這個情形絲毫不令人奇怪。但是，對於具備生理學知識和了解體內平衡概念的人不難理解行為系統的這個概念。不管我們關注的是將血壓、體溫維持在有限的標準內，還是關注其他生理指標，生理控制系統都是解釋資料的必須概念。這是位於「中樞神經系統」（CNS）的結構，其運作遵循本書之前提到的原則。

孩子將與依附對象的關係維持在特定範圍內，提出用行為控制系統概念來解釋該現象時，其實我們所做的不過是將這些人們已經非常了解的原則，用於解釋另一種形式的動態平衡。在這種平衡中，高低閾限涉及的是生理與環境特徵的關係，而且維持閾限的方式不是生理手段，而是行為。當然，兒童將跟依附對象的關係維持在特定的範圍內，只是環境動態平衡的一個例子。我們在第5章已提過其他例子，包括孵蛋的鳥兒設定鳥巢和蛋的距離，以及任何動物在所處環境內，都會調整自己的適應程度。

一旦理解了行為控制系統這個概念，人們就會意識到，不管是將有機體維持在哪種範圍，採用的行為特定形式，僅僅是實現特定手段的不同方法，其重要性都是次要的。在靠近母親時，無論兒童是奔跑、走路、匍

匐、拖著腳步,或者像剛服過鎮靜劑的孩子那樣滾過去,跟運動的既定目標(靠近母親)相比,這些手段其實毫不重要。既然這些運動方式只是彼此的替代選擇,當發現這些運動之間沒有正相關時,人們不需要感到驚奇。但是用刺激反應理論來思考的人們,錯誤假定依戀理論肯定會預測出結果的論點。這種假定引發對依戀理論的批評,其實是站不住腳的,而索洛夫和沃特斯已經提出了堅實的反駁[347]。

透過提出兒童依附行為由一種行為系統控制,而且該系統是兒童內在的組織,我們的關注點從行為本身轉向了控制該行為的組織。這種組織其實存在,且實際上是兒童人格的核心特徵。該組織從來都沒有閒著,布列松頓[64]在一篇非常有價值的文章中強調了這一點❶。控制系統要有效執行,就必須配備感覺器官,用來了解相關事件,而且系統必須不斷調控和評價這些事件。**就依附控制系統而言,調控和評價的事件分為兩類:一類表明潛在危險或壓力(內在或外在)出現,一類涉及依附對象的位置和可獲性。**兒童對這些評價的體驗感到不安、不舒服、不安全、焦慮,或可能感到害怕,而系統會根據這些評價採取提高親密感的行為。隨後,系統會決定適合當前環境的特定行為,並一直持續運作,直到系統感受器官表明「兒童所處環境的改變已經適切」,也就是孩子已經感到舒服、安全。

決定採用特定行動時,我們認為依附關係系統會採用有關依附對象、周圍環境和兒童自身的符號表徵或運作模式,而且這些已經存儲在系統中,是系統當前可使用的。透過假定這些認知成分存在,以及依附關係系統使用了這些成分,理論上就能夠解釋兒童跟依附對象的體驗,如何以特

---

❶　本書英文版第一版提出了一些未成熟觀點,而布列松頓在文章中詳細闡述了這些觀點,並用方塊圖(block diagram)闡述這些控制系統可能的組織方式。

定方式影響兒童發展出依附模式。

　　該理論提出個體存在一種內在組織，且該組織具有多種明顯特色。在這方面，該理論跟各種形式的結構理論有相同特質，例如精神分析和皮亞傑的理論，並由此區分行為主義的多種形式。此外，這些結構的特質讓理論得以拓展，例如在《依戀理論三部曲3：失落》第4章中提及的例子，因此，該理論考慮了多種防衛過程、信念和活動，並對此提供了解釋。自佛洛伊德早期文章發表以來[116 & 118]，這些就已經成為精神分析的核心所在。

其他保持親近的行為類型

　　在英文版第一版中，還有一個議題沒有充分探討，因而引發誤解，即「區分依附行為和其他讓個體得到親密感，或與特定個體維持親密的行為」。例如，兒童經常會試圖跟玩伴保持親近，就像成人會跟有共同利益的同伴保持親近。但是這兩種保持親近的例子，都不能歸類為依附行為。興高采烈的兒童靠近母親、要求一起玩遊戲，這也不能被劃分為依附行為。布列松頓[64]正確的指出**我在界定依附行為時，其實設想的是某種安全調控系統結果，該系統的活動是要降低個體受到傷害的風險，而個體體驗到減輕焦慮感和增加安全感。**

　　因此，如果只是從得到和保持跟特定個體的親密感這個角度來描述依附行為，其實並不準確。但是，這不會帶來困擾，因為還有一些其他標準協助區分依附關係系統以促進親密，以及於其他系統輸出的相似行為。幾乎所有情況下，促發和終止兩種行為的情境不同、行為序列類型不同、相關的心境不同，而且伴隨的情感表達也不同。我相信，這方面的判斷，幾乎很少存疑。

　　將依附行為界定為安全調控系統輸出的重點強調在依附行為重要的生

理功能上，即保護能夠運動的嬰兒和日漸成長的兒童遠離危險。人類進化適應的環境下，來自捕食者的危險很可能是最主要的。生態學家的提議顯然有足夠的說服力。但是臨床醫師和發展心理學家還不習慣區分原因和功能，也不習慣從進化的角度來思考，因此這個提議對他們而言完全陌生，而且有時候看上去沒什麼實際聯結。

相形之下，我之所以強調依戀理論的主要原因，是我們是提供依附行為賦予有用的生理功能，還是將其視為毫無關聯的幼兒期特徵，這賦予了傳統的次級驅力動力的依賴理論意義，且讓我們越發理解人類。

若用我們提出的方式看待嬰兒、兒童或成人對自己偏愛的人的依附關係，很可能會尊重因此出現的行為，跟性或進食行為一樣，將其視為人天性的內在部分。因此，當個體對分離或失落的反應混合著抗議、憤怒、焦慮和絕望時，臨床醫師更可以認識到「這種行為其實是天性的反應」，雖然會帶來不便，但在人類所處的情境中都會表現出這些行為。之後，臨床醫師可能會採取力所能及的相關行動。

但是，如果從某種學習理論角度來看待依附行為和反應，整個情形就截然不同。剛吃過食物的嬰兒哭泣時，會被視為要求得到注意，而抱起嬰兒很可能會讓嬰兒哭得更大聲。當嬰兒抗議失落主要依附對象，並要求該對象回來時，嬰兒會被視為被寵壞了。青少年或成人恐懼被依附對象拋棄，會被視為過度依賴、歇斯底里或「恐懼症」（phobic）。臨床實務工作者的行動很可能與此毫無關聯，而且不盡人意。實際上，正是這類考慮，使得我質疑傳統學習理論跟臨床問題的關聯，轉而採納動物行為學方法。無論精神病學家的工作對象是兒童、青少年還是成人，動物行為學的方法都是理解臨床現象最適合的途徑。

關於依附行為發揮的是保護功能這個觀點，雷傑基（D. W. Rajecki）等

人提出了反對意見[275]，他們認為該行為有時候會指向無法提供保護的物體，例如猴子會依附玩偶，或人類會依附心愛的毯子或玩具。但是這個反對缺乏實質內容。當小動物成長的條件偏離常態時，行為指向不適宜的物體並不意外。例如，性行為可能指向同性、其他物種或崇拜的物體。但是沒有人會說：「因為這些行為不能帶來繁殖，所以性行為就不具備該功能。」

家庭關係是具有社會聯結的依附與照顧關係

本書重點集中在一種非常特定的社交關係上，即依附照顧者。由於現在有一種趨勢是將「依附」這個詞使用擴展到幾種其他關係上，我們最好確認這個詞在這裡的縝密性。

我們追隨海因德[182]和布列松頓的觀點[64]，認為若每個個體都建構出雙方共享的互動模型，社交關係就存在於兩個個體之間。這樣的關係形式紛繁。例如，在共享主要程序的類型、雙方扮演的角色是相似的，還是互補的、每一個程序的融合度、每一種關係的獨特程度、雙方期待這種關係持續的時間這些方面，在不同關係都存在著差異。因此，向店員買東西等眾多關係，很可能在範圍上比較有限，在時間上則轉瞬即逝；其他關係，例如工作關係，則會更加密集而且持續時間更長；但是其他的，例如家庭關係，包含的不僅是範圍非常廣泛的共享程序，而且還有一種雙方都會無限期持續承諾該關係。正是因為「社會聯結」（social bond）這個術語暗示某種具有束縛力的約定，所以只適用於雙方都做出承諾的少數關係。

通常，社會會假定除了因死亡而終止或收養，父母與兒女的關係是彼此承諾的關係，而且關係雙方也如此認定，雖然直到兒童有未來的概念之

前，兒童這一方的承諾其實是父母的假定。

　　跟很多其他社交關係一樣，父母與子女的關係是互補的。因此，母親的行為通常跟兒女的行為有很大的差異。不過，在日常生活中，雙方的行為通常互補。這讓我們回到了依附。

　　在本書，對於正常情況下共享的雙方程序，我們只是考量了其中一半，而另一半是母親養育。由於聯結需要彼此，這種聯結應該被認定為一種依附與照顧的互補關係❷。

　　基於過去20年間的用法，存在一種強而有力的主張，要將依附關係這個術語限於兒童對父母的典型行為，以及其背後的行為系統，並避免將依附關係用於描述父母的相應行為和行為系統。若採用這種慣例，我們可以說雙方都產生了聯結。這樣的話，依附關係就會僅限於指向人們看來更能適應當前情境的個體，而照顧則是指與之互補的行為，指向的是沒那麼有適應能力的個體。在大部分依附與照顧關係中，尤其是兒童和父母的關係中，雙方的角色不會變化。但是角色並非必然永存。例如，在婚姻中，角色變化是尋常而健康的；成年兒女照顧年邁的父母，也會發生角色的變化。相形之下，除非短暫出現兒童或青少年跟父母之間的角色顛倒，否則幾乎可以被視為父母的病理徵兆，而且通常會導致兒童出現病理反應（請參考《依戀理論三部曲2：分離焦慮》第16、18章，以及《依戀理論三部曲3：失落》第11、12、19章）。

　　將照顧視為行為系統研究，並且研究父親和母親之間的差異[203]，是一項正在呼喚學者注意的事業。在別的地方[60]，我曾提出若在與此處依附行

---

❷　海因德讓人們注意到這個錯誤，也就是：「依附關係」這個術語不僅用於兒童的行為系統，也用於兒童與母親產生的社會聯結。

為發展相似的框架內研究此主題將得到豐碩的成果。這種框架將依附行為視為「發展出特定行為類型的強烈基因偏好,和環境中特定序列的交互結果」。自嬰兒期開始,發展就發生在這個框架內。

還有一點值得強調。包含母子或父子的共享關係,往往不止一個程序。例如,有「餵養／進食」共享程序,其中一方的行為通常會跟另一方以互補的方式交融在一起。另一種共享程序是玩伴,其中雙方的角色至少表面看來是相似的。此外還有一種關係也是互補的,即學生與教師的關係。因此,父母與兒童的關係肯定不會只是「依附／照顧」的一種。兒童和母親之間的聯結,最合理的解釋是「雙方共享程序中優先度最高的是依附與照顧」。

總結:嬰幼兒的依附發展,會影響孩子的自信心與人際關係

作為總結,請容許我勾勒出我們提出的人格發展脈絡。**幼兒對充滿鼓勵、支持和合作的母親的體驗以及之後對這樣的父親的體驗,會讓幼兒擁有價值感,而相信他人可以給予幫助,並得到未來建構人際關係的良好示範。**此外,透過讓幼兒有能力充滿信心探索環境,並有效應對環境,這樣的體驗會幫助幼兒提升自信心。在此之後,如果家庭關係依然良好,這些早期形成的思維、感覺和行為模式,不僅會持續存在,而且人格會變得越來越結構化,可以按適度控制和富有彈性的方式運作,而且即使環境變糟,也能夠繼續維持下去。但其他類型的童年早期和後續的經歷,則會產生另一種影響,通常會讓人格結構彈性較低、缺乏控制,且相對脆弱。跟前者相同,這種結構也會持續存在。在此之後,個體的人格結構會決定個體對後續負性事件的反應,其中拒絕、分離和失落是非常重要的事件。

參考書目

1   Ahrens, R. (1954). 'Beitrag zur Entwicklung des Physiognomie- und Mimikerkennens.' Z. exp. angew. Psychol., 2, 3, 412-54.

2   Ainsworth, M. D. (1962). 'The effects of maternal deprivation: a review of findings and controversy in the context of research strategy.' In Deprivation of Maternal Care: A Reassessment of its Effects. Public Health Papers No. 14. Geneva: WHO.

3   Ainsworth, M. D. (1963). 'The development of infant-mother interaction among the Ganda.' In Determinants of Infant Behaviour, Vol. 2, ed. B. M. Foss. London: Methuen; New York: Wiley.

4   Ainsworth, M. D. (1964), 'Patterns of attachment behaviour shown by the infant in interaction with his mother, Merrill-Palmer Q., 10, 51-8.

5   Ainsworth, M, D. S. (1967). Infancy in Uganda: Infant Care and the Growth of Attachment. Baltimore, Md: The Johns Hopkins Press.

6   Ainsworth, M.D.S. (1969). 'Object relations, dependency and attachment: a theoretical review of the infant-mother relationship.' Child Development, 40, 969-1025.

7   Ainsworth, M. D. S. (1972). 'Attachment and Dependency: A Comparison.' In J. L. Gewirtz (ed.), Attachment and Dependence. Washington, D.C.: Winston (distributed by Wiley, New York).

8   Ainsworth, M. D. S. (1973).'The development of infant-mother attachment'. In Child Development and Social Policy (Review of Child Development Research, Vol. 3), ed. B. M. Caldwell and H. N. Ricciuti. Chicago: University of Chicago Press.

9   Ainsworth, M. D. S. (1982). 'Attachment: retrospect and prospect.' In The Place of Attachment in Human Behavior, ed. C. M. Parkes and J. Stevenson-Hinde. New York: Basic Books, London: Tavistock Pubns.

10 Ainsworth, M. D. S., and Bell, S. M. (1969). 'Some contemporary patterns of mother-infant interaction in the feeding situation.' In Stimulation in Early Infancy, ed. J. A. Ambrose, New York and London: Academic Press.

11 Ainsworth, M. D., Blehar, M. C., Waters, E., and Wall, S. (1978). Patterns of Attachment: Assessed in the Strange Situation and at Home. Hillsdale, N.J.: Lawrence Erlbaum.

12 Ainsworth, M. D., and Boston, M. (1952). 'Psychodiagnostic assessments of a child after prolonged separation in early childhood.' Br. J. med. Psychol., 25, 169-201.

13 Ainsworth, M. D., and Bowlby, J. (1954). 'Research strategy in the study of mother-child separation.' Courr. Cent. int. Enf., 4, 105.

14 Ainsworth, M. D. Salter, and Wittig, B. A. (1969). 'Attachment and exploratory behaviour of one-year-olds in a strange situation.' In Determinants of Infant Behaviour, Vol. 4, ed. B. M. Foss. London: Methuen; New York: Barnes & Noble.

15 Altmann, J. (1980). Baboon Mothers and Infants. Cambridge, Mass.: Harvard University Press.

16 Altmann, J., Altmann, S. A., Hausfater, G., and McCluskey, S. A. (1977). 'Life history of yellow baboons: physical development, reproductive parameters, and infant mortality.' Primates, 18, 315-30.

17 Ambrose, J. A. (1960). 'The smiling and related responses in early human infancy: an experimental and theoretical study of their course and significance.' Ph.D. Thesis, University of London.

18 Ambrose, J. A. (1961). 'The development of the smiling response in early infancy.' In Determinants of Infant Behaviour, Vol. 1, ed. B. M. Foss. London: Methuen; New York: Wiley.

19 Ambrose, J. A. (1963). 'The concept of a critical period for the development of social responsiveness.' In Determinants of Infant Behaviour, Vol. 2, ed. B. M. Foss. London: Methuen; New York: Wiley.

20 Ambrose, A. (1969). Contribution to discussion in Stimulation in early infancy, pp. 103-4, ed. A. Ambrose. New York and London: Academic Press.

21 Anderson, J. W. (1972). 'Attachment behaviour out of doors.' In Ethological Studies of Child Behaviour, ed. N. Blurton Jones. Cambridge: Cambridge University Press.

22 Andrew, R. J. (1964). 'The development of adult responses from responses given during imprinting by the domestic chick.' Anim. Behav., 12, 542-8.

23 Appell, G., and David, M. (1961). 'Case-notes on Monique.' In Determinants of Infant Behaviour, Vol. 1, ed. B. M. Foss. London. Methuen; New York: Wiley.

24   Appell, G., and David, M. (1965). 'A study of mother-child interaction at thirteen months.' In Determinants of Infant Behaviour, Vol. 3, ed. B. M. Foss. London: Methuen; New York: Wiley.

25   Appell, G., and Roudinesco, J. (1951), Film: Maternal Deprivation in Young Children (16mm; 30 mins; sound). London: Tavistock Child Development Research Unit; New York: New York University Film Library.

26   Arend, R. A., Gove, F. L., and Sroufe, L. A. (1979). 'Continuity of individual adaptation from infancy to kindergarten: a predictive study of ego-resiliency and curiosity in pre-schoolers.' Child Development, 50, 950-59.

27   Arnold, M. B. (1960). Emotion and Personality. Vol. 1, Psychological Aspects; Vol. 2, Neurological and Physiological Aspects. New York: Columbia University Press; London: Cassell, 1961.

28   Aubry, J. (1955). La Carence des soins maternels. Paris: Presses Universitaires de France.

29   Balint, A. (1939). Int. Z. Psychoanal. u. Imago, 24, 33-48. Eng. trans. (1949): 'Love for the mother and mother love.' Int. J. Psycho-Anal., 30, 251-9. Reprinted in Primary Love and Psycho-analytic Technique. London: Tavistock Publications, 1964; New York: Liveright, 1965.

30   Bateson, P. P. G. (1966). 'The characteristics and context of imprinting.' Biol. Rev., 41, 177-220.

31   Bayliss, L, E. (1966). Living Control Systems. London: English Universities Press; San Francisco: Freeman.

32   Beach, F. A. (ed.) (1965), Sex and Behavior. New York and London: Wiley.

33   Benedek, T. (1938). 'Adaptation to reality in early infancy.' Psychoanal. Q., 7, 200-15.

34   Benedek, T. (1956). 'Toward the biology of the depressive constellation.' J. Am. psychoanal. Ass., 4, 389-427.

35   Benjamin, J.D. (1963). 'Further comments on some developmental aspects of anxiety.' In Counterpoint, ed. H. S. Gaskill. New York: International Universities Press.

36   Berenstein, L., Rodman, P. S., and Smith, D. G. (1982). 'Social relations between fathers and offspring in a captive group of rhesus monkeys (Macaca mulatta). Animal Behaviour, 30.

37   Berlyne, D. E. (1958). 'The influence of the albedo and complexity of stimuli on visual fixation in the human infant.' Br. J. Psychol., 49, 315-18.

38   Berlyne, D, E. (1960). Conflict, Arousal and Curiosity. New York and London: McGraw-Hill.

39   Bernfeld, S. (1944). 'Freud's earliest theories and the school of Helmholtz.' Psychoanal. Q., 13, 341-62.

40   Bernfeld, S. (1949). 'Freud's scientific beginnings.' Am. Imago, 6.

41   Bettelheim, B. (1967). The Empty Fortress: Infantile Autism and the Birth of the Self. New York: The Free Press; London: Collier/Macmillan.

42   Bielicka, I., and Olechnowicz, H. (1963). 'Treating children traumatized by hospitalization.' Children, 10 (5), 194-5.

43   Bischof, N. (1975). 'A systems approach toward the functional connections of fear and attachment.' Child Development, 46, 801-17.

44   Bishop, B. Merrill (1951). 'Mother-child interaction and the social behavior of children.' Psychol. Monogr., 65, No. 11.

45   Bishop, G. H. (1960). 'Feedback through the environment as an analog of brain functioning.' In Self-organizing Systems, ed. M. C. Yovits and S. Cameron. Oxford: Pergamon.

46   Blauvelt, H., and McKenna, J. (1961). 'Mother-neonate interaction: capacity of the human newborn for orientation.' In Determinants of Infant Behaviour, Vol. 1, ed. B. M. Foss. London: Methuen; New York: Wiley.

47   Block, J. H., and Block, J. (1980). 'The role of ego-control and ego-resiliency in the organization of behavior.' In Minnesota symposium on child psychology, Vol. 13, pp. 39–101, ed. W. A. Collins. Hillsdale, N.J.: Lawrence Erlbaum.

48   Bolwig, N. (1963). 'Bringing up a young monkey.' Behaviour, 21, 300-30.

49   Boniface, D. and Graham, P. (1979). 'The three year old and his attachment to a special soft object.' Child Psychol. Psychiat., 20, 217–24.

50   Bower, T. G. R. (1966). 'The visual world of infants.' Scient. Am., 215, December, 80-97.

51   Bowlby, J. (1951). Maternal Care and Mental Health. Geneva: WHO; London: HMSO; New York: Columbia University Press. Abridged version, Child Care and the Growth of Love. Harmondsworth: Penguin Books, 2nd edn, 1965.

52   Bowlby, J. (1953). 'Some pathological processes set in train by early mother-child separation.' J. ment. Sci., 99, 265-72.

53   Bowlby, J. (1958). 'The nature of the child's tie to his mother.' Int. J. Psycho-Anal., 39, 350–73.

54   Bowlby, J. (1960a). 'Separation anxiety.' Int. J. Psycho-Anal., 41, 89–113.

55   Bowlby, J. (1960b). 'Grief and mourning in infancy and early childhood.' Psychoanal. Study Child, 15, 9-52.

56   Bowlby, J. (1961a). 'Separation anxiety: a critical review of the literature.' J. Child Psychol. Psychiat., 1, 251-69.

57   Bowlby, J. (1961b). 'Processes of mourning.' Int. J. Psycho-Anal., 42, 317-40.

58   Bowlby, J. (1963). 'Pathological mourning and childhood mourning.' J. Am. psychoanal. Ass., 11, 500–41.

59   Bowlby, J. (1964). 'Note on Dr Lois Murphy's paper, "Some aspects of the first relationship".' Int. J. Psycho-Anal., 45, 44-6.

60   Bowlby, J. (1982). 'Caring for children: some influences on its development.' In Parenthood, ed. R. S. Cohen, S. H. Weissman, and B. J. Cohler, New York: The Guilford Press.

61   Bowlby, J., Robertson, J., and Rosenbluth, D. (1952), 'A two-year-old goes to hospital.' Psychoanal. Study Child, 7, 82–94.

62   Brackbill, Y. (1958). 'Extinction of the smiling response in infants as a function of reinforcement schedule.' Child Dev., 29, 115-24.

63   Brazelton, T. B., Koslowski, B. and Main, M. (1974). 'The origins of reciprocity in mother-infant interaction.' In The Effect of the Infant on its Caregiver, ed. M. Lewis and L. A. Rosenblum. New York: Wiley-Interscience.

64   Bretherton, I. (1980). 'Young children in stressful situations: the supporting role of attachment figures and unfamiliar caregivers.' In Uprooting and Development, ed. G. V. Coelho and P. J. Ahmen. New York: Plenum Press.

65   Bretherton, I. and Beeghly-Smith, M. (in press). 'Talking about internal states: the acquisition of an explicit theory of mind.' Developm. Psychol.

66   Brody, S. (1956). Patterns of Mothering : Maternal Influence during Infancy. New York: International Universities Press; London: Bailey & Swinfen.

67   Bronson, G. (1965). 'The hierarchical organization of the central nervous system: implication for learning processes and critical periods in early development.' Behav. Sci., 10, 7-25.

68   Burlingham, D., and Freud, A. (1942). Young Children in War-time. London: Allen & Unwin.

69   Burlingham, D., and Freud, A. (1944). Infants without Families. London: Allen & Unwin.

70   Cairns, R. B. (1966a). 'Attachment behavior of mammals.' Psychol. Rev., 73, 409-26.

71   Cairns, R. B. (1966b). 'Development, maintenance, and extinction of social attachment behavior in sheep.' J. comp. physiol. Psychol., 62, 298-306.

72   Cairns, R. B., and Johnson, D. L. (1965). 'The development of interspecies social preferences.' Psychonomic Sci., 2, 337-8.

73   Caldwell, B. M. (1962). 'The usefulness of the critical period hypothesis in the study of filiative behavior.' Merrill-Palmer Q., 8, 229-42.

74   Caldwell, B. M. (1964). 'The effects of infant care.' In Review of Child Development Research, Vol. 1, ed. M. L. Hoffman and L. N. W. Hoffman. New York: Russell Sage Foundation.

75   Call, J. D. (1964). "Newborn approach behavior and early ego development.' Int. J. Psycho-Anal., 45, 286-94

76   Casler, L. (1961). 'Maternal deprivation: a critical review of the literature.' Monogr. Soc. Res. Child Dev., 26, 1-64.

77   Chance, M. R. A. (1959). 'What makes monkeys sociable?' New Scient., 5 March.

78   Cohen, L. B., DeLoache, J. S., and Strauss, M. S. (1979). 'Infant visual perception. ' In Handbook of Infant Development, ed. J. D. Osofsky, pp. 393-438. New York: Wiley.

79   Connell, D. B. (1976). 'Individual differences in attachment: an investigation into stability implications and relationships to structure of early language development.' Doctoral thesis, Syracuse University.

80   Darwin, C. (1859). On the Origin of Species by means of Natural Selection. London: John Murray.

81   Darwin, C. (1872). The Expression of the Emotions in Man and Animals. London: John Murray.

82   David, M., Ancellin, J., and Appell, G. (1957). 'Étude d'un groupe d'enfants ayant séjourné pendant un mois en colonie maternelle.' Infs.-sociales., 8, 825-93.

83   David, M., and Appell, G. (1966). 'La relation mère-enfant: Étude de cinq "pattern" d'interaction entre mère et enfant à l'âge d'un an.' Psychiat. Enfant, 9, 445-531.

84   David, M., and Appell, G. (1969). 'Mother-child relation.' In Modern Perspectives in International Child Psychiatry, ed. J. G. Howells. Edinburgh: Oliver & Boyd.

85   David, M., Nicolas, J., and Roudinesco, J. (1952). 'Responses of young children to separation from their mothers: I. Observations of children aged 12-17 months recently separated from their families and living in an institution.' Court. Cent. int. Enf., 2, 66–78.

86   Dawkins, R. (1976). The Selfish Gene. Oxford: Oxford University Press.

87   Décarie, T. Gouin (1965). Intelligence and Affectivity in Early Childhood. New York: International Universities Press.

88   Décarie, T. Gouin (1969). 'A study of the mental and emotional development of the thalidomide child.' In Determinants of Infant Behaviour, Vol. 4, ed. B. M. Foss. London: Methuen; New York: Barnes & Noble.

89   Decasper, A. J., and Fifer, W. P. (1980). 'Of human bonding: newborns prefer their mothers' voices.' Science, 208, 1174-76.

90 Denny-Brown, D. (1950). 'Disintegration of motor function resulting from cerebral lesions. J. nerv. ment. Dis., 112, No. 1.

91 Denny-Brown, D. (1958). 'The nature of apraxia.' J. nerv. ment. Dis., 126, No. 1.

92 Deutsch, H. (1919). Eng. trans.: 'A two-year-old boy's first love comes to grief.' In Dynamic Psychopathology in Childhood, ed. L. Jessner and E. Pavenstedt, New York and London: Grune & Stratton, 1959.

93 DeVore, I. (1963). 'Mother-infant relations in free-ranging baboons.' In Maternal Behavior in Mammals, ed. H. L. Rheingold. New York and London: Wiley.

94 DeVore, I. (ed.) (1965). Primate Behavior: Field Studies of Monkeys and Apes. New York and London: Holt, Rinehart & Winston.

95 DeVore, I., and Hall, K. R. L. (1965). 'Baboon ecology.' In Primate Behavior, ed. I. DeVore. New York and London: Holt, Rinehart & Winston.

96 Dollard, J., and Miller, N. E. (1950). Personality and Psychotherapy. New York: McGraw-Hill.

97 Dunn, J. F. (1979). 'The first year of life: continuity in individual differences.' In The First Year of Life, ed. D, Shaffer and J. Dunn. London: Wiley.

98 Egeland, B., and Sroufe, L. A. (1981). Attachment and early maltreatment.' Child Development, 52, 44-52.

99 Erikson, E. H. (1950). Childhood and Society. New York: Norton; London: Imago, 1951. Revised edn, New York: Norton, 1963; London: Hogarth, 1965; Harmondsworth: Penguin Books, 1965.

100 Ezriel, H. (1951). 'The scientific testing of psycho-analytic findings and theory: the psycho-analytic session as an experimental situation.' Br. J. med. Psychol., 24, 30-4.

101 Fabricius, E. (1962). 'Some aspects of imprinting in birds.' Symp. zool. Soc. Lond., No. 8, 139–48.

102 Fagin, C. M. R. N. (1966). The Effects of Maternal Attendance during Hospitalization on the Post-hospital Behavior of Young Children: A Comparative Study. Philadelphia: F. A. Davis.

103 Fairbairn, W. R. D. (1952). Psychoanalytic Studies of the Personality. London: Tavistock/Routledge. Published under the title of Object-Relations Theory of the Personality. New York: Basic Books, 1954.

104 Fantz, R. L. (1965). 'Ontogeny of perception.' In Behavior of Non-human Primates, Vol. 2, ed. A. M. Schrier, H. F. Harlow, and F. Stollnitz. New York and London: Academic Press.

105 Fantz, R. L. (1966). 'Pattern discrimination and selective attention as determinants of perceptual development from birth.' In Perceptual Development in Children, ed. A. J. Kidd and J. L. Rivoire. New York: International Universities Press; London: University of London Press.

106 Flavell, J. H. (1961). 'The ontogenetic development of verbal communication skills.' Final Progress Report (NIMH Grant M2268).

107 Flavell, J. H. (1963). The Developmental Psychology of Jean Piaget. Princeton, N.J., and London: Van Nostrand.

108 Formby, D. (1967). 'Maternal recognition of infant's cry.' Dev. Med. Child Neurol., 9, 293-8.

109 Fossey, D. (1979). 'Development of the mountain gorilla (Gorilla gorilla berengei): the first thirty-six months.' In The Great Apes, ed. D. A. Hamburg and E. R. McCown. Menlo Park, Calif.: Benjamin/Cummings Pub. Co.

110 Fox, R. (1967). Kinship and Marriage. Harmondsworth: Penguin Books.

111 Freedman, D. G. (1961). 'The infant's fear of strangers and the flight response.' J. Child Psychol. Psychiat., 2, 242-8.

112 Freedman, D. G. (1964). 'Smiling in blind infants and the issue of innate versus acquired.' J. Child Psychol. Psychiat., 5, 171-84.

113 Freedman, D. G. (1965). 'Hereditary control of early social behavior.' In Determinants of Infant Behaviour, Vol. 3, ed. B. M. Foss. London: Methuen; New York: Wiley.

114 Freedman, D. G., and Keller, B. (1963). 'Inheritance of behavior in infants.' Science, 140, 196-8.

115 Freud, A., and Dann, S. (1951). 'An experiment in group upbringing.' Psychoanal. Study Child, 6, 127-68.

116 Freud, S. (1894). 'The neuro-psychoses of defence (1).'S.E., 3.[1]

117 Freud, S. (1895). Project for a Scientific Psychology. S.E., I.

118 Freud, S. (1896). 'Further remarks on the neuro-psychoses of defence.'S.E., 3.

119 Freud, S. (1900). The Interpretation of Dreams. S.E., 4.

---

1 此參考書目中的縮寫S.E. 來自《佛洛伊德全集標準版》（The Standard Edition of the Complete Psychological Works of Sigmund Freud）由倫敦霍加斯出版社（Hogarth Press Ltd, London）出版，共24卷。本書中所有關於佛洛伊德的語錄，皆來自此書。

120 Freud, S. (1905). Three Essays on the Theory of Sexuality. S.E., 7.

121 Freud, S. (1910). Five Lectures on Psycho-analysis. S.E., 11.

122 Freud, S. (1914). 'On narcissism: an introduction.' S.E., 14.

123 Freud, S. (1915a). 'Instincts and their vicissitudes.' S.E., 14.

124 Freud, S. (1915b). 'Repression.' S.E., 14.

125 Freud, S. (1920a). Beyond the pleasure Principle. S.E., 18.

126 Freud, S. (1920b). 'The psychogenesis of a case of homosexuality in a woman.' S.E., 18.

127 Freud, S. (1921). Group Psychology and the Analysis of the Ego. S.E., 18.

128 Freud, S. (1922). 'Psycho-enalysis.'S.E., 18.

129 Freud, S. (1925). An Autobiographical Study. S.E., 20.

130 Freud, S. (1926). Inhibitions, Symptoms and Anxiety. S.E., 20.

131 Freud, S. (1931). 'Female sexuality.' S.E., 21.

132 Freud, S. (1939). Moses and Monotheism. S.E., 23.

133 Freud, S. (1940). An Outline of Psycho-analysis. S.E., 23.

134 Frommer, E. A., and O'Shea, G. (1973). 'Antenatal identification of women liable to have problems in managing their infants.' British J. Psychiatry, 123, 149–56.

135 Fuller, J. L., and Clark, L. D. (1966a). 'Genetic and treatment factors modifying the post-isolation syndrome in dogs.' J. comp. physiol. Psychol., 61, 251-7.

136 Fuller, J. L., and Clark, L. D. (1966b). 'Effects of rearing with specific stimuli upon post-isolation behavior in dogs.' J. comp. physiol. Psychol., 61, 258-63.

137 Géber, M. (1956), 'Développement psycho-moteur de l'enfant Africain.' Courr Cent. int. Enf., 6, 17-28.

138 George, C., and Main, M. (1979). 'Social interactions of young abused children: approach, avoidance and aggression.' Child Development, 50, 306-18.

139 Gesell, A. (ed.) (1940). The First Five Years of Life. New York: Harper; London: Methuen, 1941.

140 Gewirtz, H. B., and Gewirtz, J. L. (1968). 'Visiting and caretaking patterns for kibbutz infants: age and sex trends.' Am. J. Ortho-psychiat., 38, 427-43.

141 Gewirtz, J. L. (1961). 'A learning analysis of the effects of normal stimulation, privation and deprivation on the acquisition of social motivation and attachment.' In Determinants of Infant Behaviour, Vol. 1, ed. B. M. Foss. London: Methuen; New York: Wiley.

142 Goldman, S. (1960). 'Further consideration of cybernetic aspects of homeostasis.' In Self-organizing Systems, ed. M. C. Yovits and S. Cameron. Oxford: Pergamon.

143 Goodall, J. (1965). 'Chimpanzees of the Gombe Stream Reserve. ' In Primate Behavior, ed. I. DeVore. New York and London: Holt, Rinehart & Winston.

144 Goodall, J. (van Lawick-) (1975). 'The behaviour of the chimpanzee.' In Hominisation und Verhalten, ed. I. Eibl-Eibesfeld, pp. 74-136. Stuttgart: Gustav Fischer Verlag.

145 Gooddy, W. (1949). 'Sensation and volition.' Brain, 72, 312-39.

146 Gordon, T., and Foss, B. M. (1966). 'The role of stimulation in the delay of onset of crying in the newborn infant.' Q. J. expl. Psychol., 18, 79-81.

147 Gough, D. (1962). 'The visual behaviour of infants during the first few weeks of life.' Proc. R. Soc. Med., 55, 308-10.

148 Gray, P. H. (1958). 'Theory and evidence of imprinting in human infants. ' J. Psychol., 46, 155-66.

149 Griffin, G. A., and Harlow, H. F. (1966). 'Effects of three months of total social deprivation on social adjustment and learning in the rhesus monkey.' Child Dev., 37, 533-48.

150 Grodins, F. S. (1963). Control Theory and Biological Systems. New York: Columbia University Press.

151 Gunther, M. (1961). 'Infant behaviour at the breast.' In Determinants of Infant Behaviour, Vol. 1, ed. B. M. Foss. London: Methuen, New York: Wiley.

152 Haddow, A. J. (1952). 'Field and laboratory studies on an African monkey, Cercopithecus ascanius schmidti Matschie.' Proc. zool. Soc. Lond., 122, 297–394.

153 Haldane, J. S. (1936). Organism and Environment as Illustrated by the Physiology of Breathing. New Haven, Conn.: Yale University Press.

154 Hall, K. R. L., and DeVore, I. (1965). 'Baboon social behavior.' In Primate Behavior, ed. 1. DeVore. New York and London: Holt, Rinehart & Winston.

155 Halverson, H. M. (1937). 'Studies of the grasping responses of early infancy.' J. genet. Psychol., 51, 371-449.

156 Hamburg, D. A. (1963). 'Emotions in the perspective of human evolution.' In Expression of the Emotions in Man, ed. P. Knapp. New York: International Universities Press.

157 Hamburg, D. A., Sabshin, M. A., Board, F. A., Grinker, R. R., Korchin, S. J., Basowitz, H., Heath, H., and Persky, H. (1958). 'Classification and rating of emotional experiences.' Archs. Neurol. Psychiat., 79, 415–26.

158 Hampshire, S. (1962). 'Disposition and memory.' Int. J. Psycho-Anal., 43, 59-68.

159 Harcourt, A. (1979). 'The social relations and group structure of wild Mountain gorillas.' In The Great Apes, ed. D. A. Hamburg and E. R. McCown. Menlo Park, Calif.: Benjamin/Cummings Publ. Co.

160 Harlow, H. F. (1958). 'The nature of love.' Am. Psychol., 13, 673-85.

161 Harlow, H. F. (1961). 'The development of affectional patterns in infant monkeys.' In Determinants of Infant Behaviour, Vol.1, ed. B. M. Foss. London: Methuen; New York: Wiley.

162 Harlow, H. F., and Harlow, M. K. (1962). 'Social deprivation in monkeys.' Scient. Am., 207 (5), 136.

163 Harlow, H. F., and Harlow, M. K. (1965). 'The affectional systems.' In Behavior of Nonhuman Primates, Vol. 2, ed. A. M. Schrier, H. F. Harlow, and F. Stollnitz. New York and London: Academic Press.

164 Harlow, H. F., and Zimmermann, R. R. (1959). 'Affectional responses in the infant monkey.' Science, 130, 421.

165 Hartmann, H. (1939, Eng. trans. 1958). Ego Psychology and the Problem of Adaptation. London: Imago; New York: International Universities Press.

166 Hayes, C. (1951). The Ape in Our House. New York: Harper; London: Gollancz, 1952.

167 Hebb, D. O. (1946a). 'Emotion in man and animal: an analysis of the intuitive processes of recognition.' Psychol. Rev., 53, 88-106.

168 Hebb, D. O. (1946b), 'On the nature of fear.' Psychol. Rev., 53, 250–75.

169 Hediger, H. (1955). Studies of the Psychology and Behaviour of Captive Animals in Zoos and Circuses. London: Butterworth; New York: Criterion Books, 1956.

170 Heinicke, C. (1956). 'Some effects of separating two-year-old children from their parents: a comparative study.' Hum. Relat., 9, 105–76.

171 Heinicke, C., and Westheimer, I. (1966). Brief Separations. New York: International Universities Press; London: Longmans Green.

172 Held, R. (1965). 'Plasticity in sensori-motor systems.' Scient. Am., 213 (5), 84-94.

173 Hersher, L., Moore, A. U., and Richmond, J. B. (1958). 'Effect of post-partum separation of mother and kid on maternal care in the domestic goat.' Science, 128, 1342–3.

174 Hetzer, H., and Ripin, R. (1930). 'Fruehestes Lernen des Saeuglings in der Ernaehrungssituation.' Z. Psychol., 118.

175 Hetzer, H., and Tudor-Hart, B. H. (1927). 'Die frühesten Reaktionen auf die menschliche Stimme.' Quell. Stud. Jugenkinde, 5.

176 Hinde, R. A. (1959). 'Behaviour and speciation in birds and lower vertebrates.' Biol. Rev., 34, 85-128.

177 Hinde, R. A. (1961). 'The establishment of the parent-offspring relation in birds, with some mammalian analogies.' In Current Problems in Animal Behaviour, ed. W. H. Thorpe and O. L. Zangwill. London: Cambridge University Press.

178 Hinde, R. A. (1963). 'The nature of imprinting.' In Determinants of Infant Behaviour, Vol. 2, ed. B. M. Foss. London: Methuen; New York: Wiley.

179 Hinde, R. A. (1965a), 'Rhesus monkey aunts.' In Determinants of Infant Behaviour, Vol. 3, ed. B. M. Foss. London: Methuen; New York: Wiley.

180 Hinde, R. A. (1965b). 'The integration of the reproductive behaviour of female canaries.' In Sex and Behavior, ed. F. A. Beach. New York and London: Wiley.

181 Hinde, R. A. (1970). Animal Behaviour: A Synthesis of Ethology and Comparative Psychology 2nd edition. New York: McGraw-Hill.

182 Hinde, R. A. (1979). Towards Understanding Relationships. London and New York: Academic Press.

183 Hinde, R. A., Rowell, T. E., and Spencer-Booth, Y. (1964). 'Behaviour of socially living rhesus monkeys in their first six months.' Proc. zool. Soc. Lond., 143, 609-49.

184 Hinde, R. A., and Spencer-Booth, Y. (1967). 'The behaviour of socially living rhesus monkeys in their first two and a half years.' Anim. Behav., 15, 169-96.

185 Holst, E. von, and Saint Paul, U. von (1963), 'On the functional organization of drives.' Anim. Behav., 11, 1-20.

186 Illingworth, R. S. (1955). 'Crying in infants and children.' Br. med. J., (i), 75-8.

187 Illingworth, R. S., and Holt, K. S. (1955). 'Children in hospital: some observations on their reactions with special reference to daily visiting.' Lancet, 17 December, 1257-62.

188 Itani, J. (1963). 'Paternal care in the wild Japanese monkey, Macaca fuscata.' In Primate Social Behavior, ed. C. H. Southwick. Princeton, N.J., and London: Van Nostrand.

189 James, W. (1890). Principles of Psychology. New York: Holt.

190 Jones, E. (1953). Sigmund Freud: Life and Work, Vol. 1. London: Hogarth; New York: Basic Books.

191 Jones, E. (1955). Sigmund Freud: Life and Work, Vol. 2. London: Hogarth; New York: Basic Books.

192 Kaila, E. (1932). 'Die Reaktion des Säugling auf das menschliche Gesicht.' Annls. Univ. åbo., Series B, 17, 1-114.

193 Kawamura, S. (1963). 'The process of sub-culture propagation among Japanese macaques.' In Primate Social Behavior, ed. C. H. Southwick. Princeton, N.J., and London: Van Nostrand.

194 Kellogg, W. N., and Kellogg, L. (1933). 'The Ape and the Child: A Study of Environmental Influence upon Early Behavior. New York: McGraw-Hill (Whittlesey House Publications).

195 Kessen, W., and Leutzendorff, A. M. (1963). "The effect of non-nutritive sucking on movement in the human newborn.' J. comp. physiol. Psychol., 56, 69–72.

196 King, D. L. (1966). 'A review and interpretation of some aspects of the infant-mother relationship in mammals and birds.' Psychol. Bull., 65, 143-55.

197 Klaus, M. H., and Kennell, J. H. (1982). Parent-infant Bonding. (Second edition). Saint Louis, Missouri: C. V. Mosby Co.

198 Klein, M. (1948). Contributions to Psycho-analysis 1921-1945. London: Hogarth; New York: Anglobooks, 1952.

199 Koford, C. B. (1963a), 'Group relations in an island colony of rhesus monkeys.' In Primate Social Behaviour, ed. C. H. Southwick. Princeton, N.J., and London: Van Nostrand.

200 Koford, C. B. (1963b). 'Rank of mothers and sons in bands of rhesus monkeys.' Science, 141, 356-7.

201 Korner, A. F. (1979). 'Conceptual issues in infancy research.' In Handbook of Infant Development, ed. J. D. Osofsky. New York: Wiley.

202 Kris, E. (1954). Introduction to The Origins of Psycho-analysis. Letters to Wilhelm Fliess, drafts and notes: 1887–1902, by Sigmund Freud, ed. by M. Bonaparte, A. Freud, and E. Kris. London: Imago; New York: Basic Books.

203 Lamb, M. E. (1977). 'The development of mother-infant and father-infant attachments in the second year of life.' Developmental Psychology, 13, 637-48.

204 Langer, S. (1967). Mind: An Essay on Human Feeling. Baltimore, Md: The Johns Hopkins Press.

205 Langmeier, J., and Matejcek, Z. (1963). Psychika deprivace v detsvi. Prague: Statni Zdravotnické Nakladatelstvi.

206 Levine, R. A., and Levine, B. B. (1963). 'Nyansongo: a Gusii community in Kenya.' In Six Cultures : Studies of Child Rearing, ed. B. B. Whiting. New York and London: Wiley.

207 Levine, S. (1966). 'Sex differences in the brain.' Scient. Am., 214 (4), 84-92.

208 Levy, D. M. (1937). 'Studies in sibling rivalry.' Res. Monogr. Am. orthopsychiat. Ass., No. 2.

209 Levy, D. M. (1951). 'Observations of attitudes and behavior in the child health center.' Am. J. publ. Hlth., 41, 182-90.

210 Lewis, M., and Kagan, J. (1965). 'Studies in attention.' Merrill-Palmer Q., 11, 95-127.

211 Lewis, M., Kagan, J., and Kalafat, J. (1966). 'Patterns of fixation in the young infant.' Child Dev., 37, 331-41.

212 Lewis, W. C. (1965). 'Coital movements in the first year of life.' Int. J. Psycho-Anal., 46, 372-4.

213 Light, P. (1979). Development of a Child's Sensitivity to People. London: Cambridge University Press.

214 Lipsitt, L. P. (1963). 'Learning in the first year of life.' In Advances in Child Development and Behavior, Vol. 1, ed. L. P. Lipsitt and C. C. Spiker. New York and London: Academic Press.

215 Lipsitt, L. P. (1966). "Learning processes of human newborns.' Merrill-Palmer Q., 12, 45-71.

216 Livingston, R. B. (1959). 'Central control of receptors and sensory transmission system.' In Handbook of Physiology, Section I. Neurophysiology, Vol. 1, ed. J. Field, H. W. Magoun, and V. E. Hall. Prepared by the American Physiological Society, Washington. Baltimore, Md: Williams & Wilkins; London: Baillière, Tindall & Cox.

217 Londerville, S., and Main, M. (1981). 'Security of attachment, compliance and maternal training methods in the second year of life.' Developmental Psychology, 17, 289-99.

218 Lorenz, K. Z. (1935). 'Der Kumpan in der Umvelt des Vogels.' J. Orn. Berl., 83. Eng. trans. in Instinctive Behavior, ed. C. H. Schiller. New York: International Universities Press, 1957.

219 MacCarthy, D., Lindsay, M., and Morris, I. (1962). 'Children in hospital with mothers.' Lancet, (i), 603-8.

220 Maccoby, E. E., and Masters, J. C. (1970). 'Attachment and dependency.' In Manual of Child Psychology (3rd edn), ed. P. H. Mussen. New York and London: Wiley.

221 MacFarland, D. J. (1971). Feedback Mechanisms in Animal Behaviour. London and New York: Academic Press.

222 MacFarlane, J. A. (1975). 'Olfaction in the development of social preferences in the human neonate.' In Parent-infant Interaction. Ciba Foundation Symposium 33 (new series), 103-17. Amsterdam: Elsevier.

223 McGraw, M. B. (1943). The Neuromuscular Maturation of the Human Infant. New York: Columbia University Press; London: Oxford University Press.

224 MacKay, D. M. (1964). 'Communication and meaning: a functional approach. In Cross-cultural Understanding : Epistemology in Anthropology, ed. F. S. C. Northrop and H. H. Livingston. New York: Harper.

225 MacKay, D. M. (1966). 'Conscious control of action.' In Brain and Conscious Experience, ed. J. C. Eccles. Berlin:

Springer Verlag.

226 MacLean, P. D. (1960). 'Psychosomatics.' In Handbook of Physiology, Section 1. Neurophysiology, Vol. 3, ed. J. Field, H. W. Magoun, and V. E. Hall. Prepared by the American Physiological Society, Washington. Baltimore, Md: Williams & Wilkins; London: Baillière, Tindall & Cox.

227 Mahler, M. S. (1965). 'On early infantile psychosis. J. Am. Acad. Child Psychiat., 4, 554-68.

228 Main, M. (1973). 'Exploration, play and level of cognitive functioning as related to child-mother attachment.' Dissertation submitted to John Hopkins University for degree of PhD.

229 Main, M., and Townsend, L. (1982). 'Exploration, play and cognitive functioning as related to security of infant-mother attachment.' Infant Behavior and Development.

230 Main, M., and Weston, D. (1981). 'The quality of the toddler's relationship to mother and father: related to conflict behavior and the readiness to establish new relationships.' Child Development, 52, 932-40.

231 Main, M., and Weston, D. (1982). 'Avoidance of the attachment figure in infancy: descriptions and interpretations.' In The Place of Attachment in Human Behavior, ed. C. M. Parkes and J. Stevenson-Hinde. New York: Basic Books; London; Tavistock Publications.

232 Martini, H. (1955). My Zoo Family. London: Hamish Hamilton; New York: Harper.

233 Marvin, R. S. (1977). 'An ethological cognitive model for the attenuation of mother-child attachment behavior.' In Advances in the Study of Communication and Affect, Vol. 3, The Development of Social Attachments, ed. T. M. Alloway, L. Krames and P. Pliner. New York: Plenum.

234 Marvin, R. S., Greenberg, M. T., and Mossler, D. G. (1976). 'The early development of conceptual perspective-taking: distinguishing among multiple perspectives.' Child Development, 47, 511-14.

235 Mason, W. A. (1965a). 'The social development of monkeys and apes.' In Primate Behavior, ed. I. DeVore. New York and London: Holt, Rinehart & Winston.

236 Mason, W. A. (1965b). 'Determinants of social behavior in young chimpanzees.' In Behavior of Nonhuman Primates, Vol. 2, ed. A. M. Schrier, H. F. Harlow, and F. Stollnitz. New York and London: Academic Press.

237 Mason, W. A., and Sponholz, R. R. (1963). 'Behavior of rhesus monkeys raised in isolation.' J. psychiat. Res., 1, 229-306.

238 Matas, L., Arend, R. A., and Sroufe, L. A. (1978). 'Continuity of adaptation in the second year: the relationship between quality of attachment and later competence.' Child Development, 49, 547-56.

239 Mead, M. (1962). 'A cultural anthropologist's approach to maternal deprivation.' In Deprivation of Maternal Care: A Reassessment of its Effects. Public Health Papers No. 14. Geneva: WHO.

240 Medawar, P. B. (1967). The Art of the Soluble. London: Methuen; New York: Barnes & Noble.

241 Meier, G. W. (1965). 'Other data on the effects of social isolation during rearing upon adult reproductive behaviour in the rhesus monkey (Macaca mulatta).' Anim. Behav., 13, 228-31.

242 Meili, R. (1955). 'Angstentstehung bei Kleinkindern.' Schweiz. Z. Psychol., 14, 195-212.

243 Mićić, Z. (1962). 'Psychological stress in children in hospital.' Int. Nurs. Rev., 9 (6), 23-31.

244 Miller, G. A., Galanter, E., and Pribram, K. H. (1960). Plans and the Structure of Behavior. New York: Holt, Rinehart & Winston.

245 Moltz, H. (1960). 'Imprinting: empirical basis and theoretical significance.' Psychol. Bull., 57, 291-314.

246 Morgan, G. A., and Ricciuti, H. N. (1969). 'Infants' responses to strangers during the first year.' In Determinants of Infant Behaviour Vol. 4, ed. B. M. Foss. London: Methuen; New York: Barnes & Noble.

247 Moss, H. A. (1967). 'Sex, age and state as determinants of mother-infant interaction.' Merrill-Palmer Q., 13, 19–36.

248 Murphy, L. B. (1962). The Widening World of Childhood. New York: Basic Books.

249 Murphy, L. B. (1964). 'Some aspects of the first relationship.' Int. J. PsychoAnal., 45, 31-43.

250 Murray, H. A. (1938). Explorations in Personality. New York: Oxford University Press.

251 Nagera, H., and Colonna, A. B. (1965). 'Aspects of the contribution of sight to ego and drive development.' Psychoanal. Study Child, 20, 267-87.

252 Newson, J., and Newson, E. (1963). Infant Care in an Urban Community. London: Allen & Unwin.

253 Newson, J., and Newson, E. (1966). 'Usual and unusual patterns of child-rearing.' Paper read at annual meeting of British Association for the Advancement of Science, September

254 Newson, J., and Newson, E. (1968). Four Years Old in an Urban Community. London: Allen & Unwin.

255 Osofsky, J. D., ed. (1979). Handbook of Infant Development. New York: John Wiley.

256 Pantin, C. F. A. (1965). 'Learning, world-models and pre-adaptation.' In Learning and Associated Phenomena in Invertebrates, ed. W. H. Thorpe and D. Davenport. Animal Behaviour Supplement, No. 1. London: Baillière, Tindall & Cassell.

257 Pelled, N. (1964). 'On the formation of object-relations and identifications of the kibbutz child.' Israel Ann. Psychiat., 2, 144-61.

258 Piaget, J. (1924, Eng. trans. 1926). The Language and Thought of the Child. London: Routledge & Kegan Paul; New York: Harcourt, Brace.

259 Piaget, J. (1936, Eng. trans. 1953). The Origins of Intelligence in the Child. London: Routledge & Kegan Paul, New York: International Universities Press.

260 Piaget, J. (1937, Eng. trans. 1954). The Construction of Reality in the Child. New York: Basic Books. Also published under the title The Child's Construction of Reality. London: Routledge & Kegan Paul, 1955.

261 Piaget, J. (1947, Eng. trans. 1950). The Psychology of Intelligence. London: Routledge & Kegan Paul; New York: Harcourt, Brace.

262 Piaget, J., and Inhelder, B. (1948, Eng. trans. 1956). The Child's Conception of Space. London: Routledge & Kegan Paul, New York: Humanities Press.

263 Pittendrigh, C. S. (1958). 'Adaptation, natural selection and behavior.' In Behavior and Evolution, ed. A. Roe and G. C. Simpson. New Haven, Conn.: Yale University Press; London: Oxford University Press.

264 Polak, P. R., Emde, R., and Spitz, R. A. (1964). 'The smiling response to the human face: I, Methodology, quantification and natural history; II, Visual discrimination and the onset of depth perception.' J. nerv. ment. Dis., 139, 103-9 and 407-15.

265 Popper, K. R. (1934, Eng. trans. 1959). The Logic of Scientific Discovery. New York: Basic Books; London: Hutchinson.

266 Prechtl, H. F. R. (1958). 'The directed head turning response and allied movements of the human baby.' Behaviour, 13, 212-42.

267 Prechtl, H. F. R. (1963). 'The mother-child interaction in babies with minimal brain damage.' In Determinants of Infant Behaviour, Vol. 2, ed. B. M. Foss. London: Methuen; New York: Wiley.

268 Prechtl, H. F. R. (1965). 'Problems of behavioral studies in the newborn infant.' In Advances in the Study of Behavior, Vol. I, ed. D. S. Lehrman, R. A. Hinde, and E. Shaw. New York and London: Academic Press.

269 Premack, D., and Woodruff, G. (1978). 'Does the chimpanzee have a theory of mind?' The Behavioral and Brain Sciences, 1, 515-26.

270 Pribram, K. H. (1962). 'The neuropsychology of Sigmund Freud.' In Experimental Foundations of Clinical Psychology, ed. A. J. Bachrach. New York: Basic Books.

271 Pribram, K. H. (1967). 'The new neurology and the biology of emotion: a structural approach.' Am. Psychol., 22, 830-8.

272 Provence, S., and Lipton, R. C. (1962), Infants in Institutions. London: Bailey & Swinfen; New York: International Universities Press, 1963.

273 Prugh, D, G., et al. (1953). 'Study of the emotional reactions of children and families to hospitalization and illness.' Am. J. Orthopsychiat., 23, 70-106.

274 Pusey, A. (1978). 'Age-changes in the mother-offspring association of wild chimpanzees.' In Recent Advances in Primatology, ed. D. J. Chivers and J. Herbert, Vol. 1, pp. 119-23. London: Academic Press.

275 Rajecki, D. W., Lamb, M. E., and Obmascher, P. (1978). 'Towards a general theory of infantile attachment: a comparative review of aspects of the social bond.' The Behavioral and Brain Sciences, 1, 417-64.

276 Rapaport, D. (1953). 'On the psycho-analytic theory of affects.' Int. J. Psycho-Anal., 34, 177-98.

277 Rapaport, D., and Gill, M. M. (1959). 'The points of view and assumptions of metapsychology.' Int. J. Psycho-Anal., 40, 153-62.

278 Reynolds, V., and Reynolds, F. (1965). 'Chimpanzees of the Budongo Forest.' In Primate Behavior, ed. I. DeVore. New York and London: Holt, Rinehart & Winston.

279 Rheingold, H. L. (1961). 'The effect of environmental stimulation upon social and exploratory behaviour in the human infant.' In Determinants of Infant Behaviour, Vol. 1, ed. B. M. Foss. London: Methuen; New York: Wiley.

280 Rheingold, H. L. (1963a). 'Controlling the infant's exploratory behaviour.' In Determinants of Infant Behaviour, Vol. 2, ed. B. M. Foss. London: Methuen; New York: Wiley.

281 Rheingold, H. L. (ed.) (1963b). Maternal Behavior in Mammals. New York and London: Wiley.

282 Rheingold, H. L. (1966). 'The development of social behaviour in the human infant.' Monogr. Soc. Res. Child Dev., 31, No. 5, 1-17.

283 Rheingold, H. L. (1968). 'Infancy.' In International Encyclopedia of the Social Sciences, ed. David L. Sills. New York and London: Collier/Macmillan.

284 Rheingold, H. L. (1969). 'The effect of a strange environment on the behaviour of infants.' In Determinants of Infant

Behaviour, Vol. 4, ed. B. M. Foss. London: Methuen; New York: Barnes & Noble.

285 Rheingold, H. L., Gewirtz, J. L., and Ross, A. W. (1959). 'Social conditioning of vocalizations in the infant.' J. comp. physiol. Psychol., 52, 68-73.

286 Rheingold, H. L., and Keene, G. C. (1965). 'Transport of the human young.' In Determinants of Infant Behaviour, Vol. 3, ed. B. M. Foss. London: Methuen; New York: Wiley.

287 Rickman, J. (1951). 'Methodology and research in psychopathology.' Br. J. med. Psychol., 24, 1-7.

288 Robertson, J. (1952). Film: A Two-year-old Goes to Hospital (16 mm; 45 mins; sound; guidebook supplied; also abridged version, 30 mins). London: Tavistock Child Development Research Unit; New York: New York University Film Library.

289 Robertson, J. (1953). 'Some responses of young children to loss of maternal care.' Nurs. Times, 49, 382-6.

290 Robertson, J. (1958). Film: Going to Hospital with Mother (16 mm; 40 mins; sound; guidebook supplied). London: Tavistock Child Development Research Unit; New York: New York University Film Library.

291 Robertson, J. (ed.) (1962). Hospitals and Children: A Parent's Eye View. London: Gollancz; New York: International Universities Press, 1963.

292 Robertson, J., and Bowlby, J. (1952). 'Responses of young children to separation from their mothers.' Courr. Cent. int. Enf., 2, 131-42.

293 Robertson, J., and Robertson, J. (1967). Film: Young Children in Brief Separation, No. 1: 'Kate, aged 2 years 5 months, in fostercare for 27 days.' (Guide booklet.) London: Tavistock Institute of Human Relations; New York: New York University Film Library.

294 Robson, K. S. (1967). 'The role of eye-to-eye contact in maternal-infant attachment.' J. Child Psychol. Psychiat., 8, 13-25.

295 Romanes, G. J. (1888). Mental Evolution in Man. London: Kegan Paul.

296 Rosenblatt, J. S. (1965). 'The basis of synchrony in the behavioral interaction between the mother and her offspring in the laboratory rat.' In Determinants of Infant Behaviour, Vol. 3, ed. B. M. Foss. London: Methuen; New York: Wiley.

297 Rosenblum, L. A., and Harlow, H, F. (1963). 'Approach-avoidance conflict in the mother surrogate situation.' Psychol. Rep., 12, 83-5.

298 Rosenthal, M. K. (1967). 'The generalization of dependency behavior from mother to stranger.' J. Child Psychol. Psychiat., 8, 117-33.

299 Rowell, T. (1965). 'Some observations on a hand-reared baboon.' In Determinants of Infant Behaviour, Vol. 3, ed. B. M. Foss. London: Methuen; New York: Wiley.

300 Rutter, M. (1981). Maternal Deprivation Reassessed (second edition). Harmondsworth, Middlesex: Penguin.

301 Ryle, G. (1949). The Concept of Mind. London: Hutchinson; New York: Barnes & Noble, 1950.

302 Sade, D. S. (1965). 'Some aspects of parent-offspring and sibling relations in a group of rhesus monkeys, with a discussion of grooming.' Am. J. Phys. Anthrop., 23, 1-18.

303 Sameroff, A. J., and Cavanagh, P. J. (1979). 'Learning in infancy: a developmental perspective.' In Handbook of Infant Development, ed. J. D. Osofsky, pp. 344-92. New York: Wiley.

304 Sameroff, A. J., and Chandler, M. A. (1975). 'Reproductive risk and the continuance of caretaking casualty.' In Review of Child Development Research, Vol. 4, ed. F. D. Horowitz and others, pp. 187-244. Chicago: University of Chicago Press.

305 Sander, L. W. (1962). 'Issues in early mother-child interaction.' J. Am. Acad. Child Psychiat., 1, 141-66.

306 Sander, L. W. (1964). 'Adaptive relationships in early mother-child interaction.' J. Am. Acad. Child Psychiat., 3, 231-64.

307 Sander, L. W. (1969). 'The longitudinal course of early mother-child interaction: cross-case comparison in a sample of mother-child pairs. In Determinants of Infant Behaviour, Vol. 4, ed. B. M. Foss. London: Methuen; New York: Barnes & Noble.

308 Sander, L. W. (1977). 'The regulation of exchange in the infant-caregiver system and some aspects of the context-concept relationship.' In Interaction, Conversation, and the Development of Language, ed. M. Lewis and L. A. Rosenblum. New York: Wiley.

309 Schachter, S. (1959). The Psychology of Affiliation: Experimental Studies of the Sources of Gregariousness. Stanford, Calif.: Stanford University Press; London: Tavistock Publications, 1961.

310 Schaffer, H. R. (1958). 'Objective observations of personality development in early infancy.' Bt. J. med. Psychol., 31, 174-83.

311 Schaffer, H. R. (1963). 'Some issues for research in the study of attachment behaviour.' In Determinants of Infant Behaviour, Vol. 2, ed. B. M. Foss. London: Methuen; New York: Wiley.

312 Schaffer, H. R. (1966). 'The onset of fear of strangers and the incongruity hypothesis.' J. Child Psychol. Psychiat., 7, 95-106.

313 Schaffer, H. R., ed. (1977). Studies in Mother-infant Interaction. London: Academic Press.

314 Schaffer, H. R. (1979). 'Acquiring the concept of the dialogue.' In Psychological Development from Infancy: Image to Intention, ed. M. H. Bornstein and W. Kessen, pp. 279-305. Hillsdale, N.J.: Lawrence Erlbaum.

315 Schaffer, H. R., and Callender, W. M. (1959). 'Psychological effects of hospitalization in infancy.' Paediatrics, 24, 528–39.

316 Schaffer, H. R., and Emerson, P. E. (1964a). 'The development of social attachments in infancy.' Monogr. Soc. Res. Child Dev., 29, No. 3, 1-77.

317 Schaffer, H. R., and Emerson, P. E. (1964b). 'Patterns of response to physical contact in early human development.' J. Child Psychol. Psychiat., 5, 1-13.

318 Schaller, G. (1963). The Mountain Gorilla: Ecology and Behavior. Chicago: University of Chicago Press.

319 Schaller, G. (1965). 'The behavior of the mountain gorilla.' In Primate Behavior, ed. I. DeVore. New York and London: Holt, Rinehart & Winston.

320 Schaller, G. B. (1967). The Deer and the Tiger. Chicago: University of Chicago Press.

321 Schmidt-Koenig, K. (1965). 'Current problems in bird orientation. In Advances in the Study of Behavior, Vol. 1, ed. D. S. Lehrman, R. A. Hinde, and E. Shaw, New York and London: Academic Press.

322 Schneirla, T. C. (1959). 'An evolutionary and developmental theory of biphasic processes underlying approach and withdrawal.' In Nebraska Symposium on Motivation, ed. M. R. Jones. Lincoln, Nebr.: University of Nebraska Press.

323 Schneirla, T. C. (1965). 'Aspects of stimulation and organization in approach/withdrawal processes underlying vertebrate behavioral development.' In Advances in the Study of Behavior, Vol. 1, ed. D. S. Lehrman, R. A. Hinde, and E. Shaw. New York and London: Academic Press.

324 Schur, M. (1960a). 'Discussion of Dr John Bowlby's paper, "Grief and mourning in infancy and early childhood".' Psychoanal. Study Child, 15, 63-84.

325 Schur, M. (1960b). 'Phylogenesis and ontogenesis of affect- and structure-formation and the phenomenon of the repetition compulsion.' Int. J. Psycho-Anal., 41, 275-87.

326 Schutz, F. (1965a). 'Sexuelle Prägung bei Anatiden.' Z. Tierpsychol., 22, 50-103.

327 Schutz, F. (1965b). 'Homosexualität und Prägung.' Psychol. Forsch., 28, 439-63.

328 Scott, J. P. (1963). 'The process of primary socialization in canine and human infants.' Monogr. Soc. Res. Child Dev., 28, 1-47.

329 Sears, R. R. (1972). 'Attachment, dependency and frustration.' In Attachment and Dependency, ed. J. L. Gewirtz. New York and London: Wiley.

330 Sears, R. R., Rau, L., and Alpert, R. (1965). Identification and Child Rearing. Stanford, Calif.: Stanford University Press; London: Tavistock Publications, 1966.

331 Seay, B., Alexander, B. K., and Harlow, H. F. (1964). 'Maternal behavior of socially deprived rhesus monkeys.' J. abnorm. soc. Psychol., 69, 345.

332 Shipley, W. U. (1963), 'The demonstration in the domestic guinea-pig of a process resembling classical imprinting.' Anim. Behav., 11, 470-4.

333 Shirley, M. M. (1933). The First Two Years. 3 vols. Minneapolis: University of Minnesota Press; London: Oxford University Press.

334 Sluckin, W. (1965). Imprinting and Early Learning. London: Methuen; Chicago: Aldine.

335 Sommerhoff, G. (1950). Analytical Biology. London: Oxford University Press.

336 Southwick, C. H. (ed.) (1963). Primate Social Behavior. Princeton, N. J.,and London: Van Nostrand.

337 Southwick, C. H., Beg, M. A., and Siddiqi, M. R. (1965). 'Rhesus monkeys in North India.' In Primate Behavior, ed. I. DeVore. New York and London: Holt, Rinehart & Winston

338 Spiro, M. E. (1954). 'Is the family universal ?' Am. Anthrop., 56, 839-46.

339 Spiro, M. E. (1958). Children of the Kibbutz. Cambridge, Mass.: Harvard University Press; London: Oxford University Press.

340 Spitz, R. A. (1946). 'Anaclitic depression.' Psychoanal. Study Child, 2, 313-42.

341 Spitz, R. A. (1950). 'Anxiety in infancy: a study of its manifestations in the first year of life.' Int. J. Psycho-Anal., 31, 138-43.

342 Spitz, R. A. (1955). 'A note on the extrapolation of ethological findings.' Int. J. Psycho-Anal., 36, 162-5.

343 Spitz, R. A. (1965). The First Year of Life. New York: International Universities Press.

344. Spitz, R. A., and Wolff, K. M. (1946). 'The smiling response: a contribution to the ontogenesis of social relations.'

Genet. Psychol. Monogr., 34, 57–125.

345 Sroufe, L. A. (1979). 'The coherence of individual development.' American Psychologist, 34, 834-41.

346 Sroufe, L. A. (1982). 'Infant-caregiver attachment and patterns of adaptation in pre-school: the roots of maladaptation and competence.' In Minnesota Symposium in Child Psychology, Vol. 16, ed. M. Perlmutter. Minneapolis: University of Minnesota Press.

347 Sroufe, L. A., and Waters, E. (1977). 'Attachment as an organizational construct.' Child Development, 48, 1184-99.

348 Stern, D, N. (1977). The First Relationship: Infant and Mother. London: Fontana. Open Books.

349 Stevenson, H. W. (1965). 'Social reinforcement of children's behavior.' In Advances in Child Development and Behavior, Vol. 2, ed. L. P. Lipsitt and Č. C. Spiker. New York and London: Academic Press.

350 Stevenson, O. (1954). 'The first treasured possession.' Psychoanal. Study Child, 9, 199–217.

351 Strachey, J. (1962). 'The emergence of Freud's fundamental hypotheses.' (An appendix to 'The neuro-psychoses of defence'.) S.E., 3.

352 Strachey, J. (1966). Introduction to Freud's Project for a Scientific Psychology,' S.E., I.

353 Tennes, K. H., and Lampl, E. E. (1964). 'Stranger and separation anxiety in infancy.' J. neru. ment. Dis., 139, 247-54.

354 Thomas, H. (1973). 'Unfolding the baby's mind: the infant's selection of visual stimuli.' Psychological Review, 80, 468-88.

355 Thomas, H., and Jones-Molfese, V. (1977). 'Infants and I scales: inferring change from the ordinal stimulus selections of infants for configural stimuli.' J. of Experimental Child Psychology, 23, 329-39.

356 Thorpe, W. H. (1956). Learning and Instinct in Animals. 2nd edn, 1963. Cambridge, Mass.: Harvard University Press; London: Methuen.

357 Tinbergen, N. (1951). The Study of Instinct. London: Oxford University Press.

358 Tinbergen, N. (1963). 'On aims and methods of ethology.' Z. Tierpsychol 20, 410–33.

359 Tinbergen, N., and Tinbergen, E. A. (1982). About 'autistic' children and how they might be cured. London: Allen & Unwin.

360 Tizard, B., and Hodges, J. (1978). 'The effect of institutional rearing on the development of eight year old children.' J. Child Psychol. Psychiat., 19, 99-118.

361 Tobias, P. V. (1965). 'Early man in East Africa.' Science, 149, No. 3679, 22-33

362 Tomilin, M. I., and Yerkes, R. M. (1935). 'Chimpanzee twins: behavioral relations and development.' J. genet. Psychol., 46, 239-63.

363 Tomkins, S. S. (1962-63). Affect, Imagery, Consciousness. Vol. I, The Positive Affects; Vol. II, The Negative Affects. New York: Springer; London: Tavistock Publications, 1964.

364 Trivers, R. L. (1974). 'Parent-offspring conflict.' American Zoologist, 14, 249-64.

365 Turnbull, C. M. (1965). Wayward Servants : The Two Worlds of the African Pygmies. New York: Natural History Press; London: Eyre & Spottis woode.

366 Tustin, A. (1953). 'Do modern mechanisms help us to understand the mind?' Br. J. Psychol., 44, 24-37.

367 Ucko, L. E. (1965). 'A comparative study of asphyxiated and non-asphyxiated boys from birth to five years.' Dev. Med. Child Neurol., 7, 643-57.

368 Vaughn, B., Egeland, B., Sroufe, L. A., and Waters, E. (1979). 'Individual differences in infant-mother attachment at 12 and 18 months: stability and change in families under stress.' Child Development, 50, 971-5.

369 Vernon, D. T. A., Foley, J. M., Sipowicz, R. R., and Schulmans, J. L. (1965). The Psychological Responses of Children to Hospitalization and Illness. Springfield, Ill.: C. C. Thomas.

370 Vickers, G. (1965). 'The end of free fall.' The Listener, 28 October, p. 647.

371 Walters, R. H., and Parke, R. D. (1965). 'The role of the distance receptors in the development of social responsiveness.' In Advances in Child Development and Behavior, Vol. 2, ed. L. P. Lipsitt and C. C. Spiker. New York and London: Academic Press.

372 Washburn, S. L. (ed.) (1961). The Social Life of Early Man. New York: Wenner-Gren Foundation for Anthropological Research, Inc.; London: Methuen, 1962.

373 Washburn, S. L. (1968). Letter to the Editor 'On Holloway's "Tools and Teeth".' Am. Anthrop., 70, 97–100. (Holloway, R. L., 'Tools and teeth: some speculation regarding canine reduction.' Am. Anthrop., 69, 63-7, 1967.)

374 Washburn, S. L., Jay, P. C., and Lancaster, J. B. (1965). 'Field studies of Old World monkeys and apes.' Science, 150, 1541-7.

375 Waters, E. (1978). 'The reliability and stability of individual differences in infant-mother attachment.' Child Development, 49, 483-94.

376 Waters, E., Wippman, J., and Sroufe, L. A. (1979). 'Attachment, positive affect, and competence in the peer group:

two studies in construct validation.' Child Development, 50, 821-9.

377   Watson, J. S. (1965). 'Orientation-specific age changes in responsiveness to the face stimulus in young infants.' Paper presented at annual meeting of American Psychological Association, Chicago.

378   Weisberg, P. (1963). 'Social and nonsocial conditioning of infant vocalizations.' Child Dev., 34, 377-88.

379   Weiss, P. (1949). 'The biological basis of adaptation.' In Adaptation, ed. J. Romano. Ithaca, N.Y.: Cornell University Press; London: Oxford University Press, 1950.

380   Weiss, R. S. (1982). 'Attachment in adult life.' In The Place of Attachment in Human Behavior, cd. C. M. Parkes and J. Stevenson-Hinde. London: Tavistock Publications. New York: Basic Books.

381   White, B. L., Castle, P., and Held, R. (1964). 'Observations on the development of visually-directed reaching.' Child Dev., 35, 349-64.

382   White, B. L., and Held, R. (1966). 'Plasticity of sensorimotor development in the human infant.' In The Causes of Behavior : Readings in Child Development and Educational Psychology, 2nd edn, ed. J. F. Rosenblith and W. Allinsmith. Boston, Mass.: Allyn & Bacon.

383   Whyte, L. L. (1960). The Unconscious before Freud. New York: Basic Books; London: Tavistock Publications, 1962.

384   Williams, G. C. (1966). Adaptation and Natural Selection. Princeton, N.J.: Princeton University Press.

385   Wilson, E. O. (1975), Sociobiology: the New Synthesis. Cambridge, Mass.: Harvard University Press.

386   Winnicott, D. W. (1953). 'Transitional objects and transitional phenomena.' Int. J. Psycho-Anal., 34, 1-9. Reprinted in Collected Papers by D. W. Winnicott. London: Tavistock Publications, 1958.

387   Wolff, P. H. (1959). 'Observations on newborn infants.' Psychosom. Med., 21, 110-18.

388   Wolff, P. H. (1963). 'Observations on the early development of smiling.' In Determinants of Infant Behaviour, Vol. 2, ed. B. M. Foss. London: Methuen; New York: Wiley.

389   Wolff, P. H. (1969). 'The natural history of crying and other vocalizations in early infancy.' In Determinants of Infant Behaviour, Vol. 4, ed. B. M. Foss. London: Methuen; New York: Barnes & Noble.

390   Wolkind, S., Hall, F., and Pawlby, S. (1977). 'Individual differences in behaviour: a combined epidemiological and observational approach.' In Epidemiological Approaches in Child Psychiatry, ed. P.J. Graham, pp. 107–23. New York and London: Academic Press.

391   Yarrow, L. J. (1963). 'Research in dimensions of early maternal care.' Merrill-Palmer Q., 9, 101-14.

392   Yarrow, L. J. (1967). 'The development of focused relationships during infancy.' In Exceptional Infant, Vol. 1, ed. J. Hellmuth, Seattle, Wash.: Special Child Publications.

393   Yerkes, R. M. (1943). Chimpanzees: A Laboratory Colony. New Haven, Conn.: Yale University Press; London: Oxford University Press.

394   Young, J. Z. (1964). A Model of the Brain. London: Oxford University Press.

395   Young, M., and Willmott, P. (1957). Family and Kinship in East London. London: Routledge & Kegan Paul; New York: The Free Press.

396   Yovits, M. C., and Cameron, S. (eds.) (1960). Self-organizing Systems. Oxford: Pergamon.

397   Zahn-Waxler, C., Radke-Yarrow, M., and King, R. A. (1979). 'Child rearing and children's pro-social initiations towards victims of distress.' Child Development, 50, 319-30.